昆明统计年鉴

KUNMING STATISTICAL YEARBOOK

2006

昆明市统计局　编

中国统计出版社
China Statistics Press

（京）新登字041号

图书在版编目(CIP)数据

昆明统计年鉴.2006/昆明市统计局编.—北京:
中国统计出版社，2006.7
ISBN 7-5037-4984-9

I.昆… II.昆… III.统计资料－昆明市－2006
－年鉴 IV.C832.741-54

中国版本图书馆CIP数据核字(2006)第028188号

昆明统计年鉴—2006

作　　者／昆明市统计局
责任编辑／蔡启新
E—mail/yearbook@stats.gov.cn
责任校对／集体
封面设计／陈尧　谷建安
出版发行／中国统计出版社
通信地址／北京市西城区三里河月坛南街75号　中国统计出版社
邮　　编／100826
电　　话／(010) 63376907
印　　刷／云南·新华印刷厂
经　　销／新华书店
开　　本／880×1230毫米 1/16
字　　数／74万字
印　　张／26.875
印　　数／1000册
版　　别／2006年9月第1版
版　　次／2006年9月第1次印刷
书　　号／ISBN 7-5037-4984-9/F·2331
定　　价／200.00 元

人　口（万人）

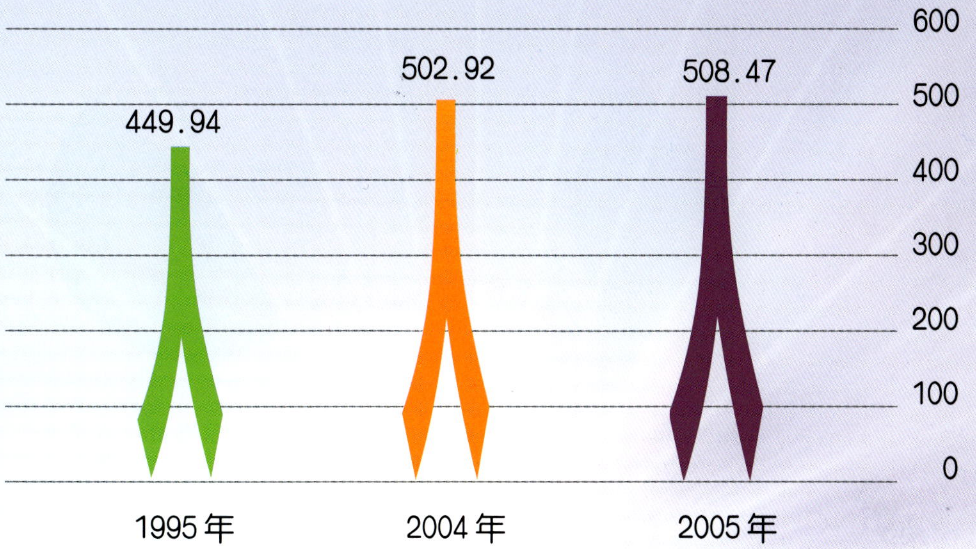

注：图列人口数据为户籍人口数，2005 年昆明市年末常住人口为 608.57 万人。

生产总值（亿元）

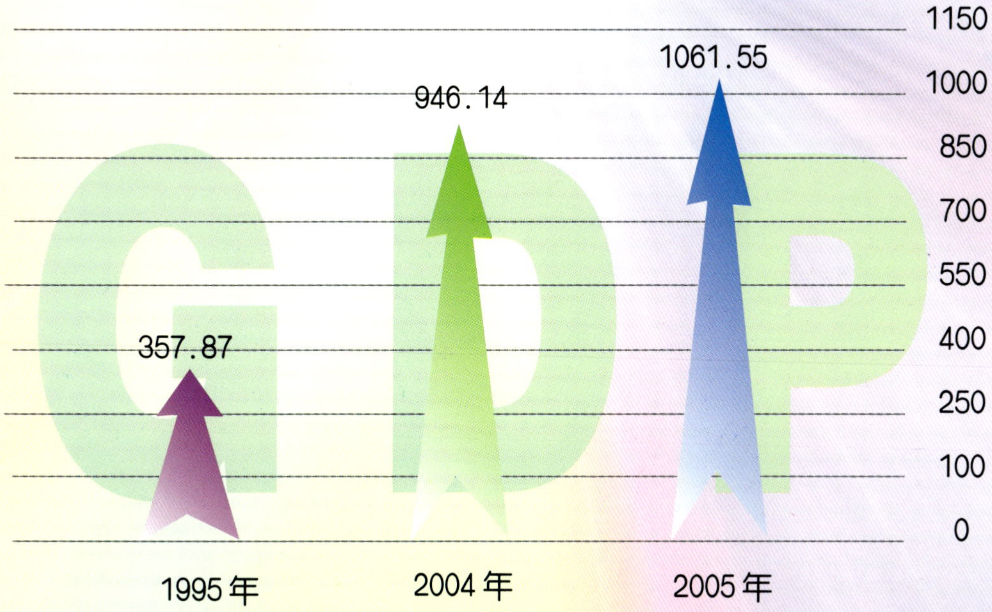

全部职工年平均工资（元）

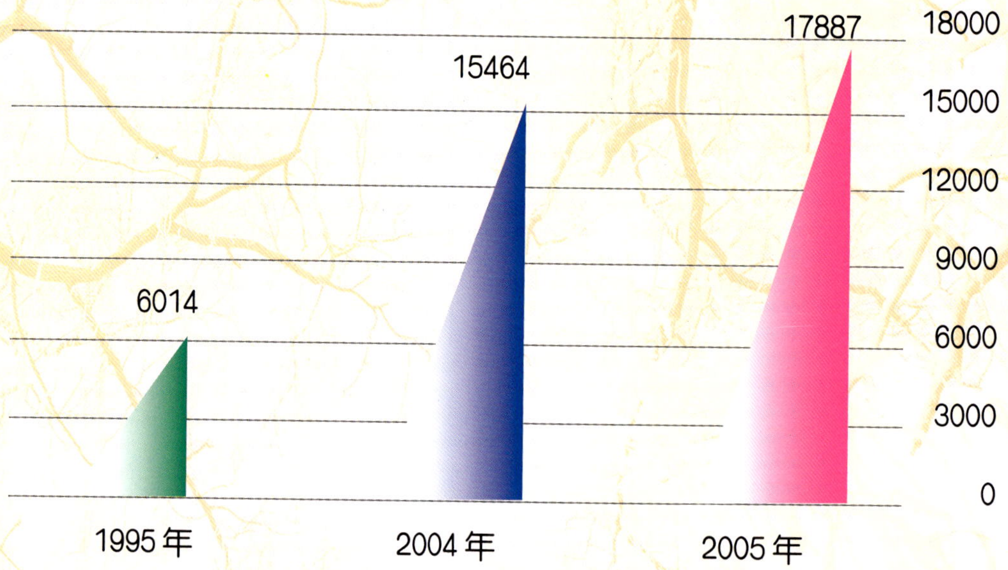

农民人均纯收入（元）

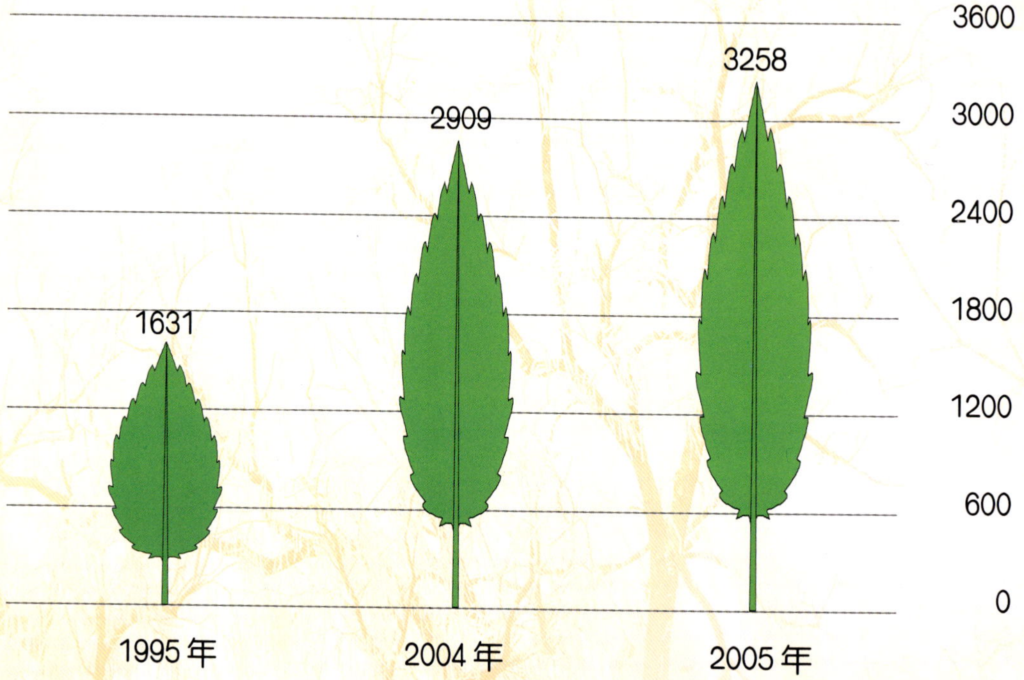

《昆明统计年鉴—2006》编辑委员会

主　　任：王文涛　昆明市人民政府市长

副 主 任：高劲松　昆明市人民政府常务副市长

委　　员：陈　勇　昆明市人民政府秘书长

徐晓青　昆明市统计局局长

叶一杉　昆明市财政局局长

管宏亮　昆明市人事局局长

何　波　昆明市发展和改革委员会主任

王春燕　昆明市经济委员会主任

蔡　杰　昆明市教育局局长

刘燕琨　昆明市科学技术局局长

张天屏　昆明市劳动和社会保障局局长

陈松群　昆明市建设局局长

孟少波　昆明市农业局局长

许勇刚　昆明市卫生局局长

黄峻峰　昆明市旅游局局长

王光中　昆明市商务局局长

《昆明统计年鉴——2006年》编辑部

编者说明

一、《昆明统计年鉴—2006》是一部全面反映昆明市国民经济和社会发展情况的资料性年刊，又是各级领导、专家、学者和经济工作者了解情况，研究决策，检查和编制计划，指导工作的宝贵资料。本书汇集了全市各县（市）区2005年经济和社会发展各方面的统计数据，以及全市历年主要统计数据。

二、全书内容分为20个部分，即：1、行政区划和气象；2、综合；3、人口；4、从业人员和职工工资；5、固定资产投资；6、金融和财政；7、物价；8、人民生活；9、农业；10、工业；11、能源消费；12、交通和邮电；13、建筑业；14、国内贸易；15、对外经济贸易、旅游；16、开发区建设；17、城市建设、环境保护；18、科技、教育、文化、体育、卫生和其他；19、基本单位和企业监测、企业集团情况；20、全国省会城市主要经济指标。附：2005年统计工作要事。有关部分有主要统计指标解释，对主要统计指标的含义、统计范围和统计方法作了简要说明。

三、本年鉴的资料来源，大部分来自年度统计报表，少部分来自抽样调查。由于条块统计分工关系，部分指标各县（市）区数字相加不等于全市总计，在使用中请注意。由于统计制度仍处于改革过程中，因此，一些统计指标的统计口径范围还不尽统一、规范，本年鉴对有关数据作了相应的调整，并在有关统计表下作了解释。

四、度量衡单位均采用国家颁布的国际统一标准计量单位。

五、本年鉴中的符号使用说明：

“空格”表示无该项统计指标数据；

“#”表示其中的主要项。

六、本年鉴在编辑过程中，由于时间和水平关系，如有差错之处，热忱希望读者批评指正。为使本年鉴不断改进和完善，更好地满足社会各界的需要，希望广大读者提出宝贵的意见。

二〇〇六年九月

目　录

一、行政区划和气象

二、综　　合

三、人　　口

四、从业人员和职工工资

五、固定资产投资

六、金融和财政

七、物　　价

八、人民生活

九、农　　业

十、工　　业

十一、能源消费

十二、交通和邮电

十三、建筑业

十四、国内贸易

十五、对外经济贸易、旅游

十六、开发区建设

十七、城市建设、环境保护

十八、科技、教育、文化、体育、卫生和其他

十九、基本单位和企业监测、企业集团情况

二十、全国省会城市主要经济指标

昆明市二〇〇五年国民经济和社会发展统计公报

昆明市统计局

2005年，全市各族人民在市委、市政府正确领导下，坚持以邓小平理论和“三个代表”重要思想为指导，认真贯彻落实党的十六大和十六届三中、四中、五中全会精神及省委、省政府的一系列重要指示精神，以科学发展观统领经济社会发展全局，国民经济持续、健康、快速运行，社会事业全面发展，人民生活水平不断提高。

一、综合

经济总量：三次产业全面发展，呈快速增长态势。初步核算，2005年昆明市生产总值（GDP）1 062.34亿元，按可比价格计算，比上年增长11.1%，经济总量首次突破千亿元大关，经济发展跃上新台阶。其中第一产业增加值77.31亿元，比上年增长5.0%；第二产业增加值483.24亿元，比上年增长14.0%；第三产业增加值501.79亿元，比上年增长9.3%。三次产业比重为7.3:45.5:47.2。

二、农业

全面落实各项支农政策，继续强化农业基础，加大对农业支持力度，加快农业结构调整和农业产业化发展步伐，农村经济保持稳步增长。粮食生产总体平稳，烤烟质量和效益稳步提高，花卉、畜牧业等特色产业快速发展。2005年实现农林牧渔业总产值116.28亿元，比上年增长5.5%。其中农业产值64.67亿元，增长1.5%；林业产值3.74亿元，增长22.5%；牧业产值40.38亿元，增长11.0%；渔业产值3.46亿元，增长0.8%；农林牧渔服务业产值4.03亿元，增长4.2%。

主要农产品产量如下：

	2005年	比上年±%
粮　　食	113.4万吨	—
#谷　物	91.3万吨	—
油　　料	1.4万吨	2.1
#油菜籽	1.1万吨	—
烤　　烟	8.6万吨	5.2
蔬　　菜	169.1万吨	1.0
花　　卉	31.6亿枝	16.3
水　　果	9.6万吨	4.5

主要畜产品产量和牲畜存栏头数如下：

	2005年	比上年±%
肉类总产量	33.2万吨	7.6
#猪肉	25.4万吨	5.4
牛奶产量	8.8万吨	11.9

肉猪出栏数	296.2 万头	4.3
家禽出栏数	2 764.2 万只	17.0
肉羊出栏数	53.9 万只	6.0
猪年末存栏数	211.2 万头	3.0
羊年末存栏数	111.8 万只	2.5
大牲畜年末存栏数	73.1 万头	0.3

全年完成造林面积 32.42 万亩，比上年增长 6.3%；零星四旁植树1 074万株，比上年增长 1.3%；完成天然林保护1 243万亩。

三、工业和建筑业

全市积极实施工业强市战略，坚持新型工业化道路，2005 年工业生产继续保持良好的增长态势。全年完成工业增加值 387.14 亿元，比上年增长 11.9%。其中国有及年产品销售收入 500 万元以上非国有工业企业（以下简称规模以上工业企业）实现增加值 320.81 亿元，增长 13.2%。

工业经济效益继续提高。全市规模以上工业企业实现销售产值 985.55 亿元，增长 26.6%；实现利税 201.45 亿元，增长 7.3%，其中利润总额 82.92 亿元；产品销售率 99.66%，工业经济效益综合指数 246.09%。

主要工业产品产量如下：

	2005 年	比上年 ± %
钢材	384.48 万吨	32.0
十种有色金属	74.00 万吨	41.9
水泥	516.50 万吨	17.6
化肥（折纯量）	84.10 万吨	4.2
卷烟	671.89 亿支	1.6
煤气	64.90 亿立方米	3.9
自来水生产量	2 3891.16 万吨	11.7
发电量	124.24 亿千瓦小时	8.0

各项经济效益指标如下：

	2005 年	比上年提高
工业经济效益综合指数（%）	246.09	－7.66 个百分点
总资产贡献率（%）	30.94	－4.71 个百分点
资本保值增值率（%）	127.06	11.59 个百分点
流动资产周转率（次）	1.74	6.1%
成本费用利润率（%）	9.48	－3.44 个百分点
全员劳动生产率（元/人）	153 251	14.42%
产品销售率（%）	99.66	－0.8 个百分点
资产负债率（%）	53.46	－1.3 个百分点

全年建筑业总产值 340 亿元，增长 28.2%，实现增加值 96.10 亿元，比上年增长 23.4%。

四、固定资产投资

全市固定资产投资规模继续扩大。全社会固定资产投资总额达 522 亿元，比上年增长 20.0%，其中房地产投资 140 亿元，增长 30.0%。

五、交通运输、仓储和邮政业

交通运输、仓储和邮政业基础设施条件进一步改善。2005 年全市交通运输、仓储和邮政业完成增加值 70.82 亿元，比上年增长 6.7%。

六、国内贸易和物价

2005 年，消费品市场平稳运行。全年实现社会消费品零售总额 415.49 亿元，比上年增长 12.2%。按经济成份看，非公有制经济增长快速，全年实现零售额 362.75 亿元，同比增长 15.2%，占全市比重提高到 87.3%，同比上升了 2.3 个百分点；从城乡市场看，城市实现消费品零售额 366.04 亿元，增长 12.3%，农村实现消费品零售额 49.45 亿元，增长 11.1%。

价格水平：城镇居民消费价格总指数在去年增长较快的基础上呈现大幅回落，全年城镇居民消费价格总指数为 102.0%，比上年同期回落了 4.5 个百分点。

七、对外经济贸易及旅游

不断完善政策措施，加大对外开放力度，积极推进国内经济协作。全年新批外商投资企业 77 户，实际利用外资8 261万美元，比上年增长 32.6%。

进出口贸易快速增长。全年海关进出口贸易总额344 452万美元，比上年增长 32.0%，其中出口173 586万美元，增长 25.4%；进口170 866万美元，增长 39.4%。

旅游业稳步增长。全年共接待海内外游客2 040.74万人次，比上年增长 16.1%，其中国内游客1 971.09万人次，增长 15.4%，旅游收入 124.08 亿元，下降 2.0%；海外游客 69.65 万人次，旅游外汇收入 1 7251.49万美元，分别增长 41.2%，32.0%。旅游总收入 138.45 亿元，增长 0.7%。

八、财政、金融

深化财政改革，优化支出结构，完善监管机制，财政保障能力不断增强。全年财政总收入完成 220.90 亿元，比上年增长 19.4%，其中地方财政收入完成 110.46 亿元，增长 29.0%；地方财政支出 133.42 亿元，增长 27.5%。

金融运行平稳。年末金融机构各项存款余额2 544.27亿元，比年初增长 16.4%，其中企业存款余额 1 044.95亿元，增长 8.4%，储蓄存款余额 993.81 亿元，增长 20.2%；各项贷款余额1 796.37亿元，增长 24.6%，其中短期贷款 726.81 亿元，增长 18.5%；中长期贷款 934.47 亿元，增长 27.1%。全年金融机构现金收入4 203.92亿元，现金支出4 050.49亿元；全年现金净回笼 153.43 亿元。

九、社会事业

科技：2005 年组织实施科技计划项目 132 项。通过评价的科技成果 95 项。科技进步奖获奖成果 59 项。

教育：教育管理体制和办学机制改革稳步推进，教学质量进一步提高。年末共有普通高校 30 所，在校学生 18.81 万人；普通中学 278 所，在校学生 26.35 万人；小学1 491所，在校学生 47.04 万人。小学适龄儿童入学率 97.75%。

文化：基层文化建设得到加强，文化基础设施不断完善，文化产业健康发展。年末广播电视综合覆盖率为 96%；文化事业机构 272 个，其中，公共艺术表演团体 18 个；公共图书馆 17 个，博物馆 4 个；公共图书馆藏书3 929千册。

卫生：城镇医疗卫生体制改革不断深化，社区卫生服务机构达到158个。推进新型农村合作医疗，全市86%的农民享受农村基本医疗保障。

体育：全民健身活动蓬勃开展，竞技体育成绩突出。成功举办了市第八届少数民族传统体育运动会。

十、人口、人民生活和社会保障

2005年末全市户籍人口508.47万人，比上年末增加5.55万人，人口自然增长率6.23‰。

人民生活不断改善，城乡居民生活水平不断提高。2005年城镇居民人均可支配收入达9 616元，比上年实际增长4.2%；人均消费性支出7 248元，比上年增长3.2%。农村居民人均纯收入达3 258元，比上年实际增长9.3%。

社会保障体系继续健全，社会福利事业不断加强。城镇职工基本养老保险制度逐步完善，城镇职工基本医疗保险工作稳步推进，医疗保障和管理服务水平不断提高，失业保险覆盖面进一步扩大。城镇登记失业率控制在3%以内。

高度重视环境保护，环境保护事业不断发展，环保投资不断增加，全市环保投资指数达2.62%。

注：公报所列数据为年快报数或预计数，增幅为同比口径计算。

一、行政区划和气象

XINGZHENGQUHUAHEQIXIANG

1－1－1 行政区划

(2005年)　　　　单位：个

地　区	乡　镇	镇	民族乡	街道办事处	街道办事处、乡、镇：社区居委会	街道办事处、乡、镇：村民委员会
全　市	**106**	**53**	**7**	**30**	**320**	**1 255**
一、市　区	19	11	2	30	248	268
五 华 区	2		1	9	93	11
盘 龙 区	2			8	47	16
西 山 区	3	3		7	62	35
官 渡 区	4	1	1	6	35	58
东 川 区	8	7			11	148
二、县（市）	87	42	5		72	987
呈 贡 县	7	3			36	29
晋 宁 县	9	3	2		4	129
安 宁 市	8	8			15	68
富 民 县	7	2	1		3	72
宜 良 县	9	5	2		4	133
石林彝族自治县	8	7			4	88
嵩 明 县	7	5			1	106
禄劝彝族苗族自治县	16	3			2	192
寻甸回族彝族自治县	16	6			3	170

注：此部分资料取自昆明市民政局，以上数据为新调整数。

1-1-2 行政区划

（2005年）

县（市）区	乡、镇、街道办事处	乡、镇、街道办事处数
五华区	护国街道办事处、华山街道办事处、大观街道办事处、龙翔街道办事处、莲华街道办事处、丰宁街道办事处、红云街道办事处、普吉街道办事处、黑林铺街道办事处、沙朗白族乡、厂口乡	9个街道办事处、2个乡
盘龙区	拓东街道办事处、鼓楼街道办事处、东华街道办事处、联盟街道办事处、金辰街道办事处、茨坝街道办事处、龙泉街道办事处、青云街道办事处、双龙乡、松华乡	8个街道办事处、2个乡
官渡区	吴井街道办事处、太和街道办事处、关上街道办事处、金马街道办事处、官渡街道办事处、小板桥街道办事处、大板桥镇、六甲乡、矣六乡、阿拉彝族乡	6个街道办事处、1个镇、3个乡
西山区	马街街道办事处、金碧街道办事处、永昌街道办事处、前卫街道办事处、福海街道办事处、棕树营街道办事处、西苑街道办事处、碧鸡镇、海口镇、团结镇	7个街道办事处、3个镇
东川区	铜都镇、阿旺镇、乌龙镇、红土地镇、汤丹镇、拖布卡镇、因民镇、舍块乡	7个镇、1个乡
呈贡县	龙城镇、洛羊镇、斗南镇、吴家营乡、马金铺乡、七甸乡、大渔乡	3个镇、4个乡
晋宁县	昆阳镇、晋城镇、宝峰镇、二街乡、双河彝族乡、夕阳彝族乡、上蒜乡、新街乡、六街乡	3个镇、6个乡
安宁市	县街镇、太平镇、温泉镇、青龙镇、草铺镇、禄脿镇、连然镇、八街镇	8个镇
富民县	永定镇、大营镇、罗免彝族苗族乡、散旦乡、款庄乡、东村乡、赤鹫乡	2个镇、5个乡
宜良县	匡远镇、北古城镇、汤池镇、狗街镇、南羊镇、耿家营彝族苗族乡、九乡彝族回族乡、马街乡、竹山乡	5个镇、4个乡
石林彝族自治县	鹿阜镇、石林镇、路美邑镇、西街口镇、长湖镇、圭山镇、板桥镇、大可乡	7个镇、1个乡
嵩明县	嵩阳镇、杨林镇、小街镇、牛栏江镇、滇源镇、杨桥乡、阿子营乡	5个镇、2个乡
禄劝彝族苗族自治县	屏山镇、撒营盘镇、转龙镇、茂山乡、团街乡、中屏乡、云龙乡、汤朗乡、皎西乡、大松树乡、马鹿塘乡、则黑乡、翠华乡、九龙乡、乌蒙乡、雪山乡	3个镇、13个乡
寻甸回族彝族自治县	仁德镇、羊街镇、倘甸镇、柯渡镇、塘子镇、功山镇、七星乡、河口乡、金所乡、甸沙乡、金源乡、先锋乡、六哨乡、鸡街乡、凤仪乡、联合乡	6个镇、10个乡

1-2 土地面积和人口密度

（2005年）

	土地面积（平方公里）	年末总人口（万人）	年末常住人口（万人）	人口密度（人/平方公里）
总　计	**21 011**	**508.47**	**608.57**	**290**
一、市　　区	3 942	229.88	322.06	817
五华区	397.86	68.36	89.09	2 239
盘龙区	339.79	38.89	63.47	1 868
西山区	791.14	42.08	74.56	942
官渡区	552.21	50.00	66.79	1 210
东川区	1 861	30.55	28.15	151
二、县（市）	16 771	278.59	286.51	171
呈贡县	468	15.96	21.45	458
晋宁县	1 231	27.42	28.02	228
安宁市	1 321	26.50	31.27	237
富民县	993	14.03	14.52	146
宜良县	1 838	40.94	40.96	223
石林彝族自治县	1 719	23.36	23.49	137
嵩明县	1 361	34.83	33.97	250
禄劝彝族苗族自治县	4 249	45.01	43.07	101
寻甸回族彝族自治县	3 591	50.54	49.76	139
三、滇池水面	298			

注：1. 年末总人口为户籍人口数；2. 土地面积数据取自昆明市民政局。

1－3 气象概况

（2005年）

	平均气温（℃）	日照时数（小时）	降雨量（毫米）	相对湿度（%）
全　年	**16.7**	**2 054.3**	**976.0**	**62**
一　月	10.2	216.4	12.8	58
二　月	14.1	244.7	0.2	42
三　月	13.3	188.0	39.3	56
四　月	18.6	238.0	8.3	48
五　月	21.7	280.4	26.1	44
六　月	21.5	105.5	204.0	70
七　月	21.0	109.6	169.6	73
八　月	20.5	96.6	242.1	74
九　月	19.3	114.4	105.8	71
十　月	16.8	129.7	90.1	73
十一月	13.0	181.4	39.2	70
十二月	10.2	149.6	38.5	69

注：年极端最高气温为：30.6℃，出现日期：5月28日；年极端最低气温为：0.5℃，出现日期：1月1日；霜日天数为39天。此部分资料取自昆明市气象局。

主要统计指标解释

行政区划 国家为进行分级管理而划分的地方。根据宪法规定，我国行政区划是全国分为省、自治区、直辖市；省、自治区分为自治州、县、自治县、市；县、自治县分为乡、镇。直辖市和较大的市分为区、县。自治州分为县、自治县、市。省下设的地区、县下设的区以及市属区下设的街道办事处都是它们上一级的派出机构。

土地面积 指某一国家或某一地区所辖范围内的全部地域面积。土地包括耕地、荒山、荒地、林地、草原、道路、建筑物占地、河流、湖泊、水库等。按照地形的不同，一般可分为山地、高原、盆地、平原、丘陵。地形分类因各地区特点而异。以下地形的地貌特征是：

（1）平原 地面平坦，地面坡度小于5度，地表组织物质以第四纪松散堆积物为主。

（2）丘陵 地面波状起伏，脉络不明显，丘顶多呈浑圆状，间有峰脊，坡度大多在25度以下，相对高度在200米以下，地表多为基岩裸露。

（3）山地 地面起伏大，线状伸延，脉络清楚，相对高度大于200米，坡度大于25度，地表切割深，多为基岩裸露。

水域面积 指内陆水域，海涂和水利设施用地的面积。包括河流、湖泊、水库、坑塘、苇地（连片生长芦苇的土地）海涂、溪沟渠道的全部面积。不包括河堤以及耕地、园地、草场内临时沟渠和末级固定的沟渠的面积。

人口密度 指一定地理（政治的、行政区域的、自然的、经济的、城乡的）范围内的人口数与相应土地面积的比值，反映一定地理范围内人口集居的稀密状况。计算公式为：

$$人口密度（人/平方公里）=\frac{某地理范围内的总人口}{某地理范围内的土地面积}$$

计算结果表明每一平方公里内有多少人口。

年平均气温 指空气日平均温度一年内的平均值。计算方法为全年农日累计平均气温除以365天，或逐月累计月平均气温除以12个月。

年最高气温 指一年内最高的日平均气温值。

年最低气温 指一年内最低的日平均气温值。

降水量 指一定时段内，降到平地上的降水（包括液态水和固态水）所积成的水层深度，以毫米数（mm）表示。测算时，固态水（如冰、雪）要折合成液态水。

二、综　　合

ZONGHE

2-1 主要年份国民经济主要指标

	单 位	1995 年	2003 年	2004 年	2005 年	2005 年比 2004 年 ± %
一、年末人口（户籍数）	万人	449.94	500.79	502.92	508.47	1.1
市辖区	万人	193.24	224.22	226.39	229.88	1.5
市辖县（市）	万人	256.70	276.57	276.53	278.59	0.7
二、年末劳动者人数						
全社会从业人员	万人	281.74	309.28	320.35	345.44	7.8
#职工人数	万人	98.08	82.73	76.96	75.55	-1.8
农林牧渔劳动者人数	万人	145.00	143.44	142.78	141.43	-0.9
三、人口变动情况						
出生率	‰	12.58	11.55	11.10	11.44	
死亡率	‰	5.67	4.65	4.60	5.21	
人口自然增长率	‰	6.91	6.90	6.50	6.23	
四、生产总值（当年价）	万元	3 578 651	8 182 598	9 461 405	10 615 544	11.1
五、工业生产						
1. 规模以上工业总产值（当年价）	万元		5 809 573	8 084 642	10 181 367	22.9
#轻工业	万元		2 135 857	2 529 055	2 833 122	13.5
重工业	万元		3 673 716	5 555 587	7 348 245	27.3
2. 工业主要产品产量						
十种有色金属	吨	192 416	416 848	521 416	739 047	41.7
发电量	万千瓦时	174 572	1 056 725	1 150 249	1 242 408	8.0
水泥	吨	2 721 100	3 930 000	4 392 141	5 164 981	17.6
卷烟	箱	1 600 938	1 336 076	1 322 684	1 343 779	1.6
煤气	万立方米	221 064	547 122	624 447	649 042	3.9
自来水生产量	万吨	18 782	22 550	21 383	23 891	11.7
六、运输邮政						
货运周转量	万吨公里	941 005	1 540 530	1 508 988	1 629 834	8.0
旅客周转量	万人公里	403 800	942 875	1 093 441	1 442 830	32.0
邮政局（所）数	处	252	384	354	332	-6.2
七、农业						
1. 农业总产值（当年价）	万元	598 986	957 332	1 090 013	1 172 285	5.9
2. 主要农产品产量						
粮食	吨	1 153 961	1 139 580	1 148 610	1 133 595	-1.3
肉类	吨	162 847	289 529	309 042	332 542	7.6
#猪牛羊肉	吨	146 614	252 016	269 030	283 999	5.6
烤烟	吨	109 188	78 956	81 855	86 112	5.2
蔬菜（含菜用瓜）	吨	679 818	1 627 081	1 673 493	1 690 736	1.0
水果	吨	58 036	82 105	92 154	96 309	4.5
水产品	吨	21 855	36 374	36 295	38 711	6.7

续 2 - 1

	单 位	1995 年	2003 年	2004 年	2005 年	2005 年比 2004 年 ± %
八、全社会固定资产投资	万元	1 313 339	3 616 524	4 350 794	5 230 093	20.2
# 基本建设投资	万元	462 439	1 358 986	1 400 868	1 904 697	36.0
更新改造投资	万元	355 117	799 505	884 358	1 105 569	25.0
房地产开发投资	万元	285 668	700 700	1 076 812	1 493 527	38.7
其它投资	万元	210 115	757 333	988 756	726 300	- 26.5
九、国内贸易						
社会消费品零售总额	万元	1 262 560	3 284 109	3 704 629	4 154 883	12.2
# 市的零售额	万元	1 054 386	2 883 317	3 259 611	3 660 443	12.3
县及县以下的零售额	万元	208 174	400 792	445 018	494 440	11.1
十、财政、金融						
地方财政收入	万元	264 985	629 478	856 414	1 104 618	29.0
地方财政支出	万元	361 447	806 991	1 046 676	1 333 558	27.4
金融机构存款余额	万元	3 919 769	17 702 638	21 623 711	25 442 664	16.4
# 储蓄存款	万元	1 737 542	7 085 278	8 261 054	9 938 095	20.3
金融机构贷款余额	万元	2 613 275	12 612 378	14 675 071	17 963 683	24.6
十一、物价指数						
城镇居民消费价格指数（增幅以上年为 100）	%	119.1	101.6	106.5	102.0	
商品零售价格指数（增幅以上年为 100）	%	115.0	100.7	104.6	100.5	
十二、人民生活						
城镇居民人均可支配收入	元	4 739	7 979	9 046	9 616	4.2
农民人均纯收入	元	1 631	2 581	2 909	3 258	9.3
十三、职工工资						
职工工资总额	万元	591 059	1 105 568	1 221 448	1 342 930	9.9
# 国有单位职工工资总额	万元	490 170	737 917	811 231	870 631	7.3
全部职工年平均工资	元	6 014	13 369	15 464	17 887	15.7
# 国有单位职工年平均工资	元	6 204	13 526	16 161	18 805	16.4
十四、教育、文化						
普通高等院校数	所	16	22	22	30	36.4
普通高等院校在校学生数	人	41 051	135 599	141 000	188 066	33.4
普通中学在校学生数	人	173 151	246 909	255 417	263 534	3.2
小学在校学生数	人	383 224	427 451	458 492	470 385	2.6
公共图书馆	个	17	17	17	17	
公共图书馆藏书	千册	3 288	3 871	3 901	3 929	0.7
十五、卫生						
卫生机构数	个	1 586	1 977	2 072	2 575	24.3
专业卫生技术人员	人	30 527	29 647	31 660	33 123	4.6
医生	人	15 094	13 405	14 324	15 381	7.4
十六、环境保护						
城市人均公共绿地面积	平方米	5.72	7.87	7.87	9.65	22.6
工业废水排放达标率	%	75.11	92.56	98.24	98.06	

注：城镇居民人均可支配收入、农民人均纯收入增幅按可比价计算。

2－2 昆明的每一天

指　　标	单位	1995 年	2003 年	2004 年	2005 年
一、全市每天创造的财富					
生产总值（当年价）	万元	9 805	22 418	25 922	29 084
＃第一产业	万元	1 089	1 782	2 004	2 118
第二产业	万元	4 844	9 709	11 622	13 062
第三产业	万元	3 872	10 927	12 296	13 904
地方财政收入	万元	726	1 725	2 346	3 026
农业总产值	万元	1 641	2 623	2 986	3 212
规模以上工业总产值	万元		15 917	22 150	27 894
水泥	吨	7 455	10 767	12 033	14 151
发电量	万千瓦小时	478	2 895	3 151	3 404
自来水生产量	万吨	50	62	59	65
二、城乡居民平均每天人均消费额	元			12.9	14.3
三、全市每天其它经济活动					
出版报纸	万份	71	94	104	111
四、全市每天人口变动和婚姻					
出　生	人	154	158	149	161
死　亡	人	70	58	60	66
结　婚	人	213	205	228	206
离　婚	人	25	25	40	44

注：婚姻数据取自市民政局。

2－3 主要经济指标构成

单位:%

指　　标	1995年	2003年	2004年	2005年
生产总值	100.0	100.0	100.0	100.0
第一产业	11.1	8.0	7.7	7.3
第二产业	49.4	43.3	44.9	44.9
第三产业	39.5	48.7	47.4	47.8
农、林、牧、渔业总产值	100.0	100.0	100.0	100.0
农业	62.1	57.3	57.1	56.3
林业	3.0	3.4	3.4	3.2
牧业	31.8	32.1	34.0	34.7
渔业	3.1	3.3	3.2	2.6
服务业		3.9	2.3	3.2
全社会固定资产投资	100.0	100.0	100.0	100.0
基本建设投资	35.2	37.6	32.2	36.4
更新改造投资	27.0	22.1	20.3	21.1
房地产投资	21.8	19.4	24.7	28.6
其它投资（农村集体、农村私人、城镇私人、个私经济）	16.0	20.9	22.8	13.9

2-4 按三次产业分的从业人员

年份	从业人员合计（万人）	第一产业	第二产业	第三产业	构成（合计=100）%		
					第一产业	第二产业	第三产业
1980	193.80	121.11	46.68	26.01	62.5	24.1	13.4
1986	229.82	142.01	50.68	37.13	61.8	22.1	16.1
1987	237.18	146.13	51.37	39.68	61.6	21.7	16.7
1988	241.60	150.36	51.18	40.06	62.2	21.2	16.6
1989	245.98	134.95	56.81	54.22	54.9	23.1	22.0
1990	250.89	137.99	58.06	54.84	55.0	23.1	21.9
1991	260.73	143.80	62.87	54.06	55.2	24.1	20.7
1992	268.13	145.45	64.82	57.86	54.2	24.2	21.6
1993	274.93	147.41	64.21	63.31	53.6	23.4	23.0
1994	278.49	143.97	69.47	65.05	51.7	24.9	23.4
1995	281.74	145.00	67.46	69.28	51.5	23.9	24.6
1996	286.34	145.11	68.16	73.07	50.7	23.8	25.5
1997	294.94	146.03	67.40	81.51	49.5	22.9	27.6
1998	295.30	145.88	64.27	85.15	49.4	21.8	28.8
1999	289.08	141.16	62.23	85.69	48.8	21.5	29.7
2000	294.62	141.40	56.59	96.63	48.0	19.2	32.8
2001	295.36	142.44	53.51	99.41	48.2	18.1	33.7
2002	305.07	143.32	65.49	96.26	47.0	21.5	31.5
2003	309.28	143.44	57.62	108.22	46.4	18.6	35.0
2004	320.35	142.78	56.95	120.62	44.6	17.8	37.6
2005	345.44	141.43	74.70	129.31	41.0	21.6	37.4

2-5 历年生产总值和指数

年 份	生产总值（万元）				生产总值指数（%）			
	生产总值	第一产业	第二产业	第三产业	生产总值	第一产业	第二产业	第三产业
1957	28 510	8 338	14 136	6 036	104.7	97.7	105.4	120.6
1962	38 915	9 160	22 655	7 100	90.9	110.3	82.9	88.6
1963	44 178	10 619	25 969	7 590	114.7	114.7	115.0	113.6
1964	49 461	11 475	29 541	8 445	112.9	108.6	114.6	115.5
1965	59 906	11 550	38 883	9 473	120.9	100.7	134.1	115.2
1966	63 552	12 483	41 199	9 870	109.9	108.0	112.1	104.5
1967	49 291	12 365	29 678	7 248	76.6	99.1	68.1	73.9
1968	29 047	12 030	11 414	5 603	62.8	97.3	38.5	77.2
1969	62 711	13 028	41 753	7 930	199.3	108.3	365.9	143.1
1970	75 020	14 853	49 370	10 797	125.7	114.0	128.6	136.5
1971	84 060	16 441	55 166	12 453	109.7	100.8	111.8	116.2
1972	92 591	17 988	61 247	13 356	109.7	107.2	111.0	107.5
1973	104 568	20 442	67 440	16 686	112.8	113.4	110.1	124.2
1974	91 072	15 766	62 798	12 508	87.2	79.1	93.2	74.6
1975	102 971	20 751	65 157	17 063	113.8	132.6	103.7	136.1
1976	69 286	18 351	40 652	10 283	68.1	88.4	62.4	60.1
1977	103 860	18 435	68 380	17 045	146.9	100.1	168.2	162.5
1978	150 619	19 652	91 703	39 264	130.9	108.2	125.2	183.4
1979	165 971	20 246	105 477	40 248	107.0	94.9	112.5	102.4
1980	191 149	22 175	117 450	51 524	115.2	110.4	111.0	132.7
1981	213 105	27 683	127 088	58 334	108.3	111.8	106.0	111.6
1982	252 309	31 980	154 950	65 379	112.4	109.9	116.2	111.7
1983	274 636	32 846	170 127	71 663	113.3	100.0	113.4	110.4
1984	333 325	42 478	200 082	90 765	117.9	123.9	114.6	122.9
1985	418 477	54 426	252 627	111 424	120.0	103.1	119.5	132.0
1986	479 839	66 125	288 445	125 269	106.3	86.9	109.5	108.9
1987	568 781	89 267	332 594	146 920	110.7	117.8	112.3	104.3
1988	726 902	108 407	451 858	166 637	120.6	102.9	119.9	130.4
1989	998 864	119 160	524 816	354 888	106.4	105.6	107.0	105.0
1990	1 152 588	128 817	609 768	414 003	109.0	104.7	106.5	114.5
1991	1 355 846	137 419	705 207	513 220	111.7	101.0	111.1	116.1
1992	1 692 611	152 631	866 102	673 878	116.5	103.6	116.0	120.5
1993	2 321 078	201 110	1 239 962	880 006	112.2	112.3	111.5	113.2
1994	2 848 287	282 135	1 395 441	1 170 711	112.3	105.1	107.4	118.8
1995	3 578 651	397 634	1 767 652	1 413 365	113.8	121.1	117.6	109.0
1996	4 443 941	458 714	2 137 559	1 847 668	114.1	105.5	114.2	115.7
1997	5 017 852	487 087	2 373 937	2 156 828	113.2	103.7	113.8	114.3
1998	5 629 465	507 149	2 628 500	2 493 816	111.0	102.3	110.4	113.0
1999	5 936 439	528 361	2 680 956	2 727 122	108.2	103.5	106.7	110.3
2000	6 361 308	575 242	2 758 071	3 027 995	108.4	103.5	107.6	109.8
2001	6 763 684	580 957	2 973 665	3 209 062	108.5	104.0	107.2	110.5
2002	7 339 974	607 662	3 177 541	3 554 771	109.2	103.6	109.2	110.2
2003	8 182 598	650 417	3 543 658	3 988 523	110.3	104.3	111.0	110.7
2004	9 461 405	731 547	4 242 190	4 487 668	112.0	104.3	114.6	110.9
2005	10 615 544	773 080	4 767 479	5 074 985	111.1	105.0	113.1	110.1

注：1. 生产总值按当年价计算，1993 年以后的生产总值数据是按照国家统计局的规定，根据 2004 年经济普查进行修定后的数据。

2. 生产总值指数按可比价计算，以上年为 100。

2－6 各县（市）区生产总值

（2005 年）

地　区	生产总值（当年价，万元）	第一产业	第二产业			第三产业
				工　业	建 筑 业	
昆明市	10 615 544	773 080	4 767 479	3 864 333	903 146	5 074 985
五华区	3 017 676	11 038	1 816 672	1 646 452	170 220	1 189 966
盘龙区	1 210 807	15 776	308 162	207 637	100 525	886 869
西山区	1 247 272	23 489	426 707	357 451	69 256	797 076
官渡区	2 335 588	90 767	913 626	575 483	338 143	1 331 195
东川区	113 014	22 749	43 897	39 567	4 330	46 368
呈贡县	293 285	63 863	129 369	120 343	9 026	100 053
晋宁县	237 287	67 243	91 335	73 208	18 127	78 709
安宁市	750 259	49 115	457 206	414 150	43 056	243 938
富民县	120 469	31 928	51 736	27 713	24 023	36 805
宜良县	461 712	147 748	138 513	109 886	28 627	175 451
石林县	164 746	49 097	42 222	34 910	7 312	73 427
嵩明县	205 319	58 387	87 587	53 972	33 615	59 345
禄劝县	154 301	68 822	25 732	20 682	5 050	59 747
寻甸县	176 132	70 659	32 721	27 240	5 481	72 752

续 2－6　　（2005 年）

地　区			人均生产总值（元）	构　成（%）		
	运输、仓储、邮政业	批发零售餐饮业		第一产业	第二产业	第三产业
昆明市	673 820	1 019 682	17 560	7.3	44.9	47.8
五华区	71 793	390 825	34 579	0.37	60.20	39.43
盘龙区	70 389	85 259	19 228	1.30	25.45	73.25
西山区	73 082	106 768	18 675	1.88	34.21	63.91
官渡区	373 817	211 761	31 592	3.89	39.11	57.00
东川区	6 186	2 403	3 718	20.13	38.84	41.03
呈贡县	18 288	16 077	13 711	21.78	44.11	34.11
晋宁县	4 880	14 131	8 563	28.34	38.49	33.17
安宁市	47 470	54 370	23 939	6.55	60.94	32.51
富民县	2 330	4 033	8 648	26.50	42.95	30.55
宜良县	36 245	29 328	11 286	32.00	30.00	38.00
石林县	10 643	17 444	7 098	29.80	25.63	44.57
嵩明县	4 471	10 775	5 934	28.44	42.66	28.90
禄劝县	3 135	13 223	3 438	44.60	16.68	38.72
寻甸县	3 536	14 059	3 540	40.11	18.58	41.31

注：生产总值是分级核算，各县（市）区数相加不等于全市数。

2-7 昆明市国民经济主要指标占云南省的比重

（2005年）

指标	单位	云南	昆明	昆明占云南的比重（%）
一、生产总值（当年价）	亿元	3 472.89	1 061.55	30.6
第一产业	亿元	669.81	77.31	11.5
第二产业	亿元	1 432.76	476.75	33.3
第三产业	亿元	1 370.32	507.49	37.0
二、社会消费品零售总额	亿元	1 034.40	415.49	40.2
三、农林牧渔业总产值（当年价）	亿元	1 068.58	117.23	11.0
四、主要农产品产量				
粮食	万吨	1 514.93	113.36	7.5
油料	万吨	36.22	1.36	3.8
猪羊牛肉	万吨	277.32	28.40	10.2
五、地方财政收入	亿元	312.65	110.46	35.3
地方财政支出	亿元	766.31	133.36	17.4
六、主要工业产品产量				
机制纸及纸板	万吨	28.88	5.08	17.6
卷烟	万箱	631.47	134.38	21.3
发电量	亿千瓦小时	624.2	124.24	19.9
粗钢	万吨	513.41	325.39	63.4
钢材	万吨	486.93	384.48	79.0
水泥	万吨	2 832.62	516.50	18.2
十种有色金属	万吨	147.44	73.90	50.1
七、全社会固定资产投资	亿元	1 755.30	523.01	29.8

注：云南省主要经济指标数据摘自《云南省领导干部经济工作手册－2006》。

2－8 昆明市十四个县（市）区主要经济指标

（2005 年）

	生产总值（万元）	地方财政收入（万元）	农林牧渔业总产值（万元）	农民人均纯收入（元）
五华区	3 017 676	78 756	17 435	4 254
盘龙区	1 210 807	69 425	21 651	4 269
官渡区	2 335 588	83 329	117 771	4 950
西山区	1 247 272	69 019	36 467	4 978
东川区	113 014	9 042	39 727	1 388
呈贡县	293 285	20 162	95 656	4 569
晋宁县	237 287	13 384	95 210	3 229
安宁市	750 259	63 683	71 589	3 759
富民县	120 469	4 486	51 104	3 091
宜良县	461 712	20 355	207 078	3 308
石林县	164 746	11 791	91 392	3 089
嵩明县	205 319	11 401	103 626	3 006
禄劝县	154 301	9 196	114 130	1 632
寻甸县	176 132	9 830	109 449	1 890

2-9 云南省十六个地州市主要经济指标

（2005年）

	年末总人口（万人）	位次	生产总值（亿元）	位次	地方财政收入（亿元）	位次	社会消费品零售总额（亿元）	位次	农民人均纯收入（元）	位次
昆　明	608.57	1	1 061.55	1	110.46	1	415.49	1	3 258	2
曲　靖	565.76	2	440.97	2	29.45	3	91.49	2	2 078	6
玉　溪	221.35	11	368.40	3	31.23	2	60.95	5	3 314	1
昭　通	507.5	3	169.55	7	8.52	7	44.69	8	1 300	15
楚　雄	265.69	7	193.28	6	12.29	6	55.31	6	2 223	4
红　河	431.15	4	308.53	4	25.00	4	64.78	3	1 991	7
文　山	337.12	6	148.24	8	7.09	8	53.42	7	1 365	13
思　茅	256.56	8	106.31	10	6.23	10	33.00	10	1 553	9
西双版纳	104.96	14	78.82	12	3.64	14	21.52	13	2 172	5
大　理	347.11	5	235.18	5	15.75	5	62.41	4	2 251	3
保　山	244.24	9	119.80	9	6.53	9	36.03	9	1 879	8
德　宏	115.08	13	58.84	14	4.06	13	22.67	12	1 504	10
丽　江	120.26	12	60.33	13	4.06	12	15.81	14	1 459	11
怒　江	52.04	15	23.99	16	2.01	15	7.31	15	1 034	16
迪　庆	36.87	16	27.98	15	1.39	16	6.75	16	1 425	12
临　沧	236.12	10	96.57	11	4.60	11	27.76	11	1 346	14

本资料摘自《云南省领导干部经济工作手册-2006》。

主要统计指标解释

国内生产总值或地区生产总值（GDP） 是指一个国家或地区所有常住单位在一定时期内（通常为一年）生产活动的最终成果（简称 GDP）。即所有常住机构单位或产业部门一定时期内生产的可供最终使用的产品和劳务的价值。对国家而言，此指标称之为国内生产总值（GDP）；对地区而言，此指标则称之为地区生产总值（GDP），如云南省生产总值，昆明市生产总值，等等。

生产总值有三种表现形态，即价值形态、收入形态和产品形态。从价值形态看，它是所有常住单位在一定时期内所生产的全部货物和服务价值超过同期投入的全部非固定资产货物和服务价值的差额，即所有常住单位的增加值之和；从收入形态看，它是所有常住单位在一定时期内所创造并分配给常住单位和非常住单位的初次分配收入之和；从产品形态来看，它是最终使用的货物和服务减去进口货物和服务。

生产总值能够全面反映全社会经济活动的总规模，是衡量一个国家或地区经济实力，评价经济形势的重要综合指标，世界上大多数国家都采用这一指标。

当年价格 指报告期的实际价格，如工厂的出厂价格，农产品的收购价格，商业的零售价格等。按当年价格计算，是指一些以货币表现的价值量指标，如社会总产值、工农业总产值。国民收入、国民生产总值等，按照当年的实际价格来计算总量。使用当年价格计算的数字，是为了使国民经济各项指标互相衔接，便于考察当年社会经济效益，便于对生产和流通、生产和分配、生产和消费进行经济核算和综合平衡。

按当年价格计算的价值指标，在不同年份之间进行对比时，因为包含有各年间价格变动的因素，不确切地反映实物量的增减变动。必须消除价格变动因素后，才能真实反映经济发展动态。因此，在计算增长速度时都使用按可比价格计算的数字。

可比价格 指在不同时期的价值指标对比时，扣除了价格变动的因素，以确切反映物量的变化。按可比价格计算有两种方法：一种是直接按产品产量乘其不变价格计算；一种是用价格指数换算。

不变价格 用某一时期的同类产品的平均价格作为固定价格，来计算各个时期的产品价值。新中国成立后，随着工农业产品价格水平的变化，国家统计局先后五次制定了全国统一的工业产品不变价格和农业产品不变价格，从 1949 年到 1957 年使用 1952 年工（农）业产品不变价格，从 1957 年到 1971 年使用 1957 不变价格，从 1971 年到 1981 年使用 1970 年不变价格，从 1981 年到 1990 年使用 1980 年不变价格，从 1990 年开始使用 1990 年不变价格。

本〈年鉴〉所列“社会总产值指数”、“工农业总产值指数”、“国内生产总值指数”等都是按可比价格计算的。如计算有关年份产值增长情况，可用指数直接进行对比。

平均每年增长速度 在我国计算平均增长速度有两种方法，一种是习惯上经常使用的“水平法”，又称几何平均法，是以间隔期最后一年的水平同基期水平对比来计算平均每年增长（或下降）速度。另一种是“累计法”，又称代数平均法或方程法，是以间隔期内各年水平的总和同基期水平对比来计算平均每年增长（或下降）速度。（具体计算方法，可参阅中国财政经济出版社出版的《平均增长速度查对表》。）

在一般正常情况下，两种方法计算的平均每年增长速度比较接近，但在经济发展不平衡，出现大起大落时，两种方法计算的结果差别较大。

本《年鉴》内所列的平均每年增长速度，一般都是用“水平法”计算的。从某年到某年平均增长速度的年份，均不包括基期年在内。如建国三十六年的平均增长速度是以 1949 年为基期计算的，则写为 1950—1985 年平均增长速度，余类推。固定资产投资则是用“累计法”计算的。

国有经济单位 指生产资料归全民所有的企业、事业单位，以及各级国家机关、人民团体等单位。

集体经济单位 指生产资料归劳动者集体所有的各种企事业单位。包括农村各种经济组织经营的农、林、牧、渔业，乡（社）村（队）经营的企业、事业单位；城市，县，镇以及街道举办的集体所有制的企业，事业单位。

三次产业 根据社会生产活动历史发展的顺序对产业结构的划分，产品直接取自自然界的部门称为第一产业，对初级产品进行加工再加工的部门称为第二产业，为生产和消费提供各种服务的部门为第三产业。它是世界上通用的产业结构分类，但各国的划分不尽一致. 我国的三次产业划分是：

第一产业：农业（包括种植业、林业、牧业、渔业）。

第二产业：工业（包括采掘工业、制造业、自来水、电力、蒸气、热水、煤气）和建筑业。

第三产业：除第一、第二产业以外的其他各业。由于第三产业包括的行业多、范围广，根据我国的实际情况，第三产业可分为两大部门：一是流通部门，二是服务部门。具体又可分为四个层次。

第一层次：流通部门，包括交通运输业、邮电通讯业、商业、饮食业、物资供销和仓储业。

第二层次：为生产和生活服务的部门，包括金融、保险业，地质勘查业，房地产、公用事业，居民服务业，咨询服务业和综合技术服务业，农、林、牧、渔、水利服务业和水利业、公路、内河（湖）航道养护业等。

第三层次：为提高科学文化水平和居民素质服务的部门，包括教育、文化、广播电视、科学研究、卫生、体育和社会福利事业等。

第四层次：为社会公共需要服务的部门，包括国家机关、政党机关、社会团体，以及军队和警察等。

三、人　口

RENKOU

3-1 历年全市年末人口数

单位：万人

年份	总户数（户）	总人口	按性别分		按农业、非农业人口分	
			男	女	农业人口	非农业人口
1949	393 601	175.06	88.24	86.82	142.40	32.66
1957	459 595	225.28	114.56	110.72	160.66	64.62
1958	460 221	225.85	116.02	109.83	151.82	74.03
1960	457 950	234.50	121.09	113.41	149.21	85.29
1962	496 765	236.45	119.80	116.65	166.30	70.15
1963	512 614	245.66	124.43	121.23	173.12	72.54
1964	529 879	254.12	129.29	124.83	178.99	75.13
1965	540 751	264.62	135.54	129.08	183.44	81.18
1966	549 183	273.92	141.05	132.87	188.69	85.23
1967	555 559	279.09	143.54	135.55	193.46	85.63
1968	571 500	288.76	148.79	139.97	200.37	88.39
1969	575 613	293.21	150.98	142.23	208.00	85.21
1970	606 643	298.93	154.00	144.93	211.55	87.38
1971	584 495	309.71	159.84	149.87	219.47	90.24
1972	618 281	319.24	163.72	155.52	224.15	95.09
1973	631 999	329.69	168.96	160.73	233.90	95.79
1974	643 598	338.12	173.56	164.56	238.81	99.31
1975	660 052	343.94	175.64	168.30	244.04	99.90
1976	611 697	350.17	178.97	171.20	247.84	102.33
1977	695 235	359.08	183.61	175.47	254.42	104.66
1978	709 356	367.10	187.84	179.26	258.66	108.44
1979	724 933	371.82	190.25	181.57	258.94	112.88
1980	776 926	378.05	193.23	184.82	263.27	114.78
1981	781 232	379.38	194.36	185.02	262.04	117.34
1982	792 253	384.04	197.17	186.87	264.07	119.97
1983	841 217	388.71	199.65	189.06	265.43	123.28
1984	857 239	393.84	202.79	191.05	267.42	126.42
1985	892 888	399.23	205.30	193.93	268.08	131.15
1986	926 927	404.55	208.47	196.08	270.53	134.02
1987	972 270	410.16	211.43	198.73	272.26	137.90
1988	1 004 827	416.75	215.14	201.61	274.59	142.16
1989	1 045 925	421.85	217.97	203.88	276.29	145.56
1990	1 081 384	426.72	220.68	206.04	278.51	148.21
1991	1 116 061	431.65	223.24	208.41	280.54	151.11
1992	1 145 887	435.59	225.44	210.15	281.97	153.62
1993	1 185 445	440.68	228.16	212.52	282.46	158.22
1994	1 209 048	444.91	230.36	214.55	283.38	161.53
1995	1 240 669	449.94	233.02	216.92	284.93	165.01
1996	1 262 869	455.26	236.02	219.24	286.41	168.85
1997	1 293 942	460.65	238.60	222.05	287.09	173.56
1998	1 331 192	467.01	241.65	225.36	288.95	178.06
1999	1 357 452	473.39	244.84	228.55	290.44	182.95
2000	1 386 417	480.94	248.59	232.35	291.78	189.16
2001	1 410 640	487.52	251.91	235.61	292.69	194.83
2002	1 431 967	494.81	255.64	239.17	294.30	200.51
2003	1 459 616	500.79	258.33	242.45	295.44	205.34
2004	1 487 679	502.92	259.11	243.81	294.85	208.07
2005	1 531 943	508.47	261.15	247.32	297.26	211.21

注：历年年末人口数为户籍数。

3-2 主要年份全市人口出生率、死亡率、自然增长率

年　份	年平均人口（万人）	出生率（‰）	死亡率（‰）	自然增长率（‰）
1980	374.94	13.38	5.89	7.49
1982	381.71	14.28	6.26	8.02
1983	386.37	11.70	6.19	5.51
1984	391.27	11.44	5.54	5.90
1985	396.54	11.42	5.54	5.88
1986	401.89	13.63	5.58	8.05
1987	407.36	13.64	5.35	8.29
1988	413.46	13.68	5.29	8.39
1989	419.30	13.47	5.91	7.56
1990	424.28	13.34	5.88	7.46
1991	429.18	12.07	5.59	6.48
1992	433.62	11.81	5.98	5.83
1993	438.13	12.43	5.47	6.96
1994	442.79	12.08	5.37	6.71
1995	447.43	12.58	5.67	6.91
1996	452.60	12.13	5.55	6.58
1997	457.96	12.78	5.46	7.32
1998	463.83	13.02	5.09	7.93
1999	470.20	12.53	5.12	7.42
2000	477.16	13.45	5.72	7.73
2001	484.23	11.52	4.72	6.80
2002	491.17	11.65	4.80	6.85
2003	497.80	11.55	4.65	6.90
2004	501.86	11.10	4.60	6.50
2005	505.70	11.44	5.21	6.23

主要统计指标解释

人口数指一定时点，一定地区范围内的有生命的自然人的总和。年度统计的年末人口数是指每年 12 月 31 日 24 时的人口数。

市镇人口和乡村人口一般是按常住人口划分的。

市镇人口指市辖区、县级市和镇辖行政区内的全部人口。

乡村人口指县（不含镇）的全部人口。

市由国务院批准设立。

镇由省、市、自治区、直辖市人民政府批准设立。1963 年以前为常住人口在 2000 人以上，非农业人口占 50%以上的，1964 年起改为常住人口在 3000 人，非农业人口占 85%以上的。1984 年后又调整为，凡县级地方国家机关所在地；或总人口在 20000 人以下的乡，乡政府驻地非农业人口超过 2000 人的；或总人口在 20000 人以上的乡、乡政府驻地非农业人口占全乡人口 10%以上；或少数民族地区、人口稀少的边远地区、山区和小型工矿区、小港口、风景旅游、边境口岸等地，非农业人口不足 2000 人，确有必要，都可建镇。

人口密度指一定时点一定地区的人口数与该地区的面积数之比，即一定时点的单位土地面积上的人口数，通常以每平方公里的居民人数来表示：

$$人口密度=\frac{该地区的人口数}{该地区的土地面积}$$

出生率（又称粗出生率）指一定时期内（通常为一年内）一定地区的出生人数与同期平均人数之比，一般用千分率表示。计算公式：

$$出生率=\frac{年出生人数}{年平均人数}\times‰$$

出生人数是指活产婴儿，即有过呼吸或其他生命现象。

年平均人数是年初、年末人口数的平均数，也可用年中人口数代替。

死亡率指在一定时期内（通常为一年内）一定地区的死亡人数与同期平均人数之比，一般用千分率表示。计算公式：

$$死亡率=\frac{年死亡人数}{年平均人数}\times‰$$

人口自然增长率在一定时期内（通常为一年内）人口自然增加数（出生人数减死亡人数）与年平均人数之比，一般用千分率表示。计算公式：

$$人口自然增长率=\frac{年出生人数—年死亡人数}{年平均人数}\times‰$$

人口自然增长率 = 人口出生率—人口死亡率

性别比反映两性人口比例的指标，指在总人口中或各年龄组人口中，男性人数与女性人数之比。通常以每 100 个女性人口相对应的男性人口数。计算公式：

$$性别比=\frac{男性人口}{女性人口}\times\%$$

四、从业人员和职工工资

CONGYERENYUANHEZHIGONGGONGZI

4-1 按国民经济行业分的单位从业人员人数

（2005年） 单位：人

指标	从业人员年末人数
全市合计	**715 616**
按国民经济行业分	
1. 农、林、牧、渔业	7 362
2. 采矿业	7 661
3. 制造业	166 720
4. 电力、燃气及水的生产和供应业	13 711
5. 建筑业	100 129
6. 交通运输、仓储和邮政业	76 144
7. 信息传输、计算机服务和软件业	12 108
8. 批发和零售业	34 347
9. 住宿和餐饮业	19 774
10. 金融业	19 929
11. 房地产业	9 746
12. 租赁和商务服务业	12 509
13. 科学研究、技术服务和地质勘查业	30 593
14. 水利、环境和公共设施管理业	8 384
15. 居民服务和其他服务业	3 098
16. 教育	74 851
17. 卫生、社会保障和社会福利业	29 043
18. 文化、体育和娱乐业	12 840
19. 公共管理和社会组织	76 667
20. 国际组织	

4-2 主要年份全部职工工资总额和平均工资

年份	工资总额（千元）			
	合　计	国有经济单　位	集体经济单　位	其他经济单　位
1978	422 018	375 536	46 482	
1979	475 133	418 081	57 052	
1980	567 371	498 420	68 951	
1981	596 451	522 108	74 343	
1982	634 655	549 201	85 454	
1983	677 230	585 326	91 904	
1984	827 583	711 202	114 497	1 884
1985	968 052	832 973	132 307	2 772
1986	1 102 065	949 151	149 861	3 053
1987	1 271 495	1 093 591	174 012	3 892
1988	1 542 655	1 331 103	205 395	6 157
1989	1 750 438	1 510 503	232 404	7 531
1990	2 085 278	1 816 292	262 449	6 537
1991	2 372 541	2 039 138	324 327	9 076
1992	2 869 395	2 440 020	414 029	15 346
1993	3 808 019	3 212 473	514 463	81 083
1994	5 191 120	4 331 337	718 844	160 939
1995	5 910 589	4 901 696	796 537	212 356
1996	7 067 305	5 884 630	873 619	309 056
1997	7 909 571	6 642 148	835 442	431 981
1998	8 236 287	6 751 079	739 256	745 952
1999	8 675 716	6 647 893	701 349	1 326 474
2000	9 187 062	6 848 382	662 125	1 676 555
2001	9 607 725	6 728 038	524 708	2 354 979
2002	10 519 895	7 408 899	491 777	2 619 219
2003	11 055 680	7 379 166	440 728	3 235 786
2004	12 214 482	8 112 309	351 157	3 751 016
2005	13 429 298	8 706 306	276 453	4 446 539

续 4－2

年份	平均工资（元/人）			
	全市平均	国有经济单位	集体经济单位	其他经济单位
1978	656	686	486	
1979	711	737	567	
1980	802	833	629	
1981	817	844	668	
1982	845	867	722	
1983	881	901	772	
1984	1 062	1 100	876	907
1985	1 213	1 250	1 022	1 252
1986	1 342	1 386	1 116	1 304
1987	1 509	1 559	1 258	1 421
1988	1 809	1 866	1 510	1 846
1989	2 046	2 117	1 686	1 933
1990	2 413	2 497	1 955	2 570
1991	2 644	2 725	2 219	3 272
1992	3 087	3 200	2 539	3 969
1993	3 880	4 003	3 149	5 198
1994	5 272	5 442	4 327	6 108
1995	6 014	6 204	4 972	6 534
1996	7 263	7 491	5 880	7 931
1997	8 118	8 372	6 205	9 308
1998	8 554	8 770	6 757	8 914
1999	9 077	9 149	7 161	10 104
2000	9 891	9 941	7 555	11 013
2001	10 914	11 049	7 414	11 741
2002	12 287	12 476	8 084	12 996
2003	13 369	13 526	8 595	14 063
2004	15 464	16 161	9 066	15 055
2005	17 887	18 805	9 588	17 171

4－3　按经济类型分行业在岗职工年末人数

（2005年）

单位：人

行　　业	全部在岗职工	国有经济	集体经济	其他经济
全市合计	**675 442**	**424 286**	**20 902**	**230 254**
按企、事业和机关分组				
企业	445 682	195 035	20 506	230 141
事业	155 557	155 163	281	113
机关	74 203	74 088	115	–
按国民经济行业分				
1. 农、林、牧、渔业	7 124	6 410	42	672
2. 采掘业	7 652	5 575	160	1 917
3. 制造业	160 636	52 219	8 901	99 516
4. 电力、燃气及水的生产和供应业	13 564	5 982	210	7 372
5. 建筑业	93 403	43 277	1 872	48 254
6. 交通运输、仓储和邮政业	67 488	58 932	959	7 597
7. 信息传输、计算机服务和软件业	9 555	4 297	105	5 153
8. 批发和零售业	32 422	8 710	2 639	21 073
9. 住宿和餐饮业	18 853	6 578	1 378	10 897
10. 金融业	19 691	12 875	2 049	4 767
11. 房地产业	9 065	1 345	49	7 671
12. 租赁和商务服务业	11 211	5 288	1 334	4 589
13. 科学研究、技术服务和地质勘查业	25 766	20 512	243	5 011
14. 水利、环境和公共设施管理业	8 005	7 374	26	605
15. 居民服务和其他服务业	2 809	675	396	1 738
16. 教育	73 994	72 735	21	1 238
17. 卫生、社会保障和社会福利业	28 625	28 551	34	40
18. 文化、体育和娱乐业	12 211	9 765	373	2 073
19. 公共管理和社会组织	73 368	73 186	111	71
20. 国际组织				

4-4 分行业全部在岗职工平均工资

（2005 年）

单位：元/人

行　　业	全部在岗职工	国有经济	集体经济	其他经济
全市合计	**19 121**	**19 783**	**11 642**	**18 594**
按企、事业和机关分组				
企业	20 949	24 719	11 592	18 591
事业	15 959	15 958	13 644	23 495
机关	14 740	14 738	15 789	-
按国民经济行业分				
1. 农、林、牧、渔业	12 109	12 319	7 810	10 625
2. 采掘业	17 226	18 295	7 918	15 362
3. 制造业	20 279	27 189	11 587	17 378
4. 电力、煤气及水的生产和供应业	37 763	26 087	23 763	48 082
5. 建筑业	15 723	15 258	9 367	16 425
6. 交通运输、仓储和邮政业	24 001	25 080	11 458	17 319
7. 信息传输、计算机服务和软件业	36 277	42 729	16 686	31 427
8. 批发和零售业	16 682	21 277	10 396	15 407
9. 住宿和餐饮业	11 301	11 622	9 371	11 342
10. 金融业	32 167	36 317	17 110	27 619
11. 房地产业	14 994	15 872	11 255	14 869
12. 租赁和商务服务业	28 153	28 390	8 488	33 321
13. 科学研究、技术服务和地质勘查业	21 658	20 006	14 665	30 410
14. 水利、环境和公共设施管理业	13 105	13 163	12 308	12 457
15. 居民服务和其他服务业	11 960	14 666	10 465	11 299
16. 教育	15 386	15 086	18 391	33 157
17. 卫生、社会保障和社会福利业	19 152	19 182	6 265	9 578
18. 文化、体育和娱乐业	14 377	15 233	13 479	10 388
19. 公共管理和社会组织	14 594	14 592	14 945	15 565
20. 国际组织				

4－5 各县（市）区国有经济单位

（2005 年）

	合 计	农、林、牧、渔业	采矿业	制造业	电力、燃气及水的生产和供应业	建筑业	交通运输、仓储和邮政业	信息传输、计算机服务和软件业	批发和零售业	住宿和餐饮业
全市合计	**424 286**	**6 410**	**5 575**	**52 219**	**5 982**	**43 277**	**58 932**	**4 297**	**8 710**	**6 578**
盘龙区	8 115	36		5					530	189
五华区	9 421								41	
西山区	7 626			360		40			136	127
官渡区	14 139	155		35					235	679
安宁市	34 869	850	1 207	22 956	191	740	51		649	121
富民县	5 540	178		5	37	6	85	4	77	
呈贡县	6 827	144		839	185	147	333	30	350	
晋宁县	11 588	313	3 067	217	167		188	37	162	170
嵩明县	9 909	671		7	44		57	35	309	71
宜良县	11 508	338	1 285	321	933		305	49	430	57
石林县	9 773	43		27	257		102	48	807	295
禄劝县	10 678	944			631	58	96	50	294	
东川区	8 668	611		27	115	39	383	22	127	26
寻甸县	10 836	196	16		89	5	98	63	317	13

注：全市合计中含中央、省、市属国有经济单位的在岗职工人数，盘龙、五华、西山、官渡四个区只含区属单位在岗职工人数。

分行业在岗职工年末人数

单位：人

金融业	房地产业	租赁和商务服务业	科学研究、技术服务和地质勘查业	水利、环境和公共设施管理业	居民服务和其他服务业	教育	卫生、社会保障和社会福利业	文化、体育和娱乐业	公共管理和社会组织	国际组织
12 875	**1 345**	**5 288**	**20 512**	**7 374**	**675**	**72 735**	**28 551**	**9 765**	**73 186**	
	182	47	6	460		2 541	820	146	3 153	
	167	36	33	781		3 821	454	74	4 014	
	52	7				1 935	468	59	4 442	
	39	1 663	70	931		4 690	1 167	155	4 320	
365	18		171	489	29	3 003	709	317	3 003	
110	17	55	547	149		1 618	586	115	1 951	
188	15		160	46		1 733	429	42	2 186	
172	20	522	512	309		2 461	634	74	2 563	
220	31	24	303	181		3 317	890	60	3 689	
246	3	68	170	254	16	3 289	851	61	2 832	
199	41	50	18	1 074	74	2 647	623	83	3 385	
136				255		3 937	779	149	3 349	
155	12	14	131	335	12	3 075	1 089	188	2 307	
194	28	9	87	156		5 497	746	50	3 272	

主要统计指标解释

一、从业人员

单位从业人员：各单位的从业人员是指在各级国家机关、政党机关、社会团体及企业、事业单位中工作、并取得劳动报酬的全部人员。包括：在岗职工、再就业的离退休人员、民办教师以及在各单位中工作的外方人员和港澳台方人员、兼职人员、借用的外单位人员和第二职业者。不包括离开本单位仍保留劳动关系的职工（非在岗职工）。

职工按是否在岗分为在岗职工和非在岗职工。

在岗职工：指在本单位工作并由单位支付劳动报酬的职工。包括由单位派出学习、劳务及病伤产假且仍由单位支付劳动报酬的人员。

离开本单位仍保留劳动关系的职工（非在岗职工）：指由于各种原因，已经离开本人的生产或工作岗位，并已不在本单位从事其他工作，但仍与用人单位保留劳动关系的职工。

离开本单位仍保留劳动关系的职工生活费：指上述人员在离开本单位仍保留劳动关系期间从本单位领取的生活费。

内部退养职工：指接近正常退休年龄但因退出工作岗位，在正式办理退休手续前由单位按月发给一定生活费的职工。

专业技术人员：指从事专业技术工作的人员以及从事专业技术管理工作且已在1983年以前评定了专业技术职称或在1984年以后聘任了专业技术职务的人员。

专业技术人员具体指工程技术人员、农业技术人员、科研人员（含自然科学研究、社会科学研究及实验技术人员）、卫生技术人员、教学人员（含高等院校、中等专业学校、技工学校、中学、小学）、民用航空飞行技术人员、船舶技术人员、经济人员、会计人员、统计人员、翻译人员、图书资料、档案、文博人员、新闻、出版人员、律师、公证人员、广播电视播音人员、工艺美术人员、体育人员、艺术人员及政工人员。

专业技术管理人员具体指企业、事业单位的领导，企业事业单位下设的职能机构、企业的生产车间和辅助车间（或附属辅助生产单位）中从事生产、技术、经济管理和政治工作的人员。

* 按照公务员管理或参照公务员管理的人员不统计为专业技术人员。

二、工资总额

1．工资总额构成指将工资总额按其职能及发放形式区分为若干项目。包括：计时和计件标准工资、各种奖金、各种津贴和补贴、加班加点工资和其他工资等。

a．计时工资是指按计时工资标准和工作时间支付给个人的劳动报酬。计件工资是指对已做工作按件单价支付的劳动报酬。计时和计件标准工作填报的内容主要包括：

（1）对已做工作按计时工资标准支付的工资；

（2）新参加工作职工的见习工资（学徒的生活费）；

（3）根据国家法律、法规和政策规定，因病、工伤、产假、计划生育假、婚丧假、事假、探亲假、定期休假、停工学习、执行国家或社会义务等原因按计时工作标准或计时工资标准的一定比例支付的工资；

（4）实行岗位技能工资制的单位支付给职工的技能工资和岗位（职务工资）；

（5）合同制职工按规定缴纳的不超过本人标准工资一定比例的退休养老基金、职工受处分期间的工资、浮动升级的工资等。

（6）机关工作人员的职务工资、级别工资、基础工资；工人的岗位工资、技术等级（职务）工资；

（7）各类事业单位的专业技术职务工资、艺术专业职务工资、体育基础津贴、行员等级工资、职员职务工资、技术等级工资、等级工资等。工人的技术等级（职务）工资、等级工资。

（8）实行计件工资制的单位，按照批准的计件单价和规定的劳动定额或工作量支付给计件工人的劳动报酬。

（9）按工作任务包干方法支付给个人的工资；按营业额提成或利润提成办法支付给个人的工资。

（10）临时职工的工资等。

b．奖金是指支付给职工的超额劳动报酬和增收节支的劳动报酬。包括生产（业务）奖、节约奖、劳动竞赛奖、计件超额工资以及其他奖金等。

c．津贴是指为了补偿职工特殊或额外的劳动消耗和因其他特殊原因支付给职工的津贴。补贴是指为了保证职工工资水平不受物价影响而支付给职工的物价补贴。

津贴包括：

(1) 补偿职工特殊或额外劳动消耗的津贴及岗位性津贴。包括高空津贴、井下津贴、流动施工津贴、高温作业补贴、艰苦气象台（站）津贴、微波站津贴、冷库低温津贴、邮电人员外勤津贴、夜班津贴、中班津贴、班（组）长津贴、环卫工人岗位津贴、广播电视天线工岗位津贴、盐业岗位津贴、废品回收人员岗位津贴、殡葬特殊行业津贴、城市社会福利事业岗位津贴、环境监测津贴、收容遣送岗位津贴、课时津贴、班主任津贴、科研辅助津贴、卫生临床津贴和防检律贴、农业技术推广服务津贴、护林津贴、林业技术推广服务津贴、野生动物保护工作津贴、水利防汛津贴、气象服务津贴、地震预测预防津贴、技术监督工作津贴、口岸鉴定检验津贴、环境污染监控津贴、社会服务津贴、特殊岗位津贴、岗位津贴、野外津贴、水上作业津贴、艺术表演档次津贴、演出场次津贴、艺术人员工种补贴、运动员成绩津贴、教练员培训津贴、运动员突出贡献津贴、责任目标津贴、领导职务津贴、岗位目标管理津贴、专业技术职务津贴、专业技术岗位津贴、技术等级岗位津贴、机关工作人员岗位津贴、技术工人岗位津贴、普通工人作业津贴以及其他特殊行业和苦脏累险等特殊岗位设立的津贴等。

(2) 保健性津贴。包括：卫生防疫津贴、医疗卫生津贴、科技保健津贴以及其他行业职工的特殊保健津贴等。

(3) 技术性津贴。包括：特级教师津贴、科研课题津贴、研究生导师津贴、工人技师津贴、中药老药工技术津贴、特殊教育津贴、高级知识分子特殊津贴等。

(4) 年功性津贴。包括：工龄工资、工龄津贴、教龄津贴和护士津贴等。

(5) 地区津贴。包括艰苦边远地区津贴和地区附加津贴等。

(6) 其他津贴。包括：直接支付给个人的伙食津贴、合同制职工的工资性补贴、上下班交通补贴、洗澡理发沐浴费、书报费等。

补贴包括：副食品价格补贴（含肉类等价格补贴）、粮、油、蔬菜等价格补贴、煤价补贴、房贴、水电贴、房改补贴以及煤气煤价提高补贴等。

d．加班加点工资是指对法定节假日和公休假日工作的职工，以及在正常工作日以外延长工作时间的职工按规定支付的加班工资和加点工资。

e．其他工资是指其他根据国家规定支付的工资。如附加工资、保留工资以及调整工资补发的上年工资等。

2、工资总额组成项目除上述具体规定和解释外，其他地方和单位自行建立的项目应视项目的性质列入相应的指标栏目进行统计。

五、固定资产投资

GUDINGZICHANTOUZI

5－1　1950年～2005年全社会固定资产投资完成情况

单位：万元

年份	投资总额	按建设性质分				按经济类型分	
		基本建设	更新改造	房地产开发	其他	国有	非国有
1950	138	138				138	
1951	476	476				476	
1952	751	751				751	
1953	4 482	4 482				4 482	
1954	4 861	4 861				4 861	
1955	3 159	3 159				3 159	
1956	5 800	5 800				5 800	
1957	10 939	10 939				10 939	
1958	27 506	27 506				27 506	
1959	38 283	38 283				38 283	
1960	40 510	40 510				40 510	
1961	11 642	11 642				11 642	
1962	4 190	4 190				4 190	
1963	8 297	8 297				8 297	
1964	9 220	9 220				9 220	
1965	12 517	12 517				12 517	
1966	23 540	23 540				23 540	
1967	9 359	9 359				9 359	
1968	5 749	5 749				5 749	
1969	13 847	13 847				13 847	
1970	17 827	17 827				17 827	
1971	25 848	25 848				25 848	
1972	24 709	24 709				24 709	
1973	26 957	26 957				26 957	
1974	22 011	21 760			251	21 760	251
1975	22 315	22 077			238	22 077	238
1976	16 020	15 870			150	15 870	150
1977	20 229	20 139			90	20 139	90
1978	27 763	26 126	80		1 557	26 634	1 129
1979	36 383	33 976	77		2 330	34 970	1 413
1980	50 419	41 153	6 339		2 927	48 711	1 708
1981	63 307	38 350	17 950		7 007	57 475	5 832
1982	89 548	55 718	25 738		8 092	82 952	6 596
1983	76 170	42 910	25 384		7 876	70 696	5 474
1984	94 221	47 501	28 129		18 591	77 733	16 488
1985	147 170	80 020	33 245		33 905	117 736	29 434
1986	159 219	68 492	50 040		40 687	124 389	34 830
1987	178 603	74 227	55 940		48 436	136 600	42 003
1988	217 835	71 483	94 728		51 624	173 469	44 366
1989	205 241	67 565	77 309		60 367	155 427	49 814
1990	216 238	79 309	75 428	13 330	48 171	177 090	39 148
1991	326 169	109 367	121 351	21 361	74 090	269 825	56 344
1992	397 974	154 036	126 354	23 247	94 337	316 689	81 285
1993	699 518	208 663	208 362	123 439	159 054	581 632	117 886
1994	1 025 416	297 727	303 045	228 793	195 851	859 504	165 912
1995	1 313 339	462 439	355 117	285 668	210 115	942 651	370 688
1996	1 552 219	503 830	510 033	280 966	257 390	1 130 337	421 882
1997	1 840 201	680 093	584 590	313 099	262 419	1369 486	470 715
1998	2 260 168	796 251	669 160	510 104	284 653	1 563 453	696 715
1999	2 389 621	905 345	455 901	722 081	306 294	1 573 525	816 096
2000	2 391 121	870 495	473 879	639 113	407 634	151 432	876 779
2001	2 639 050	966 985	557 644	661 466	452 955	1 656 993	982 057
2002	2 918 976	1 050 391	603 584	683 395	581 606	1 642 669	1 276 307
2003	3 616 524	1 358 986	799 505	700 700	757 333	1 784 174	1 832 350
2004	4 350 794	1 400 868	884 358	1 076 812	988 756	2 408 162	1 942 632
2005	5 230 093	1 904 697	1 105 569	1 493 527	726 300	2 940 410	2 289 683

5－2 全市固定资产投资完成情况

（2005 年）

单位：万元

	合计	基本建设	更新改造	其他投资	房地产投资	农村非农户	农村私人	城镇私人
本年度完成额	**5 230 093**	**1 904 697**	**1 105 569**	**442 626**	**1 493 527**	**86 832**	**121 665**	**75 177**
#住宅	1 404 037	90 826	6 684	4 214	1 137 249	6 520	98 029	60 515
内资企业	4 753 987	1 776 300	1 087 000	436 537	1 368 493	85 657		
#国有	2 162 824	1407 343	556 667	139 764	44 425	14 625		
港澳台商投资企业	195 105	122 904	16 710	4 284	50 402	805		
外商投资企业	83 789	5 493	1 859	1 805	74 632			
其他	197 212					370	121 665	75 177
新增固定资产	2 672 295	897 718	403 868	346 021	752 830	75 016	121 665	75 177
本年施工面积（平方米）	23 523 199	3 572 769	511 482	1 647 017	14 783 801	348 676	1 703 471	955 983
#住宅	16 835 679	1 070 233	40 838	46 780	13 181 271	58 928	1 532 345	905 284
本年竣工面积（平方米）	10 569 336	2 292 542	229 924	742 721	4 342 900	301 795	1 703 471	955 983
#住宅	7 068 645	706 312	29 587	34 491	3 802 517	58 109	1 532 345	905 284

5-3 全市基本建设、更新改造、其他投资、房地产投资主要指标

(2005年) 单位：个、万元

	合计	基本建设	更新改造	其他投资	房地产投资
一、项目个数（个）					
本年施工项目个数	1274	665	379	230	
#本年新开工项目个数	894	470	258	166	
本年投产项目个数	742	392	185	165	
二、投资额和新增固定资产					
计划总投资	14 190 354	5 457 502	3 329 604	744 928	4 658 320
本年计划投资	4 776 124	1 974 420	1 004 157	333 582	1 463 965
本年完成投资	4 946 419	1 904 697	1 105 569	442 626	1 493 527
#国有经济	2 940 410	1 562 894	955 331	249 491	172 694
#住宅	1 238 973	90 826	6 684	4 214	1 137 249
按构成分					
1、建筑工程	2 628 695	1 018 952	367 072	171 350	1 071 321
2、安装工程	233 479	59 995	84 058	20 770	68 656
3、设备、工具器具购置	930 004	204 894	502 570	214 818	7 722
4、其他费用	1 154 241	620 856	151 869	35 688	345 828
按建设性质分					
1. 新建	3 446 181	1 542 639	226 675	183 340	1 493 527
2. 扩建	856 809	266 514	424 364	165 931	
3. 改建	475 327	38 829	371 348	65 150	
4. 其它	168 102	56 715	83 182	28 205	
按国民经济主要行业分					
A. 农林牧渔业	38 031	33 959		4 072	
B. 采矿业	67 007	15 121	48 259	3 627	
C. 制造业	726 875	150 702	492 316	83 857	
D. 电力、燃气及水生产和供应业	400 044	238 078	159 868	2 098	
E. 建筑业	24 814	24 244		570	
F. 交通运输、仓储及邮政业	642 807	504 940	87 333	50 534	
G. 信息传输计算机服务和软件业	355 759	79 190	124 825	151 744	
H. 批发和零售业	130 124	55 622	9 154	65 348	
I. 住宿和餐饮业	15 921	7 682	338	7 901	
J. 金融业	10 000	1 230	2 990	5 780	
K. 房地产业	1 557 670	48 505		15 638	1 493 527
L. 租赁和商务服务业	25 627	22 298	125	3 204	
M. 科学研究、技术服务和地质勘查业	8 326	7 620		706	
N. 水利、环境和公共设施管理业	613 922	465 486	128 090	20 346	
O. 居民服务和其他服务业	12 424	7 726		4 698	
P. 教育	93 259	82 512	3 854	6 893	
Q. 卫生、社会保障和社会福利业	30 325	19 190	1 315	9 820	
R. 文化、体育和娱乐业	66 704	64 043	201	2 460	
S. 公共管理和社会组织	126 780	76 549	46 901	3 330	
T. 国际组织					
本年新增固定资产	2 400 437	897 718	403 868	346 021	752 830

注：此表不含农村非农户、私人及个私经济数据。

续 5-3　　　　　　　　　　　　　　　　　　　　　　　　单位：万元

	合计	基本建设	更新改造	其他投资	房地产投资
三、资金来源（财务拨款）					
（一）本年资金来源小计	6 436 614	2 090 833	1 240 738	473 820	263 1223
1. 上年末结余资金	954 317	184 463	176 469	25 404	567 981
2. 本年资金来源	5 482 297	1 906 370	1 064 269	448 416	2 063 242
（1）国家预算内资金	164 376	123 204	33 430	7 742	
（2）国内贷款	1 529 004	843 072	366 575	12 750	306 607
（3）债券					
（4）利用外资	60 399	47 724	6 693	3 992	1 990
（5）自筹资金	2 468 955	825 042	637 967	376 729	629 217
（6）其他资金	1 259 563	67 328	19 604	47 203	1 125 428
（二）各项应付款合计	868 966	364 358	96 385	9 610	398 613
#工程款	255 912	206 038	45 376	4 498	
设备、器材款	51 396	23 209	25 613	2 574	

5－4　全市固定资产投资按经济类型分组完成情况

单位：万元

指　标	2001 年	2002 年	2003 年	2004 年	2005 年
投资总额	**2 639 050**	**2 918 976**	**3 616 524**	**4 350 794**	**5 230 093**
一、按经济类型分					
1. 国有单位	1 656 993	1 642 669	1 784 174	1 664 444	2 148 199
基本建设	912 901	979 347	1 141 165	1 163 366	1 407 343
更新改造	470 182	480 964	501 136	445 606	556 667
其它投资	20 995	29 064	28 440	19 579	139 764
房地产投资	252 915	153 294	113 433	35 893	44 425
2. 集体单位	89 712	134 109	116 352	104 514	49 454
城镇集体	11 194	13 358	18 690	19 987	20 430
农村非农户	78 518	120 751	97 662	84 527	29 024
3. 个私单位	277 671	357 025	478 855	128 928	196 842
城镇私人建房	63 081	26 362	52 618	34 670	75 177
农村私人投资	75 952	90 663	102 161	94 258	121 665
4. 其它单位	614 674	785 173	1 237 143	2 452 908	2 835 598

5－5 全市固定资产投资构成分组

指 标	2001年	2002年	2003年	2004年	2005年
一、投资总额（万元）	**2 639 050**	**2 918 976**	**3 616 524**	**4 350 794**	**5 230 093**
1. 按构成分					
建筑工程	1 508 628	1 500 828	1 634 733	1 997 313	2 864 986
安装工程	114 365	133 842	152 045	165 236	236 214
设备、工具器具购置	653 950	534 891	870 353	840 737	947 073
其它费用	362 107	749 415	959 393	1 347 508	1 181 820
2. 按建设性质分					
#新建	1 442 191	1 367 810	2 220 383	2 307 647	3 700 661
扩建	477 226	577 253	856 469	741 344	876 889
改建	431 993	455 194	436 209	513 998	481 710
其它	287 640	518 719	103 463	787 805	170 833
3. 按国民经济行业分					
#农业	37 860	63 053	48 456	42 219	67 579
工业	430 373	650 890	703 563	836 173	1 215 017
教育	97 542	92 578	79 826	50 319	96 392
二、新增固定资产（万元）	2 010 985	1 973 274	2 211 046	2 660 782	2 672 295
三、施工项目个数（个）	1 180	1 615	1 255	1 974	2 106
#本年新开工	623	1 091	661	1 375	1 688
投产项目个数	648	1 085	574	1 173	1 440
四、施工房屋面积（平方米）	16 626 884	15 956 954	16 478 088	18 062 816	23 523 199
#住宅	10 801 773	10 394 039	10 847 524	12 570 745	16 835 679
竣工房屋面积	8 800 892	9 448 320	9 046 515	8 934 337	10 569 336
#住宅	6 371 306	6 652 296	6 306 817	6 063 875	7 068 645

5－6 全市基本建设投资完成情况

（2005 年）

单位：万元

	本年完成投资	住宅	按构成分				按建设性质分			
			建筑工程	安装工程	设备、工器具购置	其他费用	新建	扩建	改建	其他
合计	**1 904 697**	**90 826**	**1 018 952**	**59 995**	**204 894**	**620 856**	**1 542 639**	**266 514**	**38 829**	**56 715**
不分地区	402 459		216 328	26 381	104 976	54 774	387 974	10 251	4 234	
五华区	374 417	11 150	71 637	3 253	8 991	290 536	368 429	5 988		
盘龙区	203 519	29 326	130 029	3 570	8 819	61 101	147 633	52 695		3 191
官渡区	350 754	5 290	277 131	1 573	4 939	67 111	212 272	138 278		204
西山区	99 399	13 713	77 240	5 878	2 811	13 470	92 053	6 146		1 200
东川区	54 144	921	36 587	3 529	10 980	3 048	25 134	3 587	25 178	245
呈贡县	152 796	4 731	44 148	4 620	22 764	81 264	95 195	15 658	4 140	37 803
晋宁县	15 035	685	7 122	533	5 507	1 873	9 780	255	519	4 481
富民县	19 522	216	9 592	391	5 168	4 371	18 062	1 010	410	40
宜良县	36 805	3 733	25 840	1 801	5 548	3 616	3 548	25 539	1 292	6 426
石林县	25 601	2 798	16 930	356	336	7 979	24 860	741		
嵩明县	27 450	1 465	15 791	247	2 173	9 239	25 742		783	925
禄劝县	59 621	2 300	34 124	5 503	11 275	8 719	54 897	1 500	1 024	2 200
寻甸县	54 007	2 952	29 999	1 998	9 380	12 630	48 471	4 436	1 100	
安宁市	29 168	11 546	26 454	362	1 227	1 125	28 589	430	149	

5－7 全市更新改造投资完成情况

（2005年）

单位：万元

	本年完成投资	住宅	按构成分				按建设性质分			
			建筑工程	安装工程	设备、工器具购置	其他费用	新建	扩建	改建	其他
合计	**1 105 569**	**6 684**	**367 072**	**84 058**	**502 570**	**151 869**	**226 675**	**424 364**	**371 348**	**83 182**
不分地区	124 825				124 825			124 825		
五华区	164 944	3 001	56 820	1 106	53 390	53 628		61 338	63 621	39 985
盘龙区	86 785		14 349	10 047	57 232	5 157		15 982	29 503	41 300
官渡区	123 464		58 600	3 756	18 865	42 243	4 957	34 962	81 910	1 635
西山区	130 898		105 420	3 468	10 020	11 990		23 579	107 319	
东川区	17 402	56	5 446	1 984	8 828	1 144	3691	6 979	6 726	6
呈贡县	14 753			360	14 393			13 133	1 620	
晋宁县	8 319	32	2 621	248	5 242	208	220	1 965	5 878	256
富民县	3 441	1 015	2 875	85	266	215		1 667	1 774	
宜良县	3 378		1 062	144	2 004	168			3 378	
石林县	1 002		711		72	219		702	300	
嵩明县	6 183	61	6 033	70	80				6 183	
禄劝县	1 864		1 000	406	110	348		1 000	864	
寻甸县	31 500	490	6 320		18 704	6 476	31 500			
安宁市	386 811	2 029	105 815	62 384	188 539	30 073	186 307	138 232	62 272	

5－8 全市其他投资完成情况

（2005年）

单位：万元

	本年完成投资	按构成分					按建设性质分			
		住宅	建筑工程	安装工程	设备、工器具购置	其他费用	新建	扩建	改建	其他
合计	**442 626**	**4 214**	**171 350**	**20 770**	**214 818**	**35 688**	**183 340**	**165 931**	**65 150**	**28 205**
不分地区	197 943		13 787	13 311	169 281	1 564		151 744	46 199	
五华区	8 059		54		8 005			114		7 945
盘龙区	4 530		238	3	4 131	158	149		250	4131
官渡区	139 406	190	105 532	2 694	11 825	19 355	127 149	7 742	1 966	2 549
西山区	7 099	918	5 367	309	1 367	56	974	1 014		5 111
东川区	2 722		1 086	75	175	1 386	2 660		42	20
呈贡县	2 053		996	115	734	208	1 803			250
晋宁县	3 668	300	3 242	39	178	209	3 668			
富民县	9 072	100	4 434	200	1 818	2 620	666	5 287	2 482	637
宜良县	2 000		2 000						2 000	
石林县	27 733	2 616	18 777	1 153	4 504	3 299	26 583		550	600
嵩明县	14 812	90	5 441	1 194	5 971	2 206	11 786		36	2 990
禄劝县	10 137		2 291		4 828	3 018	5 498		891	3 748
寻甸县										
安宁市	13 392		8 105	1 677	2 001	1 609	2 404	30	10 734	224

5－9　全市房地产投资完成情况

（2005 年）

单位：万元

	本年完成投资	按构成分					按工程用途分						
		建筑工程	安装工程	设备、工器具购置	其他费用	土地购置费	住宅	普通住房	经济适用房	别墅、高档公寓	办公楼	商业营业用房	其他
合计	**1 493 527**	**1 071 321**	**68 656**	**7 722**	**345 828**	**204 887**	**1 137 249**	**989 535**	**11 433**	**136 281**	**22 262**	**112 418**	**221 598**
五华区	408 888	232 198	14 581	4 405	157 704	78 682	240 732	186 984	1 014	52 734	17 762	38 299	112 095
盘龙区	276 101	194 332	23 933	1 941	55 895	35 123	192 179	161 272	7 780	23 127	2 859	27 355	53 708
官渡区	443 185	350 052	9 984	809	82 340	53 887	403 587	391 102	2 190	10 295	100	22 750	16 748
西山区	340 364	276 787	20 087	517	42 973	32 710	281 948	231 969	449	49 530	1 541	22 290	34 585
东川区	4 255				4 255	3 320							4 255
呈贡县	192	133	59										192
晋宁县	2 102	834	12	50	1 206	425	2 102	1 507		595			
富民县													
宜良县	3 285	3 285					3 185	3 185				100	
石林县													
嵩明县	190	190					175	175					15
禄劝县	4 980	3 525			1 455	740	4 880	4 880				100	
寻甸县													
安宁市	9 985	9 985					8 461	8 461				1 524	

5－10 全市农村非农户投资完成情况

（2005 年）

单位：万元

	本年完成投资	按构成分					按建设性质分			
		住宅	建筑工程	安装工程	设备、工器具购置	其他费用	新建	扩建	改建	其他
合计	**86 832**	**6 520**	**59 017**	**2 735**	**17 069**	**8 011**	**57 638**	**20 080**	**6 383**	**2 731**
不分地区										
五华区										
盘龙区	3 042	150	2 377	185	376	104	2 190	196	656	
官渡区	33 194	1 140	22 913	365	7 217	2 699	32 023		449	722
西山区	2 464	40	1 903	417	86	58	1 766	368	306	24
东川区	5 552		2 035	282	1 572	1 663	3 911		141	1 500
呈贡县	216		216				207	7	2	
晋宁县	4 718	60	2 499	208	1 646	365	2 522	1 207	704	285
富民县	4 162	3	1 510	70	2 170	412	1 874	2 288		
宜良县	10 614	285	9 832	370	308	104		10 614		
石林县	6 150	3 199	4 303	530	880	437	3 668	2 000	282	200
嵩明县	4 954	319	4 223		34	697	4 245	294	415	
禄劝县	4 443	112	3 124	20		1 299	2 354		2 089	
寻甸县										
安宁市	7 323	1 212	4 082	288	2 780	173	2 878	3 106	1 339	

5－11 全市分县（市）区固定资产投资项目情况

（2005年）

单位：个

	施工项目	#新开工	投产项目
合计	**2 106**	**1 688**	**1 440**
不分地区	48	32	27
五华区	132	82	88
盘龙区	149	109	81
官渡区	274	216	193
西山区	160	96	113
东川区	189	154	150
呈贡县	91	75	52
晋宁县	125	109	46
富民县	144	130	129
宜良县	244	240	232
石林县	79	48	67
嵩明县	183	151	155
禄劝县	64	54	40
寻甸县	47	47	46
安宁市	177	145	21

5-12 基本建设房屋建筑面积

（2005 年）　　单位：平方米、万元、元/平方米

	本年施工面积	#本年新开工	本年竣工面积	本年竣工价值	单位面积造价
合计	**3 572 769**	**1 623 276**	**2 292 542**	**293 216**	**1 279**
1. 住宅	1 070 233	649 759	706 312	76 985	1 090
2. 厂房	315 331	175 825	237 773	27 036	1 137
3. 仓库	72 879	45 830	63 320	10 889	1 720
4. 商业营业用房	603 111	147 055	488 755	60 972	1 247
5. 服务业用房	33 372	31 772	33 372	3 722	1 115
6. 办公室	287 086	113 238	195 209	31 239	1600
7. 教育用房	496 763	189 620	173 962	17 729	1 019
8. 文化体育用房	64 063	32 068	9 531	824	865
9. 医疗用房	117 917	25 985	35 765	4 124	1 153
10. 科学实验研究用房	88 622	35 950	53 164	4 389	826
11. 其他	423 392	176 174	295 379	55 307	1 872
其中：业务用房	63 638	13 638	63 468	22 235	3 503

5－13 更新改造房屋建筑面积

（2005 年）

单位：平方米、万元、元/平方米

	本年施工面积	# 本年新开工	本年竣工面积	本年竣工价值	单位面积造价
合计	**511 482**	**196 538**	**229 924**	**23 358**	**1 016**
1. 住宅	40 838	31 058	29 587	2 701	913
2. 厂房	366 785	127 128	151 883	12 742	839
3. 仓库	9 516	9 516	9 216	403	437
4. 商业营业用房	22 252	3 099	22 252	6 455	2 901
5. 服务业用房	80	80			
6. 办公室	12 823	12 823	12 407	695	560
7. 教育用房	26 982	3 947	3 947	304	770
8. 文化体育用房	14 734				
9. 医疗用房					
10. 科学实验研究用房	1 172				
11. 其他	16 300	8 887	632	58	918
其中：业务用房					

5－14 其他投资房屋建筑面积

（2005 年） 单位：平方米、万元、元/平方米

	本年施工面积	#本年新开工	本年竣工面积	本年竣工价值	单位面积造价
合计	**1 647 017**	**597 340**	**742 721**	**81 286**	**1 094**
1. 住宅	46 780	34 491	34 491	2 796	811
2. 厂房	255 603	201 494	222 299	20 890	940
3. 仓库	20 227	16 547	19 355	1 465	757
4. 商业营业用房	1 151 367	190 057	341 057	44 365	1 301
5. 服务业用房	2 161	2 161	1 931	263	1 362
6. 办公室	35 466	20 683	24 654	1 721	698
7. 教育用房	28 600	28 600	28 600	2 422	847
8. 文化体育用房					
9. 医疗用房	34 680	34 680	34 680	3 478	1 003
10. 科学实验研究用房	2 038	216	1 822	273	1 498
11. 其他	70 095	68 411	33 832	3 613	1 068
其中：业务用房	5 778	5 778	5 778	965	1 670

5－15 房地产开发面积

(2005 年)

单位：平方米、万元

	施工面积	#本年新开工	竣工面积	竣工价值
房屋建筑面积合计	**14 783 801**	**5 504 513**	**4 342 900**	**689 165**
1. 住宅	13 181 271	4 929 941	3 802 517	608 331
其中：别墅、高档公寓	1 274 465	622 964	346 445	68 497
经济适用房	241 068	75 370	155 252	22 335
普通住房	11 665 738	4 231 607	3 300 820	517 499
2. 办公楼	202 568	98 113	65 578	7 605
3. 商业营业用房	804 825	264 891	283 521	47 543
4. 其他	595 137	211 568	191 284	25 686

5－16 农村私人房屋竣工面积及价值

(2005 年)

指标	本年施工房屋面积(平方米)	#本年新开工	本年竣工房屋面积(平方米)	本年竣工房屋价值(万元)	造价(元/平方米)
合计	1 703 471	1 703 471	1 703 471	102 097	599
1. 住宅	1 532 345	1 532 345	1 532 345	98 029	640
2. 其他	171 126	171 126	171 126	4 068	238

5－17 城镇工矿区私人建房竣工面积及价值

(2005 年)

指标	本年施工房屋面积(平方米)	#本年新开工	本年竣工房屋面积(平方米)	本年竣工房屋价值(万元)	造价(元/平方米)
合计	955 983	955 983	955 983	64 366	673
1. 住宅	905 284	905 284	905 284	60 515	668
2. 其他	50 699	50 699	50 699	3 851	760

5－18 农村非农户房屋建筑面积

（2005 年）　　单位：平方米、万元、元/平方米

	本年施工面积	# 本年新开工	本年竣工面积	本年竣工价值	单位面积造价
合计	**348 676**	**253 899**	**301 795**	**23 462**	**777**
1. 住宅	58 928	51 071	58 109	5 417	932
2. 厂房	69 696	60 776	69 376	3 834	553
3. 仓库	38 690	26 749	26 749	1 076	402
4. 商业营业用房	51 221	22 081	46 517	4 200	903
5. 服务业用房	12 870	12 870	12 870	2 030	1 577
6. 办公室	35 598	31 503	34 438	3 085	896
7. 教育用房	13 548	9 668	12 311	1 065	865
8. 文化体育用房	20 376	9 276	10 376	851	820
9. 医疗用房	5 562	4 655	5 562	508	913
10. 科学实验研究用房	3 000	3 000	3 000	250	833
11. 其他	39 187	22 250	22 487	1 146	510
其中：业务用房	2 109	2 109	2 109	80	379

5－19 农村私人投资

(2005年)

	计量单位	实际完成
1. 全年建房户数	户	13 634
2. 全年竣工房屋间数	间	68 451
其中：住宅	间	61 662
3. 全年竣工房屋建筑面积	平方米	1 703 471
其中：住宅	平方米	1 532 345
4. 全年竣工房屋投资	万元	102 097
其中：住宅	万元	98 029
购买生产性固定资产的投资	万元	19 568

5－20 城镇工矿区私人建房投资情况

(2005年)

	城镇工矿区数(个)	竣工面积合计(平方米)	其中：住宅(平方米)	竣工房屋投资(万元)	竣工价值合计(万元)	其中：住宅(万元)	建房户数(户)
总计	**21**	**955 983**	**905 284**	**75 177**	**64 366**	**60 515**	**3 355**
其中：农业户建房		313 927	312 728	26 653	21 628	21 570	822
1. 市							
其中：农业户建房							
2. 县城	3	136 571	107 881	20 028	10 991	8 696	235
其中：农业户建房		71 722	71 722	10 420	5 781	5 781	178
3. 镇	18	819 412	797 403	55 149	53 375	51 819	3 120
其中：农业户建房		242 205	241 006	16 233	15 847	15 789	644
4. 工矿区							
其中：农业户建房							

5-21 基本建设生产能力汇总

(2005年)

能力名称	单位	建设规模	施工规模	#新开工	累计新增	#本年
铁矿开采（原矿）	(万吨/年)	10	10	10		
铁矿石成品矿	(万吨/年)	2	2	2	2	2
生铁	(万吨/年)	10	2	1	10	1
连铸坯	(万吨/年)	3.5	3.5	3.5	3.5	3.5
铜冶炼	(吨/年)	138 300	138 300	135 000	43 300	43 300
其中：电解铜	(吨/年)	2 500	2 500		2 500	2 500
磷矿开采	(万吨/年)	5	5	5		
水力发电	(万千瓦)	37.24	34.44	32.52	2.1	1.46
火力发电	(万千瓦)	60	60	60		
其他发电	(万千瓦)	3	3	3		
输电线路长度（11万伏及以上）	(公里)	5 482.63	5 482.63	2 505.83	1 704.02	1 499.79
变电设备能力（11万伏及以上）	(万千伏安)	1 065.5	1 065.5	371.45	503.75	421.6
水泥	(万吨/年)	50	50	50	20	20
硫酸	(吨/年)	30 000	30 000	30 000		
磷肥	(吨/年)	400 000	400 000	400 000	400 000	400 000
金属切削机床制造	(台/年)	5 908	5 908		5 908	5 908
载货汽车制造	(辆/年)	1 000	1 000	1 000	1 000	1 000
新建公路	(公里)	558.9	547.7	109.7	250	130
其中：高速公路	(公里)	316.2	310	47	187	130
改建公路	(公里)	455.86	455.86	359	175.86	175.86
造林面积	(万亩)	2 866.68	239.61	239.61	1 813.33	239.61
水库容量（总库容）	(亿立方米)	5.07	5.07	0.03	0.02	
有效灌溉面积	(万亩)	3.65	3.65			
高等院校：学生席位	(个)	11 445	11 445	6 140	5 816	5 600
建筑面积	(平方米)	122 912	122 912	57 287	50 600	40 864
中等学校：学生席位	(个)	17 325	17 325	13 860	14 825	14 825
建筑面积	(平方米)	124 985	124 985	107 221	85 757	85 757
小学校：学生席位	(个)	4 934	4 934	4 870	4 934	4 934
建筑面积	(平方米)	17 132	17 132	16 129	17 132	17 132
其他学校：学生席位	(个)	6 222	6 222	6 222	6 222	6 222
建筑面积	(平方米)	25 086	25 086	25 086	25 086	23 156
建筑面积	(平方米)	8 696	8 696			
医院病床	(张)	1 310	1 310	235	810	810
城市自来水供水能力	(万吨/日)	70	70	30	10	10
城市自来水管道长度	(公里)	93.4	93.4			
城市道路扩建长度	(公里)	39.28	39.28	2.6	8.23	8.23
城市道路扩建面积	(万平方米)	236.41	236.41	6.15	13.06	13.06
城市污水处理能力	(万吨/日)	0.5	0.5	0.5	0.5	0.5
移动通信基站设备（指安装能力）	(个/年)	404	404	404	388	388
一级公路	(公里)	18	18			
二级公路	(公里)	220	215	58	63	
二级公路	(公里)	79	79	79	79	79

5－22 更新改造生产能力汇总

（2005 年）

能力名称	单位	建设规模	施工规模	#新开工	累计新增	#本年
焦炭	（万吨/年）	110	110		110	
生铁	（万吨/年）	310	161	161	186	37
炼钢	（万吨/年）	70	70	10	70	10
转炉钢	（万吨/年）	70	70	10	70	10
铁合金	（万吨/年）	2	2		2	
热轧钢材	（万吨/年）	80	60	60	80	60
冷加工钢材	（万吨/年）	15	15	15		
铜冶炼	（吨/年）	63 000	63 000	53 000	53 000	53 000
其中：电解铜	（吨/年）	3 000	3 000	3 000	3 000	3 000
磷矿开采	（万吨/年）	15	10	10	10	10
火力发电	（万千瓦）	60	30		30	
其他发电	（万千瓦）	3.15	3.15	3.15	3	3
水泥	（万吨/年）	361	361	237	175	167
硫酸	（吨/年）	636 680	636 680	40 000	580 080	
烧碱	（吨/年）	100 000	100 000		100 000	
合成氨	（吨/年）	7 150	7 120			
氮肥	（吨/年）	220 000	220 000	220 000	220 000	220 000
磷肥	（吨/年）	1 422 030	1 332 030	50 000	110 030	50 000
塑料树脂及共聚物	（吨/年）	230 000	230 000	130 000	230 000	130 000
合成纤维单体	（吨/年）	200	200	200	200	200
中成药	（吨/年）	5 743	4 661	4 661	5 743	4 661
金属切削机床制造	（台/年）	912	181	181	912	181
白酒	（万吨/年）	0.02	0.02	0.02	0.01	0.01
改建公路	（公里）	158	158	158	122	122
高等院校：学生席位	（个）	1 000	1 000		1 000	1 000
建筑面积	（平方米）	11 420	11 420		11 420	11 420
建筑面积	（平方米）	1 889	1 889	1 889	1 889	1 889
小学校：学生席位	（个）	1 400	1 400	1 400		
建筑面积	（平方米）	11 947	11 947	11 947	3 947	3 947
城市自来水管道长度	（公里）	160	160	160	157	18
城市公共交通车辆购置	（辆）	430	430	430	430	430
城市道路扩建长度	（公里）	27.56	27.56	27.56	27.56	27.56
城市道路扩建面积	（万平方米）	12.25	12.25	12.25	12.25	12.25
城市防洪堤长度	（公里）	11.16	2.33	2.33	2.33	2.33
锻压钢材	（万吨/年）	0.2	0.2	0.2		
原电池（折一号电池）	（万只）	100 000	100 000		35 000	
其中：数控机床	（台/年）	108	108	108	108	108
程控交换机（指安装能力）	（万线/年）	9.05	9.05	9.05	9.05	9.05

5-23 其他投资生产能力汇总

（2005 年）

能力名称	单位	建设规模	施工规模	#新开工	累计新增	#本年
焦炭	（万吨/年）	3	3	3	3	3
铁矿开采（原矿）	（万吨/年）	20	20	20		
生铁	（万吨/年）	300	300	300	300	300
冷加工钢材	（万吨/年）	4	4	4	4	4
锌冶炼	（吨/年）	1 800	1 800	1 800		
其他发电	（万千瓦）	20	20			
烧碱	（吨/年）	10 000	10 000	10 000	10 000	10 000
电石	（吨/年）	60 000	60 000		60 000	60 000
化学原料药	（吨/年）	1 200	1 200	1 200		
耕地面积	（万亩）	0.58	0.58		0.58	0.58
小学校：学生席位	（个）	3 000	3 000	3 000	3 000	3 000
建筑面积	（平方米）	7 500	7 500	7 500	7 500	7 500
医院病床	（张）	300	300	300	300	300
城市自来水管道长度	（公里）	6	2	2	5	2
其中：数控机床	（台/年）	500	500	500	500	500
移动通信基站设备（指安装能力）	（个/年）	1 225	1 225	1 225	1 225	1 225
程控交换机（指安装能力）	（万线/年）	272	272	272	272	272

5-24 农村非农户生产能力汇总

（2005 年）

能力名称	单位	建设规模	施工规模	#新开工	累计新增	#本年
原煤开采	（万吨/年）	4	4	4	4	4
铁矿开采（原矿）	（万吨/年）	5	5	5	5	1
铁矿石成品矿	（万吨/年）	18	18	18	18	18
生铁	（万吨/年）	1.2	1.2	1.2	1.2	0.2
连铸坯	（万吨/年）	0.5	0.5	0.5	0.5	0.5
新建公路	（公里）	32	32	32	32	32
有效灌溉面积	（万亩）	2.07	2.07	2.07	2.07	2.07
建筑面积	（平方米）	3 015	3 015	3 015	3 015	3 015
小学校：学生席位	（个）	470	470	470	470	470
建筑面积	（平方米）	3 676	3 676	3 676	3 676	3 676
城市道路扩建长度	（公里）	3 676	2		2	2
铁矿选矿处理量	（万吨/年）	3 676	1	1	1	1

主要统计指标解释

固定资产投资 固定资产投资是建筑和购置固定资产经济活动，即固定资产再生产活动。固定资产再生产过程包括固定资产更新（局部更新和全部更新）、改建、扩建、新建等活动。新的企业财务会计制度规定，固定资产局部更新的大修理作为日常生产活动的一部分，发生的大修理费用直接在成本费用中列支。按照现行投资管理体制及有关部门的规定，凡属于大修理、养护、维护性质的工程（如设备大修、建筑物的翻修和加固、农田水利工程和堤防、水库的大修、铁路大修等）都不纳入固定资产投资管理，也不作为固定资产投资统计。

固定资产投资属于实物投资的一部分，这一点区别于金融投资。固定资产投资的目的是建造和购置固定资产，它的承担物表现为机器、设备、建筑物等固定资产。而金融投资（如股票和债券投资）则表现为金融资产的增加。

固定资产投资是国民经济再生产活动的一个重要部分。通过固定资产投资，可以扩大社会再生产的规模，提高社会生产的技术水平，调整经济结构，改变生产力的地区分布，增强国家的经济实力，提高和改善人民物质和文化生活水平。

固定资产投资额（又称固定资产投资完成额） 是以货币形式表现的在一定时期内建造和购置固定资产的工作量以及与此有关的费用的总称。没有形成工程实体的建筑材料和没有开始安装的设备，都不计算投资完成额。它是反映固定资产投资规模、结构和发展速度的综合性指标，又是观察工程进度和考核投资效果的重要依据。

基本建设 是指利用国家预算内拨款、自筹资金、国内外基本建设贷款以及其他专项资金进行的、以扩大生产能力（或新增工程效益）为主要目的的新建、扩建工程及有关的工作。具体包括以下的几个方面：

（1）为经济、科技和社会发展而平地起家的新建项目；

（2）为扩大生产能力（或新增效益）而增建分厂、主要生产车间、矿井、铁路干支线、码头泊位等扩建的项目；

（3）为改变生产力布局而进行全厂性迁建的项目；

（4）遭受各种灾害、事业单位的恢复性项目；

（5）没有折旧资金或固定收入的行政、事业单位增建业务用房和职工宿舍的项目。

更新改造 一般是指利用企业折旧资金，国家更新改造预算拨款，企业自有资金，国内外技术改造贷款等资金，对现有企、事业单位原有设施进行技术改造（包括固定资产更新）以及相应配套的辅助性、生活福利设施等工程和有关的工作。其目的是要在技术进步的前提下，通过采用新技术、新工艺、新设备、新材料，努力提高产品质量，增加花色品种，促进产品升级换代，降低能源和原材料消耗，加强资源综合利用和治理污染等，提高社会综合效益和实现以内涵为主的扩大再生产。具体包括：

（1）为了挖掘国民经济各部门潜力，提高综合经济效益，对现有企、事业单位在原车间、生产线的工艺，工程设施和技术装备进行技术改造相应配套的辅助性生产、生活福利设施；

（2）为了改善原有交通运输设施、港口码头的运输条件，提高运输，装卸能力，而进行的更新改造工程；

（3）为了节约能源和原材料，治理“三废”污染或综合利用原材料而对现有企、事业单位进行的技术改造工程；

（4）为了防止职业病和人身事故，对现有建筑技术装备采取的劳动保护措施；

（5）对城市现有供热、供气、供排水和道路、桥涵等市政设施的改造；

（6）现有企、事业单位由于城市环境保护和安全生产的需要，而进行的迁建工程。

房地产开发 是指各种经济类型的房地产开发公司、商品房建设公司及其他房地产开发单位统一开发的商品住宅、厂房、仓库、饭店、宾馆、度假村、写字楼、办公楼等房屋建筑物和配套的服务设施，以及土地开发工程，如道路、给水、排水、供电、供热、通信、平整场地等工程。房地产开发统计不包括单纯的土地交易活动。房地产开发单位本身进行的固定资产投资活动，如自建自用的房屋、设备购置等，应作为基本建设、更新改造和其他投资的统计范围。

施工项目 指报告期内曾进行建筑安装施工活动的建设项目，包括报告期内新开工项目，报告期以前开工跨报告期继续施工的项目，报告期施过工并在报告期内全部建成投产或停缓建的项目。

全部建成投产项目 工业项目是指设计文件规定形成生产能力的主体工程及其相应配套的辅助设施全部建成，经负荷试运转，证明具备生产设计规定合格产品的条件，并经过验收鉴定合格或达到竣工验收标准，与生产性工程配套的生活福利设施可以满足近期正常生产的需要，正式移交生产的建设项目；非工业项目是指设计文件规定的主体工程和相应的配套工程全部建成，能够发挥设计规定的全部效益，经验收鉴定合格或达到竣工验收标准，正式移交使用的建设项目。

新增固定资产（又称交付使用的固定资产） 是指已经完成和购置过程结束，并已交付生产或使用单位的固定资产价值。

新增固定资产是表示固定资产投资成果的价值量指标，也是反映建设进度，计算固定资产投资效果的必要数据。

新增生产能力 指通过固定资产投资活动而增加设计能力或工程效益，它是用实物形态表示的固定资产投资的成果，新增生产能力的计算，是以能独立发挥生产能力或效益的单项工程（或项目）为对象，当单项工程（或项目）建成，经有关部门鉴定合格，正式移交投入生产，即可计算新增生产能力。

房屋建筑面积 是房屋建筑勒脚以上外墙外围的水平截面面积，包括房屋建筑的有效面积和结构面积。房屋建筑面积统计指标是从实物形态上反映建设规模和建设成果的重要指标，也是检查工程形象进度、计算工程造价、分析投资效果、研究施工任务与施工力量和建筑材料之间平衡情况的重要依据。

房屋施工面积 是指报告期内施工的全部房屋建筑面积，包括本期新开工的面积和上期开工跨入本期继续施工的房屋面积，以及上期已停建在本期恢复施工的房屋面积、本期竣工和本期施工后又停缓建的房屋，其建筑面积仍计入本期房屋施工面积中。

六、金融和财政

JINRONGHECAIZHENG

6－1　金融机构信贷运行情况

单位：万元

项目名称	年末余额			2005年比年初±%
	2003年	2004年	2005年	
资金来源总计	**14 288 066**	**16 379 548**	**26 299 924**	**22.9**
一、各项存款	17 702 638	21 623 711	25 442 664	16.37
（一）企业存款	7 140 478	9 601 395	10 449 468	8.42
1．活期存款	5 812 586	7 595 138	8 061 431	5.12
2．定期存款	1 327 892	2 006 257	2 388 037	21.27
（二）财政存款	460 144	730 511	772 470	5.74
（三）机关团体存款	1 229 377	1 325 553	1 819 526	37.98
（四）储蓄存款	7 085 278	8 261 054	9 938 095	20.26
1．活期储蓄存款	2 794 632	3 381 188	4 005 454	18.46
2．定期储蓄存款	4 290 645	4 879 866	5 932 641	21.50
（五）农村存款	512 886	683 164	853 096	24.87
（六）委托存款	－174 127	70 728	24 000	－132.99
（七）其他存款	1 448 603	951 306	1 586 009	26.06
二、金融债券	－122 036	－267 464	92	
三、应付及暂收款	199 338	216 715	288 653	35.35
#应付及预收利息	73 487	86 940	108 013	29.85
四、各项准备	73 252	180 394	199 615	9.73
#贷款呆帐准备金	73 252	139 166	171 786	18.99
五、所有者权益	230 121	248 621	354 384	31.01
#实收资本	119 775	141 094	174 177	3.76
当年结益	97 002	124 060	263 227	112.18
六、其　他	－4 120 291	－5 950 104	－267 132	

注：1．增幅不能采用表中绝对数计算，以中国人民银行昆明中心支行公布数为准。

续6－1 单位：万元

项目名称	年末余额			2005年比年初±%
	2003年	2004年	2005年	
资金运用总计	**14 288 066**	**16 379 548**	**26 299 924**	**22.90**
一、各项贷款	12 612 378	14 675 071	17 963 683	24.60
（一）短期贷款	6 036 149	6 542 751	7 268 101	18.46
1．工业贷款	1 902 044	2 198 972	2 544 161	22.09
2．商业贷款	1 144 906	1 061 587	862 319	－9.72
#农副产品贷款	280 608	249 930	162 882	－34.83
3．建筑业贷款	302 215	284 544	308 727	－0.06
4．农业贷款	322 695	393 032	516 702	34.64
5．乡镇企业贷款	399 372	435 811	569 397	32.90
6．三资企业贷款	79 581	43 338	30 608	－47.62
7．私营及个体企业贷款	24 141	65 123	81 604	33.61
8．其他短期贷款	1 861 195	2 060 344	2 354 583	27.40
（二）中期流动资金贷款	1 150 527	1 218 300		
（三）中长期贷款	4 537 830	5 992 764	9 344 682	27.09
1．基本建设贷款	1 963 690	2 444 138	3 062 348	31.22
2．技术改造贷款	190 495	126 856	154 849	13.98
3．其他中长期贷款	2 383 645	3 421 770	6 127 485	25.47
（四）信托贷款	65 746	5 915	1 370	－76.84
（五）融资租赁	146	120	121	
（六）委托贷款	13 964	9 834	9 205	
（七）票据融资	736 558	842 079	1 262 371	49.91
（八）各项垫款	71 458	63 308	77 833	27.02
二、有价证券及投资	783 309	766 153	1 084 961	4.79
三、应收及预付款	172 678	184 591	180 882	－3.87
四、委托投资	51 254	50 369		
五、金银占款				
六、库存现金	141 084	153 635	185 348	8.42
七、外汇占款	10 350	6 771	7 624	12.62

6－2 金融机构现金收入情况

单位：万元

项目名称	2003 年	2004 年	2005 年
收入总计	**32 373 144**	**37 487 721**	**42 039 195**
一、商品销售收入	4 045 285	3 996 174	4 209 682
二、服务业收入	1 742 511	1 923 804	1 961 718
三、税款收入	123 376	133 108	115 790
四、城乡个体经营收入	1 060 049	914 399	848 447
五、储蓄收入	22 559 061	27 558 245	31 639 883
六、其他金融机构收入	216 707	263 790	167 762
七、居民归还贷款收入	242 047	292 246	339 275
八、汇总收入	359 625	204 695	161 818
九、有价证券收入	238 877	262 904	263 083
十、其他收入	1 785 606	1 938 355	2 331 738
# 兑换外币收入	8 621	12 828	10 130

6－3 金融机构现金支出情况

单位：万元

项目名称	2003 年	2004 年	2005 年
支出总计	**31 207 841**	**36 069 977**	**40 504 941**
一、工资性支出	1 969 136	1 830 374	2 079 941
1．国家工资及奖金支出	939 086	772 189	774 523
2．国家对个人其他支出	513 349	490 052	539 047
3．部队存款支出	122 660	91 825	125 887
4．其他单位工资性支出	394 040	476 308	640 484
二、农副产品采购支出	603 674	692 115	724 779
三、工矿及其他产品采购支出	366 900	451 412	482 668
四、行政企事业管理费支出	1 568 566	1 564 341	1 570 639
五、城乡个人经营支出	1 085 990	1 158 573	1 145 860
六、储蓄机构支出	22 924 851	27 214 144	31 032 013
七、其他金融机构支出	107 748	192 218	67 878
八、居民提取贷款支出	272 458	219 599	159 204
九、汇兑支出	88 317	306 516	55 490
十、有价证券支出	165 821	197 512	204 416
十一、其他支出	2 054 380	2 243 172	2 982 053
#兑换外币支出	42 864	48 002	74 426
投放（+），回笼（-）	-1 165 303	-1 417 744	-1 534 254
附：代发工资	771 424	945 895	1 263 054

6-4 财政收入

单位：万元

	2003年	2004年	2005年
财政总收入	**1 351 480**	**1 850 235**	**2 209 026**
1. 地方财政收入	629 478	856 414	1 104 618
#国有资产经营收益	516	2 728	37 477
国有企业计划亏损补贴	-5 933	-3 103	-3 133
行政性收费收入	11 044	20 099	21 912
其它收入	3 916	2 591	4 257
各项税收合计	549 545	651 867	773 760
#营业税	181 078	222 459	252 768
企业所得税	28 725	37 736	53 285
农业税	5 039	2 957	186
农业特产税	16 442	19 058	19 837
耕地占用税	8 513	7 483	11 295
2. 上划中央财政收入	722 002	993 821	1 104 408

注：其中分项相加不等总数。

6－5 地方财政支出

单位：万元

	2003 年	2004 年	2005 年
财政支出	**806 991**	**1 046 676**	**1 333 558**
#基本建设拨款	70 446	80 698	127 872
企业挖替改造资金	66 238	58 865	46 785
科技三项费金	10 230	9 601	15 516
农、林、水利、气象支出	55 341	60 236	75 015
文教、科学、卫生事业费	166 356	194 248	186 688
社会保障补助支出	44 889	56 473	66 170
行政管理费	78 527	99 706	112 948
城市维护费	52 337	59 554	106 031
专项支出	22 797	22 788	25 477
其它支出	27 440	30 475	66 071

6-6 分县（市）区地方财政收入

单位：万元

	地方财政收入		
	2003年	2004年	2005年
总　计	**629 478**	**856 414**	**1 104 618**
市　级	288 448	437 695	630 759
县（市）区小计	341 030	418 719	473 859
五华区	54 283	69 251	78 756
盘龙区	53 580	64 841	69 425
西山区	30 492	40 558	69 019
官渡区	81 325	98 661	83 329
东川区	4 588	5 601	9 042
呈贡县	9 250	12 403	20 162
晋宁县	8 942	9 673	13 384
安宁市	40 245	56 643	63 683
富民县	5 327	5 932	4 486
宜良县	16 535	18 139	20 355
石林县	10 404	10 705	11 791
嵩明县	9 266	10 052	11 401
禄劝县	8 876	7 796	9 196
寻甸县	7 917	8 464	9 830

6-7 分县（市）区地方财政支出

单位：万元

	地方财政支出		
	2003年	2004年	2005年
总计	**806 991**	**1 046 676**	**1 333 558**
市级	333 331	474 104	609 781
县（市）区小计	473 660	572 572	723 777
五华区	64 430	77 777	89 761
盘龙区	49 453	56 748	79 451
西山区	35 953	44 587	65 916
官渡区	65 648	83 134	97 037
东川区	27 478	36 958	52 716
呈贡县	16 562	20 046	29 099
晋宁县	17 807	20 461	28 362
安宁市	65 606	81 478	91 338
富民县	15 370	15 554	19 428
宜良县	21 404	25 359	29 187
石林县	16 953	21 396	28 154
嵩明县	20 730	24 327	30 383
禄劝县	26 923	31 081	39 646
寻甸县	29 343	33 666	43 299

主要统计指标解释

财政预算收入　包括中央财政和地方财政两部分。是指按国家预算科目规定，包括（1）工商税收类：指增值税、营业税、消费税、专项调节税、个人所得税、证券交易税、遗产税、土地增值税、外商投资企业和外国企业所得税、城市维护建设税、车船税、房产税、屠宰税、资源税、土地使用税、印花税、固定资产投资方向调节税、工商税收及税款滞纳金、罚款收入等；（2）关税类：指海关征收和关税；（3）农牧业税和耕地占用税类；（4）企业所得税类；（5）国有企业上缴利润类；（6）国有企业计划亏损补贴类；（7）国家能源交通重点建设基金收入类；（8）债务收入类；（9）专项收入类；（10）基本建设贷款归还类；（11）其他收入类；（12）国家预算调节基金类；（13）国有企业承包收入退库类；（14）预算调拨收入类；（15）社会保险基金收入类等。

地方财政收入　现行财政体制规定按税种划分，属地方收入范围内的，缴入地方金库。

财政支出　（1）基本建设拨款，是指国家预算内的基本建设拨款，不包括国家预算外自筹的各种基本建设资金。为加强基本建设投资规模的控制，提高资金使用效益，国家从1985年起，对预算内基本建设拨款实行拨款改贷款的新的管理办法。即由原来直接无偿的拨给建设单位，改为拨给建设银行视同信贷基金管理，建设银行根据国家预算安排的基建项目，给予有偿贷款，用投产后新增利润还本付息。因改革之中情况不一，目前仍有一些基建项目未实行拨改贷办法。（2）增拨企业流动资金，是指国家预算增拨各部门所属国有企业的流动资金和增拨银行的信贷资金。（3）文教科学卫生事业费，包括科学、文化、教育、卫生、公费医疗、体育、通讯广播、地震、海洋、文物、计划生育等方面的事业费。

信贷资金　国家银行用于发放贷款的资金叫信贷资金。中国人民银行信贷资金的来源有各项存款，对国际金融机构负债、流通中货币、银行自有资金及当年结益等。信贷资金的运用有各项贷款、黄金占款、外汇占款、财政借款及在国际金融机构中的资产。

货币回笼　是“货币投放”的对称。国有银行根据市场对货币流通需要的情况，有计划地通过出售商品、提供劳务、吸收储蓄、收回贷款等渠道，组织市场多余货币流回国家银行，使货币的流通量同国民经济对货币的实际需要量相适应。

货币投放　是“货币回笼”的对称。国家银行根据市场对货币流通的需要情况，有计划地通过工资发放，商品采购、贷款等渠道，将货币投入市场，使货币的流通量同国民经济对货币的实际需要量相适应。

七、物　　价

WUJIA

7-1 主要年份市区价格指数

（以上年为100）

年　份	居民消费价格指数（%）	商品零售价格指数（%）
1980	105.6	105.6
1981	101.1	101.1
1982	101.0	101.0
1983	99.5	99.5
1984	102.7	102.5
1985	112.1	113.1
1986	102.8	102.5
1987	107.5	107.3
1988	121.3	122.7
1989	115.9	116.5
1990	103.5	102.6
1991	106.8	105.4
1992	111.6	109.5
1993	118.0	116.0
1994	116.6	112.8
1995	119.1	115.0
1996	108.2	104.8
1997	104.9	101.4
1998	102.6	99.1
1999	98.9	97.2
2000	97.5	97.0
2001	100.6	98.1
2002	99.2	97.3
2003	101.6	100.7
2004	106.5	104.6
2005	102.0	100.5

7－2 市区居民消费价格指数

（以上年为100）

项　　目	指　　数（%）	项　　目	指　　数（%）
居民消费价格总指数	102.0	2．衣着材料	99.3
一、食品	102.7	3．鞋袜帽	98.8
1．粮食	102.7	**四、家庭设备用品及维修服务**	101.6
2．淀粉及薯类	120.4	1．耐用消费品	98.4
3．干豆类及豆制品	104.4	2．室内装饰品	110.1
4．油脂	96.9	3．床上用品	99.0
5．肉禽及其制品	98.8	4．家庭日用杂品	99.4
6．蛋	102.5	5．家庭服务及加工维修服务	122.4
7．水产品	115.3	**五、医疗保健和个人用品**	103.7
8．菜	98.3	1．医疗保健	104.5
9．调味品	100.5	2．个人用品及服务	101.1
10．糖	114.2	**六、交通和通讯**	98.9
11．茶及饮料	103.2	1．交通	101.1
12．干鲜瓜果	116.1	2．通讯	96.9
13．糕点饼干面包	105.5	**七、娱乐教育文化用品及服务**	100.6
14．奶及奶制品	106.2	1．文娱用耐用消费品及服务	83.7
15．在外用膳食品	99.9	2．教育	119.0
16．其它食品及食品加工服务	107.7	3．文化娱乐用品	99.1
二、烟酒及用品	103.1	**八、居住**	104.6
1．烟草	102.8	1．建房及装修材料	103.0
2．酒	105.6	2．租房	100.0
3．吸烟饮酒用品	100.0	3．自有住房	101.0
三、衣着	99.0	4．水、电、燃料	106.9
1．服装	99.0		

7－3　市区商品零售价格指数

（以上年为100）

项　目	指　数（%）	项　目	指　数（%）
商品零售价格总指数	100.5	3．音像器材类	100.0
一、食品类	102.4	**六、文化办公用品**	85.2
1．粮食	102.6	**七、日用品**	100.8
2．淀粉及薯类	120.4	1．日用百货	98.9
3．干豆类及豆制品	104.4	2．日用杂品	100.2
4．油脂	96.2	3．洗涤用品	101.6
5．肉禽及其制品	98.6	4．其它日用品	101.7
6．蛋	102.4	**八、体育娱乐用品**	97.3
7．水产品	115.8	1．体育用品	102.3
8．菜	98.3	2．娱乐用品	96.4
9．调味品	100.8	**九、交通、通信用品**	93.4
10．糖	112.9	1．交通运输机械	96.3
11．干鲜瓜果	116.0	2．通讯器材类	88.0
12．糕点饼干面包	105.5	**十、家具**	100.0
13．奶及奶制品	106.6	**十一、化妆品类**	100.2
14．在外用膳食品	100.0	**十二、金银珠宝类**	104.0
15．其它食品	107.7	**十三、中西药品及医疗保健用品类**	98.4
二、饮料、烟酒	103.0	1．医疗器具及用品	89.0
1．茶及饮料	102.8	2．中药材及中成药	101.7
2．烟草	102.9	3．西药	95.7
3．酒	104.1	4．保健器具及用品	101.4
三、服装、鞋帽类	99.1	**十四、书报杂志及电子出版物类**	99.9
1．服装	99.5	1．教材及参考书	99.8
2．鞋袜帽	98.9	2．书报杂志	100.2
3．其它	87.0	3．电子音像制品	99.4
四、纺织品类	99.2	**十五、燃料类**	110.7
1．衣着材料	99.4	1．煤炭及制品类	133.9
2．床上用品	99.1	2．石油及制品类	110.6
五、家用电器及音像器材	94.2	**十六、建筑材料及五金电料类**	102.9
1．家庭设备	97.4	1．建筑装璜材料	102.1
2．文娱用耐用消费品	90.4	2．五金电料类	107.4

7－4 主要工业品出厂价格分类指数

（以上年为 100）

单位：%

项　　目	2004 年	2005 年
全部工业品	104.50	102.25
其中：轻工业	101.55	101.03
以农产品为原料	100.81	100.16
以非农产品为原料	103.13	102.91
重工业	109.32	104.21
采掘	119.21	107.88
原料	106.37	104.34
加工	109.35	103.04
其中：生产资料	108.42	104.29
（一）采掘	119.21	107.88
（二）原料	105.69	104.22
（三）加工	108.14	103.77
生活资料	100.33	100.05
（一）食品	100.22	100.05
（二）衣着	101.46	100.57
（三）一般日用品	100.83	99.97
（四）耐用消费品	99.93	100.07

7－5 主要原材料、燃料、动力购进价格分类指数

（以上年为100）

单位：%

项　目	2004年	2005年
全部原材料	**106.00**	**103.59**
一、燃料、动力类	104.47	105.94
二、黑色金属材料类	110.43	104.29
其中：钢材	111.23	102.65
其它	109.53	106.09
三、有色金属材料和电线类	119.26	107.93
四、化工原料类	101.64	103.55
五、木材及纸浆类	100.32	100.37
六、建筑材料及非金属矿类	101.03	102.17
七、其它工业原材料及半成品类	106.79	102.43
八、农副产品类	102.74	101.20
九、纺织原料类	104.74	99.61

7－6 房屋销售价格指数

（以上年为 100）

单位：%

项　　目	2004 年	2005 年
房屋销售总计	**102.3**	**103.1**
一、商品房	101.8	102.4
（一）住宅	101.2	102.2
1. 经济适用房	100.0	100.0
2. 普通住宅	102.0	102.2
（1）多层住宅	102.0	102.1
（2）高层住宅	101.9	102.2
（3）其他住宅		102.0
3. 高档住宅	101.7	104.3
（1）别墅	100.6	104.2
（2）高档公寓	101.9	105.7
（二）非住宅	103.9	102.8
1. 办公楼		103.0
（1）写字楼	105.9	103.1
（2）普通办公用房		100.0
2. 商业娱乐用房	104.0	102.7
3. 工业仓储用房		102.8
4. 其它用房	101.7	101.8
二、二手房		105.9
（一）住宅		105.9
1. 高层住宅		97.3
2. 多层住宅		107.4
3. 其他住宅		
（二）非住宅		

主要统计指标解释

居民消费价格指数　是度量一组代表性消费商品及服务项目价格水平随着时间而变动的相对数，反映居民家庭购买的消费品及服务价格水平的变动情况。它是宏观经济分析和决策、价格总水平监测和调控以及国民经济核算的重要指标。其按年度计算的变动率通常被用来作为反映通货膨胀（或紧缩）程度的指标。按商品分类有八大类：食品、烟酒及用品、衣着、家庭设备用品及维修服务费、医疗保健及个人用品、交通和通信、娱乐教育文化用品及服务、居住。根据全国城乡九万余户居民家庭消费支出调查资料中消费额较大的项目以及居民消费习惯，确定251个基本分类。

商品零售价格指数　是商品在流通过程中最后一个环节的价格，是工业、商业、餐饮业和其他零售企业向城乡居民、机关团体出售生活消费品和办公用品的价格。商品零售价格调查的任务是系统地调查、搜集和整理市场商品零售价格资料，编制商品零售价格指数，以此反映市场商品零售价格的变动趋势和变动程度。其目的在于掌握商品价格的变动趋势，为国家宏观调控和国民经济核算提供参考依据。同时，还可以在此基础上编制其他派生价格指数。按商品分类有十六大类：食品、饮料烟酒、服装鞋帽、纺织品、家用电器及音像器材、文化办公用品、日用品、体育娱乐用品、交通通信用品、家具、化妆品、金银珠宝、中西药品及医疗保健用品、书报杂志及电子出版物、燃料、建筑材料及五金电料，包括：225个基本分类的商品零售价格。

工业品出厂价格指数　是工矿企业把产品出售给商业企业、物资部门和使用单位的报告期出厂价格水平与基期出厂价格水平对比的相对数。它是从卖方角度反映工业产品市场价格的变动趋势和程度。工业品出厂价格是工业产品生产最后一个环节的价格，也是进入流通领域的第一环节的价格，它的调整变动直接影响工业产品的市场价格。

八、人民生活

RENMINSHENGHUO

8－1 主要年份城镇住户调查情况

年　份	调查户数（户）	平均每户人口（人）	平均每户就业人数（人）	年人均可支配收入（元）	年人均消费性支出（元）
1980	230	4.26	1.19	435.86	387.68
1982	230	4.25	2.33	510.02	472.92
1983	230	4.22	2.35	529.93	494.04
1984	230	4.15	2.33	605.47	538.86
1985	300	3.54	2.09	835.74	797.02
1986	300	3.50	2.08	1 000.53	966.33
1987	300	3.48	2.05	1 090.06	1 011.57
1988	300	3.40	2.00	1 338.90	1 397.72
1989	300	3.36	1.99	1 476.28	1 376.41
1990	300	3.37	2.08	1 686.41	1 571.20
1991	300	3.19	1.94	1 900.94	1 771.25
1992	300	3.17	1.97	2 275.82	2 115.75
1993	300	3.13	1.99	2 997.95	2 587.06
1994	300	3.12	1.88	4 153.25	3 468.57
1995	300	3.11	1.92	4 739.30	4 278.56
1996	300	3.09	1.98	5 522.01	5 136.85
1997	300	3.07	2.02	6 243.17	5 453.69
1998	300	3.02	1.95	7 054.68	6 021.21
1999	300	3.04	1.98	7 239.45	6 371.21
2000	300	3.03	1.99	7 563.32	6 844.64
2001	300	2.87	1.60	7 790.03	6 927.02
2002	300	2.92	1.42	7 380.72	6 149.16
2003	300	2.89	1.51	7 979.43	6 471.66
2004	990	2.86	1.31	9 045.85	7 025.03
2005	1 040	2.90	1.33	9 615.90	7 247.78

8-2 城镇居民家庭平均每人全年消费性支出

单位：元

项　　目	2000 年	2001 年	2002 年	2003 年	2004 年	2005 年
消费性支出	**6 845**	**6 927**	**6 149**	**6 471.66**	**7 025.03**	**7 247.78**
食品	2 583	2 865	2 849	2 894.50	3 029.01	3 195.21
#粮食	193	246	239	226.41	255.27	265.87
油脂	42	50	48	55.36	57.66	52.25
肉禽及制品	495	482	510	508.99	521.96	541.34
蛋类	53	62	62	55.05	60.26	63.56
水产品类	106	118	118	113.99	111.78	110.77
菜类	253	298	288	328.82	338.16	381.81
酒和饮料	88	87	98	95.38	106.48	124.57
干鲜瓜果类	164	154	175	186.48	175.81	190.17
在外用餐	579	433	633	660.13	778.15	794.34
衣着类	686	610	403	534.49	619.37	661.02
设备用品及服务	537	410	309	248.58	260.76	266.19
医疗保健	392	576	519	684.94	700.4	710.35
交通和通信	567	456	582	669.46	930.84	979.55
文教娱乐服务	967	758	817	794.89	730.57	765.51
居住	527	686	548	473.26	580.71	517.89
杂项商品和服务	586	566	123	171.54	173.37	152.05

8-3 城镇居民家庭平均每人年购买主要商品数量

项　　目	单位	2000 年	2001 年	2002 年	2003 年	2004 年	2005 年
粮食	千克	69.45	90.28	89.81	86.61	78.33	77.93
油脂类	千克	4.85	5.82	6.18	6.46	5.9	5.67
猪肉	千克	18.14	19.99	23.4	22.41	22.11	22.2
牛肉	千克	2.49	2.77	3.24	2.96	2.72	2.5
羊肉	千克	0.2	0.17	0.21	0.22	0.31	0.41
活鸡	千克	4.77	4.84	8.04	8.38	6.3	6.94
活鸭	千克	0.01	0.02	0.16	0.21	0.16	0.16
蛋类	千克	9.2	10.58	11.07	10.27	8.75	8.72
水产品	千克	8.21	10.11	9.96	9.52	8.84	8.21
鲜菜	千克	110.29	142.42	137.75	154.53	163.83	169.44
食糖	千克	1.86	2.77	—	—	—	—
卷烟	盒	39.3	45.16	—	—	—	—
白酒	千克	1.58	3.06	3.67	3.22	2.65	2.99
啤酒	千克	0.86	0.9	1.32	1.63	0.92	1.26
干鲜瓜果	千克	47.04	47.76	52.16	54.888	48.75	51.44

8-4 城镇居民每百户主要消费品拥有量

品　名	单位	2005 年
成套家具	套	69.58
自行车	辆	116.52
家用汽车	辆	8.68
洗衣机	台	90.87
电冰箱	台	81.61
彩色电视机	台	120.66
影碟机	台	83.94
家用电脑	台	33.22
组合音响	套	38.24
摄像机	架	3.75
照像机	架	48.18
微波炉	台	51.68
电炊具	台	91.42
淋浴热水器	台	63.11
排油烟机	台	78.61
消毒碗柜	台	11.99
饮水机	台	69.96
吸尘器	台	9.50
健身器材	套	3.82
普通电话	部	82.98
移动电话	部	127.16

8-5 城镇居民住房情况

	单位	2005年
1. 家庭居住人口	人/户	2.91
2. 现住房总建筑面积	平方米/人月	30.06
3. 现住房层总使用面积	平方米/人月	22.81
4. 房屋产权（合计）	%	100.00
#租赁公房	%	10.31
原有私房	%	18.95
房改私房	%	60.40
商品房	%	7.53
5. 住宅建筑式样（合计）	%	100.00
#四居室	%	7.16
三居室	%	28.57
二居室	%	36.42
普遍楼房	%	21.06
6. 购房总金额	元/户	39 913.42
购房实际支出金额	元/户	35 630.13
7. 饮水情况（合计）	%	100.00
#自来水	%	53.09
矿泉水	%	35.79
纯净水	%	11.12
8. 饮用燃料使用情况（合计）	%	100.00
管道燃气	%	47.92
液化石油气	%	41.68
煤	%	1.74
其它	%	8.66
9. 通信设备使用情况		
(1) 无电话（合计）	%	100.00
是	%	3.19
否	%	96.81
(2) 固定电话	部/百户	82.98
(3) 移动电话	部/百户	127.16

8－6 城镇居民现金收支情况

	单位	2005 年
一、期初手存现金	元/人	753.07
二、家庭总收入	元/人	10 370.4
#可支配收入	元/人	9 615.9
三、出售财物收入	元/人	9.6
四、借贷收入	元/人	2 563.95
五、家庭总支出	元/人	9 075.96
①消费支出	元/人	7 247.78
②购房与建房支出	元/人	403.2
③转移性支出	元/人	815.4
④财产性支出	元/人	0.81
⑤社会保障支出	元/人	608.88
六、借贷支出	元/人	3 620.74
#存入储蓄款	元/人	3 167.28
归还借款	元/人	168.5
储蓄性保险支出	元/人	65.65
归还住房贷款	元/人	108.2
七、期末手存现金	元/人	773.67

8－7 主要年份农村住户调查情况

年　份	调查户数（户）	平均每户人口（人）	平均每一劳动力负担人口（人）	农民人均年纯收入（元）	年人均生活费支出（元）	人均住房面积（平方米）
1978	40	5.28	1.88	150.14	133.3	12.09
1980	50	5.16	1.84	197.1	178.64	10.87
1981	50	4.92	1.8	237.03	185.67	11.48
1982	160	4.91	1.77	279.83	221.46	16.23
1983	200	4.99	1.7	317.69	268.19	17.55
1984	370	5.21	1.73	338.43	263.24	18.29
1985	600	5.3	1.68	393.74	340.8	21.08
1986	600	5.2	1.67	398.21	381.37	23.41
1987	640	5.12	1.65	471.1	395.6	24.37
1988	590	4.95	1.63	536.36	537.26	25.6
1989	590	4.86	1.6	591.46	614.71	21.69
1990	600	4.83	1.57	690.32	649.65	20.72
1991	600	4.64	1.5	738.79	715.15	21.34
1992	590	4.58	1.5	804.69	784.98	21.64
1993	570	4.41	1.4	928	1 042	23
1994	590	4.24	1.4	1 130	1 221	23.1
1995	600	4.17	1.4	1 631	1 498	23.7
1996	600	4.09	1.4	1 946	1 655	24.4
1997	640	4.02	1.4	2 185	1 865	24.48
1998	640	3.91	1.4	2 322	1 944	25.53
1999	880	3.99	1.42	2 115	1 603.05	25.65
2000	900	4.04	1.58	2 220	1 758.4	26
2001	900	3.92	1.5	2 318	2 153.13	27
2002	880	3.85	1.51	2 441	1 936.31	28.52
2003	920	3.83	1.48	2 581.02	2 156.59	28.81
2004	920	3.79	1.45	2 909.06	2 392.42	33.06
2005	1 187	3.77	1.46	3 258.34	2 984.07	35.62

注：1999 年以后含东川、寻甸数据。

8-8 农村居民家庭人均总收入和人均纯收入

单位：元

项　目	2000年	2002年	2003年	2004年	2005年
一、全年人均总收入	**3 316.49**	**3 793.76**	**3 950.08**	**4 540.02**	**5 399.55**
1．基本收入	2 971.24	3 411.78	3 611.74	4 020.54	4 866.71
①劳动者的报酬收入	616.73	593.54	579.79	687.33	868.11
②家庭经营收入	2 354.51	2 818.24	3 031.95	3 333.21	3 998.60
2．转移性收入	210.35	208.36	130.97	145.09	182.35
3．财产性收入	134.90	173.62	207.37	374.39	350.49
二、全年人均纯收入	2 220.00	2 441.00	2 581.02	2 909.06	3 258.34

8-9 农村居民家庭人均总支出

单位：元

项 目	2000 年	2002 年	2003 年	2004 年	2005 年
全年人均总支出	**2 962.00**	**3 433.64**	**3 631.83**	**4 249.92**	**5 274.68**
# 生活消费支出	1 758.40	1 936.31	2 156.59	2 392.42	2 984.07
# 食品	837.74	878.95	952.99	1 023.29	1 263.89
衣着	76.83	92.91	98.22	121.27	171.26
居住	387.67	441.01	518.11	456.66	427.70
医疗保健	104.30	113.33	165.85	181.26	239.22
家庭经营费用支出	854.36	1 105.74	1 192.78	1 418.34	1 899.58
购置生产用固定资产支出	107.69	179.19	125.97	257.05	167.70
缴纳税金	54.13	53.00	37.06	28.56	19.14
上交集体承包任务			1.28		

8－10 农村住户人均纯收

(2005年)

	单位	昆明	五华	盘龙	官渡	西山	东川	呈贡
调查户数	户	1 187	85	122	100	80	100	60
常住人口	人	4 473	325	475	371	272	411	192
平均每户常住人口	人	3.8	3.8	3.9	3.7	3.4	4.1	3.2
平均每一劳力负担人口	人	1.5	1.5	1.6	1.3	1.4	1.5	1.4
人均年总收入	元	5 399.55	6 702.5	5 355.2	7 301.14	5 838.37	2 262.12	9 601.17
1．基本收入	元	4 866.71	5 970.06	4 298.13	5 623.83	4 465.78	2 140.32	8 878.67
（1）工资性收入	元	868.11	1 625.54	1 557.32	1 548.19	1 577.57	387.15	303.54
（2）家庭经营收入	元	3 998.6	4 344.52	2 740.81	4 075.64	2 888.21	1753.17	8 575.13
2．转移性收入	元	182.35	204.81	434.86	213.15	327.84	105.47	379.7
3．财产性收入	元	350.49	527.63	622.21	1 464.17	1 044.76	16.33	342.8
人均年总支出	元	5 274.68	6 709.92	5 345.31	7 933.83	4 969.83	2 270.98	9 523.22
1．家庭经营费用支出	元	1 899.58	2 229	858.15	1 981.37	594.21	790.75	4 501.38
2．购置生产性固定资产	元	167.7	104.1	6.3	278.67	41.73	69.02	67.77
3．税费支出	元	19.14	0.35	29.06	13.76		0.1	12.05
4．生活消费支出	元	2 984.07	4 193.93	4 180.66	4 763.16	4 154.93	1 378.38	4 609.24
#食品	元	1 263.89	1 676.84	1 623.75	1 651.4	1 767.58	855.26	1 433.07
衣着	元	171.26	286.1	270.02	325.17	286.38	50.42	200.4
居住	元	427.7	730.5	511.83	929.33	312.76	121.19	1 247.86
医疗保健	元	239.22	344.54	260.97	467.08	359.26	62.22	428.18
5．财产性支出	元	70.9	3.85	40.11	684.28	14.81	2.27	58.53
6．转移性支出	元	132.52	178.69	231.04	212.2	164.16	30.45	274.26
7．建造生产性固定资产雇工支出	元	0.77			0.39			
人均年纯收入	元	3 258.34	4 253.7	4 268.57	4 949.61	4 978.19	1 388.23	4 569.26

入和总收支情况

晋宁	富民	宜良	石林	嵩明	禄劝	寻甸	安宁
90	90	60	60	60	100	100	80
309	336	220	235	243	387	398	299
3.4	3.7	3.7	3.9	4.1	3.9	4.0	3.7
1.4	1.5	1.4	1.4	1.6	1.4	1.5	1.4
6 419.12	7 274.67	5 017.44	5 016.33	6 551.16	2 756.72	3 042.85	6 769.35
6 187.37	7 060.01	4 813.74	4 824.92	6 392.39	2 665.42	2 934.27	6 365.78
823.57	727.48	516.82	487.91	948.72	192.6	271.91	848.14
5 363.8	6 332.53	4 296.92	4 337.01	5 443.67	2 472.82	2 662.36	5 517.64
172.58	128.28	151.59	28.34	103.66	39.02	54.65	203.08
59.16	86.38	52.11	163.07	55.12	52.27	53.93	200.48
6 529.83	7 006.51	3 951.08	4 322.27	6 211.91	3 011.71	2 621.79	6 755.25
2 952.5	3 908.01	1 608.28	1 676.35	3 296.91	944.27	1 007.75	2 606.96
339.22	111.77	61.13	241.22	377.17	212.41	42.59	514.65
3.64	2.78	6.03	1.34	6.05		19.5	173.39
3 122.29	2 785.76	2 141.64	2 229.78	2 436.16	1 828.09	1 521.11	3 294.67
1 324.35	1 398.5	730.62	1 031.06	1 073.47	1 098.76	920.19	1 473.39
233.71	87.52	77.4	111.49	153.67	85.11	70.67	146.55
242.38	519.85	226.13	294.24	304.15	198.41	170.4	390.27
312.39	204.89	221.12	136.72	177.62	95.22	74.36	333
15.39	5.89	60.9	7.76	0.65	11.96	0.08	
96.79	192.3	73.11	165.82	94.97	12.14	30.77	158.26
					2.84		7.32
3 228.65	3 091.43	3 308.44	3 089.26	3 005.89	1 631.9	1 889.8	3 758.94

8－11 农村住户人均

（2005年）

	单位	昆明	五华	盘龙	官渡	西山	东川	呈贡
一、期内现金收入合计	元	4 740.88	6 021.52	4 778.97	6 975.82	5 626.92	1 428.54	9 677.62
（一）基本收入	元	4 243.06	5 310.97	3 763.43	5 300.45	4 273.16	1 363.73	9 054.14
1．工资性收入	元	866.27	1 602.9	1 556.47	1 548.19	1 577.57	387.15	300.93
2．家庭经营现金收入	元	3 376.79	3 708.09	2 206.96	3 752.26	2 695.59	976.58	8 753.21
出售产品的现金收入	元	1 526.12	854.23	1 249.58	1 916.92	1 277.08	313.21	5 821.5
工业加工费的现金收入	元							
建筑业的现金收入	元	41.58	39.2	100.04	54.18	88.87		
运输业的现金收入	元	338.12	491.85	85.59	502.96	551.72	41.28	64.76
批发零售贸易餐饮业收入	元	262.13	935.57	64.69	205.65	86.18	80.65	2 099.17
服务业的现金收入	元	35.67	98.26	59.51	149.01	4.89	12.63	0.31
文教卫生业	元	1.98	1.08	3.26		13.1	7.49	
其他家庭经营的现金收入	元	33.42	14.55	11.49		371.95	1.46	0.96
（二）转移性收入	元	175.3	201.26	416.33	213.15	325.63	59.81	378.24
（三）财产性收入	元	322.53	509.3	599.22	1 462.23	1 028.13	5	245.23
二、期内现金支出合计	元	4 630.27	6 117.82	4 818.75	7 633.35	4 619.55	1 371.67	9 419.37
1．生产费用支出	元	1 815.31	2 132.11	714.02	2 149.69	561.56	498.85	4 569.15
2．税费支出	元	16.41	0.35	2.22	13.76		0.1	12.05
3．生活消费支出	元	2 596.62	3 804.51	3 831.58	4 573.42	3 879.03	840.01	4 505.38
4．财产性支出	元	70.9	3.85	40.11	684.28	14.81	2.27	58.53
5．转移性支出	元	131.04	177	230.83	212.2	164.16	30.45	274.26
三、期末手存现金	元	901.71	619.48	531.91	1 044.39	1 122.73	286.75	1 823.05
四、期末存款余额	元	1 955.18	466.89	1 995.61	9 345.28	2 846.46	473.97	3 401.91

现金收支情况

晋宁	富民	宜良	石林	嵩明	禄劝	寻甸	安宁
5 884.85	5 995.9	4 267.87	4 022.54	5 889.21	1 870.32	2 041.02	5 788.3
5 674.94	5 805.74	4 071.37	3 978.04	5 758.88	1 779.02	1 972.07	5 452.3
823.57	727.48	516.82	487.91	948.72	192.6	271.91	848.14
4 851.37	5 078.26	3 554.55	3 490.13	4 810.16	1 586.42	1 700.16	4 604.16
2 683.87	805.66	2 233.5	2 476.82	1 149.55	916.33	884.51	1 641.23
	20.83		3.53	277.49		10.92	6.02
718.46	120.47	9.82	48.83	794.57	7.22	103.27	1 447.26
	311.57	184.35	7.66	186.88	9.53	5.93	345.5
	37.29	5.68			2.43	3.93	70.85
	0.95						
3.65		53.8		40.48	9.34	4.71	30.26
172.58	126.74	151.59	24.81	100.45	39.02	52.24	203.08
37.33	63.42	44.92	19.68	29.88	52.27	16.71	132.92
6 268.21	5 886.64	3 598.39	3 302.08	5 463.05	1 910.6	1 643.72	5 918.73
3 217.16	3 600.16	1 443.83	1 340.1	3 314.37	697.7	709.89	2 879.4
3.64	2.78	6.03	1.34	6.05		19.5	173.39
2 935.23	2 093.37	2 014.52	1 795.02	2 049.68	1 190.12	885.59	2 707.69
15.39	5.89	60.9	7.76	0.65	11.96	0.08	
96.79	184.44	73.11	157.85	92.3	10.82	28.67	158.26
1 280.26	883.74		3 106.51	1 192.14	481.29	655.01	867.68
891.65	833.13		918.5	1 391.16	46.51		4 780

8－12 农村居民家庭平均每百户耐用消费品拥有量

项 目	单位	2000年	2002年	2003年	2004年	2005年
电风扇	台	13	18	16.6	17.5	19.03
大型家具	件	161	183	196.8	220	199.1
摩托车	辆	7	12	11.3	17.2	20.5
自行车	辆	86	76	68.3	76.4	67.2
洗衣机	台	38	38	36.2	45.7	52.7
电冰箱	台	7	8	6.9	10.9	14.2
影碟机	台	19	35	40.8	54.3	65.9
录音机	台	33	25	24	21.6	23.5
黑白电视机	台	44	32	27.4	21.8	14.4
彩色电视机	台	57	71	73.3	84.7	95.2
组合音响	套	14	17	19.8	23.5	28.5
照像机	架	7	8	7.3	8.7	9.7
脱排油烟机	台	2	3	3.9	7.3	8.1

主要统计指标解释

城镇居民家庭就业人口 指从事社会劳动并取得劳动报酬或经营收入的人口。我国的就业方针是："在国家统筹规划和指导下，实行劳动部门介绍就业，自愿组织起来就业和自谋职业相结合"的方针。因此通过这三种方式就业的，不论在国有、集体经济单位工作或从事个体劳动，不论有固定性职业或临时性职业都是就业人口。城镇就业人口包括"国有经济单位职工"、"集体经济单位职工"、"其他所有制职工"、"个体经营者"、"个体被雇人员"、"离退休再就业人员"、"其他就业人员"七项。

城镇居民家庭实际收入 指调查户的全部实际的现金收入，包括经常或固定得到的收入和一次性收入。不包括周转性的收入，如提取银行存款、向亲友借入款、收回借出款以及其他各种暂收款。

城镇居民家庭可支配收入 指居民家庭在支付个人所得税，家庭副业生产支出和记帐补贴之后所余下的实际收入。

城镇居民家庭消费性支出 指调查户用于日常生活的全部支出，包括食品、衣着、家庭设备用品及服务、医疗保健、交通和通讯、娱乐教育文化服务、居住、杂项商品和服务等八大类支出。

农民全年总收入 指农村住户年内从各种来源得到的全部实际收入（包括现金收入和实物收入）。由基本收入，转移性收入和财产性收入等三部分组成。

农民全年纯收入 指总收入扣除相应的各项费用性支出后，归农民所有的收入。它是可用于生产和非生产投资，改善物质和文化生活以及用于再分配的支出和结余的收入，是用来观察农民实际收入水平，以及农民扩大再生产和改善生活能力的指标。

全年纯收入 = 总收入 – 家庭经营费用支出 – 生产用固定资产折旧 – 税收 – 上交集体承包任务 – 集体提留和摊派 – 调查补贴 – 赠送农村内部亲友的支出

农民全年总支出 指农村住户全年用于生产、生活和再分配等方面的全部实际支出，包括家庭经营费用支出、购置生产性固定资产支出、缴纳税款、上交集体承包任务、集体提留和各种摊派、生活消费支出和其它非借贷性支出。但借贷性支出不包括在内。

九、农　　业

NONGYE

9－1 农村基本情况

指　　标	单位	2000年	2002年	2003年	2004年	2005年
农村基层组织						
乡镇政府	个	143	130	129	124	123
＃镇政府	个	50	39	39	35	35
村民委员会	个	1 367	1 335	1 333	1 294	1 293
乡村户数、人口、劳动力						
乡村户数	户	798 159	799 530	803 292	814 378	820 300
乡村人口	人	2 923 111	2 919 143	2 926 342	2 949 505	2 953 154
乡村劳动力资源数	人	1 881 191	1 901 542	1 911 510	1 928 929	1 946 596
其中：劳动年龄内	人	1 739 725	1 743 325	1 688 010	1 779 363	1 783 373
乡村从业人员合计	人	1 797 823	1 792 417	1 798 923	1 808 370	1 812 549
按性别分						
男	人	919 444	917 661	920 796	931 553	936 295
女	人	878 379	874 456	878 127	876 817	876 254
按行业分：						
农林牧渔业	人	1 414 029	1 424 285	1 424 146	1 419 088	1 402 747
工业	人	76 387	69 839	70 937	74 923	78 513
建筑业	人	72 786	73 053	75 444	75 098	76 294
交通运输、仓储业及邮政业	人	62 225	60 616	59 913	59 478	60 965
信息传输、计算机服务和软件业					1 669	2 038
批发、零售贸易、餐饮业	人	60 294	59 586	58 251	75 144	78 220
其它行业	人	112 102	105 038	110 232	102 970	113 772

9－2 分县（市）区

（2005年）

指　标	单位	全市	五华区	盘龙区	官渡区	西山区	东川区	呈贡县
农村基层组织								
乡镇政府	个	123	2	2	7	4	13	6
#镇政府	个	35			3	2	3	2
村民委员会	个	1 293	11	16	59	35	148	65
乡村户数、人口、劳动力资源								
乡村户数	户	820 300	15 997	12 885	57 002	33 121	60 302	41 564
乡村人口	人	2 953 154	51 540	38 529	165 538	96 807	231 683	128 649
乡村劳动力资源	人	1 946 596	33 909	24 273	118 863	69 613	148 108	91 222
农村社会基础设施								
自来水受益村数	个	1 241	11	16	59	35	145	56
通汽车村数	个	1 285	11	16	59	35	140	65
通电话村数	个	1 236	11	16	59	35	147	65

注：为反映城市化的进展情况，国家统计局制定《农村统计报表制度》从2002年年报起，农村基层组织情况乡镇中的镇政府，已不包括城关镇。

农村基本情况

晋宁县	富民县	宜良县	石林县	嵩明县	禄劝县	寻甸县	安宁市
11	8	11	9	8	17	16	9
3	1	5	1	2	2	5	6
129	73	133	88	106	192	170	68
70 212	34 302	100 627	55 075	78 733	104 811	118 882	36 787
218 839	121 667	361 383	200 560	312 380	427 521	478 746	119 312
148 447	83 753	243 439	133 431	190 894	269 035	306 604	85 005
125	73	128	83	94	178	170	68
129	73	133	88	106	192	170	68
128	73	133	84	106	142	169	68

续 9－2

指　　标	单位	全市	五华区	盘龙区	官渡区	西山区	东川区	呈贡县
年初实有耕地面积	公顷	176 629	1 874	1 877	7 121	4 492	12 968	6 221
年内增加耕地面积	公顷	904	99	43	2	1	53	107
#新开荒地面积	公顷	456		15			51	21
当年减少耕地面积	公顷	2 498	142	134	531	454	143	231
#国家基建占地	公顷	1 190		116	251	139	108	230
其它基建占地	公顷	912	8	18	211	315	35	
退耕还林还草占地	公顷	30						1
耕地改为园地	公顷	276	134					
年末实有耕地面积	公顷	175 035	1 831	1 786	6 592	4 039	12 878	6 097
#田	公顷	67 948	802	412	1 559	1 621	2 270	2 935
地	公顷	107 089	1 030	1 374	5 033	2 418	10 608	3 162
乡村办水电站个数	个	27				1	8	
装机容量	千瓦	19 202				1 200	2 844	
发电量	万千瓦时	6 091				1	927	
农村用电量	万千瓦时	64 304	1 028	2 023	6 802	5 316	1 962	4 684
农用化肥施用量（折纯）	吨	149 983	4 209	2 602	10 400	3 545	6 165	8 295
氮肥	吨	80 192	2 056	1 516	4 824	2 581	4 422	4 047
磷肥	吨	31 778	1 524	387	2 031	448	861	1 515
钾肥	吨	11 615	126	277	1 174	117	87	1 041
复合肥	吨	26 398	503	422	2 371	399	795	1 692
农用塑料薄膜使用量	吨	13 923	102	129	1 858	229	137	2 935
#地膜使用量	吨	8 806	88	125	280	171	133	746
地膜覆盖面积	公顷	83 669	2 721	1 445	3 586	1 906	2 494	3 824
农药使用量	吨	3 604	28	26	215	67	37	360

晋宁县	富民县	宜良县	石林县	嵩明县	禄劝县	寻甸县	安宁市
14 000	6 867	18 665	16 613	20 421	24 086	33 361	8 063
2	93	40	34	21	241	46	122
1			10	14	219	5	120
62	44	47	34	176	107	219	174
45	21	27	13	72	4	26	138
15	12	20	21	45	6	191	15
	5			24			
	6			35	97		4
13 940	6 916	18 658	16 613	20 266	24 220	33 188	8 011
10 128	3 089	10 599	4 561	10 343	5 270	9 899	4 461
3 813	3 827	8 059	12 052	9 923	18 950	23 289	3 550
		9	3		3	3	
		9 585	1 020		4 255	298	
		3 108	305		1 652	98	
5 315	3 587	8 297	3 032	5 651	3 665	4 683	8 259
10 827	5 347	16 294	10 244	18 552	18 855	28 608	6 040
4 767	3 059	7 365	6 676	9 072	11 442	15 359	3 006
2 222	1 060	4 480	1 860	4 575	3 531	6 185	1 099
1 159	448	1 261	1 205	1 006	1 134	2 023	557
2 679	780	3 188	503	3 899	2 748	5 041	1 378
1 295	212	1 090	1 474	1 219	1 123	1 561	559
773	191	950	1 378	1 002	1 103	1 462	404
6 485	1 528	7 947	10 586	10 280	11 280	15 790	3 797
424	129	495	687	377	190	371	198

续 9-2

指　标	单位	全市	五华区	盘龙区	官渡区	西山区	东川区	呈贡县
从业人员总计	人	**1 812 549**	**30 368**	**22 581**	**109 296**	**61 039**	**144 113**	**88 791**
#女	人	876 254	14 965	11 166	54 193	30 116	67 751	44 099
农林牧渔业	人	1 402 747	16 915	13 575	67 838	33 674	110 024	76 594
工　业	人	78 513	2 736	1 723	10 592	5 242	7 536	3 710
建筑业	人	76 294	2 225	1 206	1 805	3 515	5 355	480
交通运输、仓储业及邮政业	人	60 965	2 123	1 643	7 221	6 247	2 023	2 612
信息传输、计算机服务和软件业	人	2 038	129	47	218	384	69	8
批发、零售贸易、餐饮业	人	78 220	2 253	2 335	10 669	5 849	2 607	2 396
其它行业	人	113 772	3 987	2 052	10 953	6 128	16 499	2 991

晋宁县	富民县	宜良县	石林县	嵩明县	禄劝县	寻甸县	安宁市
139 946	**79 040**	**227 805**	**120 360**	**178 566**	**246 857**	**283 531**	**80 256**
69 288	38 366	111 547	58 304	85 132	118 029	132 945	40 353
108 936	57 683	173 395	103 780	124 331	219 048	242 133	54 821
6 699	3 612	8 964	2 931	11 297	2 044	4 853	6 574
5 261	7 625	15 419	2 484	14 916	4 461	8 367	3 175
5 525	2 570	7 900	3 078	6 753	2 647	6 388	4 235
128	41	185	131	293	137	160	108
5 475	3 044	12 839	3 803	10 605	4 256	8 006	4 083
7 922	4 465	9 103	4 153	10 371	14 264	13 624	7 260

9－3 主要年份农林牧渔业总产值指数

（可比价、上年为100）

单位：%

年 份	农林牧渔业总产值	农业总产值	林业总产值	牧业总产值	渔业总产值	服务业产值
1978	117.7	115.3	133.3	124.7	144.8	
1979	90.3	87.6	82.4	98.2	205.7	
1980	115.3	120.4	115.3	98.6	95.7	
1981	108.7	108.5	118.9	108.3	98.8	
1982	108.4	106.1	118.0	119.2	66.7	
1983	101.1	94.2	136.9	118.2	183.7	
1984	117.8	118.6	159.1	105.0	154.5	
1985	104.1	97.9	130.0	117.8	93.5	
1986	89.2	81.4	71.8	112.6	164.4	
1987	120.2	128.3	88.4	110.2	125.5	
1988	106.9	106.2	100.4	109.8	108.9	
1989	105.9	102.5	108.9	113.1	106.8	
1990	107.1	106.1	94.6	112.1	93.6	
1991	106.4	106.7	113.1	105.7	98.5	
1992	105.7	105.7	126.7	103.1	101.3	
1993	111.3	115.1	101.0	105.4	112.1	
1994	102.7	96.2	107.0	114.6	127.8	
1995	110.5	110.6	105.7	110.6	117.3	
1996	109.5	107.5	115.8	111.4	118.5	
1997	107.7	107.7	99.0	108.4	113.0	
1998	104.2	98.9	112.6	110.9	122.0	
1999	108.5	107.6	109.9	110.8	99.9	
2000	108.2	110.6	102.5	106.5	95.1	
2001	103.2	102.0	99.1	105.7	103.5	
2002	105.8	104.4	107.1	107.4	110.6	
2003	106.0	104.9	94.0	108.6	116.9	102.0
2004	107.1	110.0	103.1	104.7	100.7	101.0
2005	105.9	103.0	104.0	112.5	90.0	106.8

9-4 主要年份农林牧渔业总产值

（以当年价计算）

单位：万元

年份	农林牧渔业总产值	农业	林业	牧业	渔业	服务业
1984	75 547	55 964	3 959	14 609	1 015	
1985	90 369	60 990	5 376	22 997	1 006	
1987	124 465	83 397	4 142	33 643	3 283	
1988	156 786	103 880	4 783	44 686	3 437	
1989	175 847	112 334	5 502	53 380	4 631	
1990	199 206	126 792	6 633	60 788	4 993	
1991	216 584	141 534	7 676	61 635	5 739	
1992	246 400	156 841	10 904	71 766	6 889	
1993	315 544	201 280	12 842	91 819	9 603	
1994	424 999	264 027	14 755	131 511	14 706	
1995	598 986	371 930	18 102	190 520	18 434	
1996	685 790	428 855	23 397	211 851	21 687	
1997	731 469	451 736	23 889	228 797	27 047	
1998	759 626	455 260	26 395	250 185	27 786	
1999	793 356	476 336	29 769	260 329	26 922	
2000	815 767	503 074	32 815	254 534	25 344	
2001	858 558	523 477	32 131	273 058	29 892	
2002	901 499	546 843	33 202	290 106	31 348	
2003	957 332	548 692	32 410	307 249	31 698	37 283
2004	1 090 013	619 616	33 607	367 556	31 532	37 702
2005	1 172 285	658 345	36 988	405 871	29 997	41 084

9－5 主要年份农林牧渔业总产值构成

单位:%

年　份	总构成	农业	林业	牧业	渔业	服务业
1984	100	74.08	5.24	19.34	1.34	
1985	100	67.49	5.95	25.45	1.11	
1987	100	67.00	3.33	27.03	2.64	
1988	100	66.26	3.05	28.50	2.19	
1989	100	63.88	3.13	30.36	2.63	
1990	100	63.65	3.33	30.52	2.50	
1991	100	65.35	3.54	28.46	2.65	
1992	100	63.65	4.42	29.13	2.80	
1993	100	63.79	4.07	29.10	3.04	
1994	100	62.12	3.47	30.95	3.46	
1995	100	62.10	3.02	31.80	3.08	
1996	100	62.54	3.41	30.89	3.16	
1997	100	61.76	3.26	31.28	3.70	
1998	100	59.93	3.47	32.94	3.66	
1999	100	60.04	3.75	32.82	3.39	
2000	100	61.78	3.85	31.40	2.97	
2001	100	60.98	3.74	31.80	3.48	
2002	100	60.66	3.68	32.18	3.48	
2003	100	57.31	3.39	32.09	3.32	3.89
2004	100	56.85	3.08	33.72	2.89	3.46
2005	100	56.20	3.20	34.50	2.60	3.50

注：构成按当年价计算。

9－6 农林牧渔业分项产值

（按当年价计算）

单位：万元

指　标	2005 年	2004 年	2005 年比 2004 年 ± %
农林牧渔业总产值	**1 172 285**	**1 090 013**	**7.5**
一、农业产值	658 345	619 616	6.3
#1．谷物及其他作物	317 117	311 021	2.0
#谷物	149 605	145 854	2.6
油料	4 158	4 949	－16.0
烟叶	100 189	97 265	3.0
2．蔬菜园艺作物	315 939	286 380	10.3
蔬菜（含菜用瓜）	196 884	187 438	5.0
花卉园艺	90 605	77 715	16.6
3．水果、坚果、饮料和香料	23 502	21 043	11.7
二、林业产值	36 988	33 607	10.1
三、牧业产值	405 871	367 556	10.4
四、渔业产值	29 997	31 532	－4.9
五、服务业产值	41 084	37 702	9.0

9-7 农林牧渔业分项产值构成

（按当年价计算）

单位:%

指　标	2005年	2004年
农林牧渔业总产值	**100**	**100**
一、农业产值	56.10	56.85
#1. 谷物及其他作物	27.10	28.53
#谷物	12.80	13.38
油料	0.40	0.45
烟叶	8.50	8.92
2. 蔬菜园艺作物	26.90	26.27
蔬菜（含菜用瓜）	16.80	17.20
3. 水果、坚果、饮料和香料	2.00	1.93
二、林业产值	3.20	3.08
三、牧业产值	34.60	33.72
四、渔业产值	2.60	2.89
五、服务业产值	3.50	3.46

9－8　主要农作物播种面积及产量

指　　标	2005年			2004年		
	播种面积（公顷）	总产量（吨）	公顷产量（吨）	播种面积（公顷）	总产量（吨）	公顷产量（吨）
农作物总计	**386 891**			**382 466**		
一、粮食作物	246 760	1 133 595	4.6	245 365	1 148 610	4.7
夏粮	100 989	251 904	2.5	99 077	244 384	2.5
秋粮	145 771	881 691	6.1	146 288	904 226	6.2
（一）谷物	173 183	912 852	5.3	172 055	920 249	5.3
#1．稻谷	47 746	374 999	7.9	48 041	379 681	7.9
2．小麦	36 943	93 998	2.5	37 040	94 624	2.6
3．玉米	54 073	353 226	6.5	54 286	366 754	6.8
4．其它谷物	34 269	90 223	2.6	32 567	78 916	2.4
（二）豆类	44 751	103 465	2.3	44 941	104 731	2.3
#蚕豆	26 315	65 137	2.5	26 773	64 269	2.4
（三）薯类	28 826	117 278	4.1	28 369	123 630	4.4
#马铃薯	25 069	99 695	4.1	24 181	104 697	4.3
二、油料	9 161	13 590	1.5	9 172	13 318	1.5
#油菜籽	8 068	11 181	1.4	8 083	11 120	1.4
三、甘蔗	74	3 803	51.4	89	4 231	47.6
四、麻类	173	1 346	7.8	343	2 545	7.4
五、烟叶	42 774	86 188	2.0	42 649	81 958	1.9
#烤烟	42 716	86 112	2.0	42 477	81 855	1.9
六、药材类	358	1 333	3.7	346	1 251	3.6
七、蔬菜、瓜果类	57 637	1 713 951	29.7	57 335	1 696 231	29.3
1．蔬菜（含菜用瓜）	56 884	1 690 736	29.7	56 607	1 673 493	29.6
2．瓜类	752	25 499	33.9	728	22 738	31.3
八、花卉	5 885	315 609	53.6	5 768	271 333	47.0
九、其它作物	29 954			27 167		
#青饲料	4 355			5 856		

注：花卉公顷产量、总产量的计量单位为万枝。

9－9 分县（市）区农

（2005 年，

指　标	单位	全市	五华区	盘龙区	官渡区	西山区	东川区	呈贡县
农林牧渔总产值	**万元**	**1 172 285**	**17 435**	**21 651**	**117 771**	**36 467**	**39 727**	**95 656**
一、农业产值	万元	658 345	8 283	14 269	71 931	19 484	20 543	72 102
1．谷物及其他作物	万元	317 117	4 479	3 418	7 390	6 519	12 676	1 032
#谷物	万元	149 605	2 589	1 389	3 227	4 499	6 303	850
油料	万元	4 158	7	12	24	110	371	2
甘蔗	万元	256					51	
烟叶	万元	100 189	1 339	770	1 723	868	42	
2．蔬菜园艺作物	万元	315 939	2 942	10 413	63 342	11 823	4 554	68 371
蔬菜（含菜用瓜）	万元	196 884	2 115	6 631	32 437	11 258	4 553	37 100
3．水果、坚果、饮料和香料	万元	23 502	861	438	1 199	1 142	2 398	2 699
4．中药材	万元	1 787	1				915	
二、林业产值	万元	36 988	75	500	250	2 119	1 140	1 205
#林木的培育和种植	万元	11 692		222	153	109	953	896
林产品	万元	8 985	56	108	79	136	149	289
竹木采伐	万元	16 311	19	170	18	1 874	38	20
三、牧业产值	万元	405 871	6 491	5 361	40 172	11 407	15 358	18 102
#牲畜饲养	万元	73 895	544	449	3 569	1 228	2 239	7 149
猪的饲养	万元	240 400	4 400	3 594	14 330	7 725	11 700	2 852
家禽饲养	万元	88 593	1 517	1 252	21 946	2 440	1 224	8 098
四、渔业产值	万元	29 997	1 589	1 019	1 572	2 456	721	3 026
五、服务业产值	万元	41 084	997	502	3 846	1 001	1 965	1 221

林牧渔业总产值

按当年价计算)

晋宁县	富民县	宜良县	石林县	嵩明县	禄劝县	寻甸县	安宁市
95 210	**51 104**	**207 078**	**91 392**	**103 626**	**114 130**	**109 449**	**71 589**
57 429	25 331	103 166	56 165	62 864	57 123	52 651	37 004
21 236	13 765	55 869	42 473	35 210	51 104	46 926	15 020
10 791	9 244	27 358	17 121	17 238	23 923	17 579	7 494
692	114	399	421	34	508	694	770
2		7			195	1	
6 674	2 728	17 877	16 837	11 800	14 417	19 768	5 346
35 053	6 700	46 113	11 213	26 557	4 980	5 134	18 744
16 762	5 665	38 110	8 476	11 430	4 597	4 529	13 221
1 102	4 730	860	2 479	1 097	718	539	3 240
38	136	324			321	52	
1 716	2 917	11 939	1 960	1 146	4 677	5 805	1 539
538	111	989	164	242	3 016	4 091	208
674	2 062	1 429	965	147	1 362	1 182	347
504	744	9 521	831	757	299	532	984
30 029	19 885	69 088	29 536	32 574	50 242	48 657	28 969
4 825	2 155	10 459	8 420	4 753	10 587	14 802	2 716
16 648	14 628	41 080	17 994	22 533	35 472	30 805	16 639
8 504	3 031	17 339	2 494	5 252	3 098	3 019	9 379
3 382	378	6 936	1 156	5 242	459	1 059	1 002
2 654	2 593	15 949	2 575	1 800	1 629	1 277	3 075

9－10　分县（市）区农林牧

（2005 年，

指　　标	单位	全市	五华区	盘龙区	官渡区	西山区	东川区	呈贡县
一、总产值	**万元**	**1 172 285**	**17 435**	**21 651**	**117 771**	**36 467**	**39 727**	**95 656**
农业产值	万元	658 345	8 283	14 269	71 931	19 484	20 543	72 102
林业产值	万元	36 988	75	500	250	2 119	1 140	1 205
牧业产值	万元	405 871	6 491	5 361	40 172	11 407	15 358	18 102
渔业产值	万元	29 997	1 589	1 019	1 572	2 456	721	3 026
服务业产值	万元	41 084	997	502	3 846	1 001	1 965	1 221
二、中间消耗	万元	454 252	6 973	7 652	36 115	12 978	19 331	38 195
农业中间消耗	万元	233 762	3 224	5 111	20 115	6 144	9 327	25 514
林业中间消耗	万元	10 207	25	203	142	668	337	142
牧业中间消耗	万元	179 986	2 678	1 751	13 315	5 227	8 356	9 876
渔业中间消耗	万元	12 002	648	320	467	802	301	1 999
服务业中间消耗	万元	18 295	398	267	2 076	137	1 010	664

渔业总产值及中间消耗

按当年价计算）

晋宁县	富民县	宜良县	石林县	嵩明县	禄劝县	寻甸县	安宁市
95 210	**51 104**	**207 078**	**91 392**	**103 626**	**114 130**	**109 449**	**71 589**
57 429	25 331	103 166	56 165	62 864	57 123	52 651	37 004
1 716	2 917	11 939	1 960	1 146	4 677	5 805	1 539
30 029	19 885	69 088	29 536	32 574	50 242	48 657	28 969
3 382	378	6 936	1 156	5 242	459	1 059	1 002
2 654	2 593	15 949	2 575	1 800	1 629	1 277	3 075
32 143	20 533	68 596	42 295	44 352	50 695	46 933	27 461
17 669	9 088	26 568	26 817	22 891	27 225	23 205	10 864
367	993	1 527	630	453	2 145	2 286	289
11 363	8 677	31 734	14 260	17 237	20 909	20 505	14 098
734	225	2 279	427	2 818	220	478	284
2 010	1 550	6 488	161	953	196	459	1 926

9－11 分县（市）区粮食

（2005 年）

指　标	五华区		盘龙区		官渡区		西山区		东川区		呈贡县	
	面积	产量	面积	产量	面积	产量	面积	产量	面积	产量	面积	产量
农作物总计	**4 144**		**4 414**		**12 066**			**8 428**		**23 770**		**12 662**
一、粮食作物	2 749	12 807	2 334	10 260	4 562	22 773	5 081	26 816	16 242	67 222	1 018	5 696
夏粮	1 416	4 862	1 159	3 272	2 029	6 065	2 027	6 460	3 764	5 272	205	499
秋粮	1 333	7 945	1 175.6	6 987.9	2 532.5	16 708	3 054	20 357	12 478	61 950	813.4	5 197
（一）谷物	2 154	11 065	1 598	8 117	3 263	18 876	3 916	23 139	10 266	44 151	718	4 869
#1．稻谷	47 747	374 999	543	3 635	78	541	363	2 629	1 145	8 293	1 938	15 848
2．小麦	443	1 638	532	1 730	659	1 981	695	2 247	2 326	3 295	20	76
3．玉米	684	4 058	835	5 528	1 738	12 630	1 644	11 253	4 605	22 460	550	3 769
4．其它谷物	484	1 734	154	319	504	1 636	432	1 346	1 375	2 505	13	32
（二）豆类	408	1 197	566	1 520	924	2 407	1 008	3 076	1 206	1 871	160	437
#蚕豆	319	1 014	193	622	414	1 311	845	2 683	165	232	14	49
（三）薯类（折粮）	187	545	170	623	374	1 490	157	602	4 770	21 199	140	389
#马铃薯	99	345	161	449	366	1 466	156	601	2 477	9 979	140	389
二、油料	10	19	12	22	49	63	124	254	768	1098	2	3
#油菜籽	10	19	7	9.8	39.8	53	114	237	365	452		
三、甘蔗									15	1 019		
四、麻类												
五、烟叶	562	1 030	413.5	585	779	1 524	267	655	34	42		
#烤烟	562	1 030	413.5	585	779	1 524	267	655				
六、药材类	13	3					1		149	588		
七、蔬菜、瓜果类	777	13 530	1 497	58 086	5 294	234 781	2 622	68 346	3 268	71 082	9 570	341 770
1．蔬菜（含菜用瓜）	704	14 004	1 497	58 086	5 294	234 781	2 615	68 181	2 818	54 590	9 570	341 770
2．瓜果类	73	1 810					7	165	449	16 492		
八、花卉	5	278	31	1 231	923	55 046	47	625			2 064	142 584
九、其它作物	34		158		1 382		333		3 295		2 073	
#青饲料			3		72		45		141			

注：花卉总产量的计量单位为万枝。

播种面积及产量

单位：面积、公顷；产量、吨

晋宁县		富民县		宜良县		石林县		嵩明县		禄劝县		寻甸县		安宁市	
面积	产量	面积	产量	面积	产量	面积	产量	面积	产量	面积	产量	面积	产量	面积	产量
29 500		**15 587**		**47 495**		**44 924**		**42 004**		**49 121**		**74 897**		**17 878**	
14 633	75 443	11 706	58 217	32 359	179 228	25 839	119 823	30 306	142 828	40 132	175 734	51 977	187 730	7 823	49 018
6 052	14 617	5 425	16 567	15 267	38 209	10 340	29 933	15 365	40 826	16 467	32 568	18 791	43 482	2 683	9 272
8 581	60 826	6 281	41 650	17 092	141 019	15 499	89 890	14 941	102 002	23 665	143 166	33 185	144 248	5 140	39 746
10 245	64 245	8 205	49 687	22 188	151 604	18 290	99 309	20 981	116 923	30 218	141 743	34 565	134 692	6 576	44 431
135	993	2 202	18 701	8 408	83 723	4 036	34 782	7 762	58 968	4 764	37 279	8 299	48 271	2 336	18 773
1 898	5 125	2 576	10 339	6 303	15 952	4 086	12 170	3 630	7 663	6 865	14 907	6 072	13 918	838	2 958
2 111	15 310	2 943	19 079	6 491	49 879	6 512	45 180	5 251	35 027	10 603	71 252	7 781	38 776	2 324	19 026
496	1 245	473	1 484	965	1 974	3 656	7 177	4 338	15 265	7 889	18 105	12 413	33 728	1 078	3 674
3 784	8 431	2 893	6 549	8 011	19 503	4 212	10 379	7 542	17 303	5 267	12 362	7 806	15 437	966	2 993
3 390	7 491	760	2 075	5 809	15 141	2 526	7 077	5 378	13 497	2 647	5 254	3 270	6 693	586	1 998
605	2 766	608	1 981	2 160	8 121	3 337	10 135	1 783	8 602	4 647	21 629	9 607	37 601	281	1 594
503	2 038	419	1 351	1 882	7 267	3 172	9 580	1 783	8 602	4 139	19 214	9 548	37 133	225	1 279
1 209	2 534	100	330	488	998	376	857	57	104	629	1 164	4 281	3 678	1 056	2 468
1 190	2 503	84	190	273	566	205	421	57	79	411	642	4 273	3 581	1 040	2 430
0	12			1	70					57	2 696	1	6		
								173	1 346						
3 280	6 151	1 565	2 714	7 078	15 504	8 032	15 914	5 302	10 185	5 522	11 745	7 735	15 474	2 204	4 665
3 280	6 151	1 565	2 714	7 078	15 504	8 032	15 914	5 301	10 184	5 521	11 744	7 713	15 442	2 204	4 665
5	49			131	506					1	1	58	175	1	12
8 132	177 796	1 697	40 717	6 169	190 818	3 802	66 921	4 777	202 316	1 688	56 067	2 878	46 592	5 467	145 130
8 055	176 134	1 649	39 051	6 131	189 668	3 802	66 921	4 736	200 156	1 678	55 847	2 877	46 577	5 458	144 970
77	1 662	48	1 666	38	1 150			41	2 160	9	220	1	15	9	160
1 842	97 594	27	696	277	6 690	41	362	493	7 688	4	67	43	989	89	1 759
2 241		519		1 269		6 874		1 389		1 092		7 968		1 327	
14		20		109		212		317		612		2 757		53	

9－12 分县（市）区油、

（2005 年）

指　　标	单位	全市	五华区	盘龙区	官渡区	西山区	东川区	呈贡县
一、油菜籽生产								
播种面积	公顷	8 068	10	7	39.8	114	365	
总产量	吨	11 181	19	9.8	53	237	452	
二、蔬菜生产								
播种面积	公顷	56 884	704	1 497	5 294	2 615	2 818	9 570
总产量	吨	1 690 736	14 004	58 086	234 781	68 181	54 590	341 770
三、茶叶生产								
播种面积	公顷	300			1			
总产量	吨	59						
四、水果生产								
1. 播种面积	公顷	21 208	723	1 198	1 231	1 194	826	1 471
# 苹果园	公顷	3 246	97	72	120	437	171	16
柑桔园	公顷	358					19	
梨园	公顷	8 254	327	947	321	447	96	897
葡萄园	公顷	1 218	10	1	94	4	184	49
2. 水果产量	吨	96 309	2 343	2 048	5 549	5 157	3 658	11 820
# 苹果	吨	8 177	226	152	325	1 458	379	17
柑桔	吨	2 291				1	54	
梨	吨	31 940	717	1 100	1 094	1 180	446	7 455
葡萄	吨	17 185	9	1	1 183	63	1 055	991

菜、茶、果生产情况

晋宁县	富民县	宜良县	石林县	嵩明县	禄劝县	寻甸县	安宁市
1 190	84	273	205	57	411	4 273	1 040
2 503	190	566	421	79	642	3 581	2 430
8 055	1 649	6 131	3 802	4 736	1 678	2 877	5 458
176 134	39 051	189 668	66 921	200 156	55 847	46 577	144 970
		73	117		1		108
0		22	13		1		23
1 757	3 101	1 048	1 877	1 635	1 104	975	3 069
55	240	39	469	318	463	573	175
7	242	12	44		33	1	1
759	410	306	683	574	335	124	2 028
31	458	30	239	37	2	3	76
5 026	19 347	4 353	10 478	5 366	3 273	3 116	14 777
102	601	118	1 601	589	951	1 077	581
25	1 966	44	58		130	5	9
1 863	1 597	1 224	2 472	1 205	933	838	9 818
82	9 816	203	3 315	21	7	21	418

9－13 分县（市）区

（2005年）

指　　标	单位	全市	五华区	盘龙区	官渡区	西山区	东川区	呈贡县
一、生猪饲养								
（一）生猪年末存栏头数	头	2 112 053	37 397	28 747	134 855	82 770	176 889	25 349
（二）猪出栏头数	头	2 962 590	40 728	37 437	163 585	114 018	139 285	48 732
二、牛								
年末存栏头数	头	528 790	6 227	5 010	13 336	13 121	42 794	9 305
其中：良种及其他牛	头	1 094		212		56	150	199
三、羊								
年末存栏只数	只	1 117 947	11 811	11 248	12 802	27 575	121 279	10 122
年内出栏只数	只	539 227	5 590	5 072	3 165	9 390	41 550	3 253
四、马								
年末存栏头数	头	121 386	1 249	1 544	2 769	1 128	3 057	890
年内出栏头数	头	8 007	28			19		101
五、骡								
年末存栏头数	头	63 843	653	236	140	303	7 585	226
年内出栏头数	头	3 846	22			9		112
六、驴								
年末存栏头数	头	16 897	226	230	73	374	5 526	16
年内出栏头数	头	1 022	21			5	5	3

畜牧业、渔业生产情况

晋宁县	富民县	宜良县	石林县	嵩明县	禄劝县	寻甸县	安宁市
158 922	122 362	258 793	163 196	178 384	273 194	343 380	127 815
255 098	152 380	476 293	190 416	290 754	397 089	458 689	198 086
25 261	21 365	47 435	45 839	29 848	106 355	143 297	19 597
292		155	5	25			
30 840	58 892	95 425	166 649	54 480	266 179	217 102	33 543
14 537	16 727	41 389	69 153	23 753	138 711	144 439	22 498
3 001	5 496	10 223	20 858	21 428	8 262	38 445	3 036
128	635	408	1 797	719	596	3 137	439
233	5 959	9 774	5 137	3 276	16 231	13 744	346
4	383	280	239	1 117	595	1 043	42
331	2 208	1 375	130	158	5 838	320	92
3	278	148	5	150	383	12	9

续 9 – 13

指　　标	单位	全市	五华区	盘龙区	官渡区	西山区	东川区	呈贡县
七、产量								
（一）肉类总产量	吨	332 542	4 102	3 028.9	17 653	10 819	14 498	6 698
#1．猪肉	吨	253 626	3 457.8	2 653.6	12 904	9 088.3	13 028	3 564.8
2．牛肉	吨	19 634	96	68.7	227.7	244.6	482	244.8
3．羊肉	吨	10 739	113.9	78.4	78.4	228.4	518.5	51.6
4．马肉	吨	709.1	3.4			3.3		8.1
5．驴肉	吨	80.6	2.3			1.1	0.4	0.3
6．骡肉	吨	331.8	2.4			1.2		10.2
7．禽肉	吨	46 977	426.4	228.2	4 295.7	1 242.9	469	2 813.1
8．兔肉	吨	165	0.2		38.5	2		3.4
（二）禽蛋产量	吨	57 619	821.5	1 101.5	26 648	862.3	208.4	9 207.6
（三）奶类产量	吨	97 990	9.6	10 115	19 754	4 850	224.2	12 288
其中：牛奶	吨	88 087	9.6	212	19 754	4 797	224.2	12 270
八、渔业生产								
（一）淡水养殖面积	公顷	8 508	187	125	355	382	80	422
（二）淡水产品产量	吨	38 711	600	753	736	1 930	793	1 658
#鱼类	吨	31 097	600	753	736	1 930	793	1 608

晋宁县	富民县	宜良县	石林县	嵩明县	禄劝县	寻甸县	安宁市
25 521	14 687	58 772	20 957	33 926	41 431	55 599	24 850
19 105	12 710	39 327	16 677	28 133	33 080	43 839	16 060
631	397	1 592	934.1	1 922.1	3 718	8 231.9	844
286.8	497	1 036	1 747.4	585.9	2 804	2 168.5	544
11.1	48	52	194.4	83.4	46	213.4	46
0.1	18	13	0.6	18	25	1.5	0.3
0.2	27	43	29.3	50	51	114.2	3.3
5 458.9	970	16 679	1 366.8	3 117.3	1 701	1 017.5	7 191
18.3	12	17	4	13		13.4	43.2
2 581.4	2 504	2 068	1 153.5	2 611.6	598	3 633.7	3 619.3
20 212	71	25 717	9 278	1 678		8.6	3 688
20 061	70	24 921	507.1	1 678		8.6	3 575
821	21	1 106	1 033	1 844	328	1 000	804
5 284	459	6 921	1 148	6 324	347	3 315	880
5 283	459	6 921	1 148	6 324	347	3 315	880

9－14 分县（市）区

（2005 年）

指　　标	单位	全市	五华区	盘龙区	官渡区	西山区	东川区	呈贡县
一、营林情况								
1．当年造林面积	公顷	7 140	66.67		46.67	100	2 093.3	233.33
用材林	公顷							
经济林	公顷	193.3						
防护林	公顷	6 946.7	66.67		46.67	100	2 093.3	233.33
薪炭林	公顷							
其它林	公顷							
2．迹地更新面积	公顷							
3．当年封山育林面积	公顷	14 467	666.7	200	133.4	666.7	4 266.7	400
4．零星（四旁）植树	万株	1 234.9	58	46.91	82.93	62	85.71	45
5．育苗面积	公顷	76.1	6.67		0.7	0.67	6.43	1.33
6．幼林抚育作业面积	公顷	1 570	366.67		46.67	33.3	33.3	100
7．成林抚育面积	公顷	166						100
8．低产林改造面积	公顷	163.63				20		67
二、林产品产量								
1．生漆	吨							
2．油桐籽	吨	36.5					0.5	
3．油茶籽	吨	13.0						
4．乌桕籽	吨							
5．棕片	吨	191.8		0.9		20.4		
6．松脂	吨	66.6						
7．竹笋干	吨	3.0						
8．核桃	吨	1 485.2	7.0	29.3	3.2	23.0	109.1	0.5
9．板栗	吨	7 695.4	67.0	81.2	75.6	8.1	35.6	275.2
三、全社会竹木采伐量								
1．木材	m^3	22 420	155	1 100	2 723	640	660	356
2．竹材	万根	4 810		11	22	861		2

注：当年造林面积中的用材林、其它林，县区无法划分。

林业生产情况

晋宁县	富民县	宜良县	石林县	嵩明县	禄劝县	寻甸县	安宁市
266.67	380	1 086.7		586.67	1 920	273.33	86.67
		193.33					
266.67	380	893.33		586.67	1 920	273.33	86.67
466.7	234	833	133.4	866.7	3 066.7	2 466.7	66.7
79.13	33.5	94.9	90	85.82	95	168.45	79.53
4.6	3.07	5.33	6.42	5.47	19.53	11.2	4.68
33.3		666.67			106.7	136.67	46.67
				66			
				13.3		43.33	20
					36.0		
							13.0
14.9	18.0	9.0	4.8	2.5	77.0	23.3	21.0
		55.0	2.2		6.0	3.4	
					3.0		
80.5	132.0	46.0	157.6	23.0	436.0	392.0	46.0
151.8	1 908.0	2 445.0	170.5	69.2	887.0	1 251.2	270.0
673	1 672	8 000	4 143			294	2 004
1 034	508	1 034	200	303	299	208	328

9－15　林业生产情况

指　标	单　位	2005年	2004年	为上年（%）
一、营林情况				
1．当年造林面积	公顷	7 140	6 300	113.33
用材林	公顷		32	
经济林	公顷	193.33	23	840.57
防护林	公顷	6 946.7	6 203	111.99
薪炭林	公顷			
其它林	公顷		42	
2．迹地更新面积	公顷			
3．年末实有封山育林面积	公顷	184 259	169 792	108.52
4．零星（四旁）植树	万株	1 234.9	1 238.8	99.68
5．育苗面积	公顷	76.1	104.43	72.87
6．幼林抚育作业面积	公顷	1 570	633.33	247.89
7．成林抚育面积	公顷	166	287	57.84
8．低产林改造面积	公顷	163.63	156.66	104.45
二、林产品产量				
1．生漆	吨			
2．油桐籽	吨	36.5	47	77.66
3．油茶籽	吨	13.0	18	72.22
4．乌桕籽	吨			
5．棕片	吨	191.8	218	87.98
6．松脂	吨	66.6	82	81.22
7．竹笋片	吨	3.0	3	100
8．核桃	吨	1 485.2	1 495	97.54
9．板栗	吨	7 695.4	6 838	112.54
三、全社会的竹木采伐量				
1．木材	万立方米	2.24	4.18	53.59
2．竹材	万根	4 810	13 594	35.38

9-16 分县（市）区灌溉面积情况

（2005年）

单位：千公顷

地区	农田有效灌溉面积	#水田	林地果园灌溉面积	在灌溉面积中机电排灌面积	旱涝保收面积
全市合计	**134.39**	**71.37**	**9.48**	**40.33**	**88.11**
五华区	1.87	0.57	0.16	0.12	0.97
盘龙区	1.88	0.3	0.77	0.27	1.29
西山区	5.56	1.89	0.99	2.9	5.01
官渡区	4.31	2.95	0.29	1.35	3.93
东川区	7.25	3.53	1.3	0.24	5.2
呈贡县	5.17	2.87	0.22	3.08	4.46
晋宁县	11.24	9.83	0.03	4.73	9.97
安宁市	5.9	3.3	0.15	2.14	3.3
富民县	15.03	11.11	0.03	7.2	9.95
宜良县	15.17	4.85	0.4	4.34	6.18
石林县	18.5	10.51	0.18	4.27	11.19
嵩明县	17.41	5.7	2.79	5.63	9.56
禄劝县	18.42	9.46	0.12	1.35	11.5
寻甸县	6.68	4.5	0.56	2.71	5.6

9－17 分县（市）区乡镇

（2005年）

指　标	单位	全市	五华区	盘龙区	官渡区	西山区	东川区	呈贡县
一、企业单位数	个	121 395	4 812	7 251	24 066	23 795	1 585	3 469
二、从业人口年末数	人	747 149	38 947	77 302	141 373	144 180	14 999	32 833
三、增加值（现价）	万元	1 840 490	118 015	201 019	450 315	422 845	14 732	70 838
四、工业总产值（现价）	万元	3 748 867	175 341	398 297	1 222 752	552 002	35 400	211 207
五、营业收入	万元	12 241 237	378 116	1 277 752	3 589 435	3 449 457	51 308	422 243
六、利税总额	万元	644 573	36 457	78 089	182 571	134 716	6 735	16 214
七、总产值	万元	8 491 571	316 211	868 173	2 324 903	2 066 014	52 836	334 027
八、上交税金	万元	219 160	12 197	26 901	59 624	56 765	2 379	8 112
九、固定资产原值	万元	3 422 711	117 759	225 353	827 115	966 494	25 974	158 303
十、劳动者报酬	万元	531 743	27 483	53 468	122 882	132 374	4 795	20 084

企业主要指标

晋宁县	富民县	宜良县	石林县	嵩明县	禄劝县	寻甸县	安宁市
8 081	3 976	7 755	6 787	7 952	7 545	7 338	6 983
44 426	35 011	44 409	30 365	42 720	31 718	22 723	46 143
76 794	66 360	92 024	42 545	77 556	28 501	44 006	137 940
217 092	80 756	146 685	68 895	221 902	25 681	92 559	300 298
486 413	417 934	433 634	207 335	467 487	135 123	134 337	790 663
23 142	35 036	21 637	12 309	18 862	10 687	19 975	48 143
439 862	348 334	366 838	171 726	448 928	98 975	137 413	517 331
9 836	5 011	5 408	3 800	13 273	2 118	5 863	17 873
130 083	82 695	188 746	109 602	170 320	65 426	123 129	231 712
25 827	19 575	26 210	14 394	24 898	10 616	11 710	37 427

9－18 乡镇企业

（2005年）

	企业个数	从业人员年末数	增加值	总产值	营业收入	利润总额
总　计	**121 395**	**747 149**	**1 840 490**	**8 491 571**	**12 241 237**	**644 573**
一、按登记注册类型分组						
1．内资企业小计	121 378	744 328	1 812 802	8 411 043	12 165 054	637 012
其中：（1）集体企业	462	43 063	72 139	303 328	318 960	14 815
（2）股份合作企业	4	569	1 351	6 353	5 127	64
（3）联营企业	7	598	626	4 076	4 287	33
（4）有限责任公司	1 593	92 194	356 556	1 773 815	2 547 833	109 720
（5）股份有限公司	13	1 392	20 087	48 329	58 889	6 446
（6）私营企业	8 064	153 979	367 157	1 881 932	2 693 286	125 064
（7）个体独资企业						
（8）其他企业	111 235	452 533	994 886	4 393 210	6 536 672	386 451
2．港、澳、台商投资企业	11	1 963	4 553	18 991	20 494	1 083
3．外商投资企业	6	858	23 135	61 537	55 689	6 463
二、按国民经济行业分组						
1．农、林、牧渔业	186	5 157	8 060	42 932	42 903	3 135
2．采矿业	1 576	45 964	84 823	347 800	349 576	30 639
其中：规模以上						
3．制造业	15 712	211 395	560 895	3 401 067	3 454 695	175 394
其中：规模以上						
4．建筑业	1 293	100 708	142 562	753 204	763 930	35 491
其中：资质等级以外企业						
5．交通运输仓储业	24 330	46 399	138 216	713 477	728 101	49 820
6．批发零售业	51 951	204 155	605 821	1 739 205	5 316 254	231 616
7．住宿及餐饮业	13 181	73 304	131 575	663 674	718 272	45 122
其中：餐饮业	9 104	47 017	74 640	393 224	428 779	27 324
8．社会服务业	10 220	46 512	75 480	460 614	478 590	32 835
9．其他	2 946	16 255	93 058	369 598	388 916	41 387

主要经济指标

单位：个、人、万元

利税总额	上交税金	固定资产原值	固定资产净值	劳动者报酬
644 573	**219 160**	**3 422 711**	**2 492 497**	**531 743**
637 012	217 666	3 393 517	2 471 748	529 179
14 815	12 250	204 721	143 540	29 783
64	278	2 699	1 565	762
33	192	2 286	1 149	238
109 720	7 349	728 654	552 651	91 021
6 446	1 333	28 516	20 932	1 456
125 064	50 303	908 863	691 099	110 806
386 451	75 961	1 517 778	1 060 812	295 113
1 083	733	21 921	15 541	1 595
6 463	761	7 273	5 208	969
3 135	345	28 493	23 519	2 772
30 639	13 673	155 715	118 292	26 885
175 294	66 179	1 151 283	828 380	156 040
35 491	17 740	257 469	194 655	72 376
49 820	12 763	245 418	177 620	41 505
231 616	64 184	1 078 550	763 716	145 683
45 122	10 935	224 345	171 778	45 090
27 324	6 250	116 119	90 404	26 293
32 835	8 434	147 845	106 892	26 847
41 387	24 907	133 593	107 645	14 545

9－19　农业机械拥有量

（2005年）

指　　标	单位	全市	五华区	盘龙区	官渡区	西山区	东川区	呈贡县
一、农业机械总动力	万瓦特	230 552.7	5 505.9	6 950.6	14 633.8	12 862.7	9 130.5	14 537
柴油发动机动力	万瓦特	137 259.8	5 067.1	3 033	8 959	8 601.3	4 837.7	5 556.2
汽油发动机动力	万瓦特	28 544.3	206	1 385.3	2 476	1 966.1	359.2	6 546.9
电动机动力	万瓦特	64 587.6	232.8	2 532.3	3 198.8	2 295.3	3 781.3	2 433.9
二、机械耕耙面积	亩	2 300 205	52 868	24 985	57 570	58 429	55 690	89 500
机耕面积	亩	1 183 289	30 934	18 460	29 135	29 817	29 020	45 500
耕耙面积	亩	1 116 916	21 934	6 525	28 435	28 612	26 670	44 000
三、机播面积	亩	8 141	375		200			
四、机电灌溉面积	亩	630 280	3 990	3 800	34 306	23 105	5 700	27 000
五、机电植保作业面积	亩	462 045	5 816	18 460	21 552	9 800	6 500	23 700
六、机械收获面积	亩	135 121	420		2 000	2 864		
机收小春面积	亩	23 147	420		800	486		
机收水稻面积	亩	11 974			1 200	2 378		
七、其它机化作业								
机修梯田面积	亩	3 400					800	
免耕播种面积	亩	120						

及农机化作业程度

晋宁县	富民县	宜良县	石林县	嵩明县	禄劝县	寻甸县	安宁市
17 062	13 445.2	27 746.6	17 926.9	35 757.9	20 421	13 707.6	20 865.5
11 315.7	6 669.9	13 528.4	13 047.4	20 374.3	16 074	7 486.5	12 709
207.7	3 273.4	1 362.1	1 042.5	5 464	160.3	920	3 174.8
5 538.7	3 493	12 856.2	3 837	9 919.6	4 186	5 301.1	4 981.6
293 520	88 297	533 100	256 423	408 851	113 800	148 163	119 009
146 770	49 501	271 400	134 849	198 801	56 150	79 968	62 984
146 750	38 796	261 700	121 574	210 050	57 650	68 195	56 025
480	300	58 840				6 200	586
93 300	19 839	129 460	85 320	70 165	125 650	22 500	56 765
140 200	23 474	109 560	8 090	16 000	18 500	12 540	2 7953
2 530		10 760	2 200	7 778	120	4 100	3 549
1 550		98 800	1 800	4 300		2 800	231
980			400	3 478	120	1 300	3 318
			2 600				
120							

主要指标解释

农林牧渔业增加值　指在报告期内农林牧渔业生产单位和农户从事农、林、牧、渔业生产经营活动所提供的最终成果的货币表现。统计范围包括国营、集体统一经营、农民家庭经营及其他经济形式的农林牧渔业企业，但不包括农业科研机构进行的农林牧渔业生产活动，也不包括军事部门的军马生产。农林牧渔业增加值采用生产法和分配法两种方法计算。

农林牧渔业总产值　指以货币表现的农林牧渔业全部产品总量，它用价值量形式综合反映一定时期内农林牧渔业生产的总成果和总规模。

农、林、牧、渔业的统计范围是：

（1）农业：包括种植业和其他农业。种植业包括谷物、豆类、油料、棉花、麻类、糖料、烟叶、药材、薯类、蔬菜、瓜类、饲料作物等种植业，茶、桑、果种植业。

其他农业包括野生植物的果实、纤维、油料和野生药材、菌类、柴草等的采集，以及农民家庭兼营手工业商品部分。

（2）林业：包括人工植树造林、森林抚育、迹地更新，村及村以下竹、木材采伐。油桐籽、油茶籽、核桃等林产品的采集。

（3）牧业：包括猪、牛、羊等的饲养和放牧业，鸡、鸭、鹅等的家畜养殖业以及兔、蚕、蜂多小动物饲养，野生动物的狩猎、诱捕、猎物饲养，野生动物产品的采集。

（4）渔业：包括利用海水进行鱼、虾、贝、藻类等水生动、植物的养殖和对海洋水生动、植物的捕捞；还包括在内陆水域进行鱼、虾、蟹、贝类、珍珠等水生动物的养殖和捕捞。

农业林牧渔业总产值的计算方法，一般采用“产品法”进行计算，即凡是有产品产量的，都按产品产量乘以其产品单价求得每一种农产品的产值，然后将四业产品的产值相加求得。

农村经济总收入　指农村集体经济组织和农户一年之中经营生产性和服务性活动所得的可以用于抵偿本年开支，并在国家、集体和农民个人之间进行分配的全部收入。不包括那些不能用来分配，属于借贷性质或暂收性质的收入，如贷款收入、预购定金、国家投资、农村投资等。

粮食产量　指全社会的产量，包括国营农场等全民所有制经营、集体统一经营的和农民家庭经营的产量，还包括工矿企业家属办的农场和其他生产单位的产量。粮食除包括稻谷、小麦、玉米、高粱、谷子及其他杂粮外，还包括薯类和豆类。其产量计算方法，豆类按去豆荚后的干豆计算，薯类按5公斤鲜薯折1公斤粮食计算，其他粮食一律按脱粒后的原粮计算。

猪、牛、羊肉产量　指当年出栏并已屠宰的猪、牛、羊的肉产量。即屠宰后除去头蹄下水后带骨的（即胴体重）重量。

水产品产量　指本年度内捕捞的水产品产量（包括人工养殖和天然生长）。它可分为海水产品和淡水产品两大类。海水产品包括海水的鱼类、虾蟹类、贝类和藻类；淡水产品包括淡水的鱼类、虾蟹类和贝类，不包括淡水水生植物。

有效灌溉面积　指具有一定的水源，地块比较平整，灌溉工程或设备已经配套，在一般年景下当年能够进行正常灌溉的耕地面积。

农业机械总动力　指主要用于农、林、牧、副、渔业的耕作机械、排灌机械、收获机械、农产品加工机械、运输机械、植保机械、林业机械、渔业机械和其他农业机械等各种动力机械的动力总和。电动机动率按千瓦计算，内燃机动力按引擎马力折成千瓦计算。

农用化肥施用量　指在本年度内实际用于农业生产的化肥数量。包括氮肥、磷肥、钾肥及复合肥。施用量按标准量及折纯量两种方法计算。按折纯量计算化肥数量，即把氮肥、磷肥、钾肥分别按含氮、含五氧化二磷、含氧化钾百分之百计算。

农村用电量　指本年度内扣除在农村中的全民所有制工业、交通、基建单位的用电量以后的农村生产上和生活上的全年用电总度数（全年累计数），包括国家电网的供电量，也包括农村自办电站的供电量。

十、工　　业

GONGYE

10-1 全部国有及年主营业务收入500万元以上非国有独立核算工业企业综合效益指数

（2005年）

指 标 名 称	综合经济效益指数（%）	总资产贡献率（%）	资本保值增值率（%）	资产负债率（%）	流动资产周转率（次）	成本费用利润率（%）	全员劳动生产率（元/人）	产品销售率（%）
总　计	**213.39**	**15.66**	**104.9**	**52.52**	**1.75**	**9.71**	**149 631**	**99.56**
#市　属	105.76	3.45	25.5	61.44	1.63	3.99	66 161	97.06
一、按登记注册类型分组:								
内资企业	215.22	15.84	104.41	52.99	1.74	9.73	152 373	99.80
#市　属	98.33	2.95	23.27	62	1.59	3.38	60 558	97.12
国有经济	437.74	35.32	108.22	48.34	1.83	22.92	374 352	102.36
#市　属	-3.02	-0.03	0.84	90.84	0.96	-9.61	12 218	100.47
集体企业	116.63	7.2	101.76	56.11	1.97	3.56	51 511	99.72
#市　属	114.37	6.72	87.89	57.40	2.16	3.30	50 827	99.85
股份合作企业	117.46	4.94	83.48	49.78	0.61	6.06	71 173	96.33
#市　属	53.27	0.74	44.04	61.89	0.68	-3.13	44 223	95.46
联营企业	69.93	2.57	48.06	56.42	1.37	-2.22	48 774	88.53
#市　属	56.52	1.59	41.27	45.04	1.26	-3.42	41 741	82.79
国有联营企业（市属）	130.04	5.49	38.95	28.56	2.58	3.32	85 485	94.23
集体联营企业	99.48	-0.54	226.05	68.14	1.76	-5.73	85 109	99.26
#市　属	-13.27	-9.38	119.29	23.54	2.21	-28.65	85 385	80.50
国有与集体联营企业（市属）	31.36	2.08	31.89	64.67	0.66	-4.69	23 595	69.90
有限责任公司	129.52	5.24	98.05	48.47	1.10	6.96	72 884	98.63
#市　属	120.28	3.67	29.50	59.21	1.49	5.35	81 999	95.25
国有独资公司	133.54	3.07	105.56	31.68	0.44	13.83	47 581	121.13
#市　属	115.21	1.22	13.59	30.57	1.08	0.90	118 062	99.81
其他有限责任公司	131.69	7.02	86.10	65.19	1.47	5.73	78 460	95.61
#市　属	124.02	4.95	54.85	64.91	1.53	5.65	78 583	94.92
股份有限公司	191.57	12.06	107.09	62.05	2.30	5.02	145 912	98.51
#市　属	61.78	0.29	19.04	60.33	1.26	-4.06	60 100	97.87
私营企业	144.35	12.99	149.47	64.73	2.03	6.34	53 190	98.94
#市　属	143.24	13.08	141.06	65.22	2.04	6.41	52 688	98.15
私营独资企业（市属）	75.81	3.40	86.99	56.29	1.90	-0.48	25 972	97.18
私营合伙企业（市属）	164.23	13.63	125.55	40.27	4.49	6.55	49 148	82.37
私营有限责任公司	148.91	13.72	152.42	65.51	1.96	6.90	55 702	99.80

续 10－1

指 标 名 称	综合经济效益指数（%）	总资产贡献率（%）	资本保值增值率（%）	资产负债率（%）	流动资产周转率（次）	成本费用利润率（%）	全员劳动生产率（元/人）	产品销售率（%）
#市 属	147.70	13.85	142.61	66.10	1.96	7.00	55 140	98.93
私营股份有限公司（市属）	138.92	8.15	226.53	64.26	3.15	2.24	49 870	96.10
其他企业	162.72	10.25	106.35	61.89	1.68	6.71	103 607	97.71
港、澳、台商投资企业	205.82	15.06	101.56	54.58	1.91	10.50	1 324 35	98.95
#市 属	157.41	10.46	63.96	64.35	1.74	7.23	100 282	99.21
与港、澳、台商合资经营企业	205.57	13.83	88.07	49.28	2.19	9.64	139 772	98.23
#市 属	136.53	7.31	48.03	62.12	1.99	4.66	89 977	98.27
与港、澳、台商合作经营企业（市属）	－86.06	－6.92	305.95	91.20	0.54	－15.60	－129 697	114.70
港、澳、台商独资企业	254.13	22.38	236.18	64.13	1.57	17.22	125 318	100.21
#市 属	258.17	22.53	230.28	64.52	1.57	17.55	131 046	100.22
外商投资企业	188.54	11.98	116.67	40.72	2.00	8.88	119 431	95.99
#市 属	145.58	7.25	45.02	50.29	1.84	5.97	99 997	93.77
中外合资经营企业	210.66	13.08	117.37	34.15	2.08	10.20	142 833	96.09
#市 属	163.94	8.54	46.33	39.52	1.63	8.26	115 664	91.60
中外合作经营企业	280.50	18.91	121.83	62.74	2.68	10.12	232 013	92.52
外资企业（市属）	136.50	8.26	140.90	64.89	2.32	2.51	76 298	97.31
外商投资股份有限公司	168.90	10.09	102.14	30.66	1.11	11.24	95 748	96.38
二、按经济组织类型分组：							0	
独资企业	365.51	32.02	109.22	49.63	1.84	19.53	286 149	101.92
#市 属	87.17	2.09	9.68	68.96	1.79	3.30	48 045	99.34
国有企业	437.74	35.32	108.22	48.34	1.83	22.92	374 352	102.36
#市 属	－3.02	－0.03	0.84	90.84	0.96	－9.61	12 218	100.47
集体企业	116.63	7.20	101.76	56.11	1.97	3.56	51 511	99.72
#市 属	114.37	6.72	87.89	57.40	2.16	3.30	50 827	99.85
私营独资企业（市属）	75.81	3.40	86.99	56.29	1.90	－0.48	25 972	97.18
港、澳、台商独资经营企业	254.13	22.38	236.18	64.13	1.57	17.22	125 318	100.21
#市 属	258.17	22.53	230.28	64.52	1.57	17.55	131 046	100.22
外资企业（市属）	136.50	8.26	140.90	64.89	2.32	2.51	76 298	97.31
合作、合伙企业	124.05	6.45	88.48	55.90	1.22	5.03	73 596	92.50
#市 属	59.43	1.30	48.40	63.10	1.00	－1.94	40 555	91.27

指标名称	综合经济效益指数（%）	总资产贡献率（%）	资本保值增值率（%）	资产负债率（%）	流动资产周转率（次）	成本费用利润率（%）	全员劳动生产率（元/人）	产品销售率（%）
股份合作企业	117.46	4.94	83.48	49.78	0.61	6.06	71 173	96.33
#市　属	53.27	0.74	44.04	61.89	0.68	-3.13	44 223	95.46
国有联营企业（市属）	130.04	5.49	38.95	28.56	2.58	3.32	85 485	94.23
集体联营企业	99.48	-0.54	226.05	68.14	1.76	-5.73	85 109	99.26
#市　属	-13.27	-9.38	119.29	23.54	2.21	-28.65	85 385	80.50
国有与集体联营企业（市属）	31.36	2.08	31.89	64.67	0.66	-4.69	23 595	69.90
私营合伙企业（市属）	164.23	13.63	125.55	40.27	4.49	6.55	49 148	82.37
与港、澳、台商合作经营企业（市属）	-86.06	-6.92	305.95	91.20	0.54	-15.60	-129 697	114.70
中外合作经营企业	280.50	18.91	121.83	62.74	2.68	10.12	232 013	92.52
股份有限公司	187.24	11.96	107.51	61.27	2.27	5.06	138 743	98.45
#市　属	64.30	0.42	19.27	60.61	1.35	-3.39	58 376	97.65
股份有限公司（内资）	191.57	12.06	107.09	62.05	2.30	5.02	145 912	98.51
#市　属	61.78	0.29	19.04	60.33	1.26	-4.06	60 100	97.87
私营股份有限公司（市属）	138.92	8.15	226.53	64.26	3.15	2.24	49 870	96.10
外商投资有限公司	168.90	10.09	102.14	30.66	1.11	11.24	95 748	96.38
有限责任公司	140.41	6.89	101.54	49.59	1.37	7.55	76 921	98.58
#市　属	125.36	5.40	37.44	59.96	1.69	6.08	75 144	96.58
国有独资公司	133.54	3.07	105.56	31.68	0.44	13.83	47 581	121.13
#市　属	115.21	1.22	13.59	30.57	1.08	0.90	118 062	99.81
私营有限责任公司	148.91	13.72	152.42	65.51	1.96	6.90	55 702	99.80
#市　属	147.70	13.85	142.61	66.10	1.96	7.00	55 140	98.93
与港、澳、台商合资经营企业	205.57	13.83	88.07	49.28	2.19	9.64	139 772	98.23
#市　属	136.53	7.31	48.03	62.12	1.99	4.66	89 977	98.27
中外合资经营企业	210.66	13.08	117.37	34.15	2.08	10.20	142 833	96.09
#市　属	163.94	8.54	46.33	39.52	1.63	8.26	115 664	91.60
其他有限责任公司	131.69	7.02	86.10	65.19	1.47	5.73	78 460	95.61
#市　属	124.02	4.95	54.85	64.91	1.53	5.65	78 583	94.92
三、在总计中：亏损企业	2.14	-4.22	108.08	80.01	1.06	-12.17	19 891	96.06
#市　属	-3.06	-3.96	82.39	78.45	1.09	-12.89	19 346	96.37
在总计中：国有控股企业	263.90	17.12	98.46	50.26	1.80	11.62	217 239	99.99

续 10－1

指 标 名 称	综合经济效益指数（%）	总资产贡献率（%）	资本保值增值率（%）	资产负债率（%）	流动资产周转率（次）	成本费用利润率（%）	全员劳动生产率（元/人）	产品销售率（%）
#市　　属	127.86	1.98	14.47	55.80	1.46	6.20	97 943	95.97
在总计中：农村工业（市属）	130.96	12.70	114.88	66.43	2.29	5.40	41 815	99.87
在总计中：营业企业	217.00	16.31	110.58	52.22	1.76	9.79	151 772	99.56
#市　　属	107.98	3.70	27.15	60.68	1.63	4.13	67 336	97.05
四、按轻、重工业分组：								
轻工业	389.21	36.46	114.16	38.35	1.50	23.72	289 869	101.92
#市　　属	109.12	4.45	28.93	55.58	1.61	5.16	60 224	96.55
重工业	157.94	8.68	100.71	57.52	1.87	6.28	100 298	98.64
#市　　属	104.50	3.11	23.95	64.02	1.63	3.54	69 460	97.27
五、按企业规模分组：								
大型企业	422.26	26.86	114.48	46.18	2.21	13.78	424 685	100.39
#市　　属	119.11	0.47	5.63	29.62	1.07	2.13	120 941	100.00
中型企业	146.88	9.58	111.24	57.89	1.45	7.90	73 899	97.66
#市　　属	117.65	5.35	48.23	57.12	1.65	6.21	60 113	96.40
小型企业	127.6	6.01	87.19	57.43	1.45	4.74	77 631	99.79
#市　　属	103.75	4.45	39.11	67.11	1.63	2.57	68 291	97.43
六、按工业行业分组：								
采矿业	186.12	8.54	104.69	35.25	0.92	21.30	64 862	114.31
#市　　属	130.20	1.44	1.77	61.11	1.90	11.56	65 352	100.99
煤炭开采和洗选业	130.72	11.94	82.59	66.71	2.47	3.78	57 819	101.39
黑色金属矿采选业	155.39	4.04	102.08	27.87	0.39	23.04	12 820	174.92
有色金属矿采选业	244.95	34.30	149.40	53.14	2.65	16.48	77 917	98.93
#市　　属	208.92	21.01	55.77	59.80	2.26	11.89	115 246	97.29
非金属矿采选业	254.08	21.38	120.13	53.83	1.96	25.22	96 156	98.33
#市　　属	117.38	3.32	8.24	61.84	1.60	11.15	43 601	105.56
制造业	211.05	17.90	110.96	54.16	1.74	8.50	145 462	99.08
#市　　属	90.33	3.03	25.53	64.66	1.65	2.26	53 996	96.73
农副食品加工业	147.55	7.02	140.37	59.94	2.99	1.97	87 699	100.31
#市　　属	121.14	4.00	99.73	61.63	3.19	0.20	71 251	99.31
食品制造业	84.10	6.34	77.72	64.27	1.96	1.29	20 910	105.13
#市　　属	83.49	6.24	74.50	64.75	1.98	1.30	20 835	105.23

续 10 - 1

指标名称	综合经济效益指数（%）	总资产贡献率（%）	资本保值增值率（%）	资产负债率（%）	流动资产周转率（次）	成本费用利润率（%）	全员劳动生产率（元/人）	产品销售率（%）
饮料制造业	123.30	10.58	119.18	76.24	2.27	3.22	55 047	92.85
#市　属	126.74	10.66	122.23	74.36	2.43	3.28	55 906	92.65
烟草制品业	1 616.27	63.01	116.25	26.61	1.49	49.99	2 068 108	105.03
#市　属	148.04	0.43	2.41	35.06	0.87	11.47	114 542	100.38
纺织业（市属）	42.14	1.81	91.66	80.45	0.89	-1.26	4 476	103.08
纺织服装、鞋、帽制造业	55.57	1.90	113.27	75.58	0.55	0.09	18 749	91.96
#市　属	49.28	1.37	47.18	85.95	0.28	4.65	8 035	81.78
木材加工及木、竹、藤、棕、草制品业	-3.52	-1.97	28.73	92.26	1.08	-10.72	17 343	98.15
#市　属	-17.40	-2.28	0.03	99.99	1.10	-13.29	21 141	98.67
家具制造业	-42.37	-5.24	1.57	99.54	1.24	-15.51	-129	99.52
#市　属	-34.89	-5.39	32.97	86.80	1.38	-14.05	-11 897	99.46
造纸及纸制品业	73.25	4.24	25.44	77.48	1.37	2.22	34 228	92.92
#市　属	65.25	3.52	22.08	78.27	1.37	1.17	30 363	94.57
印刷业和记录媒介的复制	244.19	20.52	109.94	43.34	1.61	22.24	109 002	98.43
#市　属	269.13	21.74	87.95	43.51	1.69	25.01	132 634	98.71
文教体育用品制造业（市属）	122.57	7.24	100.97	31.20	0.63	13.53	30 257	59.17
石油加工、炼焦及核燃料加工业（市属）	128.81	10.70	151.96	77.56	2.84	-0.19	68 609	95.40
化学原料及化学制品制造业	171.83	12.47	126.40	63.95	1.85	8.62	93 824	97.19
#市　属	99.19	4.10	59.88	66.64	1.54	2.19	61 128	96.23
医药制造业	234.29	15.54	118.54	43.52	1.02	19.35	134 311	95.42
#市　属	123.99	5.26	26.85	64.99	1.16	5.17	94 866	85.49
化学纤维制造业	905.27	36.18	124.13	7.75	3.12	27.07	1 093 647	98.62
橡胶制品业	85.13	2.36	221.12	84.55	3.07	-2.69	21 696	98.38
#市　属	116.32	4.08	221.12	75.24	3.38	1.11	34 579	98.33
塑料制品业	93.83	5.05	106.20	58.39	1.74	0.76	41 533	96.28
#市　属	100.88	5.54	101.92	55.02	1.76	1.67	46 508	96.47
非金属矿物制品业	104.15	6.82	115.74	62.79	1.28	2.83	46 324	99.31
#市　属	82.52	4.96	55.20	68.89	1.38	2.24	34 715	99.60
黑色金属冶炼及压延加工业	175.11	6.64	104.53	50.32	2.55	2.78	145 305	96.48
#市　属	76.81	-0.06	5.74	62.87	3.64	-3.05	45 251	97.08
有色金属冶炼及压延加工业	197.34	11.96	116.03	64.67	2.43	4.33	157 005	99.47

续 10－1

指 标 名 称	综合经济效益指数（%）	总资产贡献率（%）	资本保值增值率（%）	资产负债率（%）	流动资产周转率（次）	成本费用利润率（%）	全员劳动生产率（元/人）	产品销售率（%）
#市 属	120.87	2.33	14.98	60.83	1.84	3.97	92 451	100.43
金属制品业	97.50	6.31	68.94	72.99	1.72	4.45	35 189	98.44
#市 属	96.18	4.48	65.29	56.26	2.00	3.55	36 117	89.37
通用设备制造业	71.93	2.53	103.11	66.50	1.06	－1.30	41 684	92.99
#市 属	56.19	0.38	51.16	66.98	1.43	－2.70	36 913	91.97
专用设备制造业	75.13	3.29	92.85	78.96	0.85	1.02	41 290	96.22
#市 属	65.52	1.74	46.76	75.08	0.98	1.55	33 327	95.02
交通运输设备制造业	105.62	4.88	125.08	62.04	1.11	2.61	56 529	98.91
#市 属	120.03	3.93	78.35	44.41	1.41	2.81	86 323	99.02
电气机械及器材制造业	109.10	5.71	127.07	69.59	1.25	2.56	62 206	93.39
#市 属	99.86	4.80	93.20	71.80	1.29	1.86	61 840	94.34
通信设备、计算机及其他电子设备制造业	153.18	4.22	92.92	45.32	0.88	3.80	139 738	97.24
#市 属	90.17	－0.45	3.69	76.92	1.37	－7.45	140 289	96.93
仪器仪表及文化、办公用机械制造业	86.49	4.08	68.51	61.82	1.34	3.88	27 928	99.23
#市 属	86.83	3.25	22.78	64.33	1.57	4.28	36 546	97.19
工艺品及其他制造业	58.41	2.11	41.31	92.67	1.04	1.78	26 913	99.44
#市 属	93.28	3.07	45.10	58.92	1.56	4.90	35 428	104.24
废弃资源和废旧材料回收加工业（市属）	127.79	4.54	94.35	44.57	1.45	1.37	101 142	102.76
电力、燃气及水的生产和供应业	338.37	10.02	80.70	55.91	3.13	16.39	314 586	99.41
#市 属	313.88	5.50	44.15	51.10	1.36	26.07	264 698	99.93
电力、热力的生产和供应业	448.67	11.18	72.67	60.17	4.02	20.18	456 752	99.36
#市 属	475.49	5.76	30.04	59.98	1.60	35.00	473 999	100.00
燃气生产和供应业	20.81	－2.59	87.93	49.81	1.34	－10.15	22 333	99.75
#市 属	44.66	－0.10	59.56	35.91	0.59	－8.52	62 427	98.99
水的生产和供应业（市属）	129.53	5.72	130.87	31.44	1.00	0.70	104 454	99.85
七、按隶属关系分组：								
中央属企业	585.60	35.00	97.37	42.88	1.76	27.93	591 384	102.53
省属企业	173.74	9.75	104.78	51.66	1.84	7.24	116 426	99.48
市（直）属企业	83.48	3.24	113.11	61.07	1.26	0.05	41 457	95.21
县属企业	125.60	7.86	153.99	58.75	2.01	2.72	57 973	97.16
街道企业	247.92	10.84	1 295.22	50.35	2.06	－0.53	20 695	89.16

续 10－1

指 标 名 称	综合经济效益指数（%）	总资产贡献率（%）	资本保值增值率（%）	资产负债率（%）	流动资产周转率（次）	成本费用利润率（%）	全员劳动生产率（元/人）	产品销售率（%）
镇属企业	154.29	17.06	143.69	62.46	3.01	5.05	48 771	100.81
乡办企业	108.48	9.96	161.78	63.55	2.23	0.96	30 739	96.89
居委会办企业	245.49	22.80	228.68	55.65	1.31	16.13	122 030	93.46
村办企业	94.70	5.92	191.57	78.64	2.21	0.33	24 874	100.51
其他企业	162.72	10.29	106.35	61.89	1.68	6.71	103 802	97.71
八、按企业所在地分组：								
五华区	435.04	30.67	111.43	47.51	1.57	16.38	428 983	100.30
#市　　属	165.10	4.33	24.64	62.62	1.16	8.72	140 555	95.96
盘龙区	128.68	7.07	115.97	50.34	1.28	4.98	71 322	98.58
#市　　属	88.32	3.45	76.69	52.17	1.28	0.29	54 056	97.01
官渡区	167.36	8.60	76.36	66.34	1.97	8.42	109 234	100.68
#市　　属	75.51	1.38	18.86	68.18	1.79	0.14	48 995	96.14
西山区	145.75	10.74	108.94	59.59	1.82	7.69	64 050	98.34
#市　　属	91.34	3.87	41.92	63.40	1.73	3.04	42 652	97.34
东川区	193.56	23.60	199.56	65.89	2.06	9.37	71 797	99.29
#市　　属	178.84	20.50	168.54	67.92	1.96	7.94	75 381	99.14
呈贡县	173.56	9.77	95.72	64.77	3.03	3.71	123 022	99.38
#市　　属	80.39	1.07	11.20	61.34	2.10	1.19	43 929	99.22
晋宁县	187.70	15.52	127.57	51.74	1.89	12.67	82 619	97.23
#市　　属	110.16	6.69	41.15	68.99	2.10	4.66	51 215	99.87
富民县（市属）	153.57	12.31	156.96	58.17	3.01	5.70	55 638	93.79
宜良县	155.77	10.18	114.48	66.05	2.79	4.13	90 978	96.31
#市　　属	108.59	5.39	41.52	71.30	2.80	3.30	51 195	97.94
石林县	149.69	10.33	116.09	26.36	1.70	9.68	59 903	98.31
#市　　属	146.32	9.82	101.71	25.93	1.49	11.04	54 157	97.99
嵩明县	118.32	6.75	113.02	57.35	2.11	1.49	64 588	96.20
#市　　属	112.52	5.75	101.67	55.10	2.11	1.15	62 928	95.24
禄劝县（市属）	112.55	9.32	123.85	69.12	1.95	4.68	31 527	98.87
寻甸县	191.21	15.30	164.87	68.13	1.71	16.06	67 563	93.16
#市　　属	177.69	13.83	134.88	69.08	1.61	16.06	58 839	91.94
安宁市	159.71	6.98	104.81	44.92	1.79	6.15	109 458	99.30

10－2－1　全部国有及年主营业务收入500万元以上

（2005年）

指 标 名 称	企业单位数（个）	亏损企业	工业总产值（新规定）当年价	新产品产值	高新产品产值	工业增加值（生产法当年价）
总　　计	**790**	**278**	**101 813 671**	**5 479 937**	**5 610 405**	**30 876 985**
#　市　属	617	223	29 691 340	1 414 775	2 719 658	7 045 510
一、按登记注册类型分组：						
内资企业	685	243	92 104 826	5 057 440	4 771 247	28 301 648
#　市　属	535	194	24 013 733	1 041 539	2 079 178	5 536 006
国有经济	127	71	28 935 820	291 553	123 095	15 786 046
#　市　属	46	34	539 305	14 380		91 100
集体企业	68	24	2 468 793			478 074
#　市　属	64	23	2 360 158			433 855
股份合作企业	14	8	383 850			159 713
#　市　属	13	8	310 222			95 920
联营企业	5	2	111 019			25 216
#　市　属	4	2	80 813			18 074
国有联营企业（市属）	1		39 570			8 634
集体联营企业	2	1	37 652			9 362
#　市　属	1	1	7 446			2 220
国有与集体联营企业（市属）	2	1	33 797			7 220
有限责任公司	178	57	18 149 105	1 137 613	1 637 564	4 573 009
#　市　属	132	48	9 317 859	256 709	496 579	2 763 043
国有独资公司	11	3	2 152 597	16 440	4 990	539 142
#　市　属	3	1	637 473			344 269
其他有限责任公司	167	54	15 996 508	1 121 173	1 632 574	4 033 867
#　市　属	129	47	8 680 386	256 709	496 579	2 418 774
股份有限公司	29	6	33 721 435	3 513 485	2 852 773	5 698 147
#　市　属	16	6	3 341 486	655 844	1 424 784	588 316
私营企业	264	75	8 334 804	114 789	157 815	1 581 443
#　市　属	260	73	8 063 890	114 606	157 815	1 545 698

非国有独立核算工业企业主要经济指标

单位：千元

工业销售产值（新规定当年价）	出口交货值	资产合计	流动资产小计	短期投资	应收账款净额	存货	产成品	流动资产年平均余额
101 361 476	**4 163 822**	**143 159 315**	**64 178 019**	**811 214**	**8 632 381**	**23 947 768**	**5 970 244**	**58 004 070**
28 818 384	1 409 862	42 843 222	18 971 714	117 665	3 415 544	6 412 793	2 797 311	18 218 917
91 917 132	3 200 637	132 890 870	58 992 007	795 684	7 901 555	22 159 013	5 279 857	53 067 995
23 322 116	614 870	36 645 773	15 709 409	114 165	2 876 126	5 193 708	2 284 193	15 059 229
29 619 727	1 017 436	38 469 343	17 731 549	599 140	1 497 155	8 317 177	1 666 395	15 669 894
541 829	25 311	1 684 389	610 276		105 790	186 185	112 701	629 698
2 461 874	15 540	2 346 496	1 204 873	1 100	402 746	368 873	136 668	1 274 203
2 356 717	15 540	2 087 850	1 055 272	1 100	342 533	358 040	133 677	1 113 133
369 770	2 601	1 001 358	568 404	70 451	54 700	202 884	112 093	548 363
296 142	2 601	696 149	407 861		50 082	202 060	111 269	387 820
98 285		119 857	71 234		15 182	30 559	24 018	71 566
66 906		81 613	52 468		7 546	26 839	21 545	53 337
37 287		32 077	14 070		5 540	6 403	3 740	14 450
37 373		49 026	22 868		9 142	5 449	3 680	20 942
5 994		10 782	4 102		1 506	1 729	1 207	2 713
23 625		38 754	34 296		500	18 707	16 598	36 174
17 901 253	618 790	49 429 391	19 238 105	17 369	3 208 357	4 313 939	1 295 990	16 675 658
8 875 568	191 976	18 782 412	6 429 983	6 282	1 073 749	1 892 441	749 158	6 012 688
2 607 365		24 654 803	7 737 900		826 150	562 447	44 046	5 998 183
636 243		3 122 558	753 497		77 177	164 781		590 186
15 293 888	618 790	24 774 588	11 500 205	17 369	2 382 207	3 751 492	1 251 944	10 677 475
8 239 325	191 976	15 659 854	5 676 486	6 282	996 572	1 727 660	749 158	5 422 502
33 219 913	1 325 671	33 582 017	15 846 302	99 384	1 861 470	7 383 231	1 491 532	14 793 649
3 270 314	158 843	5 713 349	2 959 846	98 543	467 235	1 011 098	608 047	2 978 446
8 246 310	220 599	7 942 408	4 331 540	8 240	861 945	1 542 350	553 161	4 034 662
7 914 640	220 599	7 600 011	4 193 703	8 240	829 191	1 517 045	547 796	3 884 107

指 标 名 称	企 业 单位数 (个)	亏损企业	工业总产值（新规定） 当年价	新产品产值	高新产品产值	工 业 增加值 (生产法当年价)
私营独资企业（市属）	22	9	300 150	770		49 555
私营合伙企业（市属）	2		265 710			47 968
私营有限责任公司	225	63	7 291 526	114 019	157 815	1 385 028
# 市 属	221	61	7 020 612	113 836	157 815	1 349 283
私营股份有限公司（市属）	15	3	477 418			98 892
港、澳、台商投资企业	51	17	4 214 064	361 287	213 479	1 153 505
# 市 属	43	14	3 169 479	361 287	213 479	753 923
与港、澳、台商合资经营企业	36	11	3 230 110	67 709	196 979	843 527
# 市 属	29	8	2 201 925	67 709	196 979	450 155
与港、澳、台商合作经营企业（市属）	2	1	74 696			-12 840
港、澳、台商独资企业	13	5	909 258	293 578	16 500	322 818
# 市 属	12	5	892 858	293 578	16 500	316 608
外商投资企业	54	18	5 494 781	61 210	625 679	1 421 832
# 市 属	39	15	2 508 128	11 949	427 001	755 581
中外合资经营企业	36	11	3 582 091	22 436	437 488	870 279
# 市 属	24	8	1 554 837	11 949	427 001	526 154
中外合作经营企业	1		516 500			91 181
外资企业（市属）	15	7	953 291			229 427
外商投资股份有限公司	2		442 899	38 774	188 191	230 945
二、按经济组织类型分组：						
独资企业	245	116	33 567 312	585 901	139 595	16 865 920
# 市 属	159	78	5 045 762	308 728	16 500	1 120 545
国有企业	127	71	28 935 820	291 553	123 095	15 786 046
# 市 属	46	34	539 305	14 380		91 100
集体企业	68	24	2 468 793			478 074
# 市 属	64	23	2 360 158			433 855
私营独资企业（市属）	22	9	300 150	770		49 555

单位：千元

工业销售产值（新规定当年价）	出口交货值	资产合计	流动资产小计	短期投资	应收账款净额	存货	产成品	流动资产年平均余额
291 686		277 518	179 118	500	39 985	77 486	41 967	156 436
218 871		121 679	53 676		3 647	29 940	9 139	52 434
7 276 944	187 724	7 102 588	3 943 579	2 478	795 578	1 382 143	484 687	3 680 124
6 945 274	187 724	6 760 191	3 805 742	2 478	762 824	1 356 838	479 322	3 529 569
458 809	32 875	440 623	155 167	5 262	22 735	52 781	17 368	145 668
4 169 901	464 808	4 303 838	2 345 207	500	327 282	877 673	353 061	2 217 731
3 144 324	429 151	3 453 345	1 876 953	500	298 235	754 788	312 807	1 838 126
3 173 043	359 150	3 098 069	1 614 393	500	230 523	610 331	259 187	1 482 109
2 163 866	339 893	2 262 346	1 156 193	500	208 809	489 713	218 933	1 112 226
85 678		181 273	174 653		8 708	44 603	12 556	156 971
911 180	105 658	1 024 496	556 161		88 051	222 739	81 318	578 651
894 780	89 258	1 009 726	546 107		80 718	220 472	81 318	568 929
5 274 443	498 377	5 964 607	2 840 805	15 030	403 544	911 082	337 326	2 718 344
2 351 944	365 841	2 744 104	1 385 352	3 000	241 183	464 297	200 311	1 321 562
3 442 036	329 857	3 675 866	1 833 749		273 708	535 997	204 665	1 702 071
1 424 255	197 880	1 579 644	986 689		156 118	327 747	141 722	916 688
477 840		228 658	175 240		1 293	46 040	5 214	178 545
927 689	167 961	1 164 460	398 663	3 000	85 065	136 550	58 589	404 874
426 878	559	895 623	433 153	12 030	43 478	192 495	68 858	432 854
34 212 156	1 306 595	43 282 313	20 070 364	603 740	2 113 002	9 122 825	1 984 937	18 084 058
5 012 701	298 070	6 223 943	2 789 436	4 600	654 091	978 733	428 252	2 873 070
29 619 727	1 017 436	38 469 343	17 731 549	599 140	1 497 155	8 317 177	1 666 395	15 669 894
541 829	25 311	1 684 389	610 276		105 790	186 185	112 701	629 698
2 461 874	15 540	2 346 496	1 204 873	1 100	402 746	368 873	136 668	1 274 203
2 356 717	15 540	2 087 850	1 055 272	1 100	342 533	358 040	133 677	1 113 133
291 686		277 518	179 118	500	39 985	77 486	41 967	156 436

指 标 名 称	企业单位数（个）	亏损企业	工业总产值（新规定）当年价	新产品产值	高新产品产值	工业增加值（生产法当年价）
港、澳、台商独资经营企业	13	5	909 258	293 578	16 500	322 818
# 市 属	12	5	892 858	293 578	16 500	316 608
外资企业（市属）	15	7	953 291			229 427
合作、合伙企业	24	11	1 351 775			311 238
# 市 属	21	11	731 441			149 122
股份合作企业	14	8	383 850			159 713
# 市 属	13	8	310 222			95 920
国有联营企业（市属）	1		39 570			8 634
集体联营企业	2	1	37 652			9 362
# 市 属	1	1	7 446			2 220
国有与集体联营企业（市属）	2	1	33 797			7 220
私营合伙企业（市属）	2		265 710			47 968
与港、澳、台商合作经营企业（市属）	2	1	74 696			－12 840
中外合作经营企业	1		516 500			91 181
股份有限公司	46	9	34 641 752	3 552 259	3 040 964	6 027 984
# 市 属	31	9	3 818 904	655 844	1 424 784	687 208
股份有限公司（内资）	29	6	33 721 435	3 513 485	2 852 773	569 8147
# 市 属	16	6	3 341 486	655 844	1 424 784	588 316
私营股份有限公司（市属）	15	3	477 418			98 892
外商投资有限公司	2		442 899	38 774	188 191	230 945
有限责任公司	475	142	32 252 832	1 341 777	2 429 846	7 671 843
# 市 属	406	125	20 095 233	450 203	1 278 374	5 088 635
国有独资公司	11	3	2 152 597	16 440	4 990	539 142
# 市 属	3	1	637 473			344 269
私营有限责任公司	225	63	7 291 526	114 019	157 815	1 385 028
# 市 属	221	61	7 020 612	113 836	157 815	1 349 283
与港、澳、台商合资经营企业	36	11	3 230 110	67 709	196 979	843 527

单位：千元

工业销售产值（新规定当年价）	出口交货值	资产合计	流动资产小计	短期投资	应收账款净额	存货	产成品	流动资产年平均余额
911 180	105 658	1 024 496	556 161		88 051	222 739	81 318	578 651
894 780	89 258	1 009 726	546 107		80 718	220 472	81 318	568 929
927 689	167 961	1 164 460	398 663	3 000	85 065	136 550	58 589	404 874
1 250 444	2 601	1 652 825	1 043 207	70 451	83 530	354 026	163 020	1 007 879
667 597	2 601	1 080 714	688 658		69 983	303 442	154 509	650 562
369 770	2 601	1 001 358	568 404	70 451	54 700	202 884	112 093	548 363
296 142	2 601	696 149	407 861		50 082	202 060	111 269	387 820
37 287		32 077	14 070		5 540	6 403	3 740	14 450
37 373		49 026	22 868		9 142	5 449	3 680	20 942
5 994		10 782	4 102		1 506	1 729	1 207	2 713
23 625		38 754	34 296		500	18 707	16 598	36 174
218 871		121 679	53 676		3 647	29 940	9 139	52 434
85 678		181 273	174 653		8 708	44 603	12 556	156 971
477 840		228 658	175 240		1 293	46 040	5 214	178 545
34 105 600	1 359 105	34 918 263	16 434 622	116 676	1 927 683	7 628 507	1 577 758	15 372 171
3 729 123	191 718	6 153 972	3 115 013	103 805	489 970	1 063 879	625 415	3 124 114
33 219 913	1 325 671	33 582 017	15 846 302	99 384	1 861 470	7 383 231	1 491 532	14 793 649
3 270 314	158 843	5 713 349	2 959 846	98 543	467 235	1 011 098	608 047	2 978 446
458 809	32 875	440 623	155 167	5 262	22 735	52 781	17 368	145 668
426 878	559	895 623	433 153	12 030	43 478	192 495	68 858	432 854
31 793 276	1 495 521	63 305 914	26 629 826	20 347	4 508 166	6 842 410	2 244 529	23 539 962
19 408 963	917 473	29 384 593	12 378 607	9 260	2 201 500	4 066 739	1 589 135	11 571 171
2 607 365		24 654 803	7 737 900		826 150	562 447	44 046	5 999 183
636 243		3 122 558	753 497		77 177	164 781		590 186
7 276 944	187 724	7 102 588	3 943 579	2 478	795 578	1 382 143	484 687	3 680 124
6 945 274	187 724	6 760 191	3 805 742	2 478	762 824	1 356 838	479 322	3 529 569
3 173 043	359 150	3 098 069	1 614 393	500	230 523	610 331	259 187	1 482 109

指 标 名 称	企业单位数（个）	亏损企业	工业总产值（新规定）当年价	新产品产值	高新产品产值	工业增加值（生产法当年价）
# 市 属	29	8	2 201 925	67 709	196 979	450 155
中外合资经营企业	36	11	3 582 091	22 436	437 488	870 279
# 市 属	24	8	1 554 837	11 949	427 001	526 154
其他有限责任公司	167	54	15 996 508	1 121 173	1 632 574	4 033 867
# 市 属	129	47	8 680 386	256 709	496 579	2 418 774
三、在总计中：亏损企业	278	278	8 667 345	108 275	188 727	1 049 928
# 市 属	223	223	6 182 970	61 617	138 459	670 288
在总计中：国有控股企业	234	101	75 203 350	4 517 860	3 558 751	25 266 579
# 市 属	106	55	8 418 977	689 464	1 436 781	2 743 768
在总计中：农村工业（市属）	136	36	4 404 572	11 828	16 500	753 013
在总计中：营业企业	782	273	101 725 305	5 479 937	5 610 405	30 849 705
# 市 属	612	220	29 690 045	1 414 775	2 719 658	7 061 505
四、按轻、重工业分组：						
轻工业	254	92	28 331 217	884 933	2 440 957	15 566 236
# 市 属	197	73	8 573 140	503 796	968 925	2 290 380
重工业	536	186	73 482 454	4 595 004	3 169 448	15 310 749
# 市 属	420	150	21 118 200	910 979	1 750 733	4 755 130
五、按企业规模分组：						
大型企业	11		50 540 245	2 245 944	188 191	18 567 240
# 市 属	1		399 987			262 321
中型企业	112	24	25 240 101	2 745 358	4 079 030	6 250 836
# 市 属	63	11	11 676 413	1 135 426	1 830 711	2 506 155
小型企业	667	254	26 033 325	488 635	1 343 184	6 058 909
# 市 属	553	212	17 614 940	279 349	888 947	4 277 034
六、按工业行业分组：						
采矿业	29	6	2 979 621			1 080 465
# 市 属	21	5	416 434			121 621

单位：千元

工业销售产值（新规定当年价）	出口交货值	资产合计	流动资产小计	短期投资	应收账款净额	存货	产成品	流动资产年平均余额
2 163 866	339 893	2 262 346	1 156 193	500	208 809	489 713	218 933	1 112 226
3 442 036	329 857	3 675 866	1 833 749		273 708	535 997	204 665	1 702 071
1 424 255	197 880	1 579 644	986 689		156 118	327 747	141 722	916 688
15 293 888	618 790	24 774 588	11 500 205	17 369	2 382 207	3 751 492	1 251 944	10 677 475
8 239 325	191 976	15 659 854	5 676 486	6 282	996 572	1 727 660	749 158	5 422 502
8 326 227	423 117	16 279 738	8 036 596	700	1 425 481	2 804 633	1 194 524	7 992 623
5 958 224	397 838	11 508 790	5 444 856	700	937 241	1 910 815	894 123	5 443 825
75 198 672	2 694 606	110 396 366	47 604 940	710 278	5 354 659	18 452 055	3 777 145	42 045 513
8 079 292	257 832	18 254 450	6 267 472	104 297	898 443	1 898 032	875 472	5 953 680
4 398 916	53 761	3 787 623	2 031 332	5 902	391 769	730 090	371 357	1 906 199
101 279 805	4 162 677	142 735 668	63 976 410	811 214	8 617 797	23 918 410	5 951 167	57 809 963
28 814 958	1 408 717	42 579 712	18 875 258	117 665	3 405 072	6 388 421	2 778 377	18 123 628
28 874 732	1 086 798	37 319 008	20 722 244	506 983	2 139 530	8 883 916	1 896 882	18 186 241
8 277 454	613 938	13 126 773	5 632 514	1 502	829 816	1 776 521	702 706	5 189 897
72 486 744	3 077 024	105 840 307	43 455 775	304 231	6 492 851	15 063 852	4 073 362	39 817 829
20 540 930	795 924	29 716 449	13 339 200	116 163	2 585 728	4 636 272	2 094 605	13 029 020
50 735 635	1 237 355	63 922 021	26 675 696	513 170	1 966 725	11 927 596	1 007 094	23 265 096
399 987		2 404 318	538 421		57 420	153 342		372 381
24 648 394	1 785 937	35 942 883	18 585 687	203 541	3 762 755	6 059 964	1 871 512	17 356 593
11 256 037	521 399	15 302 623	7 315 222	104 313	1 368 904	2 432 918	1 064 940	7 032 258
25 977 447	1 140 530	43 294 411	18 916 636	94 503	2 902 901	5 960 208	3 091 638	17 382 381
17 162 360	888 463	25 136 281	11 118 071	13 352	1 989 220	3 826 533	1 732 371	10 814 278
3 405 972	10 377	14 265 104	4 796 815	248	598 400	456 421	187 138	4 023 066
420 564		400 522	249 167	248	86 548	70 717	34 236	222 089

指标名称	企业单位数（个）	亏损企业	工业总产值（新规定）当年价	新产品产值	高新产品产值	工业增加值（生产法当年价）
煤炭开采和洗选业	3	1	318 726			104 074
黑色金属矿采选业	1		604 936			64 996
有色金属矿采选业	10	3	498 302			127 239
# 市属	9	3	230 163			65 114
非金属矿采选业	15	2	1 557 657			784 156
# 市属	12	2	186 271			56 507
制造业	723	260	89 037 746	5 479 937	5 610 405	25 698 728
# 市属	567	208	26 738 113	1 414 775	2 719 658	5 322 998
农副食品加工业	47	20	3 271 271	1 661	58 530	378 774
# 市属	45	20	2 521 971	1 661	58 530	267 618
食品制造业	18	3	707 436			93 886
# 市属	17	3	693 240			91 153
饮料制造业	17	7	588 575	121	8 084	199 106
# 市属	14	6	577 430	121	8 084	194 162
烟草制品业	4		15 769 884		62 360	11 846 122
# 市属	2		149 707		62 360	80 065
纺织业（市属）	5	3	230 337			27 693
纺织服装、鞋、帽制造业	4	1	62 136			13 068
# 市属	2		29 740			2 973
木材加工及木、竹、藤、棕、草制品业	12	8	299 581			37 616
# 市属	10	7	248 195			36 489
家具制造业	4	3	42 502			-67
# 市属	3	2	37 317			-2 320
造纸及纸制品业	17	6	359 481			92 757
# 市属	14	6	291 835			76 060
印刷业和记录媒介的复制	38	15	1 545 911	293 578	27 461	628 834
# 市属	22	6	1 398 744	293 578	27 461	548 840

单位：千元

工业销售产值（新规定当年价）	出口交货值	资产合计	流动资产小计	短期投资	应收账款净额	存货	产成品	流动资产年平均余额
323 161		427 151	148 238		35 657	31 276	10 365	126 800
1 058 169		10 413 886	3 422 221		390 340	159 517	20 188	2 794 240
492 963		330 223	190 812	150	54 919	63 261	52 785	188 592
223 937		143 717	106 362	150	54 764	24 297	13 957	98 686
1 531 679	10 377	3 093 844	1 035 544	98	117 484	202 367	103 800	913 434
19 6627		256 805	142 805	98	31 784	46 420	20 279	123 403
88 216 936	4 153 445	108 478 908	56 136 244	740 515	7 449 145	23 194 939	5 763 955	50 868 597
25 862 916	1 409 862	32 372 271	16 704 466	117 417	3 059 166	6 152 872	2 763 063	16 126 509
3 281 557	340 080	1 788 100	1 037 798	1 090	112 117	397 535	125 236	1 057 787
2 504 577	340 080	1 326 392	765 158	1 090	94 674	341 375	117 622	770 742
743 719	18 173	779 848	389 745		45 782	130 932	35 142	388 132
729 492	18 173	757 823	381 970		44 233	128 917	34 484	377 459
546 516	5 755	664 615	248 295		29 816	116 132	38 357	244 356
534 978	2 766	631 829	232 282		25 835	108 312	36 733	223 257
16 562 833	223 597	18 285 666	12 023 512	501 140	595 415	6 360 548	1 033 415	10 101 464
150 282		428 967	219 343		21 923	27 971	11 100	178 531
237 440	84 233	1 425 101	268 200		16 717	126 050	87 010	261 675
57 140	15 777	179 405	126 603		18 602	47 549	37 297	105 408
24 320		129 860	107 455		11 392	44 390	36 502	87 909
294 035	85 123	790 366	270 712		45 043	120 234	70 083	278 262
244 894	44 567	672 305	214 023		22 750	105 508	65 264	223 835
42 300		62 777	34 144		1 938	10 791	3 673	33 474
3 7115		45 434	27 368		1 340	9 488	3 381	26 268
334 029		548 534	244 504		53 617	98 201	44 516	241 704
275 982		493 441	198 965		38 260	75 717	34 604	194 052
1 521 661	35	2 148 581	1 059 806		148 661	284 412	123 860	1 005 387
1 380 677	35	1 723 917	933 670		139 470	252 802	113 997	870 193

指标名称	企业单位数（个）	亏损企业	工业总产值（新规定）当年价	新产品产值	高新产品产值	工业增加值（生产法当年价）
文教体育用品制造业（市属）	1		2 224			1 059
石油加工、炼焦及核燃料加工业（市属）	11	4	264 591			47 409
化学原料及化学制品制造业	111	35	10 133 699	201 408	177 638	2 203 646
# 市属	91	27	4 738 039	40 798	168 355	891 430
医药制造业	45	11	3 385 148	534 048	2 160 885	1 441 695
# 市属	27	7	1 447 322	208 436	766 670	565 780
化学纤维制造业	1		890 595			371 840
橡胶制品业	3	1	86 570	980		14 970
# 市属	2		77 532			14 696
塑料制品业	33	11	808 815			135 481
# 市属	29	9	719 534			122 269
非金属矿物制品业	69	22	2 343 129			616 011
# 市属	57	19	1 384 046			329 618
黑色金属冶炼及压延加工业	32	13	14 888 872	2 215 754		2 774 598
# 市属	27	13	2 239 700			239 694
有色金属冶炼及压延加工业	43	14	20 781 956	175 371	335 345	2 056 760
# 市属	34	12	2 212 383	48 040	203 024	371 098
金属制品业	30	11	940 272	35 022	20 380	159 338
# 市属	26	10	642 708	35 022	20 380	115 177
通用设备制造业	46	26	1 748 859	71 418	204 703	533 142
# 市属	36	21	1 119 010	32 427	16 512	248 980
专用设备制造业	33	12	1 929 271	172 581	59 691	531 654
# 市属	23	8	803 666	52 052	59 691	175 402
交通运输设备制造业	28	12	3 212 126	1 156 420	1 705 838	576 198
# 市属	15	7	1 504 770	525 831	1 116 009	286 248
电气机械及器材制造业	29	6	2 477 023	194 821	252 038	458 524
# 市属	23	5	2 072 225	139 296	174 221	348 158

单位：千元

工业销售产值（新规定当年价）	出口交货值	资产合计	流动资产小计	短期投资	应收账款净额	存货	产成品	流动资产年平均余额
1 316	280	6 230	3 334		397	2 095	982	3 315
252 425		196 265	105 220		33 328	32 311	17 297	89 432
9 849 151	1 247 284	11 679 598	5 892 380	4 600	797 066	2 132 649	933 475	5 604 379
4 559 274	338 426	5 978 317	3 141 790	4 000	572 504	965 796	473 133	3 010 627
3 230 049	203 671	6 269 012	3 322 638	4 553	896 228	748 956	228 308	3 096 710
1 237 267	38 942	2 290 906	1 171 685	212	258 851	283 905	135 083	1 081 253
878 299		722 140	375 553			85 365	28 243	281 530
85 168		56 143	33 490		1 620	24 396	11 150	28 776
76 241		35 038	25 080		1 620	19 085	7 340	23 318
778 722	1 869	814 148	466 328		121 474	192 951	108 163	475 062
694 109		722 890	402 443		99 579	163 515	87 224	412 382
2 326 895	10 575	4 573 750	1 991 603	530	398 930	505 708	222 937	1 781 193
1 378 509	10 575	2 608 761	997 936	530	210 448	368 047	158 307	955 252
14 365 451	329 920	20 938 858	7 043 536	5 862	641 218	2 461 011	546 706	5 885 971
2 174 241		1 538 931	776 379	5 862	65 617	424 910	177 531	727 471
20 671 218	690 123	17 614 367	9 405 427	130 026	568 822	4 625 760	478 340	8 567 190
2 221 851	43 296	2 052 132	1 228 249	31 039	102 291	526 881	104 917	1 228 654
925 632	4 267	953 814	633 426	850	93 629	311 497	92 858	542 385
574 414	4 267	557 709	318 837	850	70 179	131 540	74 978	289 222
1 626 327	105 886	2 978 717	1 605 694	18 030	232 413	786 853	393 535	1 597 775
1 029 158	105 327	1 499 397	762 121		110 507	411 138	269 022	727 073
1 856 358	40 762	4 271 456	2 700 508	5 770	865 306	949 736	348 527	2 448 101
763 635	39 944	1 815 642	897 784	5 770	126 862	375 593	150 366	821 878
3 177 010	375 226	4 665 402	2 994 400	67 748	469 959	1 404 111	315 366	2 914 624
1 490 056	25 017	1 995 348	1 161 908	67 748	264 479	292 908	199 154	1 121 085
2 313 215	88 515	2 896 143	1 969 539	316	548 498	828 312	353 423	1 884 684
1 954 845	88 515	2 290 433	1 578 307	316	374 725	717 486	334 463	1 525 896

指 标 名 称	企业单位数（个）	亏损企业	工业总产值（新规定）当年价	新产品产值	高新产品产值	工业增加值（生产法当年价）
通信设备、计算机及其他电子设备制造业	8	3	830 207	372 801	504 711	219 109
# 市 属	3	2	218 192		5 620	63 972
仪器仪表及文化、办公用机械制造业	25	9	622 579	53 953	32 741	118 441
# 市 属	21	8	372 279	37 513	32 741	76 491
工艺品及其他制造业	6	3	116 360			35 498
# 市 属	4	2	43 040			17 218
废弃资源和废旧材料回收加工业（市属）	3	1	698 336			85 566
电力、燃气及水的生产和供应业	38	12	9 796 304			4 097 792
# 市 属	29	10	2 536 793			1 600 891
电力、热力的生产和供应业	24	3	8 653 001			3 772 313
# 市 属	16	2	1 985 207			1 279 798
燃气生产和供应业	3	2	713 397			46 899
# 市 属	2	1	121 680			42 513
水的生产和供应业（市属）	11	7	429 906			278 580
七、按隶属关系分组：						
中央属企业	36	9	26 016 881	867 508	810 789	15 182 436
省属企业	137	46	46 105 450	3 197 654	2 079 958	8 649 039
市（直）属企业	140	70	7 996 064	412 733	653 883	1 624 879
县属企业	92	31	4 448 882	770		865 717
街道企业	5	3	76 756			14 330
镇属企业	37	14	1 316 140			278 773
乡办企业	28	8	698 098	11 828		137 957
居委会办企业	5		259 095		128 961	77 977
村办企业	24	9	512 397	891		63 827
其他企业	286	88	14 383 908	988 553	1 936 814	3 982 050
八、按企业所在地分组：						
全 市	790	278	101 813 671	5 479 937	5 610 405	30 876 985

单位：千元

工业销售产值(新规定当年价)		资产合计	流动资产小计			存货		流动资产年平均余额
	出口交货值			短期投资	应收账款净额		产成品	
807 309	48 639	1 427 709	887 363		328 750	177 373	35 169	895 897
211 487	8 164	134 515	117 906		34 274	47 639	1 957	153 856
617 816	204 446	820 757	498 840		144 309	108 310	40 522	465 697
361 836	204 446	292 144	241 620		95 519	67 894	23 605	233 549
115 714	29 209	247 006	106 227		22 296	29 884	6 040	106 690
44 864	12 809	48 144	28 014		4 198	6 322	2 682	26 788
717 631		674 400	397 419		217 194	95 277	4 325	481 537
9 738 568		20 415 303	3 244 960	70 451	584 836	296 408	19 151	3 112 407
2 534 904		10 070 429	2 018 081		269 830	189 204	12	1 870 319
8 597 730		16 618 205	2 068 140	70 451	484 981	54 133	824	2 135 271
1 985 207		6 837 185	1 219 581		190 566	24 316		1 239 641
711 591		1 200 946	583 536		40 139	88 239	18 315	550 354
120 450		637 092	205 216		19 548	10 852		203 896
429 247		2 596 152	593 284		59 716	154 036	12	426 782
26 676 151	588 404	33 610 789	16 436 338	501 140	1 748 100	8 123 645	1 289 857	14 240 033
45 866 941	2 165 556	66 705 304	28 769 967	192 409	3 468 737	9 411 330	1 883 076	25 545 120
7 612 775	561 063	15 210 104	6 529 295	38 277	1 103 304	2 554 770	1 211 211	6 160 174
4 322 482	15 675	4 981 354	2 192 644	978	546 442	681 351	284 375	2 205 105
68 434		60 595	36 642	350	7 103	13 762	9 074	34 195
1 326 829	13 471	884 767	458 878	5 362	95 437	175 842	80 886	437 214
676 388	15 540	572 420	324 923	300	77 241	123 878	53 953	304 339
242 138		334 458	208 659		24 320	52 535	38 698	185 317
515 031	50 762	600 438	247 583		47 355	90 103	34 886	236 568
14 054 307	753 351	20 199 086	8 973 090	72 398	1 514 342	2 720 552	1 084 228	8 656 005
101 361 476	4 163 822	143 159 315	64 178 019	811 214	8 632 381	23 947 768	5 970 244	58 004 070

指标名称	企业单位数(个)	亏损企业	工业总产值（新规定）当年价	新产品产值	高新产品产值	工业增加值(生产法当年价)
# 市属	617	223	29 691 340	1 414 775	2 719 658	7 045 510
五华区	162	61	36 479 898	1 392 323	2 800 281	15 716 202
# 市属	119	44	6 555 895	607 075	1 199 124	2 520 147
盘龙区	78	37	5 451 321	595 247	1 539 697	1 628 154
# 市属	55	29	3 201 954	556 473	1 127 177	790 460
官渡区	155	51	16 968 142	950 318	882 446	4 248 385
# 市属	114	37	5 456 799	173 948	204 313	924 333
西山区	111	32	8 850 649	150 435	370 874	2 045 851
# 市属	81	25	3 785 567	41 487	171 937	752 803
东川区	38	8	2 122 887			368 247
# 市属	37	8	1 854 748			306 122
呈贡县	28	12	5 653 719			955 541
# 市属	23	11	778 057			148 042
晋宁县	26	8	1 883 608			649 163
# 市属	24	7	1 219 759			254 949
富民县（市属）	18	5	776 239			179 767
宜良县	35	19	1 980 303			692 614
# 市属	30	16	1 082 555			259 151
石林县	16	5	376 636	35 022		122 536
# 市属	15	5	316 606	35 022		103 928
嵩明县	30	13	768 389		17 107	235 512
# 市属	27	13	667 853		17 107	178 211
禄劝县（市属）	7	3	207 097	770		43 129
寻甸县	15	6	763 316			216 201
# 市属	14	6	646 998			159 100
安宁市	71	18	19 531 467	2 355 822		3 775 683
# 市属	53	14	3 141 213			425 368

单位：千元

工业销售产值（新规定当年价）	出口交货值	资产合计	流动资产小计	短期投资	应收账款净额	存货	产成品	流动资产年平均余额
28 818 384	1 409 862	42 843 222	18 971 714	117 665	3 415 544	6 412 793	2 797 311	18 218 917
36 587 687	724 068	46 185 863	25 550 107	704 427	2 609 983	10 561 889	1 001 538	23 216 066
6 291 287	366 404	14 341 769	5 742 209	34 595	908 037	1 541 370	704 261	5 586 343
5 374 010	220 283	10 469 781	4 684 121	85 848	734 196	1 478 635	602 261	4 346 667
3 106 317	166 876	7 188 358	2 862 012	69 718	398 215	927 755	407 032	2 605 232
17 083 185	614 932	22 402 899	8 619 085	11 152	1 639 119	3 826 339	1 794 166	8 142 904
5 246 204	140 610	5 854 315	2 933 480	4 552	480 689	1 117 244	500 163	2 890 134
8 704 148	888 636	10 991 791	5 621 023	7 399	857 872	2 060 149	885 053	5 241 698
3 684 982	525 881	4 669 532	2 451 080	6 412	454 575	1 038 541	556 529	2 330 675
2 107 772		1 828 717	1 094 003	960	211 687	450 302	143 677	1 039 278
1 838 746		1 642 211	1 009 553	960	211 532	411 338	104 849	949 372
5 618 918	593 013	5 481 912	2 209 042		166 544	1 364 658	357 935	1 832 440
772 013	3 989	584 760	380 880		46 268	214 853	71 906	365 005
1 831 365	143 222	2 528 879	1 239 267	398	209 792	290 501	138 250	1 053 317
1 218 222	132 845	1 269 374	642 363	398	153 811	230 948	103 527	578 018
728 011	15 711	733 563	253 251	50	49 614	73 330	23 247	248 588
1 907 164	22 755	2 891 507	776 757		140 613	198 033	98 192	692 380
1 060 297	22 755	1 241 052	431 095		47 943	155 015	87 158	386 841
370 280		671 901	248 795	530	29 784	47 122	11 607	218 070
310 250		585 260	239 096	530	26 793	46 267	11 607	208 816
739 183	10 255	862 776	361 968		100 598	111 275	44 757	341 471
636 056	10 255	737 268	310 982		86 526	94 470	41 130	292 039
204 753		293 219	103 344	350	38 072	38 904	16 396	105 330
711 139		1 310 545	439 650		163 590	137 874	59 043	404 486
594 821		1 105 154	388 080		140 975	137 495	58 932	365 287
19 393 861	930 947	36 505 962	12 977 606	100	1 680 917	3 308 757	794 122	11 121 375
3 126 425	24 536	2 597 387	1 224 289	100	372 494	385 263	110 574	1 307 237

10-2-2 全部国有及年主营业务收入500万元以上

(2005年)

指标名称	长期投资	固定资产小计	固定资产原价	生产经营用	累计折旧	本年折旧
总计	**16 942 158**	**52 213 063**	**71 192 939**	**65 684 645**	**25 197 264**	**4 428 454**
# 市属	1 437 828	18 382 819	24 403 577	22 612 358	7 780 487	1 401 593
一、按登记注册类型分组:						
内资企业	16 681 478	47 768 465	64 759 503	59 993 370	22 856 888	4 007 663
# 市属	1 292 706	15 857 914	20 640 167	19 209 311	6 425 392	1 145 845
国有经济	2 680 546	14 791 771	23 136 965	20 948 824	10 155 616	1 513 407
# 市属	26 622	741 619	1 060 212	872 985	410 603	49 609
集体企业	315 537	674 046	1 113 001	973 764	477 312	57 038
# 市属	264 667	624 036	1 016 687	891 137	427 676	50 254
股份合作企业	103 809	239 448	462 023	459 497	249 758	28 171
# 市属	18 511	180 080	279 504	276 978	126 606	15 245
联营企业		47 301	73 882	71 078	27 534	3 334
# 市属		27 823	42 147	39 343	15 277	1 475
国有联营企业(市属)		17 609	24 797	24 797	8 141	931
集体联营企业		25 235	39 745	36 941	14 510	1 859
# 市属		5 757	8 010	5 206	2 253	
国有与集体联营企业(市属)		4 457	9 340	9 340	4 883	544
有限责任公司	11 303 024	14 898 673	20 582 304	19 026 148	7 463 575	1 206 239
# 市属	456 793	10 168 717	13 046 869	12 441 194	3 884 387	749 908
国有独资公司	10 668 130	4 300 480	6 530 180	5 614 326	2 932 945	371 730
# 市属	10 660	1 999 611	2 258 262	2 250 484	895 254	135 019
其他有限责任公司	634 894	10 598 193	14 052 124	13 411 822	4 530 630	834 509
# 市属	446 133	8 169 106	10 788 607	10 190 710	2 989 133	614 889
股份有限公司	1 984 284	14 546 853	16 255 126	15 766 282	3 719 581	1 003 948
# 市属	312 515	1 636 276	2 174 394	2 033 369	824 430	90 478
私营企业	294 278	2 570 373	3 136 202	2 747 777	763 512	195 526
# 市属	213 598	2 479 363	3 020 354	2 654 305	736 413	188 876

非国有独立核算工业企业主要经济指标

单位：千元

固定资产净值	固定资产净值年平均余额	无形资产	负债合计	流动负债小计	应付账款	长期负债小计	期末所有者权益合计	1. 实收资本
45 995 675	**44 907 320**	**6 634 397**	**75 192 249**	**57 512 662**	**9 946 778**	**17 679 587**	**67 967 066**	**39 099 501**
16 623 090	16 736 830	3 521 533	26 321 642	20 009 887	4 039 073	6 311 755	16 521 580	11 383 087
41 902 615	41 060 773	6 294 156	70 414 257	53 626 051	8 906 767	16 788 206	62 476 613	34 543 886
14 214 775	14 344 619	3 289 081	22 719 599	17 142 733	3 255 367	5 576 866	13 926 174	9 086 059
12 981 349	12 350 801	792 225	18 594 425	13 309 379	2 018 229	5 285 046	19 874 918	6 403 556
649 609	709 641	305 337	1 530 139	1 272 476	108 560	257 663	154 250	374 152
635 689	634 740	49 378	1 316 728	1 111 054	278 238	205 674	1 029 768	428 408
589 011	585 874	46 153	1 198 463	992 849	275 091	205 614	889 387	371 854
212 265	204 705	81 271	498 468	430 763	95 955	67 705	502 890	351 580
152 898	145 337	81 271	430 855	392 842	95 952	38 013	265 294	182 671
46 348	44 660	1 271	67 626	48 126	10 402	19 500	52 231	43 520
26 870	26 920	1 271	36 760	36 760	8 186		44 853	34 270
16 656	17 100	348	9 161	9 161	3 997		22 916	20 700
25 235	22 866	923	33 404	13 904	3 340	19 500	15 622	14 250
5 757	5 126	923	2 538	2 538	1 124		8 244	5 000
4 457	4 694		25 061	25 061	3 065		13 693	8 570
13 118 729	13 319 946	3 749 306	23 959 553	17 866 704	2 630 493	6 092 849	25 469 838	20 519 155
9 162 482	9 283 977	1 512 485	11 120 135	7 100 704	1 224 465	4 019 431	7 662 277	5 285 159
3 597 235	3 700 725	1 886 692	7 809 813	6 313 174	247 803	1 496 639	16 844 990	13 615 659
1 363 008	1 409 672	299 309	954 549	747 172	41 705	207 377	2 168 009	1 051 794
9 521 494	9 619 221	1 862 614	16 149 740	11 553 530	2 382 690	4 596 210	8 624 848	6 903 496
7 799 474	7 874 305	1 213 176	10 165 586	6 353 532	1 182 760	3 812 054	5 494 268	4 233 365
12 535 545	12 150 261	937 988	20 836 038	16 342 747	2 814 917	4 493 291	12 745 979	5 166 737
1 349 964	1 323 119	692 716	3 446 676	2 965 812	520 416	480 864	2 266 673	1 267 123
2 372 690	2 355 660	682 717	5 141 419	4 517 278	1 058 533	624 141	2 800 989	1 630 930
2 283 941	2 269 751	649 848	4 956 571	4 381 290	1 022 697	575 281	2 643 440	1 570 830

续 10-2-2 （2005 年）

指标名称	长期投资	固定资产小计	固定资产原价	生产经营用	累计折旧	本年折旧
私营独资企业（市属）	10	94 042	125 392	112 974	33 290	7 101
私营合伙企业（市属）		56 067	75 897	66 784	22 247	4 184
私营有限责任公司	290 732	2 212 118	2 665 607	2 348 781	641 415	171 965
# 市属	210 052	2 121 108	2 549 759	2 255 309	614 316	165 315
私营股份有限公司（市属）	3 536	208 146	269 306	219 238	66 560	12 276
港、澳、台商投资企业	56 419	1 778 505	2 639 490	2 217 058	924 550	191 490
# 市属	56 419	1 403 387	1 947 816	1 831 387	604 919	132 143
与港、澳、台商合资经营企业	34 979	1 347 115	2 108 775	1 708 880	788 682	160 802
# 市属	34 979	976 713	1 425 446	1 330 116	472 680	102 111
与港、澳、台商合作经营企业（市属）		6 557	10 794	9 480	4 287	981
港、澳、台商独资企业	21 440	424 833	519 921	498 698	131 581	29 707
# 市属	21 440	420 117	511 576	491 791	127 952	29 051
外商投资企业	204 261	2 666 093	3 793 946	3 474 217	1 415 826	229 301
# 市属	88 703	1 121 518	1 815 594	1 571 660	750 176	123 605
中外合资经营企业	41 476	1 629 042	2 083 465	2 024 970	697 717	128 376
# 市属	41 476	451 320	716 465	677 775	293 044	49 028
中外合作经营企业	40	53 378	132 835	76 845	81 490	6 377
外资企业（市属）	47 227	670 198	1 099 129	893 885	457 132	74 577
外商投资股份有限公司	115 518	313 475	478 517	478 517	179 487	19 971
二、按经济组织类型分组：						
独资企业	3 064 760	16 654 890	25 994 408	23 428 145	11 254 931	1 681 830
# 市属	359 966	2 550 012	3 812 996	3 262 772	1 456 653	210 592
国有企业	2 680 546	14 791 771	23 136 965	20 948 824	10 155 616	1 513 407
# 市属	26 622	741 619	1 060 212	872 985	410 603	49 609
集体企业	315 537	674 046	1 113 001	973 764	477 312	57 038
# 市属	264 667	624 036	1 016 687	891 137	427 676	50 254
私营独资企业（市属）	10	94 042	125 392	112 974	33 290	7 101

单位：千元

固定资产净值	固定资产净值年平均余额	无形资产	负债合计	流动负债小计	应付账款	长期负债小计	期末所有者权益合计	1. 实收资本
92 102	95 668	4 185	15 6204	148 947	60 027	7 257	121 314	108 991
53 650	54 503	10 425	48 995	48 995	5 224		72 684	21 400
2 024 192	2 013 278	596 937	4 653 078	4 106 668	941 702	546 410	2 449 510	1 392 272
1 935 443	1 927 369	564 068	4 468 230	3 970 680	905 866	497 550	2 291 961	1 332 172
202 746	192 211	71 170	283 142	212 668	51 580	70 474	157 481	108 267
1 714 940	1 473 765	114 583	2 349 004	1 876 094	585 054	472 910	1 954 834	1 636 021
1 342 897	1 326 509	109 005	2 222 148	1 749 900	529 995	472 248	1 231 197	1 179 198
1 320 093	1 063 254	95 413	1 526 623	1 131 664	364 147	394 959	1 571 446	1 265 897
952 766	920 783	89 835	1 405 360	1 010 401	313 997	394 959	856 986	814 074
6 507	5 938	62	165 325	165 325	98 031		15 948	52 077
388 340	404 573	19 108	657 056	579 105	122 876	77 951	367 440	31 8047
383 624	399 788	19 108	651 463	574 174	117 967	77 289	358 263	31 3047
2 378 120	2 372 782	225 658	2 428 988	2 010 517	454 957	418 471	3 535 619	2 919 594
1 065 418	1 065 702	123 447	1 379 895	1 117 254	253 711	262 641	1 364 209	1 117 830
1 385 748	1 418 616	152 604	1 255 369	1 132 753	306 831	122 616	2 420 497	2 114 189
423 421	449 584	83 829	624 288	601 842	160 568	22 446	955 356	642 019
51 345	57 784		143 457	143 457	10 912		85 201	40 587
641 997	616 118	39 618	755 607	515 412	93 143	240 195	408 853	475 811
299 030	280 264	33 436	274 555	218 895	44 071	55 660	621 068	289 007
14 739 477	14 101 900	904 514	21 480 020	15 663 897	2 572 513	5 816 123	21 802 293	7 734 813
2 356 343	2 407 089	414 401	4 291 876	3 503 858	654 788	788 018	1 932 067	1 643 855
12 981 349	12 350 801	792 225	18 594 425	13 309 379	2 018 229	5 285 046	19 874 918	6 403 556
649 609	709 641	305 337	1 530 139	1 272 476	108 560	257 663	154 250	374 152
635 689	634 740	49 378	1 316 728	1 111 054	278 238	205 674	1 029 768	428 408
589 011	585 874	46 153	1 198 463	992 849	275 091	205 614	889 387	371 854
92 102	95 668	4 185	156 204	148 947	60 027	7 257	121 314	108 991

指 标 名 称	长期投资	固定资产小 计	固定资产原 价	生 产经营用	累计折旧	本年折旧
港、澳、台商独资经营企业	21 440	424 833	519 921	498 698	131 581	29 707
# 市 属	21 440	420 117	511 576	491 791	127 952	29 051
外资企业（市属）	47 227	670 198	1 099 129	893 885	457 132	74 577
合作、合伙企业	103 849	402 751	755 431	683 684	385 316	43 047
# 市 属	18 511	270 527	408 342	392 585	168 417	21 885
股份合作企业	103 809	239 448	462 023	459 497	249 758	28 171
# 市 属	18 511	180 080	279 504	276 978	126 606	15 245
国有联营企业（市属）		17 609	24 797	24 797	8 141	931
集体联营企业		25 235	39 745	36 941	14 510	1 859
# 市 属		5 757	8 010	5 206	2 253	
国有与集体联营企业（市属）		4 457	9 340	9 340	4 883	544
私营合伙企业（市属）		56 067	75 897	66 784	22 247	4 184
与港、澳、台商合作经营企业（市属）		6 557	10 794	9 480	4 287	981
中外合作经营企业	40	53 378	132 835	76 845	81 490	6 377
股份有限公司	2 103 338	15 068 474	17 002 949	16 464 037	3 965 628	1 036 195
# 市 属	316 051	1 844 422	2 443 700	2 252 607	890 990	102 754
股份有限公司（内资）	1 984 284	14 546 853	16 255 126	15 766 282	3 719 581	1 003 948
# 市 属	312 515	1 636 276	2 174 394	2 033 369	824 430	90 478
私营股份有限公司（市属）	3 536	208 146	269 306	219 238	66 560	12 276
外商投资有限公司	115 518	313 475	478 517	478 517	179 487	19 971
有限责任公司	11 670 211	20 086 948	27 440 151	25 108 779	9 591 389	1 667 382
# 市 属	743 300	13 717 858	17 738 539	16 704 394	5 264 427	1 066 362
国有独资公司	10 668 130	4 300 480	6 530 180	5 614 326	2 932 945	371 730
# 市 属	10 660	1 999 611	2 258 262	2 250 484	895 254	135 019
私营有限责任公司	290 732	2 212 118	2 665 607	2 348 781	641 415	171 965
# 市 属	210 052	2 121 108	2 549 759	2 255 309	614 316	165 315
与港、澳、台商合资经营企业	34 979	1 347 115	2 108 775	1 708 880	788 682	160 802

单位：千元

固定资产净值	固定资产净值年平均余额	无形资产	负债合计	流动负债小计	应付账款	长期负债小计	期末所有者权益合计	1. 实收资本
388 340	404 573	19 108	657 056	579 105	122 876	77 951	367 440	318 047
383 624	399 788	19 108	651 463	574 174	117 967	77 289	358 263	313 047
641 997	616 118	39 618	755 607	515 412	93 143	240 195	408 853	475 811
370 115	367 590	93 029	923 871	836 666	220 524	87 205	728 954	509 164
239 925	232 698	93 029	681 935	643 922	207 393	38 013	398 779	290 418
212 265	204 705	81 271	498 468	430 763	95 955	67 705	502 890	351 580
152 898	145 337	81 271	430 855	392 842	95 952	38 013	265 294	182 671
16 656	17 100	348	9 161	9 161	3 997		22 916	20 700
25 235	22 866	923	33 404	13 904	3 340	19 500	15 622	14 250
5 757	5 126	923	2 538	2 538	1 124		8 244	5 000
4 457	4 694		25 061	25 061	3 065		13 693	8 570
53 650	54 503	10 425	48 995	48 995	5 224		72 684	21 400
6 507	5 938	62	165 325	165 325	98 031		15 948	52 077
51 345	57 784		143 457	143 457	10 912		85 201	40 587
13 037 321	12 622 736	1 042 594	21 393 735	16 774 310	2 910 568	4 619 425	13 524 528	5 564 011
1 552 710	1 515 330	763 886	3 729 818	3 178 480	571 996	551 338	2 424 154	1 375 390
12 535 545	12 150 261	937 988	20 836 038	16 342 747	2 814 917	4 493 291	12 745 979	5 166 737
1 349 964	1 323 119	692 716	3 446 676	2 965 812	520 416	480 864	2 266 673	1 267 123
202 746	192 211	71 170	283 142	212 668	51 580	70 474	157 481	108 267
299 030	280 264	33 436	274 555	218 895	44 071	55 660	621 068	289 007
17 848 762	17 815 094	4 594 260	31 394 623	24 237 789	4 243 173	7 156 834	31 911 291	25 291 513
12 474 112	12 581 713	2 250 217	17 618 013	12 683 627	2 604 896	4 934 386	11 766 580	8 073 424
3 597 235	3 700 725	1 886 692	7 809 813	6 313 174	247 803	1 496 639	16 844 990	13 615 659
1 363 008	1 409 672	299 309	954 549	747 172	41 705	207 377	2 168 009	1 051 794
2 024 192	2 013 278	596 937	4 653 078	4 106 668	941 702	546 410	2 449 510	1 392 272
1 935 443	1 927 369	564 068	4 468 230	3 970 680	905 866	497 550	2 291 961	1 332 172
1 320 093	1 063 254	95 413	1 526 623	1 131 664	364 147	394 959	1 571 446	1 265 897

指标名称	长期投资	固定资产小计	固定资产原价	生产经营用	累计折旧	本年折旧
# 市属	34 979	976 713	1 425 446	1 330 116	472 680	102 111
中外合资经营企业	41 476	1 629 042	2 083 465	2 024 970	697 717	128 376
# 市属	41 476	451 320	716 465	677 775	293 044	49 028
其他有限责任公司	634 894	10 598 193	14 052 124	13 411 822	4 530 630	834 509
# 市属	446 133	8 169 106	10 788 607	10 190 710	2 989 133	614 889
三、在总计中：亏损企业	640 575	5 973 384	9 586 043	8 522 358	4 055 818	445 336
# 市属	497 622	4 208 857	5 941 936	5 184 511	2 106 856	293 340
在总计中：国有控股企业	15 221 439	40 556 408	55 708 660	51 574 536	19 916 394	3 531 296
# 市属	507 848	9 816 048	12 274 213	11 732 592	3 658 618	703 178
在总计中：农村工业（市属）	171 389	1 360 089	1 786 853	1 601 232	551 147	106 988
在总计中：营业企业	16 942 058	52 031 048	70 955 254	65 534 905	25 127 413	4 418 892
# 市属	1 437 728	18 255 786	24 231 344	22 522 143	7 732 760	1 395 422
四、按轻、重工业分组：						
轻工业	3 126 351	11 293 884	17 773 590	15 818 061	7 810 738	1 164 835
# 市属	285 079	5 564 863	7 064 930	6 357 001	2 405 912	411 429
重工业	13 815 807	40 919 179	53 419 349	49 866 584	17 386 526	3 263 619
# 市属	1 152 749	12 817 956	17 338 647	16 255 357	5 374 575	990 164
五、按企业规模分组：						
大型企业	6 751 970	25 626 166	34 044 937	31 434 386	11 756 638	2 293 631
# 市属	10 660	1 604 684	1 635 564	1 634 515	591 191	102 039
中型企业	2 238 523	12 675 225	18 674 404	17 218 688	7 973 859	1 040 112
# 市属	792 466	5 454 062	7 728 984	7 089 726	2 931 708	413 548
小型企业	7 951 665	13 911 672	18 473 598	17 031 571	5 466 767	1 094 711
# 市属	634 702	11 324 073	15 039 029	13 888 117	4 257 588	886 006
六、按工业行业分组：						
采矿业	3 675 418	3 979 323	5 232 592	4 348 612	2 297 470	346 741
# 市属	1 935	137 408	202 840	185 579	76 740	12 648

单位：千元

固定资产净值	固定资产净值年平均余额	无形资产	负债合计	流动负债小计	应付账款	长期负债小计	期末所有者权益合计	1. 实收资本
952 766	920 783	89 835	1 405 360	1 010 401	313 997	394 959	856 986	81 4074
1 385 748	1 418 616	152 604	1 255 369	1 132 753	306 831	122 616	2 420 497	2 114 189
423 421	449 584	83 829	624 288	601 842	160 568	22 446	955 356	642 019
9 521 494	9 619 221	1 862 614	16 149 740	11 553 530	2 382 690	4 596 210	8 624 848	6 903 496
7 799 474	7 874 305	1 213 176	10 165 586	6 353 532	1 182 760	3 812 054	5 494 268	4 233 365
5 530 225	5 702 701	1 396 936	13 026 097	11 035 196	2 211 351	1 990 901	3 253 641	5 622 394
3 835 080	3 950 134	1 146 158	9 028 511	7 491 758	1 501 518	1 536 753	2 480 279	3 819 682
35 792 266	34 868 930	4 187 036	55 481 882	41 414 456	6 383 899	14 067 426	54 914 484	29 666 424
8 615 595	8 837 135	1 472 602	10 186 240	6 674 921	1 023 411	3 511 319	8 068 210	5 064 654
1 235 706	1 236 201	205 978	2 516 047	2 170 897	518 232	345 150	1 271 576	742 481
45 827 841	44 687 892	6 594 476	74 533 836	56 947 818	9 871 923	17 586 018	68 201 832	39 056 775
16 498 584	16 572 150	3 481 613	25 837 017	19 557 760	3 993 841	6 279 257	16 742 695	11 363 446
9 962 852	9 441 335	1 953 164	14 310 553	12 569 320	2 009 433	1 741 233	23 008 455	6 748 885
4 659 018	4 697 394	1 456 148	7 295 922	6 061 517	1 079 402	1 234 405	5 830 851	3 645 151
36 032 823	35 465 985	4 681 233	60 881 696	44 943 342	7 937 345	15 938 354	44 958 611	32 350 616
11 964 072	12 039 436	2 065 385	19 025 720	13 948 370	2 959 671	5 077 350	10 690 729	7 737 936
22 288 299	21 557 840	2 260 447	29 521 021	22 239 644	2 974 764	7 281 377	34 401 000	13 937 693
1 044 373	1 079 301	227 195	712 161	504 886	36 295	207 275	1 692 157	624 000
10 700 545	10 257 440	2 163 641	20 808 084	16 871 995	3 625 245	3 936 089	15 134 799	9 444 829
4 797 276	4 776 083	1 515 523	8 740 179	7 348 565	1 522 958	1 391 614	6 562 444	3 237 205
13 006 831	13 092 040	2 210 309	24 863 144	18 401 023	3 346 769	6 462 121	18 431 267	15 716 979
10 781 441	10 881 446	1 778 815	16 869 302	12 156 436	2 479 820	4 712 866	8 266 979	7 521 882
2 935 122	3 007 810	1 787 821	5 028 111	3 984 695	362 614	1 043 416	9 236 993	7 773 629
126 100	126 896	9 943	244 761	225 818	75 019	18 943	155 761	108 057

指 标 名 称	长期投资	固定资产小　计	固定资产原　价	生　产经营用	累计折旧	本年折旧
煤炭开采和洗选业	986	193 217	250 093	167 397	95 888	18 161
黑色金属矿采选业	3 534 647	1 941 017	3 278 891	2 494 999	1 387 888	190 450
有色金属矿采选业	83 624	45 384	60 576	57 851	16 266	4 103
# 市 属		36 908	49 140	46 546	13 306	3 329
非金属矿采选业	56 161	1 799 705	1 643 032	1 628 365	797 428	134 027
# 市 属	1 935	100 500	153 700	139 033	63 434	9 319
制造业	13 122 564	34 113 801	46 773 058	43 319 984	16 236 884	2 925 434
# 市 属	1 377 015	10 728 249	15 045 054	13 474 348	5 355 956	863 691
农副食品加工业	130 303	431 839	662 665	514 179	274 901	32 414
# 市 属	49 583	354 491	489 540	403 544	175 031	23 237
食品制造业	18 066	343 047	474 478	409 382	178 054	35 531
# 市 属	9 253	337 610	456 689	394 388	165 702	34 204
饮料制造业	5 158	369 627	497 262	409 022	132 909	42 046
# 市 属	1 351	360 459	479 879	391 639	124 694	40 861
烟草制品业	2 132 546	3 905 935	7 336 565	6 594 715	3 873 051	561 654
# 市 属		196 479	298 958	294 849	130 808	23 070
纺织业（市属）	36 772	494 699	684 544	523 811	204 191	15 842
纺织服装、鞋、帽制造业	17 026	35 753	51 851	49 147	16 550	2 837
# 市 属	17 026	5 379	9 791	9 791	4 412	964
木材加工及木、竹、藤、棕、草制品业	33 814	367 562	548 174	505 958	184 779	38 703
# 市 属	16 215	324 463	484 695	473 012	164 357	36 160
家具制造业	8 125	20 296	23 235	17 528	8 650	1 286
# 市 属	8 125	9 799	15 123	12 101	5 405	902
造纸及纸制品业	41 155	262 049	364 348	298 486	104 173	11 126
# 市 属	41 155	252 495	349 143	284 021	98 522	10 675
印刷业和记录媒介的复制	45 246	967 815	1 476 176	1 389 507	597 721	112 586
# 市 属	2 698	731 310	1 128 612	1 054 620	440 693	87 849

单位：千元

固定资产净值	固定资产净值年平均余额	无形资产	负债合计	流动负债 小计	流动负债 应付账款	长期负债 小计	期末所有者权益合计	1. 实收资本
154 205	157 228	81 102	284 968	160 214	21 923	124 754	142 183	145 803
1 891 003	1 938 231	1 516 001	2 902 116	2 807 916	96 796	94 200	7 511 770	6 586 491
44 310	42 744	3 769	175 482	173 067	70 112	2 415	154 741	47 925
35 834	34 980	397	85 949	83 534	47 583	2 415	57 768	27 925
845 604	869 607	186 949	1 665 545	843 498	173 783	822 047	1 428 299	993 410
90 266	91 916	9 546	158 812	142 284	27 436	16 528	97 993	80 132
30 536 174	29 456 381	4 427 376	58 750 488	48 791 941	9 283 168	9 958 547	49 728 420	25 350 060
9 689 098	9 676 316	3 097 890	20 930 822	17 772 719	3 873 132	3 158 103	11 441 449	8 156 456
387 764	393 673	184 636	1 071 726	914 167	127 189	157 559	716 374	397 359
314 509	312 939	153 636	817 409	708 710	108 977	108 699	508 983	326 772
296 424	299 036	24 247	501 184	427 378	165 680	73 806	278 664	270 211
290 987	294 196	24 247	490 706	417 402	164 647	73 304	267 117	262 111
364 353	367 309	39 596	506 673	412 417	112 560	94 256	157 942	244 517
355 185	358 186	35 899	469 843	382 404	101 521	87 439	161 986	233 800
3 463 514	3 178 712	198 570	4 866 103	4 852 874	688 650	13 229	13 419 563	1 150 982
168 150	181 964	13 145	150 385	140 985	42 986	9 400	278 582	241 000
480 353	487 038	625 427	1 146 547	1 022 477	39 669	124 070	278 554	118 835
35 301	34 741	22	135 586	102 003	20 384	33 583	43 819	39 348
5 379	4 869		111 609	86 609	16 063	25 000	18 251	15 000
363 395	388 132	117 383	729 154	320 788	100 739	408 366	61 212	247 248
320 338	344 710	116 709	672 250	266 417	92 157	405 833	55	161 603
14 585	16 234	212	62 491	46 647	6 147	15 844	286	22 883
9 718	8 426	142	39 435	33 983	5 193	5 452	5 999	20 300
260 175	262 844	237	425 004	368 239	80 142	56 765	123 530	64 621
250 621	253 455	237	386 205	329 955	58 627	56 250	107 236	57 126
878 455	832 962	62 015	931 175	816 966	225 577	114 209	1 217 406	700 175
687 919	641 332	47 590	750 027	627 074	215 185	122 953	973 890	529 961

指 标 名 称	长期投资	固定资产小　计	固定资产原　价	生　产经营用	累计折旧	本年折旧
文教体育用品制造业（市属）		2 780	3 425	2 090	645	133
石油加工、炼焦及核燃料加工业（市属）	3 601	58 429	79 069	69 116	22 072	6 058
化学原料及化学制品制造业	543 114	4528 244	7 023 127	6 530 331	2 797 546	437 934
# 市 属	196 134	2 132 480	3 213 820	2 806 655	1 257 442	212 650
医药制造业	613 512	1 794 330	2 376 909	2 250 854	712 335	127 279
# 市 属	77 187	745 656	843 571	770 128	1 945 05	30 455
化学纤维制造业		345 562	624 132	323 985	281 644	56 959
橡胶制品业	517	13 232	23 178	23 178	10 369	2 413
# 市 属	517	8 138	15 797	15 797	8 082	977
塑料制品业	51 113	256 530	482 673	449 296	236 930	27 104
# 市 属	51 113	231 226	434 512	402 265	213 079	25 598
非金属矿物制品业	67 782	2 263 487	3 002 616	2 825 072	1 106 970	157 446
# 市 属	55 389	1 343 052	1 935 015	1 790 953	694 562	94 920
黑色金属冶炼及压延加工业	7 198 640	6 420 394	7 164 798	6 792 670	1 161 460	538 367
# 市 属	14 384	620 012	743 032	647 806	165 124	39 470
有色金属冶炼及压延加工业	899 253	7 035 706	7 605 489	7 556 481	1 740 755	399 886
# 市 属	132 492	652 609	640 075	618 866	156 243	38 329
金属制品业	44 105	189 180	283 740	237 633	120 897	17 730
# 市 属	38 404	138 559	200 262	156 956	84 465	12 665
通用设备制造业	301 942	775 449	1 067 394	949 486	439 242	41 590
# 市 属	184 668	293 285	417 572	345 631	170 840	18 928
专用设备制造业	184 923	770 795	1 242 253	1 166 534	541 867	63 641
# 市 属	110 254	270 318	425 915	384 934	191 680	24 272
交通运输设备制造业	98 818	1 234 051	1 825 026	1 678 396	739 138	94 683
# 市 属	56 354	649 630	767 251	741 694	234 213	42 855
电气机械及器材制造业	125 743	539 539	868 952	817 851	390 888	36 559
# 市 属	92 113	383 976	674 533	633 314	332 359	27 162

单位：千元

固定资产净值	固定资产净值年平均余额	无形资产	负债合计	流动负债小计	应付账款	长期负债小计	期末所有者权益合计	1．实收资本
2 780	2 681		1 944	1 814		130	4 286	630
56 997	57 439	28 995	152 228	127 287	13 115	24 941	44 037	84 226
4 225 581	4 129 654	657 142	7 469 589	6 040 184	1 431 637	1 429 405	4 210 009	3 573 095
1 956 378	1 932 956	466 206	3 983 995	3 486 102	592 471	497 893	1 994 322	1 784 524
1 664 574	1 647 416	399 258	2 728 247	2 159 440	334 426	568 807	3 540 765	1 781 862
649 066	683 879	160 496	1 488 751	1 174 642	179 154	314 109	802 155	587 944
342 488	117 403		55 937	55 937	20 926		666 203	409 152
12 809	13 496	8 902	47 467	45 781	7 336	1 686	8 676	5 722
7 715	7 882	1 301	26 362	26 362	4 416		8 676	5 722
245 743	254 937	38 531	475 370	426 354	85 478	49 016	338 778	295 485
221 433	228 070	37 195	397 766	369 387	78 539	28 379	325 124	253 933
1 895 646	1 936 931	236 627	2 871 856	1 988 944	455 869	882 912	1 701 894	1 558 748
1 240 453	1 261 061	199 025	1 797 141	1 190 627	285 029	606 514	811 620	751 430
6 003 338	5 748 544	135 826	10 537 382	8 290 387	1 894 277	2 246 995	10 401 476	7 435 339
577 908	570 031	77 525	96 7571	920 712	373 781	46 859	571 360	517 301
5 864 734	5 668 855	211 939	11 390 830	9 256 929	906 681	2 133 901	6 223 537	2 917 972
483 832	481 896	26 317	1 248 393	1 171 923	281 379	76 470	803 739	404 879
162 843	180 648	80 587	696 216	580 283	112 069	115 933	257 598	233 004
115 797	131 769	59 121	313 749	277 106	90 823	36 643	243 960	207 511
628 152	611 388	292 874	1 980 855	1 709 370	402 976	271 485	997 862	629 654
246 732	248 345	256 728	1 004 292	898 270	263 526	106 022	495 105	285 465
700 386	685 906	599 239	3 372 892	3 104 683	628 926	268 209	898 564	840 551
234 235	232 217	522 360	1 363 125	1 201 014	107 398	162 111	452 517	227 174
1 085 888	1 072 572	199 310	2 894 539	2 666 522	607 183	228 017	1 770 863	1 077 595
533 038	494 710	4 061	886 155	798 367	292 260	87 788	1 109 193	444 918
478 064	456 092	260 005	2 015 565	1 936 998	346 260	78 567	880 578	580 506
342 174	328 857	234 721	1 644 586	1 589 148	206 783	55 438	645 847	419 443

指标名称	长期投资	固定资产小计	固定资产原价	生产经营用	累计折旧	本年折旧
通信设备、计算机及其他电子设备制造业	244 254	291 880	409 775	407 710	123 262	27 792
# 市属	3 232	13 219	19 470	18 504	6 368	2 890
仪器仪表及文化、办公用机械制造业	83 283	226 257	307 316	271 030	143 449	24 607
# 市属	2 100	43 141	81 641	78 072	38 503	4 858
工艺品及其他制造业	17 632	113 735	134 422	129 488	26 671	4 655
# 市属	774	18 956	23 654	22 743	6 194	1 134
废弃资源和废旧材料回收加工业（市属）	176 121	55 599	129 466	127 048	65 765	6 573
电力、燃气及水的生产和供应业	144 176	14 119 939	19 187 289	18 016 049	6 662 910	1 156 279
# 市属	58 878	7 517 162	9 155 683	8 952 431	2 347 791	525 254
电力、热力的生产和供应业	131 416	11 875 439	16 402 706	15 285 129	5 440 214	1 001 605
# 市属	46 118	5 454 539	6 834 789	6 645 363	1 433 581	389 030
燃气生产和供应业		507 129	974 967	928 401	570 804	43 305
# 市属		325 252	511 278	504 549	262 318	24 855
水的生产和供应业（市属）	12 760	1 737 371	1 809 616	1 802 519	651 892	111 369
七、按隶属关系分组：						
中央属企业	2 359 973	11 897 190	19 490 709	17 395 515	8 939 549	1 327 158
省属企业	13 144 357	21 933 054	27 298 653	25 676 772	8 477 228	1 699 703
市（直）属企业	629 665	5 301 395	7 031 779	6 364 455	2 837 491	374 180
县属企业	279 273	2 166 707	3 212 108	2 895 964	1 154 354	190 325
街道企业		21 952	35 601	31 246	14 183	2 184
镇属企业	7 946	396 212	543 766	490 933	176 092	31 616
乡办企业	8 542	220 915	372 137	342 670	171 009	29 603
居委会办企业	27 056	74 167	98 018	96 967	30 952	8 150
村办企业	58 264	266 932	366 582	291 164	105 601	13 914
其他企业	427 082	9 934 539	12 743 586	12 098 959	3 290 805	751 621
八、按企业所在地分组：						
全市	16 942 158	52 213 063	71 192 939	65 684 645	25 197 264	4 428 454

单位：千元

固定资产净值	固定资产净值年平均余额	无形资产	负债合计	流动负债小计	应付账款	长期负债小计	期末所有者权益合计	1. 实收资本
286 513	284 867	4 195	647 074	432 723	175 634	214 351	780 635	308 233
13 102	11 465	149	103 472	102 992	38 929	480	31 043	29 416
163 867	163 488	10 612	507 378	415 353	201 649	92 025	313 379	231 153
43 138	42 760	4 681	187 924	187 278	141 412	646	104 220	83 262
107 751	106 382	9 412	228 890	58 842	18 036	170 048	18 116	45 977
17 460	16 182	400	28 366	23 518	5 139	4 848	19 778	17 193
63 701	57 001	1 577	300 586	210 154	73 953	90 432	373 814	84 977
12 524 379	12 443 129	419 200	11 413 650	4 736 026	300 996	6 677 624	9 001 653	5 975 812
6 807 892	6 933 618	413 700	5 146 059	2 011 350	90 922	3 134 709	4 924 370	3 118 574
10 962 492	10 830 976	115 663	9 999 272	3 581 044	199 633	6 418 228	6 618 933	4 475 166
5 401 208	5 478 741	113 820	4 101 066	1 223 935	48 054	2 877 131	2 736 119	1 981 203
404 163	417 498	74 158	598 149	596 331	62 367	1 818	602 797	776 069
248 960	260 222	70 501	228 764	228 764	3 872		408 328	412 794
1 157 724	1 194 655	229 379	816 229	558 651	38 996	257 578	1 779 923	724 577
10 551 160	9 829 210	453 486	14 411 381	10 318 156	1 503 675	4 093 225	19 199 408	4 990 567
18 821 425	18 341 280	2 659 378	34 459 226	27 184 619	4 404 030	7 274 607	32 246 078	22 725 847
4 194 288	4 277 352	2 653 300	9 288 983	7 812 012	1 147 666	1 476 971	5 921 121	3 646 440
2 057 754	2 065 164	238 518	2 926 366	2 327 239	680 705	599 127	2 054 988	1 211 858
21 418	20 904	1 999	30 507	30 062	5 822	445	30 088	23 935
367 674	363 394	18 228	552 657	464 401	105 267	88 256	332 110	200 240
201 128	209 126	16 129	363 790	324 573	92 951	39 217	208 630	163 118
67 066	66 379	24 573	186 121	120 536	36 963	65 585	148 337	59 955
260 981	258 273	27 127	472 161	404 342	63 320	67 819	128 277	105 440
9 452 781	9 476 238	541 659	12 501 057	8 526 722	1 906 379	3 974 335	7 698 029	5 972 101
45 995 675	44 907 320	6 634 397	75 192 249	57 512 662	9 946 778	17 679 587	67 967 066	39 099 501

指标名称	长期投资	固定资产小计	固定资产原价	生产经营用	累计折旧	本年折旧
# 市属	1 437 828	18 382 819	24 403 577	22 612 358	7 780 487	1 401 593
五华区	4 127 117	15 181 495	21 590 381	20 389 499	7 567 132	1 328 363
# 市属	383 803	7 401 220	9 288 163	8 905 185	2 224 415	509 246
盘龙区	373 980	4 122 931	5 334 857	4 722 748	2 176 925	319 451
# 市属	149 391	3 097 327	3 750 020	3 484 787	1 505 361	218 690
官渡区	619 335	9 779 776	13 065 617	11 677 409	4 955 247	807 625
# 市属	378 166	1 863 830	2 787 087	2 472 263	1 050 725	181 041
西山区	535 354	3 692 891	5 832 784	5 534 449	2 951 771	319 964
# 市属	127 792	1 147 859	1 753 310	1 602 108	699 084	87 183
东川区	90 898	576 777	691 525	626 684	162 713	38 820
# 市属	7 274	568 301	680 089	615 379	159 753	38 046
呈贡县	43 315	3 111 255	3 856 360	3 786 526	834 120	221 052
# 市属	16 920	169 613	236 242	217 954	82 769	16 332
晋宁县	79 194	1 010 204	1 862 959	1 733 105	956 445	151 980
# 市属	37 158	538 307	943 245	815 779	452 868	63 884
富民县（市属）	13 288	448 686	593 266	570 393	180 519	26 009
宜良县	23 583	2 016 433	3 185 797	3 017 523	1 555 040	206 365
# 市属	20 742	722 805	1 129 976	1 054 720	473 446	67 459
石林县	21 241	382 718	572 427	516 146	204 147	32 336
# 市属	21 241	305 995	472 953	417 112	180 530	28 597
嵩明县	28 949	423 762	604 678	572 725	200 170	36 293
# 市属	28 949	349 264	498 660	486 419	160 903	29 730
禄劝县（市属）	20 767	159 958	220 104	203 175	79 568	8 293
寻甸县	29 867	648 060	778 338	666 643	207 786	47 152
# 市属	29 867	578 949	704 548	612 964	180 656	42 560
安宁市	10 935 270	10 658 117	13 003 846	11 667 620	3 165 681	884 751
# 市属	202 470	1 030 705	1 345 914	1 154 120	349 890	84 523

单位：千元

固定资产净值	固定资产净值年平均余额	无形资产	负债合计	流动负债小计	应付账款	长期负债小计	期末所有者权益合计	1. 实收资本
16 623 090	16 736 830	3 521 533	26 321 642	20 009 887	4 039 073	6 311 755	16 521 580	11 383 087
14 023 249	13 470 487	1 102 192	21 943 220	17 462 322	1 876 514	4 480 898	24 242 643	7 922 468
7 063 748	7 055 552	649 052	8 981 026	5 354 855	832 134	3 626 171	5 360 743	4 394 844
3 157 932	3 056 024	1 094 031	5 270 273	4 410 343	820 249	859 930	5 199 508	3 041 418
2 244 659	2 374 850	888 862	3 750 113	3 244 397	554 696	505 716	3 438 245	1 873 294
8 110 370	7 854 930	924 235	14 862 112	10 094 376	1 810 370	4 767 736	7 540 787	5 475 033
1 736 362	1 767 737	651 104	3 991 497	3 344 886	695 491	646 611	1 862 818	1 525 895
2 881 013	2 877 399	1 117 248	6 549 965	5 522 308	1 135 418	1 027 657	4 441 826	3 017 776
1 054 226	1 025 982	937 758	2 960 557	2 677 086	489 445	283 471	1 708 975	854 564
528 812	502 129	50 248	1 204 907	1 190 600	323 794	14 307	623 810	459 091
520 336	494 365	46 876	1 115 374	1 101 067	301 265	14 307	526 837	439 091
3 022 240	3 068 510	84 801	3 550 482	1 939 817	488 583	1 610 665	1 931 430	743 235
153 473	150 981	14 315	358 679	322 727	105 583	35 952	226 081	164 860
906 514	959 413	192 981	1 308 468	849 390	217 561	459 078	1 220 411	1 055 526
490 377	509 034	50 162	875 733	552 706	192 125	323 027	393 641	268 419
412 747	417 393	14 535	426 731	347 564	57 795	79 167	306 832	157 116
1 630 757	1 665 622	57 230	1 909 704	1 081 883	135 461	827 821	981 803	896 458
656 530	639 936	57 180	884 927	611 771	109 141	273 156	356 125	266 346
368 280	372 298	19 147	177 145	141 778	13 635	35 367	494 756	390 456
292 423	298 773	18 928	151 785	126 825	12 423	24 960	433 475	382 456
404 508	410 966	45 273	494 806	383 590	68 462	111 216	367 970	320 587
337 757	339 299	45 273	406 227	319 063	67 166	87 164	331 041	280 511
140 536	148 670	5 845	202 660	135 908	15 153	66 752	90 559	51 002
570 552	563 955	188 713	892 917	673 346	104 683	219 571	417 628	210 349
523 892	516 975	107 611	763 492	608 234	101 593	155 258	341 662	170 349
9 838 165	9 539 524	1 737 918	16 398 859	13 279 437	2 879 100	3 119 422	20 107 103	15 358 986
996 024	997 283	34 032	1 452 841	1 262 798	505 063	190 043	1 144 546	554 340

10-2-3 全部国有及年主营业务收入500万元以上

（2005年）

指标名称	2. 资本公积	3. 盈余公积	4. 未分配利润	在实收 ①国家资本	②集体资本	③法人资本
总　　计	**12 883 204**	**13 643 133**	**2 341 228**	**14 968 561**	**695 393**	**18 105 020**
#　市　属	5 455 781	1 421 262	－1 738 550	3 519 275	551 201	3 951 855
一、按登记注册类型分组：						
内资企业	12 214 071	13 330 487	2 388 169	14 793 296	661 693	16 205 564
#　市　属	5 218 918	1 174 836	－1 553 639	3 393 876	522 501	3 235 035
国有经济	2 863 987	10 120 724	486 651	4 116 543	600	2 272 902
#　市　属	409 309	21 686	－650 897	336 748		37 404
集体企业	279 221	325 479	－3 340	28 192	278 296	61 443
#　市　属	258 286	304 568	－45 321	1 215	249 469	60 693
股份合作企业	107 338	63 981	－20 009		116 019	68 017
#　市　属	106 533	11 013	－34 923		116 019	20 317
联营企业	8 808	8 972	－9 069	24 170	19 350	
#　市　属	8 683	8 846	－6 946	24 170	10 100	
国有联营企业（市属）		1 536	680	20 700		
集体联营企业	5 935	126	－4 689		14 250	
#　市　属	5 810		－2 566		5 000	
国有与集体联营企业（市属）	2 873	7 310	－5 060	3 470	5 100	
有限责任公司	3 650 449	1 082 135	218 099	9 028 458	227 130	10 853 124
#　市　属	2 288 077	330 840	－241 799	2 757 945	126 615	2 017 771
国有独资公司	2 041 244	552 258	635 829	6 881 168		6 734 491
#　市　属	1 103 341	15 651	－2 777	1 051 794		
其他有限责任公司	1 609 205	529 877	－417 730	2 147 290	227 130	4 118 633
#　市　属	1 184 736	315 189	－239 022	1 706 151	126 615	2 017 771
股份有限公司	4 770 737	1 440 747	1 367 758	1 595 613	635	2 389 078
#　市　属	1 616 156	264 524	－881 130	273 478	635	567 850
私营企业	533 531	288 449	348 079	320	19 663	561 000
#　市　属	531 874	233 359	307 377	320	19 663	531 000

非国有独立核算工业企业主要经济指标

单位：千元

资 本 中:			主营业务收入	主营业务成 本	广告费	主营业务税金及附加	主营业务利 润	其他业务收入
④个人资本	⑤港澳台资本	⑥外商资本						
2 930 450	**881 471**	**1 518 606**	**101 776 175**	**78 056 479**	**271 079**	**6 494 993**	**17 224 703**	**3 137 506**
1 915 481	700 077	745 198	29 606 222	24 757 032	156 271	227 161	4 622 029	968 574
2 832 677	12 356	38 300	92 111 979	70 399 253	206 833	6 484 327	15 228 399	2 970 509
1 883 991	12 356	38 300	23 974 486	20 419 703	95 076	217 015	3 337 768	904 449
13 511			28 672 676	16 165 722	31 090	6 053 200	6 453 754	693 364
			601 937	503 639	165	2 766	95 532	42 933
60 477			2 509 375	2 263 978	231	14 856	230 541	120 983
60 477			2 405 999	2 199 737	224	13 754	192 508	117 921
167 544			335 799	256 858	40	2 097	76 844	45 574
46 335			262 171	222 885	40	991	38 295	45 574
			98 148	84 581		1 099	12 468	5 082
			67 215	56 361		966	9 888	5 082
			37 287	30 620		163	6 504	
			36 928	35 485		170	1 273	
			5 995	7 265		37	－1 307	
			23 933	18 476		766	4 691	5 082
372 287	12 356	25 800	18 335 159	14 946 191	23 094	212 357	3 176 611	1 277 006
344 672	12 356	25 800	8 949 925	7 243 980	9 976	151 763	1 554 182	238 341
			2 615 507	2 179 804	298	127 989	307 714	744 971
			636 228	467 422	298	110 094	58 712	72 214
372 287	12 356	25 800	15 719 652	12 766 387	22 796	84 368	2 868 897	532 035
344 672	12 356	25 800	8 313 697	6 776 558	9 678	41 669	1 495 470	166 127
1181411			33 971 849	29 557 999	70 979	163 773	4 250 077	579 678
425 160			3 760 320	3 310 903	3 338	10 073	439 344	209 573
1 037 447		12 500	8 188 973	7 123 924	81 399	36 945	1 028 104	248 822
1 007 347		12 500	7 926 919	6 882 198	81 333	36 702	1 008 019	245 025

(2005 年)

指标名称	2. 资本公积	3. 盈余公积	4. 未分配利润	在实收 ①国家资本	②集体资本	③法人资本
私营独资企业（市属）	13 917	3 303	－4 897		1 376	32 660
私营合伙企业（市属）	14 053	4 502	32 729			14 000
私营有限责任公司	442 648	274 694	339 896	320	13 937	455 548
# 市 属	440991	219 604	299 194	320	13 937	425 548
私营股份有限公司（市属）	62 913	5 950	－19 649		4 350	58 792
港、澳、台商投资企业	190 937	170 289	－42 413	76 002	29 700	760 453
# 市 属	86 792	156 408	－191 201	74 603	28 700	450 377
与港、澳、台商合资经营企业	169 848	167 724	－32 023	76 002	29 700	715 453
# 市 属	66 736	154 214	－178 038	74 603	28 700	405 377
与港、澳、台商合作经营企业（市属）	52	2 172	－38 353			45 000
港、澳、台商独资企业	21 037	393	27 963			
# 市 属	20 004	22	25 190			
外商投资企业	478 196	142 357	－4 528	99 263	4 000	1 139 003
# 市 属	15 0071	90 018	6 290	50 796		266 443
中外合资经营企业	54 674	110 996	140 638	67 917	4 000	957 322
# 市 属	42 514	87 988	182 835	50 796		220 985
中外合作经营企业	858	6 197	37 559			3 562
外资企业（市属）	107 557	2 030	－176 545			45 458
外商投资股份有限公司	315 107	23 134	－6 180	31 346		132 661
二、按经济组织类型分组：						
独资企业	3 285 719	10 451 929	329 832	4 144 735	280 272	2 412 463
# 市 属	809 073	331 609	－852 470	337 963	250 845	176 215
国有企业	2 863 987	10 120 724	486 651	4 116 543	600	2 272 902
# 市 属	409 309	21 686	－650 897	336 748		37 404
集体企业	279 221	325 479	－3 340	28 192	278 296	61 443
# 市 属	258 286	304 568	－45 321	1 215	249 469	60 693
私营独资企业（市属）	13 917	3 303	－4 897		1 376	32 660

单位：千元

资本中：④个人资本	⑤港澳台资本	⑥外商资本	主营业务收入	主营业务成本	广告费	主营业务税金及附加	主营业务利润	其他业务收入
74 955			297 701	277 550	68	895	19 256	22 559
7 400			235 617	164 027	120	1 321	70 269	154
909 967		12 500	7 196 711	6 262 361	79 766	33 660	900 690	214 726
879 867		12 500	6 934 657	6 020 635	79 700	33 417	880 605	210 929
45 125			458 944	419 986	1 445	1 069	37 889	11 383
5 927	740 595	23 344	4 235 287	3 316 800	35 496	9 540	908 947	42 745
5 927	597 241	22 350	3 195 690	2 523 513	35 358	9 430	662 747	39 087
5 927	415 471	23 344	3 239 385	2 635 450	1 808	700	603 235	36 720
5 927	277 117	22 350	2 216 188	1 853 434	1 670	590	362 164	33 062
	7 077		85 460	61 846	23 103	23	23 591	172
	318 047		910 442	619 504	10 585	8 817	282 121	5 853
	313 047		894 042	608 233	10 585	8 817	276 992	5 853
91 846	128 520	1 456 962	5 428 909	4 340 426	28 750	1 126	1 087 357	124 252
25 563	90 480	684 548	2 436 046	1 813 816	25 837	716	621 514	25 038
31 846	83 540	969 564	3 535 019	2 839 931	27 277	590	694 498	111 307
25 563	45 500	299 175	1 498 750	1 066 409	25 467	590	431 751	16 434
		37 025	477 840	403 303	448		74 537	718
8 604		4 4980	385 373	937 296	747 407	370	126	189 763
60 000		65 000	478 754	349 785	655	410	128 559	3 623
148 943	363 027	385 373	33 327 490	20 074 161	42 344	6 077 894	7 175 435	851 363
135 432	358 027	385 373	5 136 975	4 336 566	11 412	26 358	774 051	197 870
13 511			28 672 676	16 165 722	31 090	6 053 200	6 453 754	693 364
			601 937	503 639	165	2 766	95 532	42 933
60 477			2 509 375	2 263 978	231	14 856	230 541	120 983
60 477			2 405 999	2 199 737	224	13 754	192 508	117 921
74 955			297 701	277 550	68	895	19 256	22 559

指 标 名 称	2．资本公积	3．盈余公积	4．未分配利润	在 实 收		
				①国家资本	②集体资本	③法人资本
港、澳、台商独资经营企业	21 037	393	27 963			
# 市 属	20 004	22	25 190			
外资企业（市属）	107 557	2 030	－176 545			45 458
合作、合伙企业	131 109	85 824	2 857	24 170	135 369	130 579
# 市 属	129 321	26 533	－47 493	24 170	126 119	79 317
股份合作企业	107 338	63 981	－20 009		116 019	68 017
# 市 属	106 533	11 013	－34 923		116 019	20 317
国有联营企业（市属）		1 536	680	20 700		
集体联营企业	5 935	126	－4 689		14 250	
# 市 属	5 810		－2 566		5 000	
国有与集体联营企业（市属）	2 873	7 310	－5 060	3 470	5 100	
私营合伙企业（市属）	14 053	4 502	32 729			14 000
与港、澳、台商合作经营企业（市属）	52	2 172	－38 353			45 000
中外合作经营企业	858	61 97	37 559			3 562
股份有限公司	5 148 757	1 469 831	1 341 929	1 626 959	4 985	2 580 531
# 市 属	1 679 069	270 474	－900 779	273 478	4 985	626 642
股份有限公司（内资）	4 770 737	1 440 747	1 367 758	1 595 613	635	2 389 078
# 市 属	1 616 156	264 524	－881 130	273 478	635	567 850
私营股份有限公司（市属）	62 913	5 950	－19 649		4 350	58 792
外商投资有限公司	315 107	23 134	－6 180	31 346		132 661
有限责任公司	4 317 619	1 635 549	666 610	9 172 697	274 767	12 981 447
# 市 属	2 838 318	792 646	62 192	2 883 664	169 252	3 069 681
国有独资公司	2 041 244	552 258	635 829	6 881 168		6 734 491
# 市 属	1 103 341	15 651	－2 777	1 051 794		
私营有限责任公司	442 648	274 694	339 896	320	13 937	455 548
# 市 属	440 991	219 604	299 194	320	13 937	425 548
与港、澳、台商合资经营企业	169 848	167 724	－32 023	76 002	29 700	715 453

单位：千元

资本中：			主营业务收入					其他业务收入
④个人资本	⑤港澳台资本	⑥外商资本		主营业务成本	广告费	主营业务税金及附加	主营业务利润	
	318 047		910 442	619 504	10 585	8 817	282 121	5 853
	313 047		894 042	608 233	10 585	8 817	276 992	5 853
	44 980	385 373	937 296	747 407	370	126	189 763	8 604
174 944	7 077	37 025	1 232 864	970 615	23 711	4 540	257 709	51 700
5 3735	7 077		650 463	505 119	23 263	3 301	142 043	50 982
167 544			335 799	256 858	40	2 097	76 844	45 574
46 335			262 171	22 2885	40	991	38 295	45 574
			37 287	30 620		163	6 504	
			36 928	35 485		170	1 273	
			5 995	7 265		37	– 1 307	
			23 933	18 476		766	4 691	5 082
7 400			235 617	164 027	120	1 321	70 269	154
	7 077		85 460	61 846	23 103	23	23 591	172
		37 025	477 840	403 303	448		74 537	718
1 286 536		65 000	34 909 547	30 327 770	73 079	165 252	4 416 525	594 684
470 285			4 219 264	3 730 889	4 783	11 142	477 233	220 956
1 181 411			33 971 849	29 557 999	70 979	163 773	4 250 077	579 678
425 160			3 760 320	3 310 903	3 338	10 073	439 344	209 573
45 125			458 944	419 986	1 445	1 069	37 889	11 383
6 0000		65 000	478 754	349 785	655	410	128 559	3 623
1 320 027	511 367	1 031 208	32 306 274	26 683 933	131 945	247 307	5 375 034	1 639 759
1 256 029	334 973	359 825	19 599 520	16 184 458	116 813	186 360	3 228 702	498 766
			2 615 507	2 179 804	298	127 989	307 714	744 971
			636 228	467 422	298	110 094	58 712	72 214
909 967		12 500	7 196 711	6 262 361	79 766	33 660	900 690	214 726
879 867		12 500	6 934 657	6 020 635	79 700	33 417	880 605	210 929
5 927	415 471	23 344	3 239 385	2 635 450	1 808	700	603 235	36 720

指 标 名 称	2. 资本公积	3. 盈余公积	4. 未分配利润	在 实 收 ①国家资本	②集体资本	③法人资本
# 市 属	66 736	154 214	－178 038	74 603	28 700	405 377
中外合资经营企业	54 674	110 996	140 638	67 917	4 000	957 322
# 市 属	42514	87 988	182 835	50 796		220 985
其他有限责任公司	1 609 205	529 877	－417 730	2 147 290	227 130	4 118 633
# 市 属	1 184 736	315 189	－239 022	1 706 151	126 615	2 017 771
三、在总计中：亏损企业	2 701 205	254 660	－5 324 618	2 003 167	180 857	2 387 169
# 市 属	1 820 761	102 426	－3 262 590	1 006 171	175 396	1 657 349
在总计中：国有控股企业	9 688 733	12 260 766	3 298 561	14 708 003	89 444	13 785 745
# 市 属	2 975 850	437 632	－409 926	3 330 110	22 107	1 421 281
在总计中：农村工业（市属）	322 185	142 356	64 554	4 797	78 998	312 326
在总计中：营业企业	12 841 325	13 614 716	2 689 016	14 936 251	695 393	18 101 104
# 市 属	5 414 751	1 421 262	－1 456 764	3 500 050	551 201	3 951 439
四、按轻、重工业分组：						
轻工业	4 170 097	10 189 097	1 900 376	2 548 636	189 179	2 284 141
# 市 属	2 021 585	476 211	－312 096	960 941	165 625	1 258 593
重工业	8 713 107	3 454 036	440 852	12 419 925	506 214	15 820 879
# 市 属	3 434 196	945 051	－1 426 454	2 558 334	385 576	2 693 262
五、按企业规模分组：						
大型企业	5 447 409	10 798 656	4 217 242	4 295 574		9 030 175
# 市 属	1 039 129	8 531	20 497	624 000		
中型企业	4 412 467	1 349 280	－71 777	2 482 607	213 491	4 944 555
# 市 属	2 323 256	763 148	238 835	944 224	104 219	1 149 886
小型企业	3 023 328	1 495 197	－1 804 237	8 190 380	481 902	4 130 290
# 市 属	2 093 396	649 583	－1 997 882	1 951 051	446 982	2 801 969
六、按工业行业分组：						
采矿业	282 030	373 648	807 686	126 823	32 902	7 578 213
# 市 属	21 861	25 566	277	21 020	32 902	33 944

单位：千元

资本中：			主营业务收入					其他业务收入
④个人资本	⑤港澳台资本	⑥外商资本		主营业务成本	广告费	主营业务税金及附加	主营业务利润	
5 927	277 117	22 350	2 216 188	1 853 434	1 670	590	362 164	33 062
31 846	83 540	969 564	3 535 019	2 839 931	27 277	590	694 498	111 307
25 563	45 500	299 175	1 498 750	1 066 409	25 467	590	431 751	16 434
372 287	12 356	25 800	15 719 652	12 766 387	22 796	84 368	2 868 897	532 035
344 672	12 356	25 800	8 313 697	6 776 558	9 678	41 669	1 495 470	166 127
668 024	202 805	180 372	8 475 970	7 982 590	40 059	36 720	456 660	494 450
658 774	194 312	127 680	5 944 948	5 607 394	39 573	23 748	313 806	271 262
904 219	140 895	38 118	75 479 438	56 169 537	104 185	6 399 581	12 910 320	2 265 005
242 127	13 229	35 800	8 720 073	6 986 434	5 564	147 366	1 586 273	230 061
331 538	12 453	2 369	4 362 978	3 876 420	75 469	18 640	467 918	28 842
2 923 950	881 471	1 518 606	101 711 358	77 991 092	271 079	6 494 373	17 225 893	3 120 841
1 915 481	700 077	745 198	29 602 055	24 752 723	156 271	227 161	4 622 171	959 851
711 891	586 422	428 616	27 360 235	13 883 822	181 849	6 148 848	7 327 565	743 762
454 338	414 063	391 591	8 359 532	6 539 881	76 179	138 495	1 681 156	372 496
2 218 559	295 049	1 089 990	74 415 940	64 172 657	89 230	346 145	9 897 138	2 393 744
1 461 143	286 014	353 607	21 246 690	18 217 151	80 092	88 666	2 940 873	596 078
546 944		65 000	51 404 267	36 626 821	26 339	6 282 089	8 495 357	960 165
			399 987	243 319		108 416	48 252	2 406
863 030	366 019	575 127	25 172 514	20 077 791	119 880	99 026	4 995 697	1 032 405
568 579	243 273	227 024	11 605 775	9 517 238	42 187	31 739	2 056 798	420 274
1 520 476	515 452	878 479	25 199 394	21 351 867	124 860	113 878	3 733 649	1 144 936
1 346 902	456 804	518 174	17 600 460	14 996 475	114 084	87 006	2 516 979	545 894
35 691			3 683 205	2 454 640	185	65 546	1 163 019	289 091
20 191			421 236	326 937		8 285	86 014	711

指 标 名 称				在 实 收		
	2. 资本公积	3. 盈余公积	4. 未分配利润	①国家资本	②集体资本	③法人资本
煤炭开采和洗选业	48 572	2 614	-54 806	105 803		40 000
黑色金属矿采选业	48 477	293 622	583 180			6 586 491
有色金属矿采选业	54 039	27 917	24 860	20 700	54	12 500
# 市 属	8 775	16 332	4 736	20 700	54	2 300
非金属矿采选业	130 942	49 495	254 452	320	32 848	939 222
# 市 属	13 086	9 234	-4 459	320	32 848	31 644
制造业	10 533 124	12 538 984	1 306 252	10 558 238	633 233	9 034 962
# 市 属	4 128 920	1 206 480	-2 050 407	1 038 239	489 041	3 338 611
农副食品加工业	198 485	76 188	44 342	42 781		185 141
# 市 属	196 017	17 991	-31 797	42 781		181 579
食品制造业	56 887	9 308	-57 742	79 877	7 239	82 512
# 市 属	55 846	8 485	-59 325	72 344	7 239	82 512
饮料制造业	15 307	1 040	-102 922	1 848	2 150	38 469
# 市 属	12 014	927	-84 755	221	2 150	29 379
烟草制品业	1 028 376	9 318 305	1 921 900	909 982		241 000
# 市 属	378	25 902	11 302			241 000
纺织业（市属）	381 639	50 942	-272 862	45 161		6 240
纺织服装、鞋、帽制造业	9 512	789	-5 830	16 409		4 366
# 市 属	933	260	2 058			
木材加工及木、竹、藤、棕、草制品业	67 322	10 013	-263 371	149 287	10 297	21 812
# 市 属	46 202	8 713	-216 463	72 020	10 297	21 812
家具制造业	3 909	247	-26 753	2 583		1 500
# 市 属	2 323	247	-16 871			1 500
造纸及纸制品业	82 695	17 156	-40 942	1 495	34 312	21 714
# 市 属	81 444	15 818	-47 152		33 312	19 814
印刷业和记录媒介的复制	96 050	248 662	172 519	180 163	10 744	280 888
# 市 属	52 580	223 491	167 858	11 149	10 744	279 688

单位：千元

资本中：④个人资本	⑤港澳台资本	⑥外商资本	主营业务收入	主营业务成本	广告费	主营业务税金及附加	主营业务利润	其他业务收入
			313 221	269 772		6 005	37 444	20 779
			1 080 903	837 181		16 226	227 496	197 633
14 671			498 919	395 113		3 679	100 127	5 050
4 871			223 206	197 828		2 342	23 036	90
21 020			1 790 162	952 574	185	39 636	797 952	65 629
15 320			198 030	129 109		5 943	62 978	621
2 723 550	881 471	1 518 606	88 341 845	67 874 849	270 162	6 263 541	14 203 455	2 755 890
1 845 290	700 077	745 198	26 647 304	22 860 940	155 736	88 829	3 697 535	888 992
117 122	11 115	41 200	3 167 859	2 888 669	2 320	2 710	276 480	29 041
87 122	11 115	4 175	2 457 239	2 266 866	1 872	2 710	187 663	27 783
26 187	11 478	62 918	762 193	637 350	31 705	3 031	121 812	22 854
25 620	11 478	62 918	747 098	626 233	31 673	2 936	117 929	22 015
7 487	120 929	73 634	554 961	395 899	4 751	11 503	147 559	5 656
7 487	120 929	73 634	543 198	385 175	4 736	11 006	147 017	4 819
			15 081 123	4 920 607	21 254	5 989 482	4 171 034	328 096
			155 649	97 013		1 622	57 014	344
62 474		4 960	232 242	229 018	2 322	594	2 630	146 506
15 000	3 573		57 765	48 146	176	250	9 369	1 803
15 000			24 320	18 413	152	27	5 880	
19 283	44 474	2 095	300 567	282 600	462	924	17 043	10 093
13 000	44 474		245 986	237 422	393	910	7 654	3 843
18 800			41 365	37 899	1 148	185	3 281	9 454
18 800			36 183	33 931	1 141	125	2 127	5
4 100	3 000		329 941	287 933	40	2 080	39 928	7 384
4 000			266 797	232 469	40	2 007	32 321	3 611
72 106	130 474	25 800	1 615 821	1 145 655	41	4 202	465 964	16 164
72 106	130 474	25 800	1 466 625	1 035 063	36	2 739	428 823	9 829

指标名称	2. 资本公积	3. 盈余公积	4. 未分配利润	在实收 ①国家资本	②集体资本	③法人资本
文教体育用品制造业（市属）	77	3 579		630		
石油加工、炼焦及核燃料加工业（市属）	30 903	316	-71 408			38 861
化学原料及化学制品制造业	1 326 148	394 250	-1 083 484	653 832	93 299	1 797 431
# 市 属	825 109	140 388	-755 699	162 832	84 049	653 804
医药制造业	739 402	419 257	600 244	280 832	46 754	934 452
# 市 属	82 047	94 775	37 389	20 146	24 200	288 415
化学纤维制造业	94 847	8 564	153 640			286 406
橡胶制品业	2 228	1 421	-695	2 583		
# 市 属	2 228	1 421	-695	2 583		
塑料制品业	54 448	12 713	-23 868	17 670	20 757	85 821
# 市 属	54 278	17 028	-115	1 000	20 757	72 273
非金属矿物制品业	298 519	58 580	-213 953	128 323	56 470	928 840
# 市 属	208 994	39 031	-187 835	65 030	53 970	400 418
黑色金属冶炼及压延加工业	1 295 979	711 129	959 029	6 821 005	73 078	347 911
# 市 属	214 571	20 643	-181 155	48 850	48 574	226 532
有色金属冶炼及压延加工业	2 116 557	539 726	649 282	36 022	7 931	1 885 789
# 市 属	323 284	77 752	-2 176	6 022	7 931	203 724
金属制品业	49 069	28 709	-53 184	70 374	18 779	63 601
# 市 属	48 957	23 026	-35 534	56 101	10 619	60 541
通用设备制造业	700 552	72 617	-404 961	216 672	25 246	187 192
# 市 属	379 586	13 235	-183 181	93 654	25 246	91 021
专用设备制造业	385 217	20 227	-347 431	319 373	76 505	370 303
# 市 属	268 688	18 392	-61 737	51 378	28 268	73 158
交通运输设备制造业	754 644	184 438	-245 814	379 937	9 400	559 088
# 市 属	550 310	110 360	3 605	130 968	3 100	189 545
电气机械及器材制造业	290 557	83 914	-74 399	170 311	64 115	250 917
# 市 属	239 915	72 394	-85 905	155 369	42 428	126 483

单位：千元

资本中：④个人资本	⑤港澳台资本	⑥外商资本	主营业务收入	主营业务成本	广告费	主营业务税金及附加	主营业务利润	其他业务收入
			2 076	1 288	8	20	768	
45 365			254 042	237 523	91	1 048	15 471	10 223
420 531	105 428	502 574	10 390 708	8 429 371	4 579	25 405	1 935 932	352 966
412 422	105 428	365 989	4 633 484	3 861 499	915	10 365	761 620	147 661
307 259	161 629	50 936	3 163 938	1 460 095	117 367	22 477	1 681 366	21 700
80 658	123 589	50 936	1 259 601	705 110	33 486	2 787	551 704	11 864
	122 746		878 298	654 832			223 466	38
2 266	873		88 295	80 787	2	122	7 386	437
2 266	873		78 776	70 090	2	99	8 587	370
40 836	14 401	116 000	825 381	742 789	137	1 173	81 419	78 302
36 336	14 401	109 166	726 903	650 659	137	1 078	75 166	76 907
182 823	55 739	206 553	2 274 380	1 915 625	1 030	14 434	344 321	100 995
176 273	55 739		1 316 920	1 108 614	572	8 599	199 707	51 422
191 185	2 160		14 996 900	13 691 959	2	61 946	1 242 995	792 266
191 185	2 160		2 649 566	2 636 625	2	6 488	6 453	98 146
654 796	12 356	321 078	20 800 151	19 174 341	2 420	83 132	1 542 678	164 058
164 846	12 356	10 000	2 262 081	2 120 928	180	11 564	129 589	12 499
67 900		12 350	932 677	798 888	1 918	2 800	130 989	61 431
67 900		12 350	577 444	506 445	1 918	2 009	68 990	6 626
128 575	6 969	65 000	1 694 561	1 432 688	74 411	3 714	258 159	46 734
68 575	6 969		1 040 516	923 960	73 971	2 107	114 449	32 019
66 091	8 279		2 079 471	1 744 408	264	10 565	324 498	139 891
66 091	8 279		803 071	648 217	146	3 688	151 166	18 951
105 117	20 053	4 000	3 229 333	2 700 778	2 742	9 493	519 062	241 580
104 517	16 788		1 580 721	1 336 463	1 047	5 683	238 575	63 634
84 924	1 500	8 739	2 361 056	2 027 633	787	5 055	328 368	41 743
84 924	1 500	8 739	1 966 390	1 704 655	783	3 498	258 237	36 269

指标名称	2. 资本公积	3. 盈余公积	4. 未分配利润	在实收 ①国家资本	②集体资本	③法人资本
通信设备、计算机及其他电子设备制造业	316 206	45 773	110 423	4 071		228 908
# 市 属	1 037	614	-24			4 250
仪器仪表及文化、办公用机械制造业	67 778	7 334	7 114	3 233	250	185 000
# 市 属	936	7 334	12 688		250	45 262
工艺品及其他制造业	9 237	2 378	-39 476	23 784	930	800
# 市 属	8 050	2 007	-7 472		930	800
废弃资源和废旧材料回收加工业（市属）	60 574	211 409	16 854		74 977	
电力、燃气及水的生产和供应业	2 068 050	730 501	227 290	4 283 500	29 258	1 491 845
# 市 属	1 305 000	189 216	311 580	2 460 016	29 258	579 300
电力、热力的生产和供应业	994 555	720 282	428 930	3 146 429	29 258	1 128 270
# 市 属	232 255	178 997	343 664	1 322 945	29 258	579 000
燃气生产和供应业	19 558		-192 830	412 794		363 275
# 市 属	18 808		-23 274	412 794		
水的生产和供应业（市属）	1 053 937	10 219	-8 810	724 277		300
七、按隶属关系分组：						
中央属企业	2 492 081	9 893 481	1 823 279	3 036 060	61 676	1 766 805
省属企业	4 935 342	2 328 390	2 256 499	8 413 226	82 516	12 386 360
市（直）属企业	3 051 502	265 326	-1 042 147	1 831 219	166 761	971 144
县属企业	600 532	369 822	-127 224	252 608	200 275	499 630
街道企业	5 847	2 558	-2 252		5 000	9 500
镇属企业	91 211	28 474	12 185		30 030	110 259
乡办企业	44 932	13 572	-12 992	1 797	32 185	31 285
居委会办企业	3 212	68 900	16 270		24 200	
村办企业	71 719	2 420	-51 302		33 538	37 696
其他企业	1 586 826	670 190	-531 088	1 433 651	59 212	2 292 341
八、按企业所在地分组：						
全 市	12 883 204	13 643 133	2 341 228	14 968 561	695 393	18 105 020

单位：千元

资本中:			主营业务收入					其他业务收入
④个人资本	⑤港澳台资本	⑥外商资本		主营业务成本	广告费	主营业务税金及附加	主营业务利润	
46 500	24 516	4 238	790 281	667 053	125	4 166	119 062	11 208
1 500	23 666		211 449	189 792	53	2 342	19 315	
24 141	14 779	3 750	626 173	508 042	50	819	117 312	26 927
24 141	9 859	3 750	367 710	312 391	50	581	54 738	15 716
2 682	5 000	12 781	110 959	86 043		260	24 656	29 632
2 682		12 781	41 889	38 148		246	3 495	29 222
10 000			699 328	646 930	10	1 951	50 447	58 708
171 209			9 751 125	7 726 990	732	165 906	1 858 229	92525
50 000			2 537 682	1 569 155	535	130 047	838 480	78 871
171 209			8 587 434	6 711 918	583	52 646	1 822 870	13 830
50 000			1 988 503	1 184 545	386	20 089	783 869	5 503
			734 947	749 701	149	4 521	– 19 275	75 135
			120 435	119 239	149	1 219	– 23	69 808
			428 744	265 371		108 739	54 634	3 560
3 280	122 746		25 112 968	13 182 458	23 064	6 027 177	5 903 333	607 021
1 011 689	58 648	773 408	47 056 985	40 116 989	91 744	240 655	6 699 341	1 561 911
400 174	90 380	186 762	7 768 453	6 645 027	9 747	126 421	997 005	440 700
214 293	11 077	33 975	4 432 612	3 963 698	2 493	16 377	452 537	166 890
9 435			70 497	63 689		1 652	5 156	
59 951			1 316 489	1 190 749	787	7 568	118 172	50 555
92 183	4 174	1 494	677 690	588 489	73 818	4 441	847 60	9 537
22 725	13 030		242 068	153 607	152	751	87 710	
34 206			521 706	484 621	59	2 920	34 165	4 890
1 082 514	581 416	522 967	14 576 707	11 667 152	69 215	67 031	2 842 524	296 002
2 930 450	881 471	1 518 606	101 776 175	78 056 479	271 079	6 494 993	17 224 703	3 137 506

指标名称	2. 资本公积	3. 盈余公积	4. 未分配利润	在实收 ①国家资本	②集体资本	③法人资本
# 市属	5 455 781	1 421 262	－1 738 550	3 519 275	551 201	3 951 855
五华区	4 388 208	10 235 947	1 696 020	2 864 726	91 095	3 157 145
# 市属	1 197 824	472 844	－704 769	1 463 782	89 072	1 764 912
盘龙区	2 240 960	365 328	－448 198	1 473 522	57 768	810 259
# 市属	1 795 341	159 587	－389 977	1 304 890	57 768	100 363
官渡区	1 810 994	874 066	－619 306	2 438 443	166 592	1 946 438
# 市属	722 555	98 740	－484 372	268 274	59 975	626 603
西山区	1 204 895	335 541	－116 386	623 639	114 654	1 853 869
# 市属	680 081	187 279	－12 949	223 141	81 663	245 482
东川区	82 125	42 518	40 076	23 000	6 000	218 003
# 市属	36 861	30 933	19 952	23 000	6 000	207 803
呈贡县	855 610	250 714	81 871	29 875	4 650	426 302
# 市属	50 339	33 339	－22 457	20 000	4 650	58 802
晋宁县	216 625	28 011	－79 751	32 746	24 548	851 676
# 市属	205 992	21 040	－101 810	32 746	24 548	69 489
富民县（市属）	90 383	30 969	28 364	16 871	37 210	82 680
宜良县	133 805	36 003	－84 463	161 033	17 746	656 051
# 市属	115 648	33 736	－59 605	32 491	17 746	154 481
石林县	59 368	38 480	6 452	15 836		259 650
# 市属	7 643	36 924	6 452	7 836		259 650
嵩明县	109 692	17 026	－79 335	66 821		138 305
# 市属	94 914	17 026	－61 410	26 745		138 305
禄劝县（市属）	44 885	4 691	－10 019	23 667	8 079	12 250
寻甸县	121 812	5 335	80 132	32 048	9 623	98 228
# 市属	88 460	2 721	80 132	32 048	9 623	58 228
安宁市	1 523 842	1 378 504	1 845 771	7 166 334	157 428	7 594 164
# 市属	324 855	291 433	－26 082	43 784	154 867	172 807

单位：千元

资本中：④个人资本	⑤港澳台资本	⑥外商资本	主营业务收入	主营业务成本	广告费	主营业务税金及附加	主营业务利润	其他业务收入
1 915 481	700 077	745 198	29 606 222	24 757 032	156 271	227 161	4 622 029	968 574
1 139 724	382 256	287 522	36 376 209	22 690 411	143 972	6 070 414	7 615 384	694 159
460 429	373 991	242 658	6 471 867	4 538 637	55 523	25 680	1 907 550	164 858
325 613	137 069	237 187	5 564 894	4 383 838	5 984	125 046	1 056 010	202 842
232 163	13 473	164 637	3 345 544	2 765 543	3 626	119 458	460 543	157 031
301 768	134 232	487 560	16 007 842	13 319 364	87 523	77 163	2611 315	338 342
295 218	107 859	167 966	5 162 788	4 534 875	86 562	20 613	607 300	94 640
234 833	63 504	127 277	9 545 017	7 988 868	25 645	32 465	1 523 684	378 105
220 159	45 264	38 855	4 023 531	3 550 886	4 235	13 147	459 498	216 856
199 732	12 356		2 137 513	1 912 223	251	16 148	209 142	9 295
189 932	12 356		1 861 800	1 714 938	251	14 811	132 051	4 335
261 940	20 468		5 559 033	4 964 336	3 626	26 639	568 058	70 249
60 940	20 468		767 113	689 394	3 328	1 121	76 598	2 342
53 870	23 928	68 758	1 988 547	1 448 338	279	19 435	520 774	67 070
53 870	19 008	68 758	1 214 553	1 034 719	179	3 125	176 709	15 746
7 112		13 243	747 758	609 847	357	2 940	134 971	91 920
56 250	5 378		1 930 671	1 635 804	870	12 929	281 938	25 207
56 250	5 378		1 083 364	959 187	866	3 641	120 536	5 605
74 850	40 120		370 321	267 005	291	2 063	101 253	7 093
74 850	40 120		310 291	230 386	291	1 652	78 253	6 952
48 341	62 160	4 960	721 069	602 165	190	7 428	111 476	65 060
48 341	62 160	4 960	617 300	511 125	175	6 304	99 871	46 052
7 006			204 901	177 767	97	1 284	25 850	870
57 950		12 500	693 026	553 101	11	5 441	134 484	46 511
57 950		12 500	587 929	477 506	11	2 360	108 063	44 471
161 461		279 599	19 929 374	17 503 412	1 983	95 598	2 330 364	1 140 783
151 261		31 621	3 207 483	2 962 222	770	11 025	234 236	116 896

10－2－4 全部国有及年主营业务收入500万元以上

（2005年）

指 标 名 称	其他业务利润	营业费用	管理费用合计	税金	财 产保险费	劳 动待 业保险费
总 计	**537 629**	**3 161 149**	**5 761 647**	**179 462**	**58 653**	**334 575**
# 市 属	292 940	1 390 663	1 940 618	67 191	21 094	73 236
一、按登记注册类型分组:						
内资企业	523 141	2 530 463	5251 837	166 558	49 793	320 910
# 市 属	283 560	845 747	1 587 800	59 379	17 269	61 557
国有经济	99 564	613 796	1 680 760	45 483	23 292	151 779
# 市 属	24 587	13 154	144 637	5 494	3 604	7 551
集体企业	43 889	83 628	131 963	4 718	1 466	6 367
# 市 属	40 827	73 533	110 444	4 434	1 255	1 431
股份合作企业	5 572	8 775	40 181	969	1 097	2 291
# 市 属	5 572	8 775	40 181	969	1 097	2 291
联营企业	709	5 351	9 117	331	78	150
# 市 属	709	3 834	8 463	292	78	139
国有联营企业（市属）		2 766	2 389	107	53	3
集体联营企业		1 835	1 421	49		38
# 市 属		318	767	10		27
国有与集体联营企业（市属）	709	750	5 307	175	25	109
有限责任公司	183 160	657 867	1 680 404	55 245	10 876	94 380
# 市 属	57 487	309 214	666 637	27 912	6 143	26 501
国有独资公司	74 301	14 614	415 410	19 162	2 211	18 211
# 市 属	8 712	8 546	59 302	6 571	50	2 990
其他有限责任公司	108 859	643 253	1 264 994	36 083	8 665	76 169
# 市 属	48 775	300 668	607 335	21 341	6 093	23 511
股份有限公司	151 544	843 712	1 349 148	46 586	9 811	58 480
# 市 属	115 372	126 102	268 813	7 498	1 965	16 233
私营企业	38 703	317 334	360 264	13 226	3 173	7 463
# 市 属	39 006	311 135	348 625	12 780	3 127	7 411

非国有独立核算工业企业主要经济指标

单位：千元

养老保险和医疗保险费	办公费	研究开发费	职工教育费	营业利润	投资收益	补贴收入	营业外收入	利润总额
967 506	**142 714**	**254 186**	**60 980**	**7 407 470**	**661 898**	**711 675**	**232 532**	**8 586 923**
306 369	79 351	71 182	16 930	1 064 149	-200 770	288 856	88 298	1 141 493
865 187	122 147	227 143	57 470	6 604 885	667 530	628 462	222 009	7 737 920
226 310	63 715	57 147	14 363	726 676	-202 389	263 126	79 982	787 966
271 666	20 288	81 493	19 726	4 067 901	140 181	226 495	43 114	4 275 296
37 806	4 390	3 113	614	-62 400	2 735	487	10 815	-65 937
9 825	6 398	13	863	40 239	1 419	53 904	5 156	89 016
9 213	5 822	13	820	33 117	1 322	51 481	4 769	79 081
8 689	1 741	25	377	23 689	-6 801	1 565	2 308	19 134
8 689	1 741	25	377	-10 682	-350	1 565	2 308	-8 685
1 883	193	33	50	-2 229		11	15	-2 215
1 883	181	33	38	-2 385		11	15	-2 371
138	51		28	1 182			15	1 195
239	27		12	-2 236				-2 236
239	15			-2 392				-2 392
1 506	115	33	10	-1 175		11		-1 174
298 716	44 093	88 822	15 715	611 189	420 713	153 818	131 492	1 231 455
93 191	25 129	30 745	7 044	389 280	9 278	51 317	30 564	453 113
90 204	8 817	9 397	3 522	-125 982	429 113	4 319	92 915	371 656
6 925	1 646		119	-835	-229		6 311	4 832
208 512	35 276	79 425	12 193	737 171	-8 400	149 499	38 577	859 799
86 266	23 483	30 745	6 925	390 115	9 507	51 317	24 253	448 281
247 797	29 094	45 320	16 937	1 543 245	101 158	33 461	13 870	1 626 671
49 548	7 532	12 584	1 786	58 594	-218 074	2 107	5 987	-154 741
26 611	20 340	11 437	3 802	320 851	10 860	159 208	26 054	498 563
25 980	18 920	10 634	3 684	321 152	2 700	156 158	25 524	487 506

续 10－2－4 （2005 年）

指标名称	其他业务利润	营业费用	管理费用合计	税金	财产保险费	劳动待业保险费
私营独资企业（市属）	4	12 110	8 954	432	174	14
私营合伙企业（市属）	142	29 315	16 668	295	30	128
私营有限责任公司	34 778	262 516	315 726	11 913	2 859	6 560
# 市属	35 081	256 317	304 087	11 467	2 813	6 508
私营股份有限公司（市属）	3 779	13 393	18 916	586	110	761
港、澳、台商投资企业	7 836	232 890	246 371	5 723	4 232	2 352
# 市属	6 668	223 889	199 545	4 320	2 720	1 795
与港、澳、台商合资经营企业	6 297	132 546	168 421	4 377	2 699	1 946
# 市属	5 129	124 071	125 788	2 978	2 175	1 445
与港、澳、台商合作经营企业（市属）	82	32 599	4 943	43	17	27
港、澳、台商独资企业	1 457	67 745	73 007	1 303	1 516	379
# 市属	1 457	67 219	68 814	1 299	528	323
外商投资企业	6 652	397 796	263 439	7 181	4 628	11 313
# 市属	2 712	321 027	153 273	3 492	1 105	9 884
中外合资经营企业	3 194	271 290	131 765	3 849	1 903	3 197
# 市属	1 366	228 467	84 371	2 035	1 001	2 681
中外合作经营企业	718	11 171	10 822	386	2 396	114
外资企业（市属）	1 346	92 560	68 902	1 457	104	7 203
外商投资股份有限公司	1 394	22 775	51 950	1 489	225	799
二、按经济组织类型分组：						
独资企业	146 260	869 839	1 963 586	53 393	26 552	165 742
# 市属	68 221	258 576	401 751	13 116	5 665	16 522
国有企业	99 564	613 796	1 680 760	45 483	23 292	151 779
# 市属	24 587	13 154	144 637	5 494	3 604	7 551
集体企业	43 889	83 628	131 963	4 718	1 466	6 367
# 市属	40 827	73 533	110 444	4 434	1 255	1 431
私营独资企业（市属）	4	12 110	8 954	432	174	14

单位：千元

养老保险和医疗保险费	办公费	研究开发费	职工教育费	营业利润	投资收益	补贴收入	营业外收入	利润总额
164	597	185	116	－4 175		1 142	1 746	－1 455
31	51	230	167	20 638			233	14 006
26 156	19 080	10 987	3 426	297 984	9 114	155 972	23 058	475 835
25 525	17 660	10 184	3 308	298 285	954	152 922	22 528	464 778
260	612	35	93	6 404	1 746	2 094	1 017	10 177
22 928	12 312	7 824	1 317	402 672	2 863	12 505	2 180	402 116
16 596	11 160	7 550	998	210 475	2 860	12 357	2 128	215551
17 596	7 977	7 216	1 230	284 744	2 863	12 258	950	285 448
12 144	7 099	6 942	918	92 919	2 860	12 110	898	99 223
322	278		4	－15 929		100	8	－15 823
5 010	4 057	608	83	133 857		147	1 222	132 491
4 130	3 783	608	76	133 485		147	1 222	132 151
79 391	8 255	19 219	2 193	399 913	－8 495	70 708	8 343	446 887
63 463	4 476	6 485	1 569	126 998	－1 241	13 373	6 188	137 976
14 345	5 004	6 417	1 578	276 252	－1 442	60 508	6 969	332 655
6 899	3 531	6 159	1 237	108 499	－1 442	5 173	5 098	114 856
1 394	360		51	52 115			101	43 136
56 564	945	326	332	18 499	201	8 200	1 090	23 120
7 088	1 946	12 476	232	53 047	－7 254	2 000	183	47 976
343 229	32 285	82 625	21 120	4 256 321	141 801	289 888	52 328	4 518 468
107 877	15 537	4 245	1 958	118 526	4 258	61 457	19 642	166 960
271 666	20 288	81 493	19 726	4 067 901	140 181	226 495	43 114	4 275 296
37 806	4 390	3 113	614	－62 400	2 735	487	10 815	－65 937
9 825	6 398	13	863	40 239	1 419	53 904	5 156	89 016
9 213	5 822	13	820	33 117	1 322	51 481	4 769	79 081
164	597	185	116	－4 175		1 142	1 746	－1 455

指 标 名 称	其他业务利润	营业费用	管理费用合计	税金	财 产保险费	劳 动待 业保险费
港、澳、台商独资经营企业	1 457	67 745	73 007	1 303	1 516	379
# 市 属	1 457	67 219	68 814	1 299	528	323
外资企业（市属）	1 346	92 560	68 902	1 457	104	7 203
合作、合伙企业	7 223	87 211	81 731	2 024	3 618	2 710
# 市 属	6 505	74 523	70 255	1 599	1 222	2 585
股份合作企业	5 572	8 775	40 181	969	1 097	2 291
# 市 属	5 572	8 775	40 181	969	1 097	2 291
国有联营企业（市属）		2 766	2 389	107	53	3
集体联营企业		1 835	1 421	49		38
# 市 属		318	767	10		27
国有与集体联营企业（市属）	709	750	5 307	175	25	109
私营合伙企业（市属）	142	29 315	16 668	295	30	128
与港、澳、台商合作经营企业（市属）	82	32 599	4 943	43	17	27
中外合作经营企业	718	11 171	10 822	386	2 396	114
股份有限公司	156 717	879 880	1 420 014	48 661	10 146	60 040
# 市 属	119 151	139 495	287 729	8 084	2 075	16 994
股份有限公司（内资）	151 544	843 712	1 349 148	46 586	9 811	58 480
# 市 属	115 372	126 102	268 813	7 498	1 965	16 233
私营股份有限公司（市属）	3 779	13 393	18 916	586	110	761
外商投资有限公司	1 394	22 775	51 950	1 489	225	799
有限责任公司	227 429	1 324 219	2 296 316	75 384	18 337	106 083
# 市 属	99 063	918 069	1 180 883	44 392	12 132	37 135
国有独资公司	74 301	14 614	415 410	19 162	2 211	18 211
# 市 属	8 712	8 546	59 302	6 571	50	2 990
私营有限责任公司	34 778	262 516	315 726	11 913	2 859	6 560
# 市 属	35 081	256 317	304 087	11 467	2 813	6 508
与港、澳、台商合资经营企业	6 297	132 546	168 421	4 377	2 699	1 946

单位：千元

养老保险和医疗保险费	办公费	研究开发费	职工教育费	营业利润	投资收益	补贴收入	营业外收入	利润总额
5 010	4 057	608	83	133 857		147	1 222	132 491
4 130	3 783	608	76	133 485		147	1 222	132 151
56 564	945	326	332	18 499	201	8 200	1 090	23 120
12 319	2 623	288	649	78 284	– 6 801	1 676	2 665	58 238
10 925	2 251	288	586	– 8 358	– 350	1 676	2 564	– 12 873
8 689	1 741	25	377	23 689	– 6 801	1 565	2 308	19 134
8 689	1 741	25	377	– 10 682	– 350	1 565	2 308	– 8 685
138	51		28	1 182			15	1 195
239	27		12	– 2 236				– 2 236
239	15			– 2 392				– 2 392
1 506	115	33	10	– 1 175		11		– 1 174
31	51	230	167	20 638			233	14 006
322	278		4	– 15 929		100	8	– 15 823
1 394	360		51	52 115			101	43 136
255 145	31 652	57 831	17 262	1 602 696	95 650	37 555	15 070	1 684 824
49 808	8 144	12 619	1 879	64 998	– 216 328	4 201	7 004	– 144 564
247 797	29 094	45 320	16 937	1 543 245	101 158	33 461	13 870	1 626 671
49 548	7 532	12 584	1 786	58 594	– 218 074	2 107	5 987	– 154 741
260	612	35	93	6 404	1 746	2 094	1 017	10 177
7 088	1 946	12 476	232	53 047	– 7 254	2 000	183	47 976
356 813	76 154	113 442	21 949	1 470 169	431 248	382 556	162 469	2 325 393
137 759	53 419	54 030	12 507	888 983	11 650	221 522	59 088	1 131 970
90 204	8 817	9 397	3 522	– 125 982	429 113	4 319	92 915	371 656
6 925	1 646		119	– 835	– 229		6 311	4 832
26 156	19 080	10 987	3 426	297 984	9 114	155 972	23 058	475 835
25 525	17 660	10 184	3 308	298 285	954	152 922	22 528	464 778
17 596	7 977	7 216	1 230	284 744	2 863	12 258	950	285 448

指 标 名 称	其他业务利润	营业费用	管理费用合计	税金	财产保险费	劳动待业保险费
# 市 属	5 129	124 071	125 788	2 978	2 175	1 445
中外合资经营企业	3 194	271 290	131 765	3 849	1 903	3 197
# 市 属	1 366	228 467	84 371	2 035	1 001	2 681
其他有限责任公司	108 859	643 253	1 264 994	36 083	8 665	76 169
# 市 属	48 775	300 668	607 335	21 341	6 093	23 511
三、在总计中：亏损企业	-108 357	365 509	1 004 395	30 266	5 651	75 156
# 市 属	59 575	301 330	636 543	20 978	4 733	26 351
在总计中：国有控股企业	283 552	1 681 660	4 136 485	130 466	38 672	292 544
# 市 属	58 423	219 596	698 801	28 732	6 258	40 275
在总计中：农村工业（市属）	11 145	160 881	154 973	6 028	2 141	1 555
在总计中：营业企业	532 832	3 159 644	5 729 636	177 434	58 650	331 339
# 市 属	287 195	1 390 254	1 916 796	65 286	21 094	71 279
四、按轻、重工业分组：						
轻工业	149 663	1 481 241	1 910 107	62 948	28 971	80 191
# 市 属	154 445	690 009	643 727	26 823	5 909	20 377
重工业	387 966	1 679 908	3 851 540	116 514	29 682	254 384
# 市 属	138 495	700 654	1 296 891	40 368	15 185	52 859
五、按企业规模分组：						
大型企业	49 463	971 701	2 103 693	77 837	26 244	124 553
# 市 属	2 406	8 546	37 300	5 832		2 152
中型企业	297 723	1 198 318	2 064 203	52 664	18 388	144 514
# 市 属	182 081	713 556	787 197	23 823	10 814	39 712
小型企业	190 443	991 130	1 593 751	48 961	14 021	65 508
# 市 属	108 453	668 561	1 116 121	37 536	10 280	31 372
六、按工业行业分组：						
采矿业	51 800	249 537	516 756	15 629	2 775	29 868
# 市 属	703	26 814	24 264	1 819	349	68

单位：千元

养老保险和医疗保险费	办公费	研究开发费	职工教育费	营业利润	投资收益	补贴收入	营业外收入	利润总额
12 144	7 099	6 942	918	92 919	2 860	12 110	898	99 223
14 345	5 004	6 417	1 578	276 252	– 1 442	60 508	6 969	332 655
6 899	3 531	6 159	1 237	108 499	– 1 442	5 173	5 098	114 856
208 512	35 276	79 425	12 193	737 171	– 8 400	149 499	38 577	859 799
86 266	23 483	30 745	6 925	390 115	9 507	51 317	24 253	448 281
202 646	36 301	23 082	5 864	– 1 008 448	– 193 038	63 959	48 139	– 1 162 841
145 644	27 869	14 201	3 797	– 711 739	– 189 258	43 612	31 058	– 862 858
749 142	68 381	164 123	47 249	6 292 031	847 877	340 138	176 879	7 329 591
124 315	17 578	18 812	6 384	497 633	– 20 713	19 535	40 707	504 677
3 552	9 401	437	1 606	122 739	496	111 094	5 015	228 580
955 248	142 458	254 186	60 950	7 450 476	660 950	711 675	231 377	8 641 319
294 584	79 337	71 182	16 930	1 092 102	– 201 718	288 856	88 274	1 179 106
232 592	45 732	94 661	19 179	3 963 811	113 850	229 505	45 475	4 126 552
84 842	27 909	38 402	4 725	387 961	9 960	33 953	25 012	412 227
734 914	96 982	159 525	41 801	3 443 659	548 048	482 170	187 057	4 460 371
221 527	51 442	32 780	12 205	676 188	– 210 730	254 903	63 286	729 266
396 526	25 997	97 715	26 943	4 842 118	702 941	158 715	48 931	5 559 032
2 865	606		22	3 078	– 254		3 530	6 190
395 451	58 699	90 619	22 396	1 670 399	26 400	254 028	50 283	1 872 471
177 368	33 993	32 767	8 511	585 539	– 20 434	138 069	28 821	694 138
175 529	58 018	65 852	11 641	894 953	– 67 443	298 932	133 318	1 155 420
126 136	44 752	38 415	8 397	475 532	– 180 082	150 787	55 947	441 165
112 612	12 933	3 876	6 642	384 842	301 519	20 325	27 683	699 586
914	616		126	31 231		12 883	1 919	44 195

指标名称	其他业务利润	营业费用	管理费用合计	税金	财产保险费	劳动待业保险费
煤炭开采和洗选业	6 722	10 062	20 577	744	23	259
黑色金属矿采选业	21 679		268 486	9 207	1 856	3 173
有色金属矿采选业	1 227	13 235	28 653	1 051	191	2 146
# 市属	90	5 594	5 547	814	53	7
非金属矿采选业	22 172	226 240	199 040	4 627	705	24 290
# 市属	613	21 220	18 717	1 005	296	61
制造业	465 895	2 896 956	4 919 690	149 879	52 007	259 984
# 市属	282 971	1 352 838	1 725 688	56 509	17 174	66 815
农副食品加工业	5 159	114 245	100 652	4 195	3 094	3 316
# 市属	4 471	97 934	83 370	3 409	698	3 182
食品制造业	10 415	80 670	45 852	1 927	176	4 653
# 市属	10 279	78 703	43 847	1 896	142	4 639
饮料制造业	1 398	95 923	35 526	934	453	394
# 市属	646	95 592	34 542	918	453	359
烟草制品业	-21 233	350 935	860 564	24 133	18 423	44 447
# 市属	344	14 169	26 744	901	726	533
纺织业（市属）	113 166	6 857	81 330	4 417	600	4 220
纺织服装、鞋、帽制造业	588	5 201	2 965	37		26
# 市属		3710	700	10		4
木材加工及木、竹、藤、棕、草制品业	6 862	14 233	43 403	2 214	781	695
# 市属	956	11 622	32 325	1 663	712	625
家具制造业	-117	2 289	4 487	44	22	745
# 市属	1	2 051	3 110	41	22	10
造纸及纸制品业	2 369	11 034	19 844	730	242	19
# 市属	2 527	9 861	17 835	702	222	15
印刷业和记录媒介的复制	10 067	25 991	135 862	2 871	1 569	1 728
# 市属	4 194	23 389	99 995	1 275	1 083	833

单位：千元

养老保险和医疗保险费	办公费	研究开发费	职工教育费	营业利润	投资收益	补贴收入	营业外收入	利润总额
4 627	935		240	7 934	503	7 192	725	11 559
69 230	6 536	1 237	2 792	– 56 482	310 804		21 318	263 328
3 470	539		277	58 285	1 772	12 432	2 406	72 212
174	227		68	10 626		12 432	2 116	25 007
35 285	4 923	2 639	3 333	375 105	– 11 560	701	3 234	352 487
740	389		58	20 605		451	– 197	19 188
776 654	123 260	204 051	52 420	5 679 412	364 512	687 303	179 747	6 533 336
284 782	73 141	71 166	15 806	543 285	– 203 088	275 936	71 375	594 874
9 496	5 572	2 265	653	41 630	11 169	15 491	3 403	61 548
7 652	5 142	2 265	552	– 12 575	3 009	12 441	2 772	4 942
7 915	1 419	424	387	793	792	3 190	9 603	9 946
7 544	1 389	424	387	964	749	2 930	9 577	9 793
3 603	926		376	16 660	– 63	126	1 215	17 013
3 088	891		367	16 989	– 62	86	765	16 921
103 026	3 991	25 559	11 599	2 954 762	68 743	150 508	7 337	3 057 158
1 558	560	8 720	209	15 590		494		15 924
30 213	705	98	65	4 143	948	367	1 023	– 4 294
118	180	67	92	602		5	102	54
66			9	1 079				1 079
6 071	1 046		223	– 41 131	121	3 267	857	– 37 274
4 255	798		154	– 42 197	121	3 250	643	– 38 319
269	241		31	– 4 823			30	– 7 116
43	194		14	– 3 636			24	– 5 577
426	2 766		163	4 783	1	3 343	632	7 236
337	2 622		147	615	1	3 343	572	3 127
20 802	5 058	5 886	842	299 291	– 65	3 112	4 807	294 094
11 786	4 245	5 886	505	298 301	47	3 112	3 611	292 606

指标名称	其他业务利润	营业费用	管理费用合计	税金	财产保险费	劳动待业保险费
文教体育用品制造业（市属）	－42	140	348	2		2
石油加工、炼焦及核燃料加工业（市属）	2 153	13 791	10 072	528	158	215
化学原料及化学制品制造业	68 062	446 547	576 258	18 636	3 869	54 826
# 市属	38 308	217 405	274 425	8 498	2 850	15 431
医药制造业	4 249	750 175	415 995	11 061	1 465	10 667
# 市属	1 799	328 422	139 499	4 153	813	2 740
化学纤维制造业	38	1 453	32 365	1 169	503	385
橡胶制品业	292	1 876	7 768	133	58	88
# 市属	274	1 504	6 112	52	58	45
塑料制品业	3 876	21 603	40 873	1 461	339	680
# 市属	2 493	19 562	36 068	1 398	320	648
非金属矿物制品业	23 551	88 550	231 960	6 928	3 509	20 062
# 市属	6 385	56 884	138 119	4 990	2 758	4 278
黑色金属冶炼及压延加工业	55 792	246 893	596 944	20 924	1 090	20 750
# 市属	11 825	41 036	70 608	2 395	790	4 389
有色金属冶炼及压延加工业	34 872	224 829	399 767	18 568	7 068	28 701
# 市属	5 026	28 001	61 882	1 549	453	577
金属制品业	13 837	20 347	84 638	1 729	482	5 913
# 市属	2 701	14 766	35 713	731	482	754
通用设备制造业	11 341	63 995	201 162	4 724	1 122	7 289
# 市属	8 289	41 244	107 594	3 286	767	2 927
专用设备制造业	24 961	37 384	296 677	8 648	1 372	22 268
# 市属	8 644	21 503	122 940	5 610	378	5 020
交通运输设备制造业	35 905	90 980	319 970	5 254	2 327	11 571
# 市属	12 223	67 113	102 647	2 208	928	3 525
电气机械及器材制造业	17 573	98 103	169 567	5 189	1 161	11 840
# 市属	14 404	90 909	114 859	4 580	985	11 131

单位：千元

养老保险和医疗保险费	办公费	研究开发费	职工教育费	营业利润	投资收益	补贴收入	营业外收入	利润总额
15	36		6	240				240
566	439	1	52	-9 827	88	9 302	156	-509
114 367	14 279	11 909	5 254	790 595	-119 207	196 649	11 667	831 262
78 508	8 195	9 735	2 543	217 802	-187 586	83 062	3 020	97 365
31 330	18 392	55 571	3 282	472 187	29 843	50 261	7 161	517 381
8 623	8 073	20 906	1 394	56 305	2 993	8 574	1 821	62 152
3 748	509		240	190 917			5	186 051
356	162	71	95	-3 267			857	-2 466
125	116	71	69	865			2	863
3 436	2 778	25	389	10 945		34	4 108	6 207
2 782	2 731	25	315	12 008		34	189	11 944
40 856	6 601	1 087	2 079	-23 591	257	77 968	24 003	65 262
18 511	5 472	164	1 098	-37 764	-80	52 346	22 736	30 242
104 903	5 065	14 919	7 372	220 602	111 348	20 116	64 078	410 870
7 576	1 369		729	-101 772		19 997	923	-84 056
82 929	11 750	10 677	4 485	557 233	277 759	65 431	295	874 361
6 845	4 215	8 351	426	29 816	-1 141	61 912	539	88 260
10 706	2 039	213	2 571	36 508	-248	2 036	4 668	40 350
5 425	1 594	213	276	19 183	-1 065	2 036	1 736	19 839
39 028	6 433	18 089	1 220	-19 471	-7 011	6 044	6 256	-22 428
24 671	3 888	3 077	637	-34 848	-47	4 043	4 359	-29 224
52 746	6 511	11 295	5 219	-12 595	450	30 890	15 108	21 536
20 696	4 199	2 812	3 364	7 443	162	2 867	9 515	12 405
57 663	15 257	14 579	3 127	104 407	-30 933	22 683	4 047	82 253
12 884	10 338	2 181	1 435	66 061	-23 908	3 086	831	42 724
31 976	5 487	8 629	1 193	40 078	2 440	14 920	5 356	59 675
24 993	3 729	3 044	659	31 025	2 075	267	5 183	36 220

指 标 名 称	其他业务利润	营业费用	管理费用合计	税金	财 产保险费	劳 动待 业保险费
通信设备、计算机及其他电子设备制造业	4 620	24 702	73 169	1 332	260	1 994
# 市 属		10 585	25 235	184		113
仪器仪表及文化、办公用机械制造业	5 196	19 680	77 912	1 221	486	2 105
# 市 属	1 370	18 081	22 632	295	445	472
工艺品及其他制造业	3 046	1 317	24 226	116	1 067	335
# 市 属	2 636	791	3 603	64	20	78
废弃资源和废旧材料回收加工业（市属）	27 899	37 213	29 534	754	311	50
电力、燃气及水的生产和供应业	19 934	14 656	325 201	13 954	3 871	44 723
# 市 属	9 266	11 011	190 666	8 863	3 571	6 353
电力、热力的生产和供应业	7 823	2 172	212 153	5 610	3 741	39 524
# 市 属	-360	2 172	122 278	1 876	3 441	3 743
燃气生产和供应业	8 791	3 645	66 662	2 096	50	2 828
# 市 属	6 306		22 002	739	50	239
水的生产和供应业（市属）	3 320	8 839	46 386	6 248	80	2 371
七、按隶属关系分组：						
中央属企业	24 506	388 943	1 420 819	34 347	20 499	109 726
省属企业	220 183	1 381 543	2 400 210	77 924	17 060	151 613
市（直）属企业	185 820	298 411	782 561	34 331	5 664	42 483
县属企业	46 969	149 952	228 426	6 435	8 013	8 099
街道企业		1 249	3 731	198	31	27
镇属企业	5 338	30 674	44 371	2 537	806	91
乡办企业	3 597	37 363	43 103	1 720	1 071	287
居委会办企业		40 913	13 632	111	39	115
村办企业	3 800	20 366	15 934	985	187	78
其他企业	47 416	811 735	808 860	20 874	5 283	22 056
八、按企业所在地分组：						
全 市	537 629	3 161 149	5 761 647	179 462	58 653	334 575

单位：千元

养老保险和医疗保险费	办公费	研究开发费	职工教育费	营业利润	投资收益	补贴收入	营业外收入	利润总额
8 782	1 938	5 783	572	18 870	10 212	5 657	134	29 338
1 328	539	891		– 17 588		688	16	– 16 890
9 579	2 408	16 047	562	18 271	7 260	4 829	1 725	23 759
3 843	1 098	2 267	293	14 387		625	258	15 165
1 382	800	844	230	1 294	– 350	1 074	20	2 001
502	92	22	60	1 370	– 350	1 074	10	2 104
347	472	13	41	9 306	958		1 094	9 828
78 240	6 521	46 259	1 918	1 343 216	– 4 133	4 047	25 102	1 354 001
20 673	5 594	16	998	489 633	2 318	37	15 004	502 424
55 854	4 192	46 259	1 560	1 430 454	– 3 912	4 010	17 900	1 435 531
11 423	3 643	16	821	504 944	2 539		8 215	512 075
17 148	1 418		278	– 86 477	25		3 004	– 83 813
4 012	1 040		97	– 14 550	25		2 591	– 11 934
5 238	911		80	– 761	– 246	37	4 198	2 283
233 110	12 400	98 013	18 893	4 059 391	71 866	215 868	23 917	4 203 975
428 027	50 963	84 991	25 157	2 283 930	790 802	206 951	120 317	3 241 455
157 494	28 554	31 986	6 941	– 38 093	10 867	32 344	39 664	4 184
26 000	9 610	1 734	2 111	79 047	3 401	35 902	11 556	119 203
252	112		2	– 423			54	– 369
1 323	1 723	63	455	38 200	– 53	30 046	1 331	64 464
507	4 112	26	794	– 1 126	1	9 765	1 846	6 514
134	267	1 468	19	30 739	3 000	150	116	33 975
517	1 251	35	170	– 3 267	10	4 932	40	1 715
120 142	33 722	35 870	6 438	959 072	– 217 996	175 717	33 691	911 807
967 506	142 714	254 186	60 980	7 407 470	661 898	711 675	232 532	8 586 923

指标名称	其他业务利润	营业费用	管理费用合计	税金	财产保险费	劳动待业保险费
# 市属	292 940	1 390 663	1 940 618	67 191	21 094	73 236
五华区	77 065	1 116 979	1 882 120	52 209	24 673	85 948
# 市属	36 795	450 256	552 609	12 500	2 818	9 814
盘龙区	55 084	288 109	517 373	23 782	2 908	22 666
# 市属	42 164	121 452	318 148	17 249	1 948	17 194
官渡区	73 267	461 023	930 088	22 344	5 563	52 400
# 市属	28 864	244 266	339 317	13 471	2 788	9 486
西山区	138 958	371 580	618 527	18 918	4 211	48 983
# 市属	121 543	173 337	254 460	8 917	2 256	16 912
东川区	4 858	33 283	78 075	2 862	584	3 175
# 市属	3 721	25 642	54 969	2 625	446	1 036
呈贡县	13 096	112 163	192 048	8 648	4 700	31 501
# 市属	1 382	30 556	32 468	745	566	142
晋宁县	21 520	143 160	148 505	4 011	2 288	30 653
# 市属	3 266	58 556	64 195	2 241	2 204	10 668
富民县（市属）	－441	48 059	34 130	841	861	380
宜良县	8 941	32 138	139 880	6 141	933	20 420
# 市属	3 010	21 807	54 611	2 502	885	767
石林县	1 034	26 279	46 991	1 415	1 204	1 527
# 市属	893	26 279	25 885	1 197	904	990
嵩明县	7 433	41 391	62 909	1 340	966	1 740
# 市属	905	36 268	55 168	1 335	966	814
禄劝县（市属）	－100	1 834	21 966	326	2 553	2 583
寻甸县	15 909	15 599	32 577	1 121	225	882
# 市属	14 809	12 881	25 042	455	202	846
安宁市	121 005	469 552	1 056 458	35 504	6 984	31 717
# 市属	36 129	139 470	107 650	2 787	1 697	1 604

单位：千元

养老保险和医疗保险费	办公费	研究开发费	职工教育费	营业利润	投资收益	补贴收入	营业外收入	利润总额
306 369	79 351	71 182	16 930	1 064 149	– 200 770	288 856	88 298	1 141 493
239 330	52 390	88 236	19 797	4 121 074	178 253	187 297	27 051	4 302 698
60 616	33 736	43 159	4 410	686 669	– 188 568	21 490	10 033	505 254
79 038	13 922	36 721	3 448	248 953	– 22 940	49 845	17 273	261 300
55 747	8 833	5 334	2 444	31 168	– 23 023	5 416	13 652	9 247
158 531	24 893	80 284	11 154	1 169 795	2 246	98 529	40 730	1 248 588
39 635	12 577	9 799	4 396	– 13 278	3 710	18 323	22 433	7 240
129 723	12 479	20 080	4 829	537 152	73 523	109 639	16 012	701 279
55 337	6 225	4 245	1 296	99 250	2 029	18 413	6 884	122 483
9 152	2 405	2	834	88 565	1 602	87 133	17 838	190 943
5 856	2 093	2	625	40 906	– 170	87 133	17 548	143 738
38 668	5 549	1 044	4 564	187 965	6 827	2 282	3 809	198 839
1 120	942	33	323	9 058	– 1 133	782	1 051	9 043
80 465	4 034	2 166	1 361	223 208	– 8 677	18 729	1 110	223 985
58 738	3 109		618	38 787	2 883	18 725	358	54 769
2 512	1 780	230	365	41 565		1 331	2 200	40 088
23 284	2 962	6 904	1 380	61 268	1 240	24 353	2 162	77 057
8 375	1 814	6 904	570	22 619	400	12 266	1 551	34 947
3 498	1 290		377	26 349	92	6 537	633	33 194
2 769	1 037		291	24 811	92	6 537	210	31 424
4 232	2 484	1 048	553	6 334	– 1 202	6 037	377	10 649
3 864	2 388	1 048	522	2 906	– 1 202	6 037	108	6 981
2 737	733	313	85	– 3 356	1 823	7 034	5 297	9 679
2 821	1 305		238	9 0744	1 808	10 776	302	98 406
2 132	1 055		116	75 326	1 808	10 776	98	84 305
193 515	16 488	17 158	11 995	607 854	427 303	102 153	97 738	1 190 218
6 931	3 029	115	869	7 718	581	74 593	6 875	82 295

10－2－5　全部国有及年主营业务收入500万元以上

（2005年）

指 标 名 称	应 交 所得税	利 税 总 额	亏损企业 亏损总额	住房公积金 和住房补贴	本 年 应 交 增值税	本 年 进 项 税 额
总　　计	**1 688 395**	**20 721 769**	**1 162 841**	**387 373**	**5 639 853**	**11 627 656**
# 市 属	256 227	2 641 078	862 858	55 465	1 272 424	2 956 079
一、按登记注册类型分组：						
内资企业	1 603 523	19 461 476	1 008 154	367 086	5 239 229	10 668 771
# 市 属	221 962	1 996 224	718 983	48 861	991 243	2 429 826
国有经济	1 123 791	12 913 059	284 743	201 567	2 584 563	2 615 718
# 市 属	6 011	－30 732	81 806	3 433	32 439	57 332
集体企业	33 394	216 934	19 732	3 531	113 062	217 794
# 市 属	30 655	194 951	18 838	2 056	102 116	210 045
股份合作企业	6 100	42 760	15 321	724	21 529	27 789
# 市 属	1 551	1 547	15 321	724	9 241	27 789
联营企业	276	3 326	3 602	365	4 442	11 149
# 市 属	253	1 715	3 602	313	3 120	7 207
国有联营企业（市属）	244	2 989		83	1 631	4 707
集体联营企业	23	－475	2 392	66	1 591	4 692
# 市 属		－2 086	2 392	14	269	750
国有与集体联营企业（市属）	9	812	1 210	216	1 220	1 750
有限责任公司	139 505	2 282 729	326 803	78 734	838 917	1 888 354
# 市 属	81 193	1 074 663	244 092	29 867	469 787	789 053
国有独资公司	10 806	630 386	43 263	21 463	130 741	270 477
# 市 属	4 559	149 385	11 934	2 934	34 459	17 302
其他有限责任公司	128 699	1 652 343	283 540	57 271	708 176	1 617 877
# 市 属	76 634	925 278	232 158	26 933	435 328	771 751
股份有限公司	222 370	3 186 687	291 036	79 263	1 396 243	5 090 682
# 市 属	24 283	－48 162	291 036	9 566	96 506	524 233
私营企业	78 087	815 981	66 917	2 902	280 473	817 285
# 市 属	78 016	802 242	64 288	2 902	278 034	814 167

非国有独立核算工业企业主要经济指标

单位：千元

本年销项税额	工业中间投入合计	直接材料	制造费用中的中间投入	管理费用中的中间投入	营业费用中的中间投入	财务费用	利息支出	本年应付工资总额
16 556 109	**76 576 539**	**66 112 515**	**3 518 385**	**2 918 840**	**2 594 733**	**1 432 066**	**1 318 717**	**4 982 093**
4 048 437	23 918 254	19 421 021	1 889 674	999 603	1 088 417	519 539	485 558	1 596 313
15 316 346	69 042 407	59 857 755	3 112 247	2 602 503	2 105 547	1 364 355	1 269 422	4 549 226
3 340 515	19 468 970	15 967 249	1 588 066	787 460	665 090	461 105	442 300	1 302 915
5 010 826	15 734 337	13 234 489	785 579	966 687	556 721	190 861	178 375	1 600 154
88 039	480 644	281 766	114 109	46 033	14 008	24 728	24 910	100 701
330 706	2 103 781	1 816 928	111 449	100 235	56 569	18 600	17 670	122 179
312 134	2 028 419	1 776 915	106 695	81 934	46 634	16 241	15 317	104 920
32 252	245 666	201 993	9 989	15 604	8 309	9 771	9 264	35 130
32 252	223 543	186 257	7 780	15 604	8 309	5 593	5 086	32 548
15 001	90 245	77 258	2 677	5 186	4 186	938	771	6 792
9 737	65 859	54 431	2 277	4 532	3 934	685	518	5 987
6 338	32 567	27 820	507	1 307	2 766	167		2 670
6 283	29 881	26 361	1 277	1 420	570	253	253	1 278
1 019	5 495	3 534	877	766	318			473
2 380	27 797	23 077	893	2 459	850	518	518	2 844
2 578 484	14 415 013	11 463 135	1 216 812	745 096	579 659	410 311	400 565	1 328 835
1 215 725	7 024 603	5 352 895	823 471	342 049	259 650	246 538	241 752	534 829
386 815	1 744 196	1 466 931	113 981	76 416	8 895	77 973	77 405	319 658
46 329	327 663	221 880	82 731	17 972	4 669	411	411	62 614
2 191 669	12 670 817	9 996 204	1 102 831	668 680	570 764	332 338	323 160	1 009 177
1 169 396	6 696 940	5 131 015	740 740	324 077	254 981	246 127	241 341	472 215
6 260 152	29 419 531	26 976 885	545 666	572 715	658 749	665 516	604 543	1 123 005
599 260	2 849 676	2 441 290	98 942	109 287	98 950	101 207	98 718	196 187
1 088 925	7 033 834	6 087 067	440 075	196 980	241 354	68 358	58 234	333 131
1 083 368	6 796 226	5 873 695	434 792	188 021	233 605	66 113	55 999	327 743

续 10－2－5　　(2005 年)

指　标　名　称	应　交 所得税	利　税 总　额	亏损企业 亏损总额	住房公积金 和住房补贴	本　年 应　交 增值税	本　年 进　项 税　额
私营独资企业（市属）	845	8 183	7 797	2	8 743	38 227
私营合伙企业（市属）	297	16 515			1 188	
私营有限责任公司	76 475	768 672	52 467	2 894	259 177	721 173
# 市 属	76 404	754 933	49 838	2 894	256 738	718 055
私营股份有限公司（市属）	470	22 611	6 653	6	11 365	57 885
港、澳、台商投资企业	46 493	612 805	117 344	6 726	201 149	416 679
# 市 属	21 907	372 021	113 001	3 819	147 040	297 609
与港、澳、台商合资经营企业	39 321	423 995	41 261	5 433	137 847	327 791
# 市 属	14 775	183 551	36 918	2 552	83 738	208 721
与港、澳、台商合作经营企业（市属）	475	－10 549	18 535	29	5 251	9 347
港、澳、台商独资企业	6 697	199 359	57 548	1 264	58 051	79 541
# 市 属	6 657	199 019	57 548	1 238	58 051	79 541
外商投资企业	38 379	647 488	37 343	13 561	199 475	542 206
# 市 属	12 358	272 833	30 874	2 785	134 141	228 644
中外合资经营企业	28 847	444 949	21 266	5 695	111 704	422 361
# 市 属	11 961	202 809	14 797	1 920	87 363	151 097
中外合作经营企业	6 470	43 136		525		
外资企业（市属）	397	70 024	16 077	865	46 778	77 547
外商投资股份有限公司	2 665	89 379		6 476	40 993	42 298
二、按经济组织类型分组：		0				
独资企业	1 165 124	13 407 559	385 897	207 229	2 811 197	3 028 827
# 市 属	44 565	441 445	182 066	7 594	248 127	462 692
国有企业	1 123 791	12 913 059	284 743	201 567	2 584 563	2 615 718
# 市 属	6 011	－30 732	81 806	3 433	32 439	57 332
集体企业	33 394	216 934	19 732	3 531	113 062	217 794
# 市 属	30 655	194 951	18 838	2 056	102 116	210 045
私营独资企业（市属）	845	8 183	7 797	2	8 743	38 227

续 10－2－5 (2005年)

本年销项税额	工业中间投入合计	直接材料	制造费用中的中间投入	管理费用中的中间投入	营业费用中的中间投入	财务费用	利息支出	本年应付工资总额
43 735	259 338	225 210	14 211	8 413	9 133	2 371	2 287	16 619
	218 930	158 516	4 802	13 142	38 680	3 790	1 705	11 830
979 958	6 165 675	5 352 984	401 563	164 452	187 434	59 242	51 417	284 041
974 401	5 928 067	5 139 612	396 280	155 493	179 685	56 997	49 182	278 653
65 232	389 891	350 357	19 499	10 973	6 107	2 955	2 825	20 641
563 540	3 261 708	2 690 298	222 877	151 662	162 021	34 850	24 846	195 720
393 940	2 562 596	2 037 305	201 135	129 960	158 690	35 506	26 136	157 905
420 011	2 524 430	2 122 656	171 491	105 164	101 298	23 821	18 374	128 912
250 411	1 835 508	1 477 013	151 306	84 463	98 211	24 515	19 664	95 270
14 586	92 787	52 998	1 158	3 478	33 093	2 060	1 970	2 822
128 943	644 491	514 644	50 228	43 020	27 630	8 969	4 502	63 986
128 943	634 301	507 294	48 671	42 019	27 386	8 931	4 502	59 813
676 223	4 272 424	3 564 462	183 261	164 675	327 165	32 861	24 449	237 147
313 982	1 886 688	1 416 467	100 473	82 183	264 637	22 928	17 122	135 493
482 121	2 823 516	2 437 481	83 388	69 436	214 826	18 385	9 325	127 691
203 171	1 116 046	830 033	50 262	43 727	180 244	11 780	4 411	88 705
	425 319	381 621	21 426	13 008	8 117	1 147	1 147	8 001
110 811	770 642	586 434	50 211	38 456	84 393	11 148	12 711	46 788
83 291	252 947	158 926	28 236	43 775	19 829	2 181	1 266	54 667
5 625 021	19 512 589	16 377 705	1 011 678	1 156 811	734 446	231 949	215 545	1 849 726
683 662	4 173 344	3 377 619	333 897	216 855	181 554	63 419	59 727	328 841
5 010 826	15 734 337	13 234 489	785 579	966 687	556 721	190 861	178 375	1 600 154
88 039	480 644	281 766	114 109	46 033	14 008	24 728	24 910	100 701
330 706	2 103 781	1 816 928	111 449	100 235	56 569	18 600	17 670	122 179
312 134	2 028 419	1 776 915	106 695	81 934	46 634	16 241	15 317	104 920
43 735	259 338	225 210	14 211	8 413	9 133	2 371	2 287	16 619

指标名称	应交所得税	利税总额	亏损企业亏损总额	住房公积金和住房补贴	本年应交增值税	本年进项税额
港、澳、台商独资经营企业	6 697	199 359	57 548	1 264	58 051	79 541
# 市属	6 657	199 019	57 548	1 238	58 051	79 541
外资企业（市属）	397	70 024	16 077	865	46 778	77 547
合作、合伙企业	13 618	95 188	37 458	1 643	32 410	48 285
# 市属	2 576	9 228	37 458	1 066	18 800	44 343
股份合作企业	6 100	42 760	15 321	724	21 529	27 789
# 市属	1 551	1 547	15 321	724	9 241	27 789
国有联营企业（市属）	244	2 989		83	1 631	4 707
集体联营企业	23	-475	2 392	66	1 591	4 692
# 市属		-2 086	2 392	14	269	750
国有与集体联营企业（市属）	9	812	1 210	216	1 220	1 750
私营合伙企业（市属）	297	16 515			1 188	
与港、澳、台商合作经营企业（市属）	475	-10 549	18 535	29	5 251	9 347
中外合作经营企业	6 470	43 136		525		
股份有限公司	225 505	3 298 677	297 689	85 745	1 448 601	5 190 865
# 市属	24 753	-25 551	297 689	9 572	107 871	582 118
股份有限公司（内资）	222 370	3 186 687	291 036	79 263	1 396 243	5 090 682
# 市属	24 283	-48 162	291 036	9 566	96 506	524 233
私营股份有限公司（市属）	470	22 611	6 653	6	11 365	57 885
外商投资有限公司	2 665	89 379		6 476	40 993	42 298
有限责任公司	284 148	3 920 345	441 797	92 756	1 347 645	3 359 679
# 市属	184 333	2 215 956	345 645	37 233	897 626	1 866 926
国有独资公司	10 806	630 386	43 263	21 463	130 741	270 477
# 市属	4 559	149 385	11 934	2 934	34 459	17 302
私营有限责任公司	76 475	768 672	52 467	2 894	259 177	721 173
# 市属	76 404	754 933	49 838	2 894	256 738	718 055
与港、澳、台商合资经营企业	39 321	423 995	41 261	5 433	137 847	327 791

本年销项税额	工业中间投入合计	直接材料	制造费用中的中间投入	管理费用中的中间投入	营业费用中的中间投入	财务费用	利息支出	本年应付工资总额
128 943	644 491	514 644	50 228	43 020	27 630	8 969	4 502	63 986
128 943	634 301	507 294	48 671	42 019	27 386	8 931	4 502	59 813
110 811	770 642	586 434	50 211	38 456	84 393	11 148	12 711	46 788
61 839	1 072 947	872 386	40 052	50 418	92 385	17 706	14 857	64 575
56 575	601 119	452 202	16 017	36 756	84 016	12 128	9 279	53 187
32 252	245 666	201 993	9 989	15 604	8 309	9 771	9 264	35 130
32 252	223 543	186 257	7 780	15 604	8 309	5 593	5 086	32 548
6 338	32 567	27 820	507	1 307	2 766	167		2 670
6 283	29 881	26 361	1 277	1 420	570	253	253	1 278
1 019	5 495	3 534	877	766	318			473
2 380	27 797	23 077	893	2 459	850	518	518	2 844
	218 930	158 516	4 802	13 142	38 680	3 790	1 705	11 830
14 586	92 787	52 998	1 158	3 478	33 093	2 060	1 970	2 822
	425 319	381 621	21 426	13 008	8 117	1 147	1 147	8 001
6 408 675	30 062 369	27 486 168	593 401	627 463	684 685	670 652	608 634	1 198 313
664 492	3 239 567	2 791 647	118 441	120 260	105 057	104 162	101 543	216 828
6 260 152	29 419 531	26 976 885	545 666	572 715	658 749	665 516	604 543	1 123 005
599 260	2 849 676	2 441 290	98 942	109 287	98 950	101 207	98 718	196 187
65 232	389 891	350 357	19 499	10 973	6 107	2 955	2 825	20 641
83 291	252 947	158 926	28 236	43 775	19 829	2 181	1 266	54 667
4 460 574	25 928 634	21 376 256	1 873 254	1 084 148	1 083 217	511 759	479 681	1 869 479
2 643 708	15 904 224	12 799 553	1 421 319	625 732	717 790	339 830	315 009	997 457
386 815	1 744 196	1 466 931	113 981	76 416	8 895	77 973	77 405	319 658
46 329	327 663	221 880	82 731	17 972	4 669	411	411	62 614
979 958	6 165 675	5 352 984	401 563	164 452	187 434	59 242	51 417	284 041
974 401	5 928 067	5 139 612	396 280	155 493	179 685	56 997	49 182	278 653
420 011	2 524 430	2 122 656	171 491	105 164	101 298	23 821	18 374	128 912

指标名称	应交所得税	利税总额	亏损企业亏损总额	住房公积金和住房补贴	本年应交增值税	本年进项税额
# 市属	14 775	183 551	36 918	2 552	83 738	208 721
中外合资经营企业	28 847	444 949	21 266	5 695	111 704	422 361
# 市属	11 961	202 809	14 797	1 920	87 363	151 097
其他有限责任公司	128 699	1 652 343	283 540	57 271	708 176	1 617 877
# 市属	76 634	925 278	232 158	26 933	435 328	771 751
三、在总计中：亏损企业	－24	－841 933	1 162 841	38 006	284 188	950 594
# 市属	－24	－656 248	862 858	21 753	182 862	710 306
在总计中：国有控股企业	1 447 425	18 348 626	456 021	349 011	4 619 454	9 136 222
# 市属	85 048	1 099 093	177 878	34 107	447 050	938 598
在总计中：农村工业（市属）	36 235	412 165	33 255	1 123	164 945	372 722
在总计中：营业企业	1 688 395	20 771 951	1 108 445	387 248	5 636 259	11 623 518
# 市属	256 227	2 678 691	825 245	55 465	1 272 424	2 955 215
四、按轻、重工业分组：		0				
轻工业	1 174 953	12 792 500	268 130	115 525	2 517 100	2 488 802
# 市属	53 772	939 085	197 156	21 824	388 363	738 673
重工业	513 442	7 929 269	894 711	271 848	3 122 753	9 138 854
# 市属	202 455	1 701 993	665 702	33 641	884 061	2 217 406
五、按企业规模分组：		0				
大型企业	1 118 066	15 310 406		242 903	3 469 285	6 257 506
# 市属	1 069	132 652		1 174	18 046	
中型企业	282 331	3 047 722	407 364	101 335	1 076 225	2 670 931
# 市属	92 563	1 198 348	207 667	27 925	472 471	1 220 536
小型企业	287 998	2 363 641	755 477	43 135	1 094 343	2 699 219
# 市属	162 595	1 310 078	655 191	26 366	781 907	1 735 543
六、按工业行业分组：		0				
采矿业	60 011	1 049 411	5 334	26 435	284 279	386 526
# 市属	9 537	83 155	2 043	279	30 675	22 387

本年销项税额	工业中间投入合计	直接材料	制造费用中的中间投入	管理费用中的中间投入	营业费用中的中间投入	财务费用	利息支出	本年应付工资总额
250 411	1 835 508	1 477 013	151 306	84 463	98 211	24 515	19 664	95 270
482 121	2 823 516	2 437 481	83 388	69 436	214 826	18 385	9 325	127 691
203 171	1 116 046	830 033	50 262	43 727	180 244	11 780	4 411	88 705
2 191 669	12 670 817	9 996 204	1 102 831	668 680	570 764	332 338	323 160	1 009 177
1 169 396	6 696 940	5 131 015	740 740	324 077	254 981	246 127	241 341	472 215
1 154 112	7 901 605	6 466 798	556 362	411 188	263 696	203 561	186 255	778 721
856 419	5 695 544	4 632 239	419 812	279 452	216 794	147 247	134 311	469 806
13 236 865	54 556 225	48 039 243	2 038 333	1 988 298	1 406 655	1 083 696	1 007 021	3 669 599
1 343 803	6 122 259	4 737 836	663 637	317 101	175 019	228 666	228 251	534 788
512 611	3 816 504	3 279 784	276 803	100 209	119 238	40 470	35 155	186 389
16 551 286	76 511 859	66 087 492	3 504 232	2 907 414	2 593 752	1 418 969	1 309 395	4 963 834
4 048 398	23 900 964	19 420 936	1 889 669	991 800	1 088 345	510 214	476 236	1 587 269
4 654 347	15 282 081	12 077 395	856 359	984 122	1 242 136	122 069	103 449	1 602 382
1 012 301	6 671 123	5 147 307	575 222	314 154	520 536	113 904	96 262	562 746
11 901 762	61 294 458	54 035 120	2 662 026	1 934 718	1 352 597	1 309 997	1 215 268	3 379 711
3 036 136	17 247 131	14 273 714	1 314 452	685 449	567 881	405 635	389 296	1 033 567
9 670 164	35 442 290	32 230 790	713 181	1 051 743	819 268	627 308	565 357	2 117 159
18 046	155 712	62 713	74 839	11 757	4 669	1 734	1 734	41 761
3 345 932	20 065 490	16 302 768	1 346 428	1 049 358	1 006 436	360 500	334 497	1 713 567
1 661 845	9 642 729	7 937 230	602 713	381 722	568 477	152 587	137 254	714 912
3 540 013	21 068 759	17 578 957	1 458 776	817 739	769 029	444 258	418 863	1 151 367
2 368 546	14 119 813	11 421 078	1 212 122	606 124	515 271	365 218	346 570	839 640
638 557	2 183 435	1 555 295	254 007	125 839	184 610	63 684	61 704	457 860
52 260	325 488	244 633	36 014	20 712	19 721	4 408	4 209	20 189

指 标 名 称	应 交 所得税	利 税 总 额	亏损企业 亏损总额	住房公积金 和住房补贴	本 年 应 交 增值税	本 年 进 项 税 额
煤炭开采和洗选业	2 145	44 172	3 291	1 098	26 608	36 014
黑色金属矿采选业		352 468		15 184	72 914	62 819
有色金属矿采选业	5 135	107 769	1 643	86	31 878	46 706
# 市 属	5 135	45 862	1 643	86	18 513	13 236
非金属矿采选业	52 731	545 002	400	10 067	152 879	240 987
# 市 属	4 402	37 293	400	193	12 162	9 151
制造业	1 552 760	17 398 761	1 068 414	314 776	4 601 884	10 476 344
# 市 属	189 979	1 644 878	843 895	46 129	961 175	2 839 705
农副食品加工业	8 250	92 572	20 433	1 676	28 314	135 385
# 市 属	1 780	35 931	20 433	1 151	28 279	135 385
食品制造业	1 854	48 123	23 222	10 670	35 146	91 310
# 市 属	1 854	46 825	23 222	10 553	34 096	89 651
饮料制造业	658	67 933	16 965	779	39 417	63 114
# 市 属	658	67 031	16 719	680	39 104	59 177
烟草制品业	1 034 302	10 922 225		82 328	1 875 585	1 347 673
# 市 属	2 780	35 303		656	17 757	8 950
纺织业（市属）	3 238	2 241	38 808	1 195	5 941	28 691
纺织服装、鞋、帽制造业	356	2 001	1 072	38	1 697	23 043
# 市 属	356	1 460			354	20 642
木材加工及木、竹、藤、棕、草制品业	603	－25 651	40 983	1 379	10 699	34 819
# 市 属	524	－26 854	40 494	1 379	10 555	30 765
家具制造业	56	－5 142	7 230	108	1 789	6 081
# 市 属	56	－4 183	5 691		1 269	5 778
造纸及纸制品业	2 669	23 681	6 360		14 365	48 377
# 市 属	2 598	17 685	6 360		12 551	37 611
印刷业和记录媒介的复制	30 081	413 455	15 628	4 295	115 159	164 353
# 市 属	27 516	395 940	8 380	2 504	100 595	154 488

本年销项税额	工业中间投入合计	直接材料	制造费用中的中间投入	管理费用中的中间投入	营业费用中的中间投入	财务费用	利息支出	本年应付工资总额
32 568	241 260	136 304	85 280	6 107	7 976	5 593	5 591	25 293
135 733	612 854	565 095		10 588		37 171	37 142	203 889
78 360	402 941	350 936	11 326	28 265	11 233	1 181	985	28 860
31 651	183 562	166 386	7 492	3 235	5 090	1 359	1 163	7 389
391 896	926 380	502 960	157 401	80 879	165 401	19 739	17 986	199 818
20 609	141 926	78 247	28 522	17 477	14 631	3 049	3 046	12 800
14 417 016	67 940 902	59 304 613	2 668 549	2 400 530	2 393 918	1 173 292	1 063 488	4 115 695
3 627 268	22 376 290	18 662 830	1 425 402	870 871	1 058 492	358 695	325 928	1 434 981
106 098	2 920 811	2 649 943	99 398	60 061	86 297	25 112	21 716	58 042
106 063	2 282 632	2 070 202	75 792	42 053	71 180	23 405	20 019	47 391
125 197	648 696	493 775	35 061	21 464	93 484	4 912	4 617	59 246
122 488	636 183	484 434	34 847	20 691	91 517	4 694	4 406	57 665
91 319	428 886	312 749	34 247	14 214	66 828	848	2 415	47 980
89 764	422 372	307 601	34 034	13 829	66 368	540	2 107	46 639
3 181 162	5 799 347	4 883 107	202 637	422 202	307 861	－16 460	－16 467	846 181
26 707	87 399	23 540	38 776	15 581	8 647	855	855	19 800
26 189	208 585	150 601	10 429	17 287	6 802	23 466	23 076	69 450
22 416	50 765	34 945	7 337	1 636	5 658	1 189	1 046	3 555
20 355	27 121	15 958	5 924	602	4 246	391	390	650
42 071	272 664	222 206	16 851	13 010	13 197	7 400	6 939	28 034
40 610	222 261	179 588	15 294	8 574	11 945	6 860	6 554	23 148
6 128	44 358	37 829	1 449	2 219	1 650	1 211	1 208	3 666
5 305	40 906	35 646	1 069	2 129	1 459	603	600	2 136
61 573	281 089	243 817	12 872	10 203	7 561	6 636	6 580	21 159
50 160	228 326	193 710	11 142	9 671	7 266	6 537	6 506	18 793
275 419	1 032 236	810 783	110 396	75 042	21 128	14 887	10 752	121 832
252 154	950 499	761 347	98 699	60 506	18 615	11 332	7 231	91 420

指标名称	应交所得税	利税总额	亏损企业亏损总额	住房公积金和住房补贴	本年应交增值税	本年进项税额
文教体育用品制造业（市属）	100	450			190	162
石油加工、炼焦及核燃料加工业（市属）	2 229	14 050	7 398	4	13 511	27 153
化学原料及化学制品制造业	128 217	1 165 337	353 699	78 933	308 670	848 870
# 市属	38 802	240 459	305 126	6 573	132 729	322 368
医药制造业	63 253	846 622	83 587	6 689	306 764	328 297
# 市属	7 671	174 548	56 113	1 435	109 609	78 267
化学纤维制造业	24 325	237 872		2 708	51 821	97 580
橡胶制品业	251	1 916	3 329	3	4 260	10 631
# 市属	251	4 753		3	3 791	9 655
塑料制品业	3 838	30 608	13 600	383	23 228	117 861
# 市属	3 808	34 035	7 572	317	21 013	102 951
非金属矿物制品业	23 220	238 844	63 070	8 087	159 148	183 979
# 市属	17 792	126 203	55 621	2 684	87 362	103 724
黑色金属冶炼及压延加工业	80 741	1 091 559	119 262	40 193	618 743	2 636 284
# 市属	8 069	-13 820	119 262	2 756	63 748	403 567
有色金属冶炼及压延加工业	72 216	1 596 108	22 088	24 623	638 615	2 756 702
# 市属	24 577	180 994	17 527	1 381	81 170	275 274
金属制品业	12 150	57 399	12 266	3 572	14 249	141 454
# 市属	8 500	32 273	7 229	786	10 425	74 394
通用设备制造业	4 377	56 242	81 537	8 570	74 956	221 079
# 市属	1 771	1 039	37 032	2 219	28 156	154 489
专用设备制造业	4 170	108 698	22 299	18 631	76 597	240 295
# 市属	3 615	42 973	12 094	4 576	26 880	98 923
交通运输设备制造业	29 782	177 402	74 875	8 353	85 656	407 667
# 市属	17 006	106 668	29 939	808	58 261	212 159
电气机械及器材制造业	9 344	112 034	11 279	6 227	47 304	332 196
# 市属	7 577	76 431	8 987	3 575	36 713	298 827

本年销项税额	工业中间投入合计	直接材料	制造费用中的中间投入	管理费用中的中间投入	营业费用中的中间投入	财务费用	利息支出	本年应付工资总额
352	1 355	426	443	348	140	-2	-2	433
40 392	230 693	199 434	15 977	6 006	5 688	3 588	3 377	7 119
969 012	8 238 723	6 730 704	600 062	297 486	419 877	190 594	172 462	412 903
409 890	3 979 338	3 208 516	315 858	158 205	206 463	90 296	82 454	188 527
428 333	2 250 217	1 109 589	202 737	268 284	622 349	47 258	37 385	217 653
167 765	991 151	500 523	153 041	81 595	226 715	29 277	19 943	110 066
149 334	570 576	538 138	16 762	15 690	1 217	-1 231	-1 616	23 942
14 785	75 860	65 267	2 409	5 644	1 239	1 301	1 301	7 169
13 446	66 627	58 571	2 142	4 575	959	380	380	5 434
136 252	696 562	592 932	42 955	29 985	18 816	11 874	12 097	40 095
119 895	618 278	536 903	30 475	25 492	15 387	10 021	10 256	31 537
310 367	1 886 266	1 395 696	247 449	107 959	64 209	70 953	63 964	189 405
174 997	1 141 790	830 640	152 241	69 256	40 800	48 853	45 000	113 709
3 247 987	12 733 017	12 040 574	96 930	202 614	158 551	234 348	237 884	535 745
467 827	2 063 754	1 888 960	89 166	41 824	35 398	8 406	8 113	61 224
3 412 141	19 363 811	18 156 979	406 000	198 463	206 648	395 721	333 838	352 797
392 030	1 922 455	1 806 150	52 243	27 957	21 189	14 916	13 812	47 995
150 825	795 183	685 545	43 379	45 964	16 962	3 333	2 689	64 027
84 039	537 956	457 599	35 974	30 331	12 023	2 029	1 545	33 229
292 582	1 290 673	1 045 669	84 585	95 166	41 439	23 814	18 220	184 025
180 893	898 186	794 037	39 675	34 308	21 418	8 748	7 309	103 680
298 027	1 474 214	1 241 398	90 564	87 381	26 878	27 993	27 961	304 040
118 702	655 144	560 010	27 205	44 650	15 355	7 924	7 966	101 824
454 321	2 721 584	2 299 990	118 035	202 866	61 083	39 610	38 699	211 796
265 012	1 276 783	1 113 161	59 554	46 523	42 568	14 977	14 846	74 190
366 352	2 065 803	1 781 666	94 408	68 088	83 448	38 193	36 931	151 156
324 458	1 760 780	1 513 218	82 662	50 148	78 904	35 848	34 326	105 301

指 标 名 称	应 交 所得税	利 税 总 额	亏损企业 亏损总额	住房公积金 和住房补贴	本 年 应 交 增值税	本 年 进 项 税 额
通信设备、计算机及其他电子设备制造业	4 568	53 356	23 709	3 707	19 852	82 657
# 市 属	37	－5 421	17 810	509	9 127	18 731
仪器仪表及文化、办公用机械制造业	4 245	33 388	4 792	1 437	8 810	61 688
# 市 属	3 187	22 373	1 598	223	6 627	50 069
工艺品及其他制造业	550	4 916	489	65	2 655	9 519
# 市 属	510	4 969	46	39	2 619	8 430
废弃资源和废旧材料回收加工业（市属）	3 117	30 522	434	123	18 743	29 424
电力、燃气及水的生产和供应业	75 624	2 273 597	89 093	46 162	753 690	764 786
# 市 属	56 711	913 045	16 920	9 057	280 574	93 987
电力、热力的生产和供应业	74 460	2 177 975	667	34 017	689 798	678 878
# 市 属	55 547	781 959	373	6 073	249 795	76 487
燃气生产和供应业		－35 198	83 813	10 412	44 094	85 710
# 市 属		266	11 934	1 251	10 981	17 302
水的生产和供应业（市属）	1 164	130 820	4 613	1 733	19 798	198
七、按隶属关系分组：		0				
中央属企业	1 083 480	12 630 456	67 068	136 875	2 399 304	2 325 266
省属企业	348 688	5 450 235	232 915	195 033	1 968 125	6 346 311
市（直）属企业	30 260	340 024	234 798	32 646	209 419	902 945
县属企业	42 931	314 417	125 378	5 863	178 837	407 771
街道企业	639	3 356	3 038	14	2 073	7 437
镇属企业	23 401	131 372	18 759	660	59 340	117 721
乡办企业	3 629	34 717	14 930	235	23 762	64 214
居委会办企业	6 374	45 508			10 782	29 463
村办企业	440	21 711	6 766		17 076	42 358
其他企业	148 553	1 749 973	459 189	16 047	771 135	1 384 170
八、按企业所在地分组：						
全 市	1 688 395	20 721 769	1 162 841	387 373	5 639 853	11 627 656

本年销项税额	工业中间投入合计	直接材料	制造费用中的中间投入	管理费用中的中间投入	营业费用中的中间投入	财务费用	利息支出	本年应付工资总额
101 531	630 950	555 312	21 023	36 813	10 861	6 941	7 429	60 331
26 880	163 347	134 554	5 002	17 543	5 165	1 083	1 847	22 842
48 861	512 948	386 652	44 544	56 918	18 189	6 645	5 859	57 241
43 958	302 415	242 414	30 922	11 410	16 661	1 008	344	24 800
12 102	83 517	69 500	3 171	8 971	1 010	865	915	16 452
11 049	28 441	25 700	377	1 231	766	367	455	5 758
45 888	631 513	569 387	6 439	28 546	24 848	2 293	2 213	20 221
1 500 536	6 452 202	5 252 607	595 829	392 471	16 205	195 090	193 525	408 538
368 909	1 216 476	513 558	428 258	108 020	10 204	156 436	155 421	141 143
1 350 951	5 570 486	4 529 515	489 413	357 531	8 113	185 914	184 418	297 617
320 845	955 204	370 886	338 945	86 654	4 604	154 115	153 123	73 838
129 804	710 592	657 630	24 995	19 789	2 492	5 686	5 640	60 012
28 283	90 148	77 210	7 892	6 215		－1 169	－1 169	16 396
19 781	171 124	65 462	81 421	15 151	5 600	3 490	3 467	50 909
4 624 870	13 233 749	11 470 472	429 828	929 394	345 369	58 686	56 083	1 410 673
7 882 802	39 424 536	35 221 022	1 198 883	989 843	1 160 947	853 841	777 076	1 975 107
1 035 643	6 580 604	5 451 565	451 562	298 335	239 196	139 946	133 327	615 990
562 346	3 762 002	3 114 167	329 094	144 515	132 145	42 081	38 903	214 720
8 251	64 499	46 037	3 520	2 510	11 833	599	576	6 605
172 634	1 096 707	953 529	78 621	28 983	25 309	10 265	9 161	56 441
86 173	583 903	491 373	39 611	27 819	16 083	9 017	8 904	41 781
39 604	191 900	59 525	79 969	9 870	40 110	2 426	2 976	7 645
53 626	465 646	394 292	39 093	10 599	16 730	4 932	4 707	23 215
2 090 160	11 172 993	8 910 533	868 204	476 972	607 011	310 273	287 004	629 916
16 556 109	76 576 539	66 112 515	3 518 385	2 918 840	2 594 733	1 432 066	1 318 717	4 982 093

指标名称	应交所得税	利税总额	亏损企业亏损总额	住房公积金和住房补贴	本年应交增值税	本年进项税额
# 市属	256 227	2 641 078	862 858	55 465	1 272 424	2 956 079
五华区	1 104 431	13 139 826	471 579	104 858	2 766 714	3 975 019
# 市属	71 346	992 378	396 126	14 663	461 444	610 159
盘龙区	52 848	661 582	162 162	18 399	275 236	557 222
# 市属	23 881	260 186	97 834	8 154	131 481	367 792
官渡区	131 271	2 093 408	228 109	78 319	767 657	1 797 274
# 市属	12 759	178 526	123 545	16 272	150 673	546 305
西山区	86 639	1 046 551	64 856	87 451	312 807	1 046 477
# 市属	22 734	245 697	26 882	7 897	110 067	525 040
东川区	39 730	310 408	8 550	150	103 317	201 315
# 市属	39 730	248 501	8 550	150	89 952	167 845
呈贡县	37 954	436 234	14 848	20 521	210 756	700 253
# 市属	6 780	25 186	12 348	419	15 022	81 562
晋宁县	23 095	347 611	24 431	4 127	104 191	109 401
# 市属	8 447	101 915	21 237	1 276	44 021	66 246
富民县（市属）	4 311	71 358	5 056	679	28 330	63 725
宜良县	18 779	229 781	21 721	7 881	139 795	143 470
# 市属	11 084	83 425	12 422	1 295	44 837	80 909
石林县	6 946	61 011	4 448	1 516	25 754	31 693
# 市属	6 299	54 060	4 448	615	20 984	25 804
嵩明县	14 332	53 319	34 810	1 388	35 242	88 690
# 市属	14 332	42 000	34 810	540	28 715	72 614
禄劝县（市属）	3 240	24 345	1 327	57	13 382	20 097
寻甸县	2 305	161 757	9 713	849	57 910	56 435
# 市属	160	132 776	9 713	239	46 111	52 795
安宁市	162 514	2 084 578	111 231	61 178	798 762	2 836 585
# 市属	31 124	180 725	108 560	3 209	87 405	275 186

续 10－2－5 (2005 年)

本年销项税额	工业中间投入合计	直接材料	制造费用中的中间投入	管理费用中的中间投入	营业费用中的中间投入	财务费用	利息支出	本年应付工资总额
4 048 437	23 918 254	19 421 021	1 889 674	999 603	1 088 417	519 539	485 558	1 596 313
6 480 103	23 530 410	20 110 973	884 146	1 011 362	951 653	572 276	503 878	1 462 381
1 011 822	4 497 192	3 172 805	442 114	310 279	317 183	254 811	244 068	364 473
797 311	4 098 403	3 271 559	273 911	251 406	244 868	56 659	49 095	408 833
468 466	2 542 975	2 089 865	200 039	129 920	91 212	31 939	29 961	259 228
2 409 813	13 487 414	11 840 593	542 033	654 897	326 215	123 676	113 677	891 521
667 407	4 683 139	4 005 009	246 937	161 934	203 400	65 859	60 889	287 828
1 199 722	7 117 605	5 896 216	487 757	264 952	333 297	135 383	124 691	556 981
579 242	3 142 831	2 610 667	225 450	98 076	154 644	53 994	49 502	232 282
354 385	1 857 957	1 705 291	59 776	57 427	21 386	14 077	13 936	66 815
307 676	1 638 578	1 520 741	55 942	32 397	15 243	14 255	14 114	45 344
906 069	4 908 934	4 476 008	167 477	85 874	90 597	88 978	84 776	195 401
95 608	645 037	544 767	68 872	13 902	11 598	5 898	5 139	38 750
194 004	1 338 636	917 495	188 134	72 818	132 768	27 421	25 010	143 872
91 405	1 008 831	814 191	84 233	38 969	53 001	18 437	16 272	54 967
90 425	624 802	526 786	18 491	23 806	44 943	10 776	8 514	36 185
241 586	1 427 484	1 027 459	224 284	75 172	42 976	57 593	57 001	117 274
114 547	868 241	620 984	158 364	30 834	33 550	24 509	23 932	52 749
57 083	279 854	189 063	49 472	25 016	13 635	2 668	2 637	30 042
46 424	233 662	152 443	49 472	15 941	13 635	2 171	2 140	24 290
109 081	568 119	421 505	93 506	14 471	30 362	8 275	8 038	40 182
98 104	518 357	388 320	84 642	12 695	26 266	6 434	6 187	34 146
33 169	177 350	85 121	70 997	11 004	4 922	5 306	5 306	19 222
107 690	605 025	457 592	102 050	19 842	14 068	11 473	11 458	39 300
92 687	534 009	457 070	36 905	17 320	13 091	9 623	9 608	31 736
3 575 668	16 554 546	15 186 854	356 351	350 793	343 043	317 505	310 700	974 084
351 455	2 803 250	2 432 252	147 216	102 526	105 729	15 527	9 926	115 113

10-2-6 全部国有及年主营业务收入500万元以上

（2005年）

指标名称	主营业务应付工资总额	本年应付福利费总额	主营业务应付福利费总额	从业人员年平均人数（人）	经营活动产生的现金流量净额	经营活动产生的现金流入
总计	**4 732 461**	**618 267**	**586 794**	**206 354**	**11 578 023**	**116390 359**
# 市属	1 501 348	186 941	176 266	106 490	2 908 027	28 088 326
一、按登记注册类型分组：						
内资企业	4 330 230	584 731	554 801	185 739	10 685 055	106 964 944
# 市属	1 234 260	170 849	161 398	91 416	2 306 031	22 410 736
国有经济	1 550 755	183 250	176 028	42 169	4 010 285	38 719 153
# 市属	96 325	12 270	11 482	7 456	14 399	743 664
集体企业	114 425	14 764	14 078	9 281	108 388	1 834 898
# 市属	97 166	12 308	11 622	8 536	107 774	1 687 851
股份合作企业	34 811	4 351	4 327	2 244	102 181	414 744
# 市属	32 229	3 988	3 964	2 169	54 211	317 124
联营企业	5 602	790	671	517	3 766	102 254
# 市属	4 797	677	558	433	2 597	81 023
国有联营企业（市属）	2 160	260	210	101	3 489	33 227
集体联营企业	1 278	156	156	110	－773	29 640
# 市属	473	43	43	26	－1 942	8 409
国有与集体联营企业（市属）	2 164	374	305	306	1 050	39 387
有限责任公司	1 219 024	182 744	167 766	62 744	2 102 570	21 134 878
# 市属	513 575	73 696	70 426	33 696	1 450 466	9 771 579
国有独资公司	270 119	44 785	37 853	11 331	423 193	5 130 842
# 市属	56 052	8 766	7 848	2 916	124 975	1 258 208
其他有限责任公司	948 905	137 959	129 913	51 413	1 679 377	16 004 036
# 市属	457 523	64 930	62 578	30 780	1 325 491	8 513 371
股份有限公司	1 086 526	157 646	152 539	39 052	4 014 870	38 843 879
# 市属	176 036	27 411	24 589	9 789	357 041	4 320 719
私营企业	319 087	41 186	39 392	29 732	342 995	5 915 138
# 市属	314 132	40 499	38 757	29 337	319 543	5 488 776

非国有独立核算工业企业主要经济指标

单位：千元

经营活动产生的现金流出	投资活动产生的现金流量净额	投资活动产生的现金流入	投资活动产生的现金流出	筹资活动产生的现金流量净额	筹资活动产生的现金流入	筹资活动产生的现金流出	附：消费品零售额
104 812 336	**-6 578 190**	**2 520 702**	**9 098 892**	**-1 612 686**	**22 212 892**	**23 825 578**	**328 009**
25 180 299	-1 580 682	720 018	2 300 700	-424 202	4 703 810	5 128 012	320 418
96 279 889	-6 091 956	2 463 381	8 555 337	-1 647 518	20 741 410	22 388 928	320 682
20 104 705	-1 422 387	685 508	2 107 895	-347 974	3 763 715	4 111 689	313 091
34 708 868	-1 312 517	1 071 835	2 384 352	-1 531 006	2 349 557	3 880 563	1 246
729 265	-11 398	29 667	41 065	-18 969	61 775	80 744	1 246
1 726 510	-87 008	91 743	178 751	1 298	218 863	217 565	
1 580 077	-84 811	91 349	176 160	3 731	138 863	135 132	
312 563	12 899	31 638	18 739	-265 321	61 099	326 420	
262 913	-9 598	963	10 561	-20 952	28 556	49 508	
98 488	-4 609	13	4 622	-754	1 758	2 512	
78 426	-2 970	13	2 983	-491	1 758	2 249	
29 738	-1 429		1 429	-941	1 258	2 199	
30 413	-3 180	13	3 193	-263		263	
10 351	-1 541	13	1 554				
38 337				450	500	50	
19 032 308	-1 404 552	555 033	1 959 585	381 956	5 586 172	5 204 216	13 994
8 321 113	-646 514	36 207	682 721	-473 164	1 680 699	2 153 863	6 403
4 707 649	-625 499	495 666	1 121 165	928 752	2 446 761	1 518 009	
1 133 233	-44 016	2 505	46 521	-31 519	122 430	153 949	
14 324 659	-779 053	59 367	838 420	-546 796	3 139 411	3 686 207	13 994
7 187 880	-602 498	33 702	636 200	-441 645	1 558 269	1 999 914	6 403
34 829 009	-2 803 613	574 210	3 377 823	-533 052	11 550 632	12 083 684	285 019
3 963 678	-201 574	388 730	590 304	-119 790	953 735	1 073 525	285 019
5 572 143	-492 556	138 909	631 465	299 361	973 329	673 968	20 423
5 169 233	-465 522	138 579	604 101	281 661	898 329	616 668	20 423

续 10－2－6

（2005 年）

指 标 名 称	主营业务应付工资总额	本年应付福利费总额	主营业务应付福利费总额	从业人员年平均人数（人）	经营活动产生的现金流量净额	经营活动产生的现金流入
私营独资企业（市属）	15 815	1 570	1 384	1 908	3 957	81 395
私营合伙企业（市属）	10 892	1 015	1 008	976	47 695	236 910
私营有限责任公司	271 837	35 928	34 369	24 865	336 200	5 445 395
# 市 属	266 882	35 241	33 734	24 470	312 748	5 019 033
私营股份有限公司（市属）	20 543	2 673	2 631	1 983	－44 857	151 438
港、澳、台商投资企业	170 252	15 956	15 033	8 710	509 804	4 384 794
# 市 属	135 453	12 877	12 062	7 518	317 839	3 227 854
与港、澳、台商合资经营企业	124 249	11 156	11 117	6 035	341 841	3 315 537
# 市 属	92 909	8 661	8 630	5 003	149 876	2 158 597
与港、澳、台商合作经营企业（市属）	2 751			99	－14 102	102 942
港、澳、台商独资企业	43 252	4 800	3 916	2 576	182 065	966 315
# 市 属	39 793	4 216	3 432	2 416	182 065	966 315
外商投资企业	231 979	17 580	16 960	11 905	383 164	5 040 621
# 市 属	131 635	3 215	2 806	7 556	284 157	2 449 736
中外合资经营企业	125 633	5 817	5 639	6 093	211 498	3 543 628
# 市 属	86 901	2 203	2 025	4 549	158 261	1 482 863
中外合作经营企业	6 945	1 120	909	393	39 289	482 201
外资企业（市属）	44 734	1 012	781	3 007	125 896	966 873
外商投资股份有限公司	54 667	9 631	9 631	2 412	6 481	47 919
二、按经济组织类型分组：						
独资企业	1 768 981	205 396	196 187	58 941	4 430 591	42 568 634
# 市 属	293 833	31 376	28 701	23 323	434 091	4 446 098
国有企业	1 550 755	183 250	176 028	42 169	4 010 285	38 719 153
# 市 属	96 325	12 270	11 482	7 456	14 399	743 664
集体企业	114 425	14 764	14 078	9 281	108 388	1 834 898
# 市 属	97 166	12 308	11 622	8 536	107 774	1 687 851
私营独资企业（市属）	15 815	1 570	1 384	1 908	3 957	81 395

单位：千元

经营活动产生的现金流出	投资活动产生的现金流量净额	投资活动产生的现金流入	投资活动产生的现金流出	筹资活动产生的现金流量净额	筹资活动产生的现金流入	筹资活动产生的现金流出	附：消费品零售额
77 438	- 2 932	900	3 832	6 266	20 020	13 754	14 259
189 215	- 10 773	47	10 820	- 35 687	5 009	40 696	
5 109 195	- 513 209	87 894	601 103	313 826	919 060	605 234	6 164
4 706 285	- 486 175	87 564	573 739	296 126	844 060	547 934	6 164
196 295	34 358	50 068	15 710	14 956	29 240	14 284	
3 874 990	- 111 780	7 830	119 610	- 48 117	588 749	636 866	7 327
2 910 015	- 104 271	6 926	111 197	- 4 469	509 237	513 706	7 327
2 973 696	- 102 199	2 654	104 853	15 975	481 248	465 273	7 327
2 008 721	- 94 690	1 750	96 440	59 623	401 736	342 113	7 327
117 044	- 1 344	6	1 350	26 999	29 053	2 054	
784 250	- 8 237	5 170	13 407	- 91 091	78 448	169 539	
784 250	- 8 237	5 170	13 407	- 91 091	78 448	169 539	
4 657 457	- 374 454	49 491	423 945	82 949	882 733	799 784	
2 165 579	- 54 024	27 584	81 608	- 71 759	430 858	502 617	
3 332 130	- 339 116	22 452	361 568	165 190	482 835	317 645	
1 324 602	- 25 406	778	26 184	11 677	76 111	64 434	
442 912	- 5 948	45	5 993	1 359	45 000	43 641	
840 977	- 28 618	26 806	55 424	- 83 436	354 747	438 183	
41 438	- 772	188	960	- 164	151	315	
38 138 043	- 1 439 312	1 196 454	2 635 766	- 1 697 969	3 021 635	4 719 604	15 505
4 012 007	- 135 996	153 892	289 888	- 183 499	653 853	837 352	15 505
34 708 868	- 1 312 517	1 071 835	2 384 352	- 1 531 006	2 349 557	3 880 563	1 246
729 265	- 11 398	29 667	41 065	- 18 969	61 775	80 744	1 246
1 726 510	- 87 008	91 743	178 751	1 298	218 863	217 565	
1 580 077	- 84 811	91 349	176 160	3 731	138 863	135 132	
77 438	- 2 932	900	3 832	6 266	20 020	13 754	14 259

指 标 名 称	主营业务应付工资总额	本年应付福利费总额	主营业务应付福利费总额	从业人员年平均人数（人）	经营活动产生的现金流量净额	经营活动产生的现金流入
港、澳、台商独资经营企业	43 252	4 800	3 916	2 576	182 065	966 315
# 市 属	39 793	4 216	3 432	2 416	182 065	966 315
外资企业（市属）	44 734	1 012	781	3 007	125 896	966 873
合作、合伙企业	61 001	7 276	6 915	4 229	178 829	1 339 051
# 市 属	50 669	5 680	5 530	3 677	90 401	737 999
股份合作企业	34 811	4 351	4 327	2 244	102 181	414 744
# 市 属	32 229	3 988	3 964	2 169	54 211	317 124
国有联营企业（市属）	2 160	260	210	101	3 489	33 227
集体联营企业	1 278	156	156	110	-773	29 640
# 市 属	473	43	43	26	-1942	8 409
国有与集体联营企业（市属）	2 164	374	305	306	1 050	39 387
私营合伙企业（市属）	10 892	1 015	1 008	976	47 695	236 910
与港、澳、台商合作经营企业（市属）	2 751			99	-14 102	102 942
中外合作经营企业	6 945	1 120	909	393	39 289	482 201
股份有限公司	1 161 736	169 950	164 801	43 447	3 976 494	39 043 236
# 市 属	196 579	30 084	27 220	11 772	312 184	4 472 157
股份有限公司（内资）	1 086 526	157 646	152 539	39 052	4 014 870	38 843 879
# 市 属	176 036	27 411	24 589	9 789	357 041	4 320 719
私营股份有限公司（市属）	20 543	2 673	2 631	1 983	-44 857	151 438
外商投资有限公司	54 667	9 631	9 631	2 412	6 481	47 919
有限责任公司	1 740 743	235 645	218 891	99 737	2 992 109	33 439 438
# 市 属	960 267	119 801	114 815	67 718	2 071 351	18 432 072
国有独资公司	270 119	44 785	37 853	11 331	423 193	5 130 842
# 市 属	56 052	8 766	7 848	2 916	124 975	1 258 208
私营有限责任公司	271 837	35 928	34 369	24 865	336 200	5 445 395
# 市 属	266 882	35 241	33 734	24 470	312 748	5 019 033
与港、澳、台商合资经营企业	124 249	11 156	11 117	6 035	341 841	3 315 537

单位：千元

经营活动产生的现金流出	投资活动产生的现金流量净额	投资活动产生的现金流入	投资活动产生的现金流出	筹资活动产生的现金流量净额	筹资活动产生的现金流入	筹资活动产生的现金流出	附：消费品零售额
784 250	−8 237	5 170	13 407	−91 091	78 448	169 539	
784 250	−8 237	5 170	13 407	−91 091	78 448	169 539	
840 977	−28 618	26 806	55 424	−83 436	354 747	438 183	
1 160 222	−9 775	31 749	41 524	−273 404	141 919	415 323	
647 598	−24 685	1 029	25 714	−30 131	64 376	94 507	
312 563	12 899	31 638	18 739	−265 321	61 099	326 420	
262 913	−9 598	963	10 561	−20 952	28 556	49 508	
29 738	−1 429		1 429	−941	1 258	2 199	
30 413	−3 180	13	3 193	−263		263	
10 351	−1 541	13	1 554				
38 337				450	500	50	
189 215	−10 773	47	10 820	−35 687	5 009	40 696	
117 044	−1 344	6	1 350	26 999	29 053	2 054	
442 912	−5 948	45	5 993	1 359	45 000	43 641	
35 066 742	−2 770 027	624 466	3 394 493	−518 260	11 580 023	12 098 283	285 019
4 159 973	−167 216	438 798	606 014	−104 834	982 975	1 087 809	285 019
34 829 009	−2 803 613	574 210	3 377 823	−533 052	11 550 632	12 083 684	285 019
3 963 678	−201 574	388 730	590 304	−119 790	953 735	1 073 525	285 019
196 295	34 358	50 068	15 710	14 956	29 240	14 284	
41 438	−772	188	960	−164	151	315	
30 447 329	−2 359 076	668 033	3 027 109	876 947	7 469 315	6 592 368	27 485
16 360 721	−1 252 785	126 299	1 379 084	−105 738	3 002 606	3 108 344	19 894
4 707 649	−625 499	495 666	1 121 165	928 752	2 446 761	1 518 009	
1 133 233	−44 016	2 505	46 521	−31 519	122 430	153 949	
5 109 195	−513 209	87 894	601 103	313 826	919 060	605 234	6 164
4 706 285	−486 175	87 564	573 739	296 126	844 060	547 934	6 164
2 973 696	−102 199	2 654	104 853	15 975	481 248	465 273	7 327

指标名称	主营业务应付工资总额	本年应付福利费总额	主营业务应付福利费总额	从业人员年平均人数（人）	经营活动产生的现金流量净额	经营活动产生的现金流入
# 市 属	92 909	8 661	8 630	5 003	149 876	2 158 597
中外合资经营企业	125 633	5 817	5 639	6 093	211 498	3 543 628
# 市 属	86 901	2 203	2 025	4 549	158 261	1 482 863
其他有限责任公司	948 905	137 959	129 913	51 413	1 679 377	16 004 036
# 市 属	457 523	64 930	62 578	30 780	1 325 491	8 513 371
三、在总计中：亏损企业	670 104	92 784	80 087	52 783	32 369	8 279 700
# 市 属	419 341	52 119	47 653	34 648	331 028	5 911 174
在总计中：国有控股企业	3 518 994	470 258	449 662	116 308	9 961 827	93 413 082
# 市 属	518 468	72 954	70 648	28 014	1 520 725	10 151 334
在总计中：农村工业（市属）	174 695	22 020	19 668	18 008	122 472	2 616 084
在总计中：营业企业	4 714 202	615 677	584 204	203 264	11 575 288	116 307 949
# 市 属	1 492 304	185 726	175 051	104 870	2 904 859	28 061 795
四、按轻、重工业分组：						
轻工业	1 560 172	163 148	158 619	53 701	4 846 082	35 789 606
# 市 属	528 715	58 858	55 311	38 031	869 520	8 703 137
重工业	3 172 289	455 119	428 175	152 653	6 731 941	80 600 753
# 市 属	972 633	128 083	120 955	68 459	2 038 507	19 385 189
五、按企业规模分组：						
大型企业	2 080 540	262 949	257 822	43 720	6 693 103	66 726 622
# 市 属	41 761	5 847	5 847	2 169	98 846	818 164
中型企业	1 585 915	220 073	202 982	84 586	2 328 983	26 165 791
# 市 属	677 855	84 208	79 099	41 691	1 116 297	12 266 089
小型企业	1 066 006	135 245	125 990	78 048	2 555 937	23 497 946
# 市 属	781 732	96 886	91 320	62 630	1 692 884	15 004 073
六、按工业行业分组：						
采矿业	417 027	63 013	57 480	16 658	10 071	4 318 542
# 市 属	19 679	2 515	2 465	1 861	31 435	262 703

单位：千元

经营活动产生的现金流出	投资活动产生的现金流量净额	投资活动产生的现金流入	投资活动产生的现金流出	筹资活动产生的现金流量净额	筹资活动产生的现金流入	筹资活动产生的现金流出	附：消费品零售额
2 008 721	－94 690	1 750	96 440	59 623	401 736	342 113	7 327
3 332 130	－339 116	22 452	361 568	165 190	482 835	317 645	
1 324 602	－25 406	778	26 184	11 677	76 111	64 434	
14 324 659	－779 053	59 367	838 420	－546 796	3 139 411	3 686 207	13 994
7 187 880	－602 498	33 702	636 200	－441 645	1 558 269	1 999 914	6 403
8 247 331	－125 535	277 857	403 392	196 171	1 497 187	1 301 016	5 354
5 580 146	－239 604	57 287	296 891	257 149	1 159 055	901 906	5 354
83 451 255	－4 744 883	2 096 310	6 841 193	－2 324 402	17 115 449	19 439 851	288 484
8 630 609	－448 462	421 067	869 529	－933 990	1 224 428	2 158 418	288 484
2 493 612	－82 288	47 510	129 798	15 278	393 485	378 207	1 941
104 732 661	－6 577 953	2 520 696	9 098 649	－1 608 959	22 212 888	23 821 847	328 009
25 156 936	－1 580 439	720 018	2 300 457	－420 875	4 703 806	5 124 681	320 418
30 943 524	－1 224 475	279 481	1 503 956	－1 200 904	2 556 615	3 757 519	33 324
7 833 617	－425 685	110 467	536 152	18 314	1 536 509	1 518 195	25 733
73 868 812	－5 353 715	2 241 221	7 594 936	－411 782	19 656 277	20 068 059	294 685
17 346 682	－1 154 997	609 551	1 764 548	－442 516	3 167 301	3 609 817	294 685
60 033 519	－3 291 640	850 959	4 142 599	－956 796	12 205 611	13 162 407	
719 318	－37 796	120	37 916	－13 611	115 330	128 941	
23 836 808	－1 655 018	874 808	2 529 826	－161 110	5 647 077	5 808 187	301 895
11 149 792	－872 573	463 797	1 336 370	123 190	1 834 087	1 710 897	294 361
20 942 009	－1 631 532	794 935	2 426 467	－494 780	4 360 204	4 854 984	26 114
13 311 189	－670 313	256 101	926 414	－533 781	2 754 393	3 288 174	26 057
4 308 471	－767 463	216 219	983 682	1 495 566	2 553 318	1 057 752	
231 268	－6 842	707	7 549	－4 097	2 268	6 365	

指标名称	主营业务应付工资总额	本年应付福利费总额	主营业务应付福利费总额	从业人员年平均人数（人）	经营活动产生的现金流量净额	经营活动产生的现金流入
煤炭开采和洗选业	21 589	2 729	2 373	1 800	－155 613	279 492
黑色金属矿采选业	167 270	28 581	23 454	5 070	－370 578	1 596 846
有色金属矿采选业	28 350	3 855	3 805	1 633	54 401	460 217
# 市 属	6 879	849	799	565	4 232	160 553
非金属矿采选业	199 818	27 848	27 848	8 155	481 861	1 981 987
# 市 属	12 800	1 666	1 666	1 296	27 203	102 150
制造业	3 925 870	496 719	473 416	176 670	10 181 534	99 418 827
# 市 属	1 347 511	165 039	155 373	98 581	1 792 716	24 563 050
农副食品加工业	53 744	6 536	6 145	4 319	185 247	3 065 275
# 市 属	44 199	5 045	4 872	3 756	130 668	2 196 474
食品制造业	55 221	4 894	4 398	4 490	44 846	888 893
# 市 属	53 640	4 673	4 177	4 375	43 525	872 557
饮料制造业	47 197	4 530	4 408	3 617	10 650	574 274
# 市 属	45 972	4 336	4 229	3 473	16 447	544 208
烟草制品业	846 181	80 842	80 842	5 728	3 330 644	22 506 905
# 市 属	19 800	3 621	3 621	699	91 519	226 351
纺织业（市属）	56 480	9 562	7 746	6 187	115 489	429 332
纺织服装、鞋、帽制造业	3 155	169	169	697	3 974	38 425
# 市 属	650	91	91	370		
木材加工及木、竹、藤、棕、草制品业	22 975	2 726	2 010	2 169	21 108	260 835
# 市 属	20 413	2 302	1 919	1 726	20 049	233 803
家具制造业	2 317	527	340	520	－388	16 185
# 市 属	2 079	313	307	195		
造纸及纸制品业	18 588	1 948	1 781	2 710	20 108	320 024
# 市 属	16 605	1 711	1 589	2 505	21 156	301 195
印刷业和记录媒介的复制	120 577	14 509	14 373	5 769	349 568	1 757 559
# 市 属	90 392	10 496	10 367	4 138	327 544	1 539 804

单位：千元

经营活动产生的现金流出	投资活动产生的现金流量净额	投资活动产生的现金流入	投资活动产生的现金流出	筹资活动产生的现金流量净额	筹资活动产生的现金流入	筹资活动产生的现金流出	附：消费品零售额
435 105	140 099	175 448	35 349	16 126	64 700	48 574	
1 967 424	– 28 944	28 915	57 859	870 875	1 546 500	675 625	
405 816	– 9 279	9 231	18 510	– 30 536	1 258	31 794	
156 321	– 1 429		1 429	– 941	1 258	2 199	
1 500 126	– 869 339	2 625	871 964	639 101	940 860	301 759	
74 947	– 5 413	707	6 120	– 3 156	1 010	4 166	
89 237 293	– 4 999 951	1 834 252	6 834 203	– 2 102 619	18 823 923	20 926 542	328 009
22 770 334	– 1 341 749	697 941	2 039 690	440 030	4 311 059	3 871 029	320 418
2 880 028	– 64 499	13 846	78 345	– 47 780	497 890	545 670	14 926
2 065 806	– 31 881	13 471	45 352	– 61 739	384 890	446 629	14 926
844 047	27 811	60 077	32 266	49 539	85 700	36 161	1 941
829 032	27 792	59 977	32 185	51 860	83 500	31 640	1 941
563 624	– 7 965	1 987	9 952	– 7 960	68 095	76 055	210
527 761	– 7 433	1 480	8 913	6 210	64 895	58 685	210
19 176 261	– 629 290	70 021	699 311	– 1 174 452	75 774	1 250 226	
134 832	– 50 026	10	50 036	31 603	75 220	43 617	
313 843	– 103 124	2 294	105 418	– 2 779	70 881	73 660	204
34 451	– 2 194	84	2 278	392	13 419	13 027	
239 727	– 338	6 140	6 478	– 7 264	72 252	79 516	4 184
213 754	– 315	6 140	6 455	– 7 264	72 252	79 516	4 184
16 573	– 400	152	552	720	7 654	6 934	
299 916	– 6 292	495	6 787	– 14 886	57 596	72 482	
280 039	– 6 292	495	6 787	– 14 886	57 596	72 482	
1 407 991	– 116 603	29 791	146 394	– 111 368	312 261	423 629	
1 212 260	– 99 983	7 153	107 136	– 108 560	195 769	304 329	

指标名称	主营业务应付工资总额	本年应付福利费总额	主营业务应付福利费总额	从业人员年平均人数（人）	经营活动产生的现金流量净额	经营活动产生的现金流入
文教体育用品制造业（市属）	433	60	60	35	602	3 965
石油加工、炼焦及核燃料加工业（市属）	6 102	917	801	691	11 455	193 838
化学原料及化学制品制造业	373 564	53 873	47 270	23 487	701 746	8 585 745
# 市属	173 491	22 434	19 526	14 583	212 203	2 819 741
医药制造业	211 346	20 900	20 592	10 734	530 088	3 132 293
# 市属	106 281	6 349	6 259	5 964	10 713	835 061
化学纤维制造业	23 942	1 966	1 966	340	191 096	1 047 843
橡胶制品业	7 169	421	421	690	4 228	102 898
# 市属	5 434	178	178	425	2 604	89 562
塑料制品业	38 878	4 282	4 164	3 262	81 037	881 734
# 市属	30 574	3 213	3 095	2 629	81 024	795 410
非金属矿物制品业	179 162	22 245	21 601	13 298	58 996	2 122 493
# 市属	110 590	14 032	13 840	9 495	75 790	1 139 516
黑色金属冶炼及压延加工业	528 867	74 812	73 880	19 095	1 740 523	17 941 386
# 市属	59 285	8 322	8 079	5 297	107 673	2 257 243
有色金属冶炼及压延加工业	334 554	48 655	46 171	13 100	1 968 829	22 104 975
# 市属	44 989	5 584	5 234	4 014	– 47 367	1 799 932
金属制品业	62 643	9 141	8 946	4 528	232 522	1 202 056
# 市属	32 846	4 586	4 531	3 189	188 357	676 812
通用设备制造业	177 350	27 164	26 325	12 790	6 927	1 337 272
# 市属	99 558	13 907	13 425	6 745	20 819	1 032 396
专用设备制造业	270 209	40 291	35 546	12 876	89 303	2 132 726
# 市属	100 720	14 170	14 016	5 263	75 078	968 519
交通运输设备制造业	205 481	28 801	28 275	10 193	217 194	3 770 262
# 市属	70 717	9 284	9 156	3 316	121 541	2 009 410
电气机械及器材制造业	150 178	19 766	19 355	7 371	103 855	2 807 282
# 市属	104 323	13 815	13 404	5 630	109 449	2 389 257

单位：千元

经营活动产生的现金流出	投资活动产生的现金流量净额	投资活动产生的现金流入	投资活动产生的现金流出	筹资活动产生的现金流量净额	筹资活动产生的现金流入	筹资活动产生的现金流出	附：消费品零售额
3 363	- 132		132				1 036
182 383	- 2 058	1 600	3 658	5 333	11 721	6 388	
7 883 999	- 424 547	372 383	796 930	- 360 572	2 308 209	2 668 781	89
2 607 538	- 224 800	33 866	258 666	99 448	769 444	669 996	89
2 602 205	- 202 912	93 325	296 237	41 009	942 423	901 414	14 918
824 348	- 86 411	25 056	111 467	71 328	344 897	273 569	7 327
856 747	- 7 384	819	8 203	- 42 196	76 138	118 334	
98 670	- 851	140	991	- 2 420	4 979	7 399	
86 958	- 834	140	974	- 873	4 979	5 852	
800 697	- 8 631	3 716	12 347	- 69 618	239 977	309 595	
714 386	- 7 665	3 716	11 381	- 68 532	238 476	307 008	
2 063 497	- 402 756	38 997	441 753	337 243	518 174	180 931	5 482
1 063 726	- 70 495	24 569	95 064	28 586	118 260	89 674	5 482
16 200 863	- 1 602 503	445 505	2 048 008	- 99 880	2 835 922	2 935 802	
2 149 570	- 68 274	2 467	70 741	27 520	133 692	106 172	
20 136 146	- 820 876	450 010	1 270 886	- 605 975	7 938 160	8 544 135	285 019
1 847 299	- 124 712	381 124	505 836	209 590	355 675	146 085	285 019
969 534	- 184 260	2 152	186 412	- 9 072	39 196	48 268	
488 455	- 183 558	765	184 323	12 777	38 196	25 419	
1 330 345	- 29 614	4 129	33 743	7 470	123 315	115 845	
1 011 577	- 10 493	3 558	14 051	- 15 190	80 842	96 032	
2 043 423	- 92 590	43 275	135 865	110 957	724 296	613 339	
893 441	- 79 373	28 347	107 720	73 340	162 589	89 249	
3 553 068	- 173 250	31 465	204 715	- 55 115	855 429	910 544	
1 887 869	- 117 293	26 988	144 281	141 050	509 594	368 544	
2 703 427	- 81 229	8 892	90 121	- 12 658	591 290	603 948	
2 279 808	- 41 304	6 639	47 943	- 40 457	476 537	516 994	

指 标 名 称	主营业务应付工资总额	本年应付福利费总额	主营业务应付福利费总额	从业人员年平均人数（人）	经营活动产生的现金流量净额	经营活动产生的现金流入
通信设备、计算机及其他电子设备制造业	40 410	5 816	4 955	1 568	54 105	905 831
# 市 属	4 761	890	29	456	14 960	276 403
仪器仪表及文化、办公用机械制造业	55 938	7 641	7 443	4 241	76 126	578 204
# 市 属	23 948	2 920	2 786	2 093	5 059	267 747
工艺品及其他制造业	15 157	1 846	1 738	1 319	－3 869	122 043
# 市 属	5 177	349	341	486	834	76 240
废弃资源和废旧材料回收加工业（市属）	18 052	1 879	1 695	846	35 525	588 274
电力、燃气及水的生产和供应业	389 564	58 535	55 898	13 026	1 386 418	12 652 990
# 市 属	134 158	19 387	18 428	6 048	1 083 876	3 262 573
电力、热力的生产和供应业	297 617	43 315	43 315	8 259	1 389 173	10 949 406
# 市 属	73 838	10 273	10 273	2 700	976 507	2 096 532
燃气生产和供应业	41 461	8 401	5 805	2 100	－102 417	858 149
# 市 属	9 834	2 295	1 377	681	7 707	320 606
水的生产和供应业（市属）	50 486	6 819	6 778	2 667	99 662	845 435
七、按隶属关系分组：						
中央属企业	1 401 878	159 606	158 382	25 666	4 007 929	35 066 456
省属企业	1 829 235	271 720	252 146	74 198	4 662 067	53 235 577
市（直）属企业	574 990	78 990	73 462	39 097	615 738	10 202 272
县属企业	207 067	28 541	26 877	14 933	366 728	3 553 049
街道企业	5 715	262	262	689	1 779	32 830
镇属企业	53 265	7 144	6 713	5 716	50 349	420 906
乡办企业	37 609	4 817	4 422	4 488	3 987	430 749
居委会办企业	6 936	846	846	639	12 827	33 698
村办企业	21 682	2 603	2 376	2 566	10 224	258 791
其他企业	594 084	63 738	61 308	38 362	1 846 395	13 156 031
八、按企业所在地分组：						
全 市	4 732 461	618 267	586 794	206 354	11 578 023	116 390 359

单位：千元

经营活动产生的现金流出	投资活动产生的现金流量净额	投资活动产生的现金流入	投资活动产生的现金流出	筹资活动产生的现金流量净额	筹资活动产生的现金流入	筹资活动产生的现金流出	附：消费品零售额
851 726	- 6 558	68 964	75 522	8 264	217 770	209 506	
261 443	- 6 556		6 556	50	110	60	
502 078	- 11 412	16 062	27 474	- 41 220	88 660	129 880	
262 688	- 4 344	155	4 499	- 4 054	14 302	18 356	
125 912	- 3 845	95	3 940	229	8 740	8 511	
75 406	- 536	95	631	4 229	8 740	4 511	
552 749	- 41 649	67 836	109 485	1 440	38 002	36 562	
11 266 572	- 810 776	470 231	1 281 007	- 1 005 633	835 651	1 841 284	
2 178 697	- 232 091	21 370	253 461	- 860 135	390 483	1 250 618	
9 560 233	- 741 911	466 879	1 208 790	- 933 821	687 784	1 621 605	
1 120 025	- 192 361	18 507	210 868	- 843 486	264 616	1 108 102	
960 566	- 29 160	2 796	31 956	- 55 163	22 000	77 163	
312 899	- 25	2 307	2 332				
745 773	- 39 705	556	40 261	- 16 649	125 867	142 516	
31 058 527	- 1 233 794	536 981	1 770 775	- 1 310 312	1 476 573	2 786 885	
48 573 510	- 3 763 714	1 263 703	5 027 417	121 828	16 032 509	15 910 681	7 591
9 586 534	- 572 331	421 861	994 192	190 746	1 814 510	1 623 764	291 307
3 186 321	- 152 312	91 351	243 663	106 641	355 101	248 460	15 709
31 051	- 1 541	13	1 554	2 650	7 000	4 350	
370 557	- 8 305	15 152	23 457	- 3 972	14 898	18 870	
426 762	- 25 714	624	26 338	221	74 201	73 980	
20 871	- 6 491		6 491	826	8 072	7 246	
248 567	- 14 394	46	14 440	19 459	32 177	12 718	
11 309 636	- 799 594	190 971	990 565	- 740 773	2 397 851	3 138 624	13 402
104 812 336	- 6 578 190	2 520 702	9 098 892	- 1 612 686	22 212 892	23 825 578	328 009

指标名称	主营业务应付工资总额	本年应付福利费总额	主营业务应付福利费总额	从业人员年平均人数（人）	经营活动产生的现金流量净额	经营活动产生的现金流入
# 市属	1 501 348	186 941	176 266	106 490	2 908 027	28 088 326
五华区	1 416 701	153 894	147 839	36 626	6 859 124	47 863 904
# 市属	346 312	36 491	34 566	17 930	1 418 957	7 357 316
盘龙区	388 741	53 357	51 068	22 828	538 845	6 400 085
# 市属	245 470	34 294	32 472	14 623	297 797	3 929 681
官渡区	839 660	114 318	109 155	38 875	991 191	17 711 858
# 市属	257 077	31 132	28 898	18 866	425 396	5 679 031
西山区	527 651	74 785	70 941	31 735	562 669	8 988 310
# 市属	212 938	29 460	27 024	17 650	278 912	3 462 528
东川区	66 815	9 194	9 194	5 129	49 959	2 038 640
# 市属	45 344	6 188	6 188	4 061	－210	1 738 976
呈贡县	194 993	26 576	26 487	7 735	444 909	5 893 219
# 市属	38 342	4 588	4 499	3 370	25 161	501 687
晋宁县	142 781	18 228	18 079	7 850	163 319	1 857 041
# 市属	53 876	5 810	5 661	4 978	79 659	992 644
富民县（市属）	35 895	3 810	3 782	3 231	75 160	525 537
宜良县	111 174	14 943	14 272	7 613	－116 988	1 315 197
# 市属	50 353	6 698	6 383	5 062	19 899	679 236
石林县	29 728	5 017	4 976	2 045	252 475	592 469
# 市属	23 976	4 211	4 170	1 919	248 932	518 602
嵩明县	39 895	5 433	5 412	3 638	－24 883	473 574
# 市属	33 859	4 582	4 561	2 832	－23 939	380 068
禄劝县（市属）	17 490	2 524	2 524	1 368	17 952	194 937
寻甸县	39 164	5 237	5 217	3 200	－1 414	482 314
# 市属	31 600	4 178	4 158	2 704	－19 539	269 919
安宁市	881 773	130 951	117 848	34 481	1 765 705	22 053 274
# 市属	108 816	12 975	11 380	7 896	63 890	1 858 164

单位：千元

经营活动产生的现金流出	投资活动产生的现金流量净额	投资活动产生的现金流入	投资活动产生的现金流出	筹资活动产生的现金流量净额	筹资活动产生的现金流入	筹资活动产生的现金流出	附：消费品零售额
25 180 299	－1 580 682	720 018	2 300 700	－424 202	4 703 810	5 128 012	320 418
41 004 780	－1 745 281	671 722	2 417 003	－2 685 031	9 043 585	11 728 616	292 346
5 938 359	－584 958	376 460	961 418	－671 310	1 716 859	2 388 169	292 346
5 861 240	－145 263	66 218	211 481	－87 660	671 349	759 009	1 182
3 631 884	－104 289	44 775	149 064	－65 901	443 486	509 387	1 125
16 720 667	－1 490 132	512 500	2 002 632	490 294	3 183 362	2 693 068	
5 253 635	－124 956	59 065	184 021	－47 684	1 069 896	1 117 580	
8 425 641	－282 803	324 807	607 610	－390 811	1 573 890	1 964 701	17 200
3 183 616	－214 354	7 431	221 785	29 115	429 924	400 809	9 666
1 988 681	－126 692	49 447	176 139	227 483	355 378	127 895	667
1 739 186	－118 842	40 216	159 058	257 078	355 378	98 300	667
5 448 310	－250 794	3 478	254 272	－311 215	1 159 235	1 470 450	
476 526	－11 950	196	12 146	－7 992	36 485	44 477	
1 693 722	－117 122	5 051	122 173	2 516	205 464	202 948	
912 985	－56 437	4 656	61 093	－48 408	51 464	99 872	
450 377	－19 341	47	19 388	－43 247	42 975	86 222	
1 432 185	58 871	249 040	190 169	4 033	327 908	323 875	2 355
659 337	－17 999	73 632	91 631	22 156	114 870	92 714	2 355
339 994	－198 435	587	199 022	6 642	37 856	31 214	
269 670	－193 414	587	194 001	7 179	27 856	20 677	
498 457	－14 146	2 564	16 710	41 774	126 948	85 174	
404 007	－14 146	2 564	16 710	41 764	126 938	85 174	
176 985	－19 516	13 620	33 136	5 475	58 491	53 016	14 259
483 728	－96 602	3 208	99 810	115 052	165 114	50 062	
289 458	－62 256	3 165	65 421	95 259	109 937	14 678	
20 287 569	－2 130 934	618 413	2 749 347	1 012 009	5 261 337	4 249 328	
1 794 274	－38 224	93 604	131 828	2 314	119 251	116 937	

10－3　全市主要工业产品产量

产品名称	计量单位	2005年	2004年	2005年比2004年±%
原煤	吨	4 138 831	3 324 376	24.50
铁矿石原矿量	吨	1 671 162	1 228 110	36.08
铜选矿产品含铜量	吨	21 089	14 603	44.42
硫铁矿石（折含硫35%）	吨	11 000	22 000	－50.00
磷矿石（折含五氧化二磷30%）	吨	9 895 803	8 607 940	14.96
原盐	吨	586 915	518 499	13.20
发电量	万千瓦时	1 242 407.9	1 150 249.04	8.01
自来水生产量	吨	238 911 582	213 825 383	11.73
小麦粉	吨	30 747	40 052	－23.23
精制食用植物油	吨	91 923.57	35 728.95	157.28
配混合饲料	吨	709 215.71	729 928.84	－2.84
糖果	吨	5.6	5.7	－1.75
糕点	吨	10 298	8 529	20.74
饼干	吨	230	204	12.75
方便面	吨	17 935	24 423	－26.57
乳制品	吨	59 495	55 956	6.32
液体乳	吨	58 481	55 205	5.93
罐头	吨	11 351	1 002	1032.83
酱油	吨	10 858	11 576	－6.20
饮料酒	千升	56 294.46	46 611.18	20.77
软饮料	吨	362 090	232 207.07	55.93
冷冻饮品	吨	2 135	1 972	8.27
精制茶	吨	1 977	961	105.72
复烤烟叶	吨	160 084	150 605	6.29
卷烟	万支	6 718 895	6 613 418	1.59
化学纤维	吨	30 423	13 998	117.34
纱	吨	6 919	5 574	24.13

产品名称	计量单位	2005 年	2004 年	2005 年比 2004 年 ±%
布	万米	283.83	472.9	－39.98
印染布	万米	71	80	－11.25
针棉织品折用纱线量	吨	340	307	10.75
服装	万件	535.6	373.74	43.31
皮鞋	万双	41.96	60.8	－30.99
锯材	立方米	1 478	3 303	－55.25
人造板	立方米	32 648	22 546	44.81
人造板表面装饰板（人造板二次加工装饰）	立方米	1 271 072	912 956	39.23
实木地板（木地板）	平方米	10 302	4 206	144.94
复合地板	平方米	1 009 982	1 038 308	－2.73
家具	件	870 105	512 952	69.63
机制纸及纸板	吨	50 809	48 908	3.89
纸制品	吨	54 491	57 599	－5.40
润滑油	吨	20 065	7 585	164.54
焦炭	吨	2 490 862	2 206 993	12.86
煤气生产量（煤气）	万立方米	649 041.87	624 447.06	3.94
硫酸（折 100%）	吨	3 594 303	2 454 234	46.45
盐酸（含量 31%以上）	吨	42 177	39 381	7.10
氢氧化钠（烧碱）（折 100%）	吨	44 029	39 374	11.82
碳化钙（电石）（折 300 升/千克）	吨	13 033	16 157	－19.34
三聚磷酸钠	吨	41 702	50 008	－16.61
黄磷	吨	94 504	95 500	－1.04
合成氨	吨	147 140	129 155	13.93
农用氮、磷、钾化学肥料总计（折纯）	吨	840 969	806 019	4.34
磷酸铵肥	吨	1 308 365	844 656	54.90
化学农药原药（折有效成分 100%）	吨	1 090.22	428.8	154.25
纯苯	吨	10 668	9 820	8.64
涂料（油漆）	吨	7 062.95	7 420.32	－4.82

续 10 - 3

产 品 名 称	计量单位	2005 年	2004 年	2005 年比 2004 年 ± %
建筑涂料	吨	2 438	1 794	35.90
油墨	吨	929.17	841	10.48
颜料	吨	378	154	145.45
初级形态的塑料（塑料树脂及共聚物）	吨	30 598	27 009	13.29
炸药	吨	64 466	50 318	28.12
雷管	万支	3 737	2 660	40.49
肥（香）皂	吨	2 147	2 440	- 12.01
合成洗涤剂	吨	18 410	10 701	72.04
香精及其他香料混合物（香精）	吨	1 904	2 517.2	- 24.36
牙膏（折 65 克标准支）	万支	2 220.31	2 021.63	9.83
化学药品原药（化学原料药）	吨	19.49	59.9	- 67.46
中成药	吨	5 753.92	5 213.8	10.36
力车胎外胎	万条	407.1	297.3	36.93
橡胶靴鞋（胶鞋）	万双	518.68	554.19	- 6.41
塑料制品	吨	66 678.86	54 819.54	21.63
水泥熟料	吨	3 820 668.2	3 519 782.72	8.55
水泥	吨	5 164 980.7	4 392 140.66	17.60
水泥排水管	千米	48.01	57.18	- 16.04
水泥压力管	千米	13.6	8.66	57.04
水泥电杆	根	91 491	95 939	- 4.64
商品混凝土	立方米	669 233.3	590 534.77	13.33
水泥混凝土桩（水泥预制管桩）	米	760 152	748 002	1.62
砖（折标准砖）	万块	120 211	127 028.6	- 5.37
瓦	万片	83.5	247	- 66.19
天然大理石建筑板材（大理石板材）	平方米	1 742 170	1 609 077	8.27
天然花岗石建筑板材（花岗石板材）	平方米	1 573	2 113	- 25.56
平板玻璃	重量箱	2 355 575	2 787 144	- 15.48
中空玻璃	平方米	47 727	19 246	147.98

续 10－3

产　品　名　称	计量单位	2005 年	2004 年	2005 年比 2004 年 ± %
钢化玻璃	平方米	581 837	515 242	12.92
夹层玻璃	平方米	131 177	102 126	28.45
日用玻璃制品	吨	24 991	27 755	－9.96
日用陶瓷	万件	623.21	1 505.16	－58.6
耐火材料制品	吨	83 506	90 304	－7.53
石墨及碳素制品	吨	150 006	111 480	34.56
生铁	吨	3 735 401	3 235 523	15.45
粗钢	吨	3 253 929.1	2 700 957.78	20.47
钢材	吨	3 844 806	2 911 806	32.04
铁合金	吨	58 117	34 079	70.54
十种有色金属	吨	739 047	521 416	41.74
黄金	千克	8 151	6 367	28.02
白银	千克	510 116	463 413	10.08
铜材（铜加工材）	吨	62 572	55 776	12.18
铝材	吨	97 769.58	61 436.79	59.14
金属切削工具	万件	51.5	30.9	66.67
日用不锈钢制品	吨	187	281	－33.45
锁具	万把	0.34	0.25	36.00
燃气灶具	个	91	382	－76.18
工业锅炉	蒸发量吨	228	228	0.00
内燃机	千瓦	9 435 118	8 087 429	16.66
金属切削机床	台	9 495	3 347	183.69
金属成形机床（锻压设备）	吨	279	279	0.00
起重设备	吨	3 182.75	3 290.3	－3.27
输送机械	米	8 961	5 761	55.55
泵（液体泵）	台	120 699	141 872	－14.92
风机	台	3	8	－62.50
减速机	台	259	265	－2.26

续 10 - 3

产 品 名 称	计量单位	2005 年	2004 年	2005 年比 2004 年 ± %
滚动轴承（轴承）	万套	165.1	162.5	1.60
阀门	吨	829	638	29.94
采矿设备（矿山设备）	吨	2 168	2 656	- 18.37
饲料加工机械	台	772	2 686	- 71.26
烟草加工机械	台（条、砖）	4 972	5 996	- 17.08
印刷机	吨	480	1 400	- 65.71
金属冶炼设备（冶炼设备）	吨	9 079	16 117	- 43.67
金属轧制设备	吨	2 781	2 255	23.33
小型拖拉机	台	19 909	14 744	35.03
混凝土机械	台	33	201	- 83.58
汽车	辆	4 239	2 895	46.42
改装汽车	辆	531	454	16.96
发电设备	千瓦	524 425	337 866	55.22
交流电动机	千瓦	1 275 507	1 125 099	13.37
变压器	千伏安	5 210 839	5 077 386	2.63
高压开关板	面	355	315	12.70
低压开关板	面	1 704	2 027	- 15.93
电力电缆	千米	9 922	9 575	3.62
通信及电子网络用电缆	对千米	1 622	46 971	- 96.55
钢芯铝绞线	吨	14 638	12 185	20.13
绝缘制品	吨	1 518	1 623	- 6.47
蓄电池	千伏安时	82 063	98 277	- 16.50
原电池及原电池组（折 R20 标准只）	万只	8 507.97	7 761.42	9.62
光通信设备	台	248	274	- 9.49
程控交换机	线	5 400	5 370	0.56
打印机	台	55 680	57 817	- 3.70
自动化仪表及系统	台（套）	1 697	2 196	- 22.72
光学仪器	台	824 688	1 014 605	- 18.72

10－4　昆明市 2005 年利税 100 强企业

序号	企业名称	法人	隶属关系	注册类型	电话	产品	利税（千元）
1	红云烟草（集团）有限责任公司	朱绍明	10	110	5833110	卷烟制造	2 719 170
2	昆明钢铁股份有限公司	王长勇	20	160	8604132	钢压延	809 480
3	云南铜业股份有限公司	邹韶禄	20	160	8390888	精炼铜	596 047
4	国投云南大朝山水电有限公司	潘坤华	90	159	3014316	水力发电	371 082
5	云南省昆明供电局	杨爱民	10	110	3068022	电力供应	313 970
6	云南铝业股份有限公司	陈　智	20	160	7455668	原铝	299 891
7	云南三环化工股份有限公司	他盛华	20	110	8596721	磷酸	177 410
8	云南省烟草烟叶公司	钟　华	10	110	7272666	复烤烟叶	176 097
9	云南白药集团股份有限公司	王明辉	20	160	8350538	胶囊剂	127 275
10	昆明钢铁集团有限责任公司	郝蜀东	20	151	8603459	铁矿石采选	119 292
11	国电阳宗海发电有限公司	张玉新	10	110	3065229	电力	114 480
12	云南盐化股份有限公司	段东成	20	160	3162767	精制盐	102 019
13	云南磷化集团有限公司	他盛华	20	159	7896018	磷矿石	85 368
14	云南富瑞化工有限公司	李如岗	20	110	8750245	重过磷酸钙	85 207
15	昆明醋酸纤维有限公司	边有伦	10	210	5631028	二醋酸纤维烟用丝束	76 084
16	昆明云内动力股份有限公司	段华生	90	160	5633185	汽车整车制造	73 181
17	昆明滇虹药业有限公司	周家礽	90	310	8352219	皮康王	60 563
18	云南云冶锌业股份有限公司	牛　皓	20	110	8390888	矿产锌锭	46 826
19	昆钢钢铁控股有限公司	郝蜀东	20	151	8603459	钢压延	46 445
20	昆明伟建彩印有限公司	陈世伟	90	230	8322111	烟标	44 160
21	昆明制药集团股份有限公司	汪　诚	20	160	8319868	针剂	44 122
22	交大昆机科技股份有限公司	雷锦录	20	340	6166611	卧式镗床	43 168
23	云南生物谷盏花药业有限公司	薛中社	20	159	5016111	灯盏细辛系列产品	42 532
24	昆明焦化制气厂	张鸿鸣	20	110	6263211	城市煤气	41 325
25	云大科技股份有限公司	邓　杰	90	160	8315071	云大－120 植物生产调节	40 656
26	云南铜业凯通有色金属有限公司	何云辉	90	173	2421697	粗铜生产	38 245
27	云南国资水泥昆明有限公司	黄俊峰	20	159	8422656	水泥	37 659
28	云南安宁龙宝化工有限公司	赵恩明	62	120	8692787	硫酸	36 255
29	云南地矿资源股份有限公司	史　翔	20	160	3806532	黄金	33 975
30	云南昆船第二机械有限公司	王国荣	10	159	7235618	烟草制丝设备	33 031
31	昆明电缆股份有限公司	彭松平	40	160	8182176	钢芯铝绞线	31 345
32	国营云南安宁化工厂	肖路易	20	110	8614825	工业炸药	30 640
33	云南九九彩印有限公司	苗魁元	90	210	5813564	烟标生产	28 356

续 10－4

序号	企业名称	法人	隶属关系	注册类型	电话	产品	利税（千元）
34	云南南磷集团寻甸磷电有限公司	王安康	50	173	2731188	黄磷	27 122
35	昆明自来水集团有限公司	朱　智	40	151	3161091	自来水生产与供应	26 681
36	云南云叶化肥股份有限公司	钟　华	20	160	6146616	复混肥料	26 044
37	中国华电集团公司云南昆明发电厂	王贵彦	10	110	8411399	火力发电	25 560
38	昆明中药厂有限公司	鲁少龙	20	159	3572187	消肺化痰丸	24 538
39	云南昆船第一机械有限公司	江　敏	10	159	7231840	烟草加工机械	23 710
40	云南天宁矿业有限公司	唐　明	20	159	8682689	磷矿石	21 971
41	中铁昆明大型养路机械集团有限公司	马云昆	10	159	3920080	RM80 大型清筛机	21 728
42	昆明玻璃股份有限公司	沈允武	90	160	8181663	浮法平板玻璃	21 370
43	云南田坝水电站	黄履恒	20	130	3174098	水力发电	21 015
44	云南纺织（集团）股份有限公司	梁广华	40	160	4163971	纺织产品	20 352
45	云南华云实业总公司	王瑞林	50	120	8603033	废钢铁收购加工	19 839
46	昆明神农汇丰化肥有限责任公司	李正寿	40	159	7524411	合成氨	18 987
47	云南省凤鸣村煤矿	苏文科	20	110	7677018	褐煤	17 991
48	云南水泥有限公司	王云华	40	159	8582680	普通硅酸盐水泥	17 976
49	云南昆钢嘉华水泥建材有限公司	赵永平	20	310	8616969	水泥	17 666
50	云南昆岭薄膜工业有限公司	林逢生	90	330	7266661	BOPP 薄膜	16 699
51	云南先锋煤业开发有限公司	陈永刚	20	160	6113218	褐煤	16 460
52	云南西仪工业股份有限公司	武　林	10	160	8598200	汽车发动机连杆	15 939
53	昆明积大制药有限公司	刘友波	90	210	8356968	化学药品制剂制造	15 811
54	云南变压器电气股份有限公司	胡展宏	40	160	8182648	变压器制造	15 777
55	昆明立宇建材有限责任公司	郭田江	50	159	7812519	水泥	15 774
56	昆明云波印刷有限公司	李文友	71	173	4573284	税务发票	14 726
57	云南铜业铜材有限公司	何云辉	20	159	8390082	铜盘条	14 620
58	云南大互通工贸有限公司	熊学良	90	173	8312444	钛白粉	14 074
59	昆明顶津食品有限公司	赵慧敬	90	330	7269699	果汁	13 621
60	东风云南汽车有限公司	何建中	10	159	8185414	汽车及汽车零部件制造	13 481
61	云南金沙矿业股份有限公司	沈南山	20	160	2128219	铜精矿含铜生产	13 424
62	昆明市东川骏明矿业有限责任公司	李天贵	90	173	2150516	冰铜含铜生产	13 380
63	昆明贝克诺顿制药有限公司	段继东	90	310	8181600	阿莫西林系列	12 911
64	云南南天电子信息产业股份公司	郑南南	20	160	3332302	存折打印机	12 699
65	昆明化肥有限责任公司	郑　池	40	159	7812079	氮肥	12 530
66	云南梅塞尔气体产品有限公司	杜　浦	90	330	8310718	管道氧气	12 462

续 10－4

序号	企业名称	法人	隶属关系	注册类型	电话	产品	利税（千元）
67	云南丰瑞油脂有限公司	赵建国	90	173	3912165	食用植物油	12 454
68	昆明市东川区福金工贸有限公司	张环宇	90	173	13888650971	铜精矿含铜生产	12 421
69	呈贡供电有限责任公司	高克中	20	151	7479044	电力供应	12 257
70	昆明电机有限责任公司	李庆昆	40	159	8181613	水力发电成套设备	12 191
71	昆明市滇新锰铁有限责任公司	胡显勇	62	159	7330340	铁合金	12 159
72	昆明马龙化工有限公司	王章锐	20	159	8660490	三聚磷酸钠	12 038
73	石林天合烟叶复烤有限责任公司	童荣崑	50	159	7796132	烟叶复烤	11 950
74	云南昆船电子设备有限公司	张义辅	10	159	7261242	电控柜	11 745
75	昆明骏丰水泥有限责任公司	李振海	50	159	8991059	水泥制造	11 648
76	嵩明供电有限责任公司	朱荣生	50	110	6048961	供电量	11 549
77	安宁市永昌钢铁有限公司	曹继光	50	159	8721246	生铁冶炼	11 539
78	嵩明天南磷化工有限责任公司	周昆云	50	173	7972410	黄磷	11 359
79	昆明纺织厂	马　波	40	110	6282050	纱	11 217
80	云南宜良越兴钢铁有限公司	黄玉庚	90	159	6187331	炼铁	11 211
81	昆明滇北建材有限公司	姜红星	90	173	2422140	水泥生产	11 084
82	昆明五彩印务有限公司	赵宽禧	90	173	7260888	包装	10 951
83	昆明煤矿机械总厂	丁克俭	20	110	5615877	板式输送机	10 770
84	昆明可口可乐饮料有限公司	雷孟成	90	330	8181338	碳酸饮料	10 693
85	昆明煤气（集团）控股有限公司	莫　云	40	151	3351270	煤气供应	10 551
86	云南万鸿彩印有限公司	袁汉辉	90	210	7265998	彩色包装印刷	10 481
87	云南滇能（集团）昆明柴石滩发电有限公司	毕国荣	90	159	7513721	水力发电	10 387
88	昆钢集团耐火材料有限公司	杨增福	20	159	8604404	耐火材料	10 353
89	云南昆船瑞升科技有限公司	杨伟祖	90	159	8350152	烟草薄片	10 343
90	昆明圣火药业（集团）有限公司	蓝桂华	40	159	7282617	中成药及中药材加工	10 174
91	昆明青上化工有限公司	徐云生	90	210	7820278	氮肥	10 102
92	东川冶金工业总公司钢铁厂	沈　敏	90	120	2422281	生铁生产	9 865
93	云南新华印刷实业总公司	王　毅	20	110	6213506	印刷	9 731
94	昆明长力春鹰板簧有限公司	肖利斌	20	159	6153768	汽车钢板弹簧	9 470
95	云南特灵达新时技术有限公司	Ronald Evere	90	230	7270668	调制解调器	9 323
96	昆明市福保彩印包装厂	杨　洪	63	120	7329137	纸箱	9 257
97	昆明顶益食品有限公司	赵慧敬	90	310	7269699	方便面	9 015
98	晋宁供电有限责任公司	胡兴亚	50	151	7892742	电力供应	8 768
99	昆明彩印有限公司	温加祥	40	159	5800136	多色印刷品	8 559
100	昆明台正精密机械有限公司	冯振复	90	210	8598425	金属切削机床制造	8 494

10－5　昆明市2005年主营业务收入100强企业

序号	企业名称	法人	隶属关系	注册类型	电话	产品	主营业务收入（千元）
1	红云烟草（集团）有限责任公司	朱绍明	10	110	581818	卷烟制造	13 769 054
2	昆明钢铁股份有限公司	王长勇	20	160	8604132	钢压延	11 645 509
3	云南铜业股份有限公司	邹韶禄	20	160	8390888	精炼铜	10 760 672
4	云南省昆明供电局	杨爱民	10	110	3068022	电力供应	5 410 904
5	云南铝业股份有限公司	陈　智	20	160	7455668	原铝	4 390 615
6	云南三环化工股份有限公司	他盛华	20	110	8596721	磷酸	2 018 151
7	云南铜业铜材有限公司	何云辉	20	159	8390082	铜盘条	1 764 085
8	云南三环中化嘉吉化肥有限公司	廖振强	20	310	8596688	磷酸二铵	1 298 009
9	云南富瑞化工有限公司	李如岗	20	110	8750245	重过磷酸钙	1 203 394
10	昆明云内动力股份有限公司	段华生	90	160	5633185	汽车整车制造	1 199 579
11	国投云南大朝山水电有限公司	潘坤华	90	159	3014316	水力发电	1 189 948
12	云南省烟草烟叶公司	钟　华	10	110	7272666	复烤烟叶	1 156 420
13	昆明钢铁集团有限责任公司	郝蜀东	20	151	8603459	铁矿石采选	1 080 903
14	昆明醋酸纤维有限公司	边有伦	10	210	5631028	二醋酸纤维烟用丝束	878 298
15	中铁昆明大型养路机械集团有限公司	马云昆	10	159	3920080	RM80大型清筛机	856 000
16	昆明电缆股份有限公司	彭松平	40	160	8182176	钢芯铝绞线	827 277
17	云南磷化集团有限公司	他盛华	20	159	7896018	磷矿石	763 240
18	云南白药集团股份有限公司	王明辉	20	160	8350538	胶囊剂	753 077
19	云南铜业凯通有色金属有限公司	何云辉	90	173	2421697	粗铜生产	735 209
20	云南盐化股份有限公司	段东成	20	160	3162767	精制盐	726 406
21	云南华云实业总公司	王瑞林	50	120	8603033	废钢铁收购加工	671 946
22	国电阳宗海发电有限公司	张玉新	10	110	3065229	电力	617 700
23	昆明焦化制气厂	张鸿鸣	20	110	6263211	城市煤气	614 512
24	云南昆钢机械设备制造建安工程有限公司	普锐刚	20	159	8607424	机械制造和机械加工产	594 378
25	云南云冶锌业股份有限公司	牛　皓	20	110	8390888	矿产锌锭	577 113
26	昆明正大有限公司	保兴元	20	320	8673911	配合饲料	477 840
27	昆明焊管有限公司	张振伟	40	159	3911058	钢压加工	466 243
28	云南昆钢铁合金股份有限公司	赵民生	90	160	8189362	硅铁	453 164
29	云南丰瑞油脂有限公司	赵建国	90	173	3912165	食用植物油	451 413
30	交大昆机科技股份有限公司	雷锦录	20	340	6166611	卧式镗床	438 826
31	昆明伟建彩印有限公司	陈世伟	90	230	8322111	烟标	427 001
32	昆明自来水集团有限公司	朱　智	40	151	3161091	自来水生产与供应	399 987
33	云南昆钢桥钢有限公司	王幼昌	20	151	8639644	钢压延加工	391 608

续 10－5

序号	企业名称	法人	隶属关系	注册类型	电话	产品	主营业务收入（千元）
34	云南九九彩印有限公司	苗魁元	90	210	5813564	烟标生产	366 690
35	昆明制药集团股份有限公司	汪　诚	20	160	8319868	针剂	365 174
36	云南新立有色金属有限公司	焦苏华	20	159	8181559	铅锭	359 470
37	云南新美铝铝箔有限公司	Craig s. Belg	20	310	3848492	铝箔	355 034
38	云南南天电子信息产业股份公司	郑南南	20	160	3332302	存折打印机	336 086
39	昆明滇虹药业有限公司	周家礽	90	310	8352219	皮康王	326 964
40	贵研铂业股份有限公司	汪云曙	40	160	5151499	贵金属功能材料	320 269
41	云南昆船第二机械有限公司	王国荣	10	159	7235618	烟草制丝设备	320 108
42	安宁市永昌钢铁有限公司	曹继光	50	159	8721246	生铁冶炼	316 966
43	云南地矿资源股份有限公司	史　翔	20	160	3806532	黄金	316 228
44	昆明黄龙山（饲料）工贸有限公司	王振岗	40	159	7330516	配合饲料	313 573
45	国营云南安宁化工厂	肖路易	20	110	8614825	工业炸药	296 932
46	中国华电集团公司云南昆明发电厂	王贵彦	10	110	8411399	火力发电	290 070
47	云南国资水泥昆明有限公司	黄俊峰	20	159	8422656	水泥	281 323
48	云南金沙矿业股份有限公司	沈南山	20	160	2128219	铜精矿含铜生产	275 713
49	昆明电机有限责任公司	李庆昆	40	159	8181613	水力发电成套设备	268 957
50	云南南磷集团寻甸磷电有限公司	王安康	50	173	2731188	黄磷	268 624
51	云南安宁龙宝化工有限公司	赵恩明	62	120	8692787	硫酸	257 136
52	东风云南汽车有限公司	何建中	10	159	8185414	汽车及汽车零部件制造	254 957
53	云南电力线路器材厂	王　富	10	110	7413822	输变电线路铁塔	243 665
54	云南 CY 集团有限公司	田昆济	40	159	3178660	金属切削机床	236 799
55	昆明力神重工有限公司	范卫民	40	159	6085051	矿山设备	234 024
56	云南神农农业产业集团有限公司	何祖训	20	173	3846997	饲料	232 780
57	云南昆船第一机械有限公司	江　敏	10	159	7231840	烟草加工机械	230 326
58	云南变压器电气股份有限公司	胡展宏	40	160	8182648	变压器制造	228 386
59	云南生物谷盏花药业有限公司	薛中社	20	159	5016111	灯盏细辛系列产品	222 535
60	昆明化肥有限责任公司	郑　池	40	159	7812079	氮肥	221 982
61	云南弘祥化工有限公司	杨宗祥	90	173	86591568	磷肥	221 151
62	昆明神农汇丰化肥有限责任公司	李正寿	40	159	7524411	合成氨	217 227
63	昆明信威食品有限公司	鲍　刚	90	210	8250526	瓜子仁	215 381
64	云南新龙矿物质饲料有限公司	黄代云	90	172	8830509	饲料级磷酸氢钙	213 118
65	昆明马龙化工有限公司	王章锐	20	159	8660490	三聚磷酸钠	211 849
66	昆明台正精密机械有限公司	冯振复	90	210	8598425	金属切削机床制造	208 439

续 10－5

序号	企业名称	法人	隶属关系	注册类型	电话	产品	主营业务收入（千元）
67	云南西仪工业股份有限公司	武　林	10	160	8598200	汽车发动机连杆	202 031
68	云南广联畜禽有限公司	王晓林	90	310	7354265	饲料	202 028
69	云南昆船电子设备有限公司	张义辅	10	159	7261242	电控柜	200 949
70	昆明中药厂有限公司	鲁少龙	20	159	3572187	消肺化痰丸	197 605
71	云南中正化学工业有限公司	骆　云	90	173	7883401	磷酸铵肥	196 369
72	昆明可口可乐饮料有限公司	雷孟成	90	330	8181338	碳酸饮料	193 955
73	昆明劲勋化工有限公司	郑　池	40	210	3191287	复合肥料	193 050
74	云南特灵达新时技术有限公司	Ronald Evere	90	230	7270668	调制解调器	192 692
75	云南昆阳磷肥厂	翁乾振	90	330	7882520	磷肥	192 282
76	云南云叶化肥股份有限公司	钟　华	20	160	6146616	复混肥料	191 306
77	昆钢集团耐火材料有限公司	杨增福	20	159	8604404	耐火材料	180 044
78	昆明玻璃股份有限公司	沈允武	90	160	8181663	浮法平板玻璃	178 423
79	昆钢钢铁控股有限公司	郝蜀东	20	151	8603459	钢压延	178 230
80	云南纺织（集团）股份有限公司	梁广华	40	160	4163971	纺织产品	178 172
81	云南祥丰化肥股份有限公司	杨宗祥	50	159	8782671	普钙	174 664
82	云南昆钢嘉华水泥建材有限公司	赵永平	20	310	8616969	水泥	171 859
83	云南宜良越兴钢铁有限公司	黄玉庚	90	159	6187331	炼铁	166 147
84	云南省凤鸣村煤矿	苏文科	20	110	7677018	褐煤	164 676
85	昆明长力春鹰板簧有限公司	肖利斌	20	159	6153768	汽车钢板弹簧	159 309
86	昆明市滇新锰铁有限责任公司	胡显勇	62	159	7330340	铁合金	155 013
87	云南昆岭薄膜工业有限公司	林逢生	90	330	7266661	BOPP 薄膜	152 722
88	昆明东昇冶化有限公司	王福邦	50	159	7544255	磷肥	150 578
89	安宁昆钢桥钢 350 轧钢厂	郭　峰	50	120	8639686	钢压延加工	149 693
90	云南北方光电仪器有限公司	胡士保	10	151	8590300	光学仪器	146 980
91	昆明积大制药有限公司	刘友波	90	210	8356968	化学药品制剂制造	146 384
92	昆明彩印有限公司	温加祥	40	159	5800136	多色印刷品	145 916
93	北方夜视技术股份有限公司	戈德伟	10	160	8323795	像增强器	143 615
94	呈贡供电有限责任公司	高克中	20	151	7479044	电力供应	140 417
95	云南美的汽车产业控股有限公司	王明华	40	159	8352912	客车制造	138 746
96	昆明圣火药业（集团）有限公司	蓝桂华	40	159	7282617	中成药及中药材加工	137 089
97	云南大互通工贸有限公司	熊学良	90	173	8312444	钛白粉	134 784
98	昆明顶益食品有限公司	赵慧敏	90	310	7269699	方便面	134 501
99	嵩明天南磷化工有限责任公司	周昆云	50	173	7972410	黄磷	131 445
100	四川新希望农业股份有限公司昆明希望饲料分公司	王小凡	50	160	7474277	饲料加工	131 058

10 – 6　主要工业产品生产能力

（2005 年）

指标名称	计量单位	年初生产能力	本年新增能力	本年减少能力	年末生产能力	本年生产量	生产能力利用率（%）
原煤	吨	2 213 000			2 213 000	2 470 150	111.62
发电设备容量总计	万千瓦	223.66	5.39		229.05		
发电量	万千瓦时					1 229 186	
化学纤维	吨	12 500	19 500		32 000	30 423	95.07
纱	吨					6 919	
棉纺锭（环锭纺）	锭	133 880	32		133 912		
气流纺锭（环锭纺）	头	2 272			2 272		
布	万米					283	
棉布织机	台	1 322			1 322		
焦炭	吨	2 349 600			2 349 600	2 292 432	97.57
农用氮、磷、钾化学肥料总计（折纯）	吨	1 052 583	63 577	6 197	1 109 963	780 660	70.33
水泥	吨	6 443 700	164 657		6 608 357	5 042 346	76.30
平板玻璃	重量箱	2 780 000	434 000	620 000	2 594 000	2 355 575	90.81
生铁	吨	3 292 700	30 000		3 322 700	3 655 137	110.01
粗钢	吨	2 578 884	507 000	1 370	3 084 514	3 248 483	105.32
钢材	吨	4 687 100		181 370	4 505 730	3 815 499	84.68
金属切削机床	台	7 510			7 510	9 312	123.99
汽车	辆	32 000	1 200		33 200	4 239	12.77

主要统计指标解释

工业 我国的工业包括以下四个方面的生产活动：(1) 对自然资源的开采。如采矿、晒盐、森林采伐等，但不包括禽兽捕猎和水产捕捞；(2) 对农副产品的加工，再加工，如粮油加工、食品加工、轧花、缫丝、纺织、制革等；(3) 对采掘品的加工、再加工，如炼铁、炼钢、轧钢、化工生产、石油加工、机械制造、木材加工等，以及电力、自来水、煤气的生产和供应等；(4) 对工业品的修理，翻新，如机械设备的修理，交通运输工具（包括小卧车）的修理等。

1984年以前农村的村及村以下办工业归属农业，1984年及以后划归工业。

国有经济 是指生产资料归国家所有的一种经济类型。包括中央和地方各级国家机关，事业单位和社会团体使用国有资产和使用自有资金投资举办的工业企业。1957年以前的公私合营和私营工业，后均改造为国营工业，这部分工业资料不单独列时，均包括在国有经济内。

集体经济 是指生产资料归公民集体所有的一种经济类型，包括城乡所有使用集体投资举办的工业企业，以及部分个人通过集体自愿放弃所有权并依法经工商行政管理机关认定为集体所有制的工业企业。

私营经济 是指生产资料归公民私人所有，以雇佣劳动力为基础的一种经济类型，包括私营独资企业，私营合伙企业和私营有限责任公司。

个体经济 是指生产资料归劳动者个人所有，以个体劳动为基础，劳动成果归劳动者个人占有和支配的一种经济类型。

其他经济 指除国有经济、集体经济和私营、个体经济以外的其他经济，包括联营经济、股份制经济、外商投资经济、港、澳、台投资经济等。

村及村以下工业 包括农村村办工业、城乡合作经营工业、城乡个体工业。

轻工业 指提供生活消费品和制作手工工具的工业，是为满足人们吃、穿、用需要的工业。按其所使用的原料不同，可分为两大类：(1) 以农产品为原料的轻工业，是指直接或间接以农产品为基本原料的轻工业。主要包括食品制造、饮料制造、烟草加工、纺织、缝纫、皮革和毛皮制作、造纸以及印刷等工业；(2) 以非农产品为原料的轻工业，是指以工业品为原料的轻工业，主要包括文教体育用品、化学药品制造、合成纤维制造、日用化学制品、日用玻璃制品、日用金属制品、手工工具制造、医疗器械制造、文化和办公用机械制造等工业。

重工业 指生产生产资料的工业，是为国民经济各部门提供物质技术基础的工业。按其生产和产品用途，可分为下列三大类：(1) 采掘（伐）工业，是指对自然资源的开采，包括石油开采、煤炭开采、金属矿开采、非金属矿开采和木材采伐等工业；(2) 原材料工业，是指提供国民经济各部门使用的原料、动力和燃料的工业。包括金属冶炼及加工、炼焦及焦炭化学、化工原料、水泥、人造板以及电力、石油和煤炭加工等工业；(3) 加工工业，是指对原材料进行加工制造的工业。包括装备国民经济各部门的机械设备制造工业、金属结构、水泥制品等工业，以及为农业提供的生产资料和化肥、农药等工业。

根据上述划分原则，修理业中修理作业对象是重工业的划为重工业，否则划为轻工业。

工业总产值 是以货币表现的工业企业在一定时间内生产的工业产品总量，它反映工业生产的总规模和总水平。它包括：在本企业内不再进行加工，经检验、包装入库的成品价值，工业性作业价值、自制半成品、在制品期末期初差额价值。工业总产值采用“工厂法”计算，即以工业企业作为一个整体，按企业工业生产活动的最终成果计算，企业内部不允许重复计算，不能把企业内部各个车间（分厂）生产的成果相加。但在企业之间、行业之间、地区之间存在重复计算。

轻重工业总产值的划分也是按“工厂法”计算的，即一个工业企业在正常情况下生产的主要产品的性质属于轻工业，则该企业的全部总产值作为轻工业总产值；一个工业企业生产的主要产品的性质属于重工业，则该企业的全部总产值作为重工业总产值。

说明：工业总产值计算新规定与原规定的区别（要点） 自1992年起，国务院决定以国内生产总值作为衡量国民经济发展的总量指标，以工业增加值作为衡量工业经济的总量指标，淡化工业总产值指标的作用。但工业增加值指标的计算仍然要以工业总产值为基础。为使工业总产值的计算口径与工业中间投入的计算相配套，减少计算难度，保证工业增加值计算的准确性，在第三次全国工业普查方案中，针对工业总产值计算原规定的缺陷，对其作了下列四个方面的修订：

1. 凡用自备原材料生产的产品，不论其加工的繁简程度如何，一律按全价，即工业总产值包括自备原材料的价值。

2．凡承接来料加工生产的产品，加工企业一律按财务上结算的加工费计算工业总产值，即不包括定货者来料的价值。

3．自制半成品、在制品期末期初差额价值，原则上应计入工业总产值，不再按生产周期是六个月以上还是六个月以下来区分是否计入工业总产值。

4．现价工业总产值一律采用不含销项税额的价格计算。

工业销售产值 是以货币表现的工业企业在一定时期内销售的本企业生产的工业产品产量。它包括已销售的成品、半成品的价值，对外提供的工业性作业价值和对本单位基本建设部门、生活福利部门提供的产品和工业性作业及自制设备的价值。已销售的成品、半成品，不论是本期生产的，还是上期生产的，只要是本期销售出去的均包括在内。对外提供的工业性作业是指企业按合同对外提供的工业性劳务。企业为本单位的基本建设部门、生活福利部门等提供的产品和工业性作业及自制设备也应视同销售，作为销售统计。

工业增加值 是指工业企业在一定时期内以货币表现的工业生产活动的最终成果。

工业企业主要财务指标

1．固定资产原价（原值）：指企业在建造、购置、安装、改建、扩建、技术改造某项固定资产时所支出的全部货币总额。一般包括买价、包装费、运杂费和安装费等。

2．固定资产净值：指固定资产原价减去历年所提折旧额的净额。

3．流动资产平均余额：流动资产是指可以在一年或者超过一年的一个营业周期内变现或者耗用的资产，包括现金及各种存款、短期投资、存货等；流动资产平均余额指全部流动资产报告期平均余额。计算公式为：

流动资产月平均余额＝月初、月末流动资产余额之和/2

流动资产季平均余额＝季内各月流动资产平均余额之和/3

流动资产年平均余额＝1至12月各月流动资产平均余额之和/12

4．提取的盈余公积：反映工业企业按规定从利润中提取的盈余公积，可用于弥补亏损或转增资本。

工业企业主要经济效益指标

1．全员劳动生产率指根据产品的价值量指标的平均每一职工在单位时间内的产品生产量。目前我国的全员劳动生产率是用工业总产值或工业增加值除以同一时期全部职工的平均人数来计算的。其公式为：

$$\text{全员劳动生产率（元/人）}=\frac{\text{工业总产值}}{\text{全部职工平均人数}}\text{或}=\frac{\text{工业增加值}}{\text{全部职工平均人数}}$$

2．工业产品销售率指报告期工业销售产值与同期全部工业总产值之比，反映工业产品生产已实现销售的程度。计算公式为：

$$\text{工业产品销售率（\%）}=\frac{\text{报告期现价工业销售产值}}{\text{报告期现价工业总产值}}\times 100\%$$

3．工业资产利税率指报告期已实现的利税总额与同期的资产（流动资产和固定资产净值）之比，反映企业资金运用的经济效益。计算公式为：

$$\text{工业资产利税率（\%）}=\frac{\text{报告期止累计实现利税总额}}{\text{报告期平均流动资产}+\text{固定资产净值平均余额}}\times\frac{12}{\text{累计月数}}\times 100\%$$

4．工业增加值率指报告期工业增加值与同期工业总产值之比，反映降低中间消耗的经济效益。计算公式为：

$$\text{工业增加值率（\%）}=\frac{\text{报告期工业增加值}}{\text{报告期现价工业总产值（原规定）}}\times 100\%$$

5．工业成本费用利润率指报告期实现利润总额与成本费用之比，反映降低成本的经济效益。公式为：

$$\text{工业成本费用利润率（\%）}=\frac{\text{报告期实现利润总额}}{\text{报告期成本费用总额}}\times 100\%$$

成本费用是产品销售成本、产品销售费用、管理费用、财务费用之和

6．流动资产周转率指一定时期内流动资产完成的周转次数，反映流动资产的周转速度。计算公式为：

$$\text{流动资产周转次数（次）}=\frac{\text{报告期止累计产品销售收入}}{\text{报告期平均流动资产}}\times\frac{12}{\text{累计月数}}$$

7．资产负债率又称债务比率。该比率反映在企业资产总额中有多少资产是通过借债而得的。是反映企

业长期偿债能力的指标之一，也可以用于衡量企业利用债权人提供资金进行经营活动的能力以及企业在清算时保护债权人利益的程度。计算公式为：

$$资产负债率（\%）= 负债总额/资产总额 \times 100\%$$

8．总资产贡献率是反映全部资产的获利能力，是企业管理水平和经营业绩的集中体现。计算公式为：

$$总资产贡献率（\%）= \frac{利税总额 + 利息支出}{平均资产总额} \times \frac{12}{累计月数} \times 100\%$$

平均资产总额为资产总计期初、期末之和的算术平均值。即

（期初资产总计 + 期末资产总计）/2

9．资本保值增值率反映企业资产的变动状况，是企业发展能力的集中体现。计算公式为

$$资产保值增值率（\%）= \frac{期末所有者权益}{期初所有者权益} \times 100\%$$

十一、能源消费

NENGYUANXIAOFEI

11－1 全部国有及年主营业务收入500万元以上非国有独立核算工业企业增加值综合能耗

	2004年					2005年		
	一、综合能源消费量(吨标准煤)(等价值)	二、综合能源消费量(吨标准煤)(当量值)	工业增加值(万元)	一、增加值单耗(吨标煤/万元)(等价值)	二、增加值单耗(吨标煤/万元)(当量值)	综合能源消费量(吨标准煤)(当量值)	工业增加值(万元)	增加值单耗(吨标煤/万元)(当量值)
全　市	9 313 401	6 185 238	2 804 310	3.32	2.21	8 064 963	3 087 699	2.61
采矿业	567 320	352 570	92 875	6.11	3.80	527 313	108 047	4.88
煤炭开采和洗选业	12 466	5 660	7 746	1.61	0.73	98 824	10 407	9.50
黑色金属矿采选业	286 419	176 714	33 983	8.43	5.20	239 453	6 500	36.84
有色金属矿采选业	59 341	22 241	6 509	9.12	3.42	25 875	12 724	2.03
非金属矿采选业	209 095	147 955	44 637	4.68	3.31	163 161	78 416	2.08
制造业	8 163 614	5 593 302	2 349 846	3.47	2.38	6 180 212	2 569 873	2.40
农副食品加工业	37 679	21 892	34 571	1.09	0.63	24 710	37 877	0.65
食品制造业	27 285	21 255	18 213	1.50	1.17	27 438	9 389	2.92
饮料制造业	13 185	8 089	13 496	0.98	0.60	9 526	19 911	0.48
烟草制品业	62 218	39 846	1 066 514	0.06	0.04	41 991	1 184 612	0.04
纺织业	19 158	9 795	4 273	4.48	2.29	13 131	2 769	4.74
纺织服装、鞋、帽制造业	2 452	1 938	1 672	1.47	1.16	1 412	1 307	1.08
木材加工及木、竹、藤、棕、草制品业	10 760	5 935	1 667	6.46	3.56	8 002	3 762	2.13
家具制造业	478	193	1 273	0.38	0.15	317	－7	－47.31
造纸及纸制品业	46 211	29 974	14 035	3.29	2.14	28 149	9 276	3.03
印刷业和记录媒介的复制	10 592	3 524	55 639	0.19	0.06	4 246	62 883	0.07
文教体育用品制造业	230	70	111	2.06	0.63	68	106	0.64
石油加工、炼焦及核燃料加工业	31 789	30 638	3 394	9.37	9.03	55 561	4 741	11.72
化学原料及化学制品制造业	1 986 562	1 263 069	156 362	12.70	8.08	1 352 657	220 365	6.14
医药制造业	45 587	34 140	126 398	0.36	0.27	42 413	144 170	0.29
化学纤维制造业	41 198	33 597	16 516	2.49	2.03	68 183	37 184	1.83
橡胶制品业	9 415	6 029	373	25.25	16.17	7 048	1 497	4.71
塑料制品业	34 866	18 305	13 461	2.59	1.36	10 903	13 548	0.80
非金属矿物制品业	1 011 254	789 361	51 686	19.57	15.27	835 627	61 601	13.57
黑色金属冶炼及压延加工业	2 921 788	2 546 459	339 040	8.62	7.51	2 698 766	277 460	9.73
有色金属冶炼及压延加工业	1 639 592	616 831	153 237	10.70	4.03	828 581	205 676	4.03
金属制品业	19 025	10 138	19 503	0.98	0.52	7 266	15 934	0.46
通用设备制造业	63 803	33 145	40 636	1.57	0.82	31 130	53 314	0.58
专用设备制造业	33 937	19 400	57 412	0.59	0.34	31 631	53 165	0.59
交通运输设备制造业	43 281	24 280	68 169	0.63	0.36	24 107	57 620	0.42
电气机械及器材制造业	25 825	14 014	35 603	0.73	0.39	14 589	45 852	0.32
通信设备、计算机及其他电子设备制造业	2 349	753	28 356	0.08	0.03	993	21 911	0.05
仪器仪表及文化、办公用机械制造业	10 967	4 734	12 996	0.84	0.36	4 516	11 844	0.38
工艺品及其他制造业	10 342	4 955	3 168	3.26	1.56	6 221	3 550	1.75
废弃资源和废旧材料回收加工业	1 788	943	12 072	0.15	0.08	1 030	8 557	0.12
电力、燃气及水的生产和供应业	582 467	239 367	361 590	1.61	0.66	1 357 440	409 779	3.31
电力、热力的生产和供应业	515 051	199 864	319 534	1.61	0.63	1 216 279	377 231	3.22
燃气生产和供应业	44 671	32 531	15 346	2.91	2.12	135 960	4 690	28.99
水的生产和供应业	22 745	6 972	26 710	0.85	0.26	5 201	27 858	0.19

注：2004年“一、综合能源消费量”是以等价值计算，其中电力的折标煤系数是4.04，“二、综合能源消费量”和2005年“综合能源消费量”是以当量值计算，其中电力的折标煤系数是1.229。

11－2　全部国有及年主营业务收入500万元以上

（2005年）

能源名称	计量单位	年初库存	购进量		消费量合计	1．工业生产消费
			实物量	金额（千元）		
原煤	吨	282 407	7 603 731	1 789 883	7 452 585	7 419 076
洗精煤	吨	165 739	3 255 763	2 239 749	3 215 755	3 215 755
其他洗煤	吨	191	9 818	4 027	9 850	8 699
型煤	吨	8	34	17	42	42
焦炭	吨	161 067	1 242 050	845 393	2 615 663	2 614 855
其他焦化产品	吨	3 586	35 339	23 947	45 300	45 300
焦炉煤气	万立方米		8 250	45 447	59 523	59 523
高炉煤气	万立方米		114 409	172 007	500 148	500 148
其他煤气	万立方米		1 420	3 604	1 420	1 416
汽油	吨	827	15 324	71 949	13 758	8 385
煤油	吨	33	706	3 228	697	693
柴油	吨	2 222	67 608	283 712	58 478	47 338
燃料油	吨	7 893	38 279	83 107	37 584	37 184
液化石油气	吨	94	116	599	143	105
其他石油制品	吨	175	1 365	7 093	1 270	1 270
热力	百万千焦		23 729	1 837	23 729	23 729
电力	万千瓦时		1 180 044	4 338 639	1 291 593	1 259 731
其他燃料	吨标准煤	109	280	438	334	334
能源合计	吨标准煤				12 231 302	12 143 144

非国有独立核算工业企业能源购进、消费及库存

其中：用于原材料	加工转换投入合计	火力发电投入	炼焦投入	制气投入	2. 非工业生产消费	在合计中：运输工具消费	年末库存	能源加工转换产出
97 820	4 402 767	4 310 916	91 851		33 509		457 669	
2 338	3 190 700		2 550 781	639 919			205 747	
					1 151		159	
94 049	703 381			703 381	808		154 017	2 334 069
10 540							840	77 897
	5 248	5 248						78 618
	80 083	80 083						553 990
					4			
47					5 373	8 515	2 393	
					4		42	
157					11 140	14 647	11 352	
500					400		8 588	
					38		67	
855							270	
					31 862			515 780
							55	
	5 599 133	2 028 088	2 361 312	1 209 732	88 158			4 078 181

行业大类名称	能源合计（吨标准）	原　煤（吨）	洗精煤（吨）	其他洗煤（吨）	型　煤（吨）	焦　炭（吨）	其他焦化产　品（吨）
总　　计	**12 231 302**	**7 452 585**	**3 215 755**	**9 850**	**42**	**2 615 663**	**45 300**
煤炭开采和洗选业	101 065	10 234				91 006	
黑色金属矿采选业	277 790	40 761				2 080	
有色金属矿采选业	31 577	112					
非金属矿采选业	178 537	198 163					
农副食品加工业	25 380	23 827		163		136	
食品制造业	27 650	24 875					
饮料制造业	10 294	6 853		1 444		25	
烟草制品业	45 791	42 865					
纺织业	18 427	14 012					
纺织服装、鞋、帽制造业	2 014	1 962					
木材加工及木、竹、藤、棕、草制品业	8 672	5 756		2 378			
家具制造业	429						
造纸及纸制品业	28 344	31 515		78			
印刷业和记录媒介的复制	4 912	15					
文教体育用品制造业	69						
石油加工、炼焦及核燃料加工业	276 984	95 906	218 225				10 540
化学原料及化学制品制造业	1 400 195	1 229 718	12 835	3 197		305 711	27 524
医药制造业	43 117	47 707					
化学纤维制造业	74 497	94 703					
橡胶制品业	7 048	7 350					
塑料制品业	11 173	1 140				26	
非金属矿物制品业	853 777	1 000 623				27 715	
黑色金属冶炼及压延加工业	5 221 586	625 072	2 091 935			2 063 304	7 215
有色金属冶炼及压延加工业	838 813	140 435	8 738	2 590		82 616	21
金属制品业	7 865	1 953	1 140		42	84	
通用设备制造业	34 041	8 565	4			14 247	
专用设备制造业	32 679	25 748				4 259	
交通运输设备制造业	25 679	4 452				8 309	
电气机械及器材制造业	15 585	5 055				5 210	
通信设备、计算机及其他电子设备制造	1 035						
仪器仪表及文化、办公用机械制造业	5 708	2 791				155	
工艺品及其他制造业	6 301	7 680				96	
废弃资源和废旧材料回收加工业	1 197	104				12	
电力、热力的生产和供应业	1 761 986	3 705 957					
燃气生产和供应业	845 023	46 676	882 878			10 672	
水的生产和供应业	6 060						

非国有独立核算工业企业能源消费量

焦炉煤气（万立方米）	高炉煤气（万立方米）	其他煤气（万立方米）	汽油（吨）	煤油（吨）	柴油（吨）	燃料油（吨）	液化石油气（吨）	其他石油制品（吨）	热力（百万千焦）	电力（万千瓦时）	其他燃料（吨标准煤）
59 523	**500 148**	**1 420**	**13 758**	**697**	**58 478**	**37 584**	**143**	**1 270**	**23 729**	**1 291 593**	**334**
			141		1 261					2 691	
7 833	114 302	645	1 335		8 439					41 049	
			176		1 843					23 232	
			396		11 413					29 086	
			376		508	13	6			5 526	
			1 048		3 867					2 202	
2			194		1 244					2 710	
			324		396					11 488	
			91	4	127					6 585	
			55		198					198	
			156	2	75					2 078	
			92		85					138	
			144		116		28			4 384	
		10	525	16	96					3 213	
			1							55	
			36	6	87					239	
		734	1 285	8	6 909	1 773	10			252 034	
		31	751		632	407	6		17 185	4 706	
			25							5 544	
			69							1 380	
			224		597	1		855		6 735	
94	86		903	8	4 273	27 214		60		65 689	
51 553	385 739		199	19	1 565	36				145 926	
18			809	300	7 190	8 040		216		508 175	
			360	45	445					3 334	
			641	102	403	96		71		9 908	
23	21		563	18	460					6 615	334
			543	157	2 727			68		7 602	
			420	7	501					4 520	
			59						6 544	590	
			235	3	44					2 563	
			26		29					522	
			100		306	4				417	
			1 019		2 397					121 001	
			271	2	205		93			4 773	
			166		40					4 685	

11－4 分县（市）区全部国有及年主营业务收入500万元以上非国有独立核算工业企业增加值能耗情况

县　区	2004年					2005年		
	一、综合能源消费量（吨标准煤）（等价值）	二、综合能源消费量（吨标准煤）（当量值）	增加值（万元）	一、单耗（吨标准煤/万元）（等价值）	二、单耗（吨标准煤/万元）（当量值）	综合能源消费量（吨标准煤）（当量值）	增加值（万元）	单耗（吨标准煤/万元）（当量值）
昆明市	9 313 401	6 185 238	2 804 310	3.32	2.21	8 064 963	3 087 699	2.61
五华区	704 080	396 626	1 434 392	0.49	0.28	388 544	1 572 448	0.25
盘龙区	184 402	123 361	134 774	1.37	0.92	152 124	162 815	0.93
官渡区	781 724	456 027	342 909	2.28	1.33	586 664	424 839	1.38
西山区	897 389	558 460	196 862	4.56	2.84	926 665	203 757	4.55
东川区	250 342	130 115	22 388	11.18	5.81	214 152	36 825	5.82
呈贡县	1 248 860	407 111	83 942	14.88	4.85	592 458	95 554	6.2
晋宁县	367 015	262 021	28 636	12.82	9.15	287 255	64 916	4.43
富民县	167 134	103 437	14 256	11.72	7.26	88 215	17 977	4.91
宜良县	781 570	616 187	59 032	13.24	10.44	1 315 612	69 261	18.99
石林县	43 927	36 417	11 223	3.91	3.24	52 844	12 254	4.31
嵩明县	240 746	167 842	12 727	18.92	13.19	171 179	23 551	7.27
禄劝县	86 803	51 480	6 872	12.63	7.49	45 039	4 313	10.44
寻甸县	159 561	95 292	12 228	13.05	7.79	326 468	21 620	15.1
安宁市	3 399 849	2 780 863	444 069	7.66	6.26	2 917 744	377 569	7.73

注：2004年“一、综合能源消费量”是以等价值计算，其中电力的折标煤系数是4.04，“二、综合能源消费量”和2005年“综合能源消费量”是以当量值计算，其中电力的折标煤系数是1.229。

11－5　全部国有及年主营业务收入500万元以上非国有独立核算工业企业主要原材料及水消费

（2005年）

指标名称	计量单位	年　初 库存量	本　年 购进量	本　年 消费量	工　业 生产消费	年末库存量
生铁	吨	4 006	3 141 516	3 140 435	67 088	5 086
钢材	吨	67 382	480 353	455 075	421 584	91 593
钢材重复轧制	吨	26 631	40 354	43 812	43 812	23 173
铜	吨	1 971	21 184	20 890	20 787	2 270
铝	吨	3 690	40 436	39 587	38 551	4 194
铜材	吨	585	9 330	9 053	5 287	862
硫酸（折100%）	吨	47 892	1 011 012	2 083 593	1 702 799	81 179
氢氧化纳（烧碱）（折100%）	吨	156	5 643	5 534	4 717	293
碳酸纳（纯碱）（折100%）	吨	3 935	35 632	35 062	33 853	4 506
水泥	吨	7 496	422 905	413 073	405 780	15 741
原木	立方米	19 399	46 964	49 563	19 977	16 801
其中：原木直接消费	立方米			14 154	14 152	
加工锯材消费	立方米			35 409	5 825	
锯材	立方米	8 228	47 588	48 432	40 916	8 982

指标名称	数量（立方米）	金　额（千元）
工业取水总量	471 631 232	151 540
1．地表水	411 977 238	84 896
2．地下水	31 127 293	21 852
3．自来水	27 228 128	43 299
4．管道供应的未经达标处理的水	246 562	492
5．中水	109 662	
7．其他水	942 349	1 001
重复用水量	665 295 521	

主要统计指标解释

能源生产总量 指一定时期内全国（地区）一次能源生产量的总和。一次能源生产量包括原煤、原油、天然气、水电及其他动力能发电量（如风能、地热能等），不包括生物质能、太阳能等的利用和由一次能源加工转换而成的二次能源产量。能源生产总量是观察全国（地区）能源生产水平、规模、构成和发展速度的总量指标。

能源消费总量 指一定时期内全国（地区）用于生产和生活的各种能源消费量的总和。能源消费总量包括原煤和原油及其制品、天然气、电力的消费量，不包括生物质能和太阳能等的利用。能源消费总量分为三部分，即终端能源消费量、能源加工转换损失量和能源损失量。他是观察能源消费水平、构成和增长速度的总量指标。

1. 终端能源消费量 指一定时期内全国（地区）物质生产部门、非物质生产部门和生活消费的各种能源数量，不包括用于加工转换的中间能源消费量、加工转换损失量和能源损失量。

2. 能源加工转换损失量 指一定时期内全国（地区）投入加工转换的各种能源数量之和与产出各种能源产品及其他石油制品和其它焦化产品之和的差额。他是观察能源在加工转换过程中损失量变化的指标。

3. 能源损失量 指一定时期内能源在生产、输送、储存过程中发生的经营管理损失和由于客观原因造成的各种损失量，不包括各种气体能源放空、放散量。

能源节约量 指一定时期内节约和少用的能源数量。它是评价和考核节约能源工作好坏的重要指标。包括由于提高管理水平和技术水平，使单位产品能耗降低而节约能源数量，以及由于调整产业结构、产品结构等使产值能耗降低而少用的能源数量。

原材料、能源消费量 指在报告期内实际使用的原材料、能源的数量，包括企业主营活动和附营活动实际使用的数量。消费的核算原则为："谁消费谁统计"，即按使用权来统计，核算方法为当进入第一道生产工序，改变原来的形态或性能、或已实际投入使用，即作消费统计。

原材料、能源库存量 指在报告期期初、期末实际结存的原材料、能源数量。库存的核算原则为"谁支配，谁统计"，即按所有权来统计。核算方法是指企业有权支配动用的某一时点实际结存的原材料、能源的数量。

十二、交通和邮电

JIAOTONGHEYOUDIAN

12－1 全市主要年份客运量

单位：万人次

年 份	全 市	铁 路	公 路	水 路	民 航
1978	641	512	92	30	7
1979	743	558	142	34	9
1980	821	595	181	35	10
1981	912	612	237	52	11
1982	969	641	268	48	12
1983	1 047	670	321	45	11
1984	1 458	670	738	34	16
1985	2 010	659	1 289	43	19
1986	1 900	642	1 182	49	27
1987	2 077	668	1 323	56	30
1988	2 151	645	1 403	76	27
1989	2 084	593	1 407	59	25
1990	1 872	436	1 347	58	31
1991	1 840	425	1 330	37	48
1992	2 045	477	1 447	50	71
1993	1 943	541	1 264	45	93
1994	2 408	568	1 669	53	118
1995	2 920	520	2 210	21	169
1996	3 173	455	2 499	17	202
1997	3 354	482	2 636	14	222
1998	6 073	511	5 299	16	247
1999	5 604	736	4 464	18	386
2000	6 276	768	5 211	14	283
2001	6 437	764	5 329	16	328
2002	6 602	738	5 480	15	369
2003	5 125	656	4 081	12	376
2004	5 316	754	4 083	15	464
2005	8 229	826	6 907	1	495

12－2 全市主要年份货运量

单位：万吨

年 份	全 市	铁 路	公 路	水 路	民 航
1978	1 179.13	628	527	24	0.13
1979	1 381.18	587	771	23	0.18
1980	1 401.17	670	714	17	0.17
1981	1 312.18	640	659	13	0.18
1982	992.21	578	402	12	0.21
1983	1 146.22	673	460	13	0.22
1984	1 820.27	796	1 007	17	0.27
1985	2 329.34	568	1 743	18	0.34
1986	1 775.39	579	1 179	17	0.39
1987	2 661.44	734	1 906	21	0.44
1988	3 003.42	847	2 132	24	0.42
1989	8 329.37	921	7 386	22	0.37
1990	11 626.4	1 014	10 585	27	0.40
1991	9 378.57	1 026	8 337	15	0.57
1992	11 795.94	1 058	10 717	20	0.94
1993	9 094.41	1 065	8 007	21	1.44
1994	10 023.74	1 131	8 879	12	1.74
1995	11 441.11	1 217	10 215	7	2.11
1996	14 797.78	1 249	13 539	7	2.78
1997	14 897.88	1 265	13 624	5	3.88
1998	18 047.78	1 399	16 637	7	4.78
1999	12 041.88	1 474	10 555	7	5.88
2000	12 654.94	1 563	11 086		5.94
2001	12 083.78	1 692	10 385		6.78
2002	11 108.25	1 912	9 188		8.25
2003	12 334.00	2 076	10 252		6.00
2004	11 646.46	2 105	9 534		7.46
2005	11 224.93	2 196	9 021		7.93

12－3 全市客货运输总量

项　　目	2004年	2005年	比上年±%
一、全市客运量合计（万人次）	5 316	8 229	54.80
#铁路	754	826	9.55
#民航	464	495	6.68
#公路	4 083	6 907	69.16
1. 交通部门	1 086	1 534	41.25
2. 非交通部门	2 997	5 373	79.28
#个体	1 062	1 381	30.04
二、全市旅客周转量合计（万人公里）	1 093 441	1 442 830	31.95
#铁路	138 679	155 288	11.98
#民航	523 505	685 501	30.94
#公路	431 129	601 983	39.63
1. 交通部门	132 694	169 055	27.40
2. 非交通部门	298 435	432 928	45.07
#个体	42 732	60 198	40.87
三、全市货运量合计（万吨）	11 646.46	11 224.93	－3.62
#铁路	2 105	2 196	4.32
#民航	7.46	7.93	6.30
#公路	9 534	9 021	－5.38
1. 交通部门	57	63.15	10.79
2. 非交通部门	9 477	8 957.85	－5.48
#个体	4 760	7 380	55.04
四、全市货运周转量合计（万吨公里）	1 508 988	1 629 834	8.01
#铁路	1 077 186	1 119 960	3.97
#民航	11 839	17 573	48.43
#公路	419 963	492 301	17.22
1. 交通部门	16 878	16 086	－4.69
2. 非交通部门	403 085	476 215	18.14
#个体	183 695	402 751	119.25

12－4　市交通局直属国有公路运输企业主要指标

指　　标	单　位	2004 年	2005 年
一、载货汽车			
工作率	%	70.5	61.1
里程利用率	公里	71.8	63.8
实载率	%	68.6	82.6
每百吨公里耗汽油量	升	6.5	6.8
每百吨公里耗柴油量	升	3.8	4.6
二、载客汽车			
工作率	%	84.8	77.3
里程利用率	公里	81.3	84.2
实载率	%	45.9	52.2
每百吨公里耗汽油量	升	8.5	9.7
每百吨公里耗柴油量	升	7.1	8.1

12－5 昆明市机动车拥有量

（2005 年）

单位：辆

指标名称	总　计	总计中：						报　废
		营运	非营运	特种	其中：进口	其中：个人	其中：新注册	
合　　计	**671 782**	**82 415**	**589 367**	**195**	**21 081**	**562 480**	**88 976**	**4 473**
一、汽车	352 751	80 278	272 473	195	16 863	249 827	52 091	3 298
1．载客汽车	275 627	14 296	261 331	49	15 825	198 971	43 149	1 945
其中：大型	5 951	4 243	1 708		280	96	674	245
中型	5 578	1 510	4 068	5	420	1 033	762	424
小型	200 113	8 060	192 053	36	14 300	146 188	38 752	998
微型	63 985	483	63 502	8	825	51 654	2 961	278
其中：轿车	163 061	7 683	155 378	3	8 965	127 666	29 868	695
2．载货汽车	65 082	61 168	3 914	2	819	41 155	8 096	1 323
其中：重型	13 717	13 477	240	1	318	5 995	937	193
中型	12 599	12 002	597	1	17	9 211	2 065	134
轻型	30 058	27 091	2 967		297	20 900	5 021	372
微型	8 708	8 598	110		187	5 049	73	624
其中：普通载货	25 314	23 322	1 992		310	14 824	2 290	856
3．其他汽车	12 042	4 814	7 228	144	219	9 701	846	30
二、电车								
1．无轨								
2．有轨								
三、摩托车	294 881	1 605	293 276		4 202	289 116	36 740	1 163
1．普通	272 578	1 593	270 985		3 632	266 860	35 799	1 128
2．轻便	22 303	12	22 291		570	22 256	941	35
四、农用运输车								
1．三轮								
2．四轮								
五、拖拉机	23 477		23 477			23 477		
1．大型								
2．小型	18 782		18 782			18 782		
六、挂车	612	532	80		16	55	145	12
七、其他类型车	61		61			5		

注：1．本表根据市公安局车管所提供资料整理。

2．年末机动车辆驾驶员 910 520 人，其中：汽车驾驶员 805 169 人。

12－6 邮政、电信主要指标

指　标	单　位	2004 年	2005 年	比上年 ± %
邮政局（所）数	处	354	332	－6.21
邮路单程总长度	公里	91 699	96 165	4.87
农村单程投递线路	公里	12 536	12 380	－1.24
电话机总数	部	1 599 700	1 776 500	11.05
# 市话	部	1 599 700	1 776 500	11.05
机要件邮件	万件	19.31	18.9	－2.12
其中：计费	万件	19.31	18.9	－2.12
包件	万件	74.08	68.14	－8.02
其中：计费	万件	74.08	68.14	－8.02
出口汇票	万张	152.89	131.74	－13.83
其中：计费	万张	152.89	131.74	－13.83
订销报刊累计量	万份	9 592.26	9 810.47	2.27
订销杂志累计量	万份	1 150.01	1 172.27	1.94
特快专递	万件	124.04	145.57	17.36
年末移动电话户数	户	2 801 248	3 279 200	17.06
电报	万份	0.82	0.68	－17.07
其中：计费	万份	0.82	0.68	－17.07
长话次数	万次	21 800	26 098	19.72

主要统计指标解释

铁路营业里程　指办理客货运输业务的铁路正线总长度。凡是全线或部分建成双线及以上的线路，以第一线的实际长度计算；复线、站线、段管线、岔线和特别用途线及不计算运费的联络线都不计算营业里程。铁路营业里程是反映铁路运输业基础设施发展水平的重要指标，也是计算客货周转量、运输密度和机车车辆运用效率等指标的基础资料。

公路里程　也称“公路通车里程”，是反映公路建设发展规模的重要指标，也是计算运输网密度等指标的基础资料；是指实际达到交通部制定的公路工程技术标准规定的等级的公路长度。它包括大中城市的郊区公路以及通过小城镇街道的公路里程，也包括桥梁、渡口的长度，但不包括城市的街道以及厂矿、林区和农业生产用道的里程。两条或多条公路共同经由同一路段，只计算一次，不得重复计算里程长度。

货（客）运量　指在一定时期内，各种运输工具实际运送的货物（旅客）数量。是反映运输业为国民经济和人民生活服务的数量指标，也是制定和检查运输生产计划，研究运输发展规模和速度的重要指标。货运按吨计算，客运按人计算。货物不论运输距离长短，货物类别，均按实际重量统计；旅客不论行程远近或票价多少，均按一人一次作为客运量统计。半价票、小孩票也按一人统计。

货物（旅客）周转量　指在一定时期内，由各种运输工具运送的货物（旅客）数量与其相应运输距离的乘积之总和，是反映运输业生产总成果的重要指标，也是编制和检查运输生产计划，计算运输效率、劳动生产率以及核算运输单位成本的主要基础资料。通常以吨公里和人公里为计算单位。计算货物周转量通常按发出站与到达站之间的最短距离，也就是计费距离计算。

邮路　指不同地域之间，邮件、报刊运输和投递所经由的路线。邮路的通达范围、方式和构成，是反映邮政通信水平的主要标志。按照在邮政通信网中所起的作用，邮路分为：（1）干线邮路（或称一级邮路）。包括国际邮路和国内省会间邮路。(2）二级邮路。包括省内县市以上邮路和省际（除省会间外）县市以上邮路。(3）市区邮路。包括市区及城关区支局（所）以上邮路，局所到车站、码头、机场、报刊杂志社的邮路以及专设的信箱、信筒开取邮路。(4）农村邮路。包括县内及县际支局邮路以及专设投递线路。

十三、建筑业

JIANZHUYE

13－1 全市建筑业生产完成情况

（2005年）

指　标	计量单位	合计	#国有	集体	其他
施工企业个数	个	713	77	105	531
总产值	万元	3 490 749	1 839 412	265 472	1 385 865
竣工产值	万元	2 038 475	911 779	213 396	913 300
房屋建筑施工面积	平方米	23 470 027	9 849 630	2 985 276	1 035 121
房屋建筑竣工面积	平方米	11 908 974	4 244 388	1 843 204	5 821 382
年末自有固定资产原值	万元	1 021 740	479 906	111 851	429 983
年末自有固定资产净值	万元	723 343	334 105	86 971	302 267
利润总额	万元	65 424	27 813	6 004	31 607
应交税金	万元	124 084	64 088	10 412	49 584
全部职工平均人数	人	290 663	116 181	36 778	137 704
工资总额	万元	291 878	145 873	26 313	119 692
增加值	万元	853 146	449 556	64 882	338 708
本年提取的固定资产折旧	万元	58 056	29 794	4 010	24 252
总产值全员劳动生产率	元/人	120 096	158 323	72 182	100 641
竣工面积全员劳动生产率	m^2/人	41	36.5	50.1	42.3
房屋竣工率	%	58.4	50	80.4	66
资金利润率	%	1.8	1.7	2.6	1.7
产值利润率	%	1.9	1.5	2.3	2.3

13－2 建筑施工企业个数和平均人数及施工产值

（2005年）

年 份	总 计	国有经济	集体经济	其他经济
施工企业个数（个）				
1991	90	45	45	
1992	96	45	51	
1993	170	63	107	
1994	181	61	120	
1995	150	51	99	
1996	254	54	195	5
1997	397	67	296	34
1998	388	68	275	45
1999	477	99	283	95
2000	489	90	257	142
2001	514	84	222	208
2002	455	66	158	231
2003	465	65	124	276
2004	733	89	120	524
2005	713	77	105	531
平均人数（人）				
1991	127 800	114 700	131 00	
1992	243 100	122 600	120 500	
1993	153 916	126 501	27 415	
1994	151 692	119 447	32 245	
1995	149 974	116 791	33 183	
1996	192 157	114 820	72 507	4 830
1997	223 282	111 543	98 155	13 584
1998	235 164	123 991	84 493	26 680
1999	271 156	132 790	94 791	43 575
2000	244 497	116 111	80 435	47 951
2001	254 919	110 227	76 768	67 924
2002	235 553	95 258	66 513	73 782
2003	292 859	131 027	52 822	109 010
2004	240 184	114 170	41 083	84 931
2005	290 663	116 181	36 778	137 704
建筑业总产值（万元）				
1991	191 846	173 793	18 053	
1992	256 427	225 755	30 672	
1993	440 651	367 940	72 711	
1994	611 703	502 497	109 206	
1995	676 470	563 473	112 997	
1996	962 300	676 166	278 833	7 801
1997	1 184 765	792 648	351 993	40 124
1998	1 351 242	830 942	374 028	146 272
1999	1 826 106	1 068 424	504 051	253 631
2000	1 852 377	1 028 066	504 161	320 150
2001	1 917 808	1 013 703	421 465	452 640
2002	1 993 642	959 679	385 784	648 179
2003	2 334 370	1 127 688	322 777	883 905
2004	2 651 715	1 521 902	307 522	822 291
2005	3 490 749	1 839 412	265 472	1 385 865

主要统计指标解释

建筑施工企业 是指从事：1. 各种房屋、建筑物和构筑物的建造；2. 各种线路、管道和机械设备的安装；3. 原有房屋、建筑物的修理；4. 部分非标准设备的制造；5. 原有房屋、建筑和构筑物的装饰装修等。建筑施工企业同时还应具备下述条件：①依法成立、有自己的名称、组织机构和场所，能够独立承担民事责任；②独立拥有和使用（或授权使用）资产，承担负债，有权与其他单位签订合同；③会计上独立核算，能够编制资产负债表；④具有新的建筑业资质等级的总承包、专业承包、劳务分包的建筑业企业(包括各地区建设行政主管部门按照新的建筑业资质管理规定自行批准的资质企业)。

建筑业总产值 （自行完成施工产值）指建筑施工企业在一定时期内所完成的以货币表现的生产总量。是反映全部生产规模、水平和成果的综合指标。

利润总额 指建筑施工企业在一定时期内实现的利润。

建筑业增加值 指建筑企业在报告期内以货币表现的建筑生产经营活动的最终成果。

产值利润率 是指报告期内企业实现的利润总额占同期建筑业总产值的百分比。

资金利润率 是以报告期内固定资产净值和流动资产之和除以利润总额而求得的比率。

十四、国内贸易

GUONEIMAOYI

14-1 主要年份社会消费品零售总额

单位：万元

年份	全市总计	#市	县及县以下
1978	71 986	52 899	19 087
1979	84 068	62 933	21 135
1980	99 672	76 970	22 702
1981	110 268	84 449	25 819
1982	124 119	94 653	29 466
1983	145 932	110 890	35 042
1984	171 970	133 096	38 874
1985	217 923	170 927	46 996
1986	240 317	185 374	54 943
1987	271 187	209 527	61 660
1988	370 065	287 853	82 212
1989	400 546	315 359	85 187
1990	422 370	331 990	90 380
1991	486 605	383 039	103 566
1992	640 970	516 764	124 206
1993	899 141	715 138	184 003
1994	1 090 370	924 908	165 462
1995	1 262 560	1 054 386	208 174
1996	1 404 006	1 166 152	237 854
1997	1 696 451	1 344 511	351 940
1998	1 918 559	1 544 734	373 825
1999	2 174 606	1 871 049	303 557
2000	2 395 307	2 082 940	312 367
2001	2 652 760	2 317 259	335 501
2002	2 929 955	2 570 436	359 519
2003	3 284 109	2 883 317	400 792
2004	3 704 629	3 259 611	445 018
2005	4 154 883	3 660 443	494 440

14－2 主要年份社会消费品零售总额按经济类型分

单位：万元

年　份	全市总计	国有经济	集体经济	个私经济	其它经济
1978	71 986	53 246	17 621	3	1 116
1979	84 068	62 699	19 967	18	1 384
1980	99 672	69 333	27 306	194	2 839
1981	110 268	72 326	33 223	451	4 268
1982	124 119	92 421	25 975	1 147	4 576
1983	145 932	89 871	44 750	5 945	5 366
1984	171 970	98 059	53 044	15 135	5 732
1985	217 923	107 214	77 651	23 716	9 342
1986	240 317	113 548	84 607	26 376	15 786
1987	271 187	128 385	96 677	25 144	20 981
1988	370 065	181 805	128 424	32 352	27 484
1989	400 546	190 202	131 400	45 833	33 111
1990	422 370	215 286	121 722	46 387	38 975
1991	486 605	260 321	124 388	53 827	48 069
1992	640 970	357 654	153 064	72 020	58 232
1993	899 141	407 167	206 275	118 100	167 599
1994	1 090 370	494 950	246 617	119 169	229 634
1995	1 262 560	488 674	286 908	224 084	262 894
1996	1 404 006	420 209	332 442	317 989	333 366
1997	1 696 451	404 595	445 736	400 928	445 192
1998	1 918 559	419 171	441 900	562 312	495 176
1999	2 174 606	647 513	427 041	794 281	305 771
2000	2 395 307	698 903	433 282	876 755	386 367
2001	2 652 760	692 960	318 128	1 149 832	491 840
2002	2 929 955	484 567	320 307	1 505 911	619 170
2003	3 284 109	453 303	271 651	1 856 525	702 630
2004	3 704 629	298 351	257 368	2 368 452	780 458
2005	4 154 883	248 711	278 702	2 770 848	856 622

注：1999 年以后零售额国有经济中含国有控股经济。

14－3 主要年份社会消费品零售总额按行业分

单位：万元

年　份	全市总计	批发零售业	餐饮业	其它行业
1978	71 986	63 986	4 924	1 596
1979	84 068	72 868	5 592	5 608
1980	99 672	81 956	6 316	4 493
1981	110 268	87 726	6 962	6 433
1982	124 119	98 774	7 292	7 994
1983	145 932	117 245	8 041	9 410
1984	171 970	140 120	9 088	8 816
1985	217 923	176 533	11 821	12 335
1986	240 317	190 741	12 841	19 975
1987	271 187	209 201	17 995	25 694
1988	370 065	287 644	20 570	33 047
1989	400 546	301 532	24 022	47 630
1990	422 370	310 641	22 843	56 423
1991	486 605	346 582	24 367	76 818
1992	640 970	463 063	26 263	110 254
1993	899 141	722 584	32 229	80 985
1994	1 090 370	774 921	60 915	191 333
1995	1 262 560	897 994	78 680	228 990
1996	1 404 006	1 039 095	104 985	218 733
1997	1 696 451	1 314 003	109 217	238 206
1998	1 918 559	1 386 020	219 102	281 903
1999	2 174 606	1 494 613	296 519	343 296
2000	2 395 307	1 597 056	381 801	378 745
2001	2 652 760	1 695 760	474 667	435 266
2002	2 929 955	1 882 099	556 188	442 094
2003	3 284 109	2 581 379	634 566	68 164
2004	3 704 629	3 047 211	551 227	106 191
2005	4 154 883	3 293 530	673 658	187 695

14－4　分县（市）区社会消费品零售总额

（2005年）

单位：万元

项　　目	全　市		市　区	呈贡县	晋宁县	安宁市	富民县	宜良县	石林县	嵩明县	禄劝县	寻甸县
	合计	比上年±%	合　计									
社会消费品零售总额	**4 154 883**	**12.2**	**3 570 569**	**73 840**	**52 805**	**124 791**	**31 436**	**77 520**	**64 792**	**76 993**	**33 671**	**48 466**
一、按销售单位所在地分												
1．市	3 660 443	12.3	3 570 569			89 874						
2．县	221 172	19.8		25 933	21 252		21 579	45 363	48 823	15 109	26 756	16 357
3．县以下	273 268	4.9		47 907	31 553	34 917	9 857	32 157	15 969	61 884	6 915	32 109
二、按行业分												
1．批发零售贸易业	3 293 530	8.1	2 818 696	63 774	42 843	96 311	27 841	59 791	49 678	70 759	23 232	40 605
2．餐饮业	673 658	22.2	597 023	8 260	6 822	19 378	1 028	14 618	11 602	4 861	2 299	7 767
3．其他行业	187 695	76.8	154 850	1 806	3 140	9 102	2 567	3 111	3 512	1 373	8 140	94
三、按经济类型分												
1．国有及国有控股	248 711	－16.6	186 727	6 575	771	3 948	866	3 738	26 118	4 354	9 896	5 718
2．集体及股份合作	278 702	8.3	233 140	18 427	10 031	6 850	1 659	891	2 350	1 651	1 215	2 488
3．个体私营经济	2 770 848	17.0	2 401 665	39 567	34 923	82 191	8 225	48 635	33 912	59 021	22 560	40 149
#个体经济	1 843 796	2.9	1 591 193	14 926	29 690	46 971	3 201	41 048	27 102	33 285	17 290	39 090
4．其他经济	856 622	9.8	749 037	9 271	7 080	31 802	20 686	24 256	2 412	11 967		111

14-5 限额以上批发零售贸易企业

(2005年)

项　目	法人企业数（个）	产业活动单位数（个）	从业人员（人）	购进总额	进　口
总　计	**565**	**1 670**	**44 050**	**11 919 840.9**	**562 786.4**
一、批发业	373	835	23 468	10 416 252.1	522 442.2
其中：国有及国有控股	89	193	8 269	5 936 840.2	485 182.3
1. 按登记注册类型分组					
内资	365	785	22 809	10 330 729.6	522 442.2
国有	58	160	5 834	6 233 673.3	319 916.3
集体	16	75	649	123 452.8	
股份合作	2	2	112	6 038.8	
有限责任公司	83	276	8 166	1 671 050.8	182 580.7
国有独资公司	8	12	911	165 020.9	3 374.1
其他有限责任公司	75	264	7 255	1 506 029.9	179 206.6
股份有限公司	14	17	1 016	559 762.3	2 312.2
私营企业	192	255	7 032	1 736 751.6	17 633.0
私营独资	2	2	43	7 636.8	
私营合伙	4	5	41	12 843.7	
私营有限责任公司	173	235	6 543	1 610 733.7	1 026.2
私营股份有限公司	13	13	405	105 537.4	16 606.8
港澳台商投资企业	2	5	403	25 371.9	
与港澳台商合资经营	1	2	256	9 560.6	
港澳台商独资	1	2	94	13 221.5	
港澳台商独资股份有限公司	0	1	53	2 589.8	
外商投资企业	6	45	256	60 150.6	
中外合资经营	4	42	203	31 164.1	
外资企业	1	1	14	2 859.7	
外商投资股份有限公司	1	2	39	26 126.8	
2. 按国民经济行业分组					
农畜产品批发业	8	22	337	63 288.6	
食品、饮料及烟草制品批发业	55	125	6 113	3 390 802.2	18 004.4
米、面制品及食用油批发业	13	23	1 147	107 798.2	

商品购进、销售、库存总额

单位：万元

销售总额	批发		零售	年末库存总额
		出口		
12 311 640.2	**10 614 038.2**	**555 303.6**	**1 697 602.0**	**1 119 691.7**
10 640 051.6	10 499 070.6	555 303.6	140 981.0	920 002.3
6 428 182.8	6 416 004.5	330 309.1	12 178.3	553 882.4
10 525 874.1	10 390 524.7	551 560.6	135 349.4	910 403.7
5 883 882.6	5 880 105.8	243 489.1	3 776.8	556 626.8
136 602.9	135 637.2		965.7	8 006.5
6 829.2	6 413.5		415.7	10.6
1 938 809.5	1 926 484.1	97 283.0	12 325.4	153 878.4
162 739.9	161 688.7	3 374.1	1 051.2	18 636.1
1 776 069.6	1 764 795.4	93 908.9	11 274.2	135 242.3
630 830.9	570 984.7	43 051.7	59 846.2	66 229.2
1 928 919.0	1 870 899.4	167 736.8	58 019.6	125 652.2
8 688.0	8 688.0			424.2
18 146.0	11 892.1		6 253.9	629.1
1 780 566.5	1 732 231.9	101 599.3	48 334.6	117 773.9
121 518.5	118 087.4	66 137.5	3 431.1	6 825.0
42 734.1	42 734.1			2 845.1
12 394.6	12 394.6			1 902.8
26 978.4	26 978.4			898.5
3 361.1	3 361.1			43.8
71 443.4	65 811.8	3 743.0	5 631.6	6 753.5
36 587.2	30 955.6	3 743.0	5 631.6	3 947.4
3 418.4	3 418.4			25.6
31 437.8	31 437.8			2 780.5
72 493.8	71 280.1	4 008.0	1 213.7	21 217.4
3 674 255.6	3 667 941.1	111 278.9	6 314.5	383 275.3
85 201.8	82 488.2	3 743.0	2 713.6	53 842.2

续 14 - 5

项　　目	法人企业数（个）	产业活动单位数（个）	从业人员（人）	购　进 总　额	进　　口
烟草制品批发业	18	75	2 634	3 048 074.7	18 004.4
纺织、服装及日用品批发业	7	11	211	27 535.2	
文化、体育用品及器材批发业	5	7	483	107 705.6	
医药及医疗器材批发业	35	112	4 702	476 774.8	49.6
矿产品、建材及化工产品批发业	165	266	6 820	5 456 767.5	476 584.1
煤炭及制品批发业	9	9	390	135 903.4	
石油及制品批发业	9	52	1 376	1 834 701.0	5 402.2
金属及金属矿批发业	97	105	3 365	2 931 029.0	463 953.1
建材批发业	7	7	156	44 155.6	
化肥批发业	13	62	710	154 863.8	1 682.2
机械设备、五金交电及电子产品批发业	83	109	3 588	789 322.7	22 556.1
汽车、摩托车及零配件批发业	22	34	681	190 767.0	
家用电器批发业	2	5	480	76 552.6	
计算机、软件及辅助设备批发业	15	20	315	81 192.0	
贸易经纪与代理	2	2	104	10 195.4	5 248.0
其他批发业	13	181	1 110	93 860.1	
二、零售业	192	835	20 582	1 503 588.8	40 344.2
其中：国有及国有控股	21	130	3 743	166 875.6	
1. 按登记注册类型分组					
内资	186	772	17 399	1 352 498.3	40 344.2
国有	9	12	1 216	49 308.9	
集体	10	30	393	14 241.8	
股份合作	2	7	65	3 371.9	
有限责任公司	47	559	6 986	421 201.8	38 520.0
其他有限责任公司	47	559	6 986	421 201.8	38 520.0
股份有限公司	8	10	1 495	131 034.8	
私营企业	108	150	7 062	725 170.3	1 824.2
私营独资	3	3	189	14 762.0	
私营有限责任公司	99	141	6 123	674 760.9	1 824.2

单位：万元

销售总额	批发		零售	年末库存总额
		出口		
3 309 206.3	3 307 174.0	78 146.0	2 032.3	314 235.5
28 845.7	28 743.2	8 458.8	102.5	1 711.5
114 709.0	113 766.1		942.9	18 811.5
519 402.6	498 027.5		21 375.1	69 031.7
5 149 265.9	5 071 912.0	327 115.5	77 353.9	296 240.9
150 914.3	150 901.3		13.0	8 107.8
1 199 448.4	1 134 101.0	6 884.6	65 347.4	113 378.5
3 207 149.3	3 196 741.7	183 958.6	10 407.6	93 735.0
47 019.7	47 019.7			1 937.0
167 789.3	167 178.1	25 591.1	611.2	22 167.5
971 096.7	937 963.3	101 505.6	33 133.4	128 204.5
220 882.4	198 672.8		22 209.6	16 282.4
86 814.2	85 939.4		874.8	2 065.8
87 909.3	80 909.7		6 999.6	4 209.5
13 184.3	13 184.3	2 936.8		108.0
96 798.0	96 253.0		545.0	1 401.5
1 671 588.6	114 967.6		1 556 621.0	199 689.4
178 361.8	18 977.3		159 384.5	25 921.6
1 489 602.8	106 714.9		1 382 887.9	180 358.0
52 375.8	467.4		51 908.4	3 669.7
16 667.0	1 197.9		15 469.1	1 174.8
3 344.9	1 024.7		2 320.2	56.0
481 157.0	52 025.8		429 131.2	57 815.6
481 157.0	52 025.8		429 131.2	57 815.6
111 019.3	1 401.4		109 617.9	11 092.8
814 710.2	50 597.7		764 112.5	100 432.4
18 696.9			18 696.9	1 871.9
754 254.1	41 628.7		712 625.4	91 197.5

续 14－5

项　　目	法人企业数（个）	产业活动单位数（个）	从业人员（人）	购进总额	进口
私营股份有限公司	6	6	750	35 647.4	
其他	2	4	182	8 168.8	
港澳台商投资企业	1	53	443	17 557.5	
与港澳台商合资经营	1	52	428	16 437.5	
港澳台商独资股份有限公司	0	1	15	1 120.0	
外商投资企业	5	10	2 740	133 533.0	
中外合资经营	4	7	1 872	74 778.5	
中外合作经营	1	2	836	58 282.2	
外商投资股份有限公司	0	1	32	472.3	
2．按国民经济行业分组					
综合零售业	22	43	6 068	291 642.9	
百货零售业	14	27	3 879	210 781.3	
超级市场零售业	6	9	2 029	79 442.1	
食品、饮料及烟草制品专门零售业	10	55	1 485	30 500.4	
纺织、服装及日用品专门零售业	5	17	360	8 003.3	
服装零售业	2	4	208	6 090.6	
文化、体育用品及器材专门零售业	7	44	2 487	44 598.8	
图书零售业	4	39	1 766	36 130.1	
医药及医疗器材专门零售业	8	504	2 787	156 056.7	
药品零售业	8	504	2 787	156 056.7	
汽车、摩托车、燃料及零配件专门零售业	93	116	4 328	739 011.6	40 344.2
汽车零售业	82	92	3 341	688 312.4	40 344.2
机动车燃料零售业	9	22	898	44 335.2	
家用电器及电子产品专门零售业	41	50	2 605	228 007.9	
家用电器零售业	7	16	1 426	118 683.9	
计算机、软件及辅助设备零售业	28	28	884	83 893.3	
通讯设备零售业	6	6	295	25 430.7	
五金、家具及室内装修材料专门零售业	2	2	186	1 365.2	
无店铺及其他零售业	4	4	276	4 402.0	

单位：万元

销售总额	批发	出口	零售	年末库存总额
41 759.2	8 969.0		32 790.2	7 363.0
10 328.6			10 328.6	6 116.7
17 300.8	8 252.7		9 048.1	5 592.9
15 717.1	7 768.8		7 948.3	4 242.9
1 583.7	483.9		1 099.8	1 350.0
164 685.0			164 685.0	13 738.5
97 026.4			97 026.4	9 798.9
67 139.0			67 139.0	3 539.2
519.6			519.6	400.4
375 072.5	698.7		374 373.8	40 061.7
277 044.2	124.5		276 919.7	32 022.8
95 898.5			95 898.5	7 923.5
32 548.2	932.5		31 615.7	1 738.7
9 200.2	587.3		8 612.9	3 830.9
6 965.8	483.9		6 481.9	3 051.7
50 905.9	4 365.3		46 540.6	26 117.7
33 670.2	4 365.3		29 304.9	17 247.4
151 587.1	56 857.6		94 729.5	27 131.1
151 587.1	56 857.6		94 729.5	27 131.1
799 648.7	39 901.6		759 747.1	68 651.9
739 872.2	28 989.0		710 883.2	65 696.6
52 414.1	10 912.6		41 501.5	2 442.2
237 933.9	11 312.1		226 621.8	30 072.8
114 082.2			114 082.2	14 719.6
92 618.3	11 312.1		81 306.2	7 762.4
31 233.4			31 233.4	7 590.8
9 499.2			9 499.2	1 683.5
5 192.9	312.5		4 880.4	401.1

14－6－1 限额以上批发零售

（2005 年）

项　目	企业数（个）	亏损企业（个）	年末 流动资产小计	存　货	固定资产原　价	累　计折　旧	本　年折　旧
总　计	**565**	**204**	**3 722 348.7**	**790 419.4**	**651 807.8**	**210 128.9**	**32 876.1**
一、批发业	373	120	3 099 552.4	634 180.8	465 390.6	153 926.0	23 014.7
其中：国有及国有控股	89	19	2 046 046.3	429 621.8	348 409.0	122 461.6	16 857.6
1．按登记注册类型分组							
内资	365	119	3 076 014.7	625 750.2	459 561.6	152 905.7	22 701.5
国有	58	13	1 535 934.9	304 863.1	278 044.1	96 980.4	13 916.6
集体	16	5	21 776.4	7 861.5	7 098.5	2 986.2	216.8
股份合作	2	2	346.7	36.0	922.0	207.7	29.2
有限责任公司	83	22	773 542.0	166 790.7	102 985.1	35 932.6	4 592.9
国有独资公司	8	2	75 221.0	47 840.1	32 135.8	11 518.6	1 133.4
其他有限责任公司	75	20	698 321.0	118 950.6	70 849.3	24 414.0	3 459.5
股份有限公司	14	5	144 988.1	23 166.1	20 570.3	5 804.5	610.0
私营企业	192	72	599 426.6	123 032.8	49 941.6	10 994.3	3 336.0
私营独资	2	1	1 876.8	420.4	303.2	208.2	17.5
私营合伙	4	2	2 219.2	633.7	1 170.0	336.3	59.9
私营有限责任公司	173	64	536 498.9	115 677.0	43 028.3	8 678.6	3 055.7
私营股份有限公司	13	5	58 831.7	6 301.7	5 440.1	1 771.2	202.9
港澳台商投资企业	2		12 444.1	2 572.5	1 033.9	121.2	66.9
与港澳台商合资经营	1		7 589.8	1 759.0	953.5	107.0	56.0
港澳台商独资	1		4 854.3	813.5	80.4	14.2	10.9
港澳台商独资股份有限公司							
外商投资企业	6	1	11 093.6	5 858.1	4 795.1	899.1	246.3
中外合资经营	4		5 620.4	3 474.1	4 663.6	836.0	232.6
外资企业	1	1	137.5	25.5	8.5	5.8	1.4
外商投资股份有限公司	1		5 335.7	2 358.5	123.0	57.3	12.3
2．按国民经济行业分组							
农畜产品批发业	8	2	48 350.3	21 322.3	25 897.8	5 908.7	891.5
食品、饮料及烟草制品批发业	55	11	983 146.9	314 988.9	232 247.2	85 697.1	12 568.8
米、面制品及食用油批发业	13	5	128 793.4	78 831.1	37 185.2	14 919.2	1 018.7

贸易企业财务状况表

单位：万元

资　产　负　债

资产合计	负债合计	所有者权益合计	实收资本	国家资本	集体资本	法人资本	个人资本	港澳台资本	外商资本
4 903 263.9	**3 265 665.1**	**1 637 598.8**	**786 576.3**	**389 326.5**	**19 451.1**	**209 567.4**	**132 531.8**	**21 428.5**	**14 271.0**
4 053 144.8	2 627 640.2	1 425 504.6	616 319.0	377 812.1	16 120.5	132 135.4	83 225.8	6 197.3	827.9
2 816 981.3	1 649 751.5	1 167 229.8	438 981.7	374 908.0	831.5	60 377.5	2 864.7		
4 023 524.9	2 607 787.8	1 415 737.1	606 449.8	377 812.1	16 120.5	129 341.4	83 175.8		
2 136 162.8	1 156 392.4	979 770.4	313 958.3	310 176.6	301.5	3 480.2			
26 137.8	20 231.0	5 906.8	4 226.1		3 971.1		255.0		
1 000.9	292.8	708.1	962.0		40.0	922.0			
992 603.8	728 571.9	264 031.9	181 485.2	67 266.5	9 472.4	85 263.0	19 483.3		
153 155.7	83 479.4	69 676.3	57 881.6	57 281.6		300.0	300.0		
839 448.1	645 092.5	194 355.6	123 603.6	9 984.9	9 472.4	84 963.0	19 183.3		
189 169.7	153 802.6	35 367.1	30 652.7	364.1	1 949.0	22 779.3	5 560.3		
678 449.9	548 497.1	129 952.8	75 165.5	4.9	386.5	16 896.9	57 877.2		
3 524.1	2 181.6	1 342.5	289.2			289.2			
2 341.0	1 601.1	739.9	828.2			100.0	728.2		
600 672.9	491 744.2	108 928.7	67 364.1	4.9	366.5	13 139.0	53 853.7		
71 911.9	52 970.2	18 941.7	6 684.0		20.0	3 368.7	3 295.3		
13 570.6	10 096.1	3 474.5	2 797.3					2 797.3	
8 650.0	6 874.0	1 776.0	1 738.2					1 738.2	
4 920.6	3 222.1	1 698.5	1 059.1					1 059.1	
16 049.3	9 756.3	6 293.0	7 071.9			2 794.0	50.0	3 400.0	827.9
10 507.5	4 270.6	6 236.9	6 244.0			2 794.0	50.0	3 400.0	
140.2	468.9	−328.7							
5 401.6	5 016.8	384.8	827.9						827.9
70 584.7	32 128.7	38 456.0	16 608.8	14 093.9	1 458.9	283.6	772.4		
1 293 639.6	567 350.8	726 288.8	141 135.3	113 141.3	4 764.4	18 238.2	3 882.3	1 109.1	
185 054.3	151 366.2	33 688.1	35 580.8	32 809.3	958.1	310.0	1 453.4	50.0	

续 14－6－1

项　　目	企业数（个）	亏损企业（个）	年末 流动资产小计	存　货	固定资产原　价	累　计折　旧	本　年折　旧
烟草制品批发业	18		747 691.4	222 196.9	173 731.9	66 676.4	10 763.4
纺织、服装及日用品批发业	7	4	10 522.9	2 082.1	4 929.2	2 035.9	39.3
文化、体育用品及器材批发业	5		42 971.8	16 667.7	12 933.6	3 057.3	423.6
医药及医疗器材批发业	35	17	177 889.2	62 071.1	22 817.0	6 653.3	1 189.7
矿产品、建材及化工产品批发业	165	58	1 175 470.4	156 615.7	108 814.2	35 443.5	5 478.3
煤炭及制品批发业	9	2	36 753.5	5 178.0	6 979.9	2 777.0	300.3
石油及制品批发业	9	5	45 561.7	11 363.5	22 265.1	8 557.8	1 200.5
金属及金属矿批发业	97	38	860 676.7	107 200.2	46 948.5	12 693.0	2 605.4
建材批发业	7	3	9 411.9	1 828.3	1 224.1	508.1	82.9
化肥批发业	13	1	55 937.0	13 979.0	13 297.5	7 810.6	606.7
机械设备、五金交电及电子产品批发业	83	27	640 515.8	57 816.4	51 620.6	12 971.2	2 158.9
汽车、摩托车及零配件批发业	22	12	91 520.3	19 563.3	20 882.3	5 361.4	523.7
家用电器批发业	2	1	4 380.3	1 787.0	299.3	207.3	60.4
计算机、软件及辅助设备批发业	15	8	31 066.6	4 001.6	1 097.8	589.8	86.8
贸易经纪与代理	2	1	8 837.9	1 159.5	2 531.2	895.1	90.0
其他批发业	13		11 847.2	1 457.1	3 599.8	1 263.9	174.6
二、零售业	192	84	622 796.3	156 238.6	186 417.2	56 202.9	9 861.4
其中：国有及国有控股	21	11	69 236.4	19 673.7	36 992.4	12 928.8	1 469.5
1. 按登记注册类型分组							
内资	186	83	573 121.9	140 119.7	138 688.1	38 839.7	7 867.6
国有	9	6	25 991.8	4 330.8	12 100.7	4 070.9	259.4
集体	10	5	3 868.5	1 152.5	1 367.2	816.1	117.0
股份合作	2	1	605.0	68.2	949.4	602.1	66.9
有限责任公司	47	20	152 201.6	50 638.3	59 063.0	17 796.1	3 498.5
其他有限责任公司	47	20	152 201.6	50 638.3	59 063.0	17 796.1	3 498.5
股份有限公司	8	3	37 287.3	4 017.0	8 593.9	3 774.9	472.7
私营企业	108	47	343 900.6	74 050.2	54 222.1	11 549.3	3 402.3
私营独资	3		5 364.6	1 257.6	1 611.6	440.0	110.8
私营有限责任公司	99	45	304 040.4	62 690.0	43 614.0	8 123.1	2 143.2

单位：万元

资产负债									
资产合计	负债合计	所有者权益合计	实收资本	国家资本	集体资本	法人资本	个人资本	港澳台资本	外商资本
974 243.3	318 660.5	655 582.8	82 396.9	80 281.0		2 115.9			
19 326.5	10 311.2	9 015.3	2 241.3	1 203.3	644.6	160.0	233.4		
80 298.7	38 285.8	42 012.9	45 830.1	38 138.2		2 470.0	4 394.0		827.9
204 936.6	160 594.2	44 342.4	40 876.6	4 660.8	5 500.0	16 377.0	12 600.6	1 738.2	
1 601 678.3	1 156 971.9	444 706.4	277 716.4	195 104.8	2 612.4	28 584.1	48 065.1	3 350.0	
48 845.4	31 654.4	17 191.0	13 427.3	6 702.3		960.0	5 765.0		
61 803.2	43 225.3	18 577.9	13 833.4	5 720.5	113.4	4 529.3	120.2	3 350.0	
1 208 885.8	848 836.2	360 049.6	214 186.0	175 444.3	587.6	6 233.5	31 920.6		
19 079.3	16 375.9	2 703.4	2 866.1	1 623.7			1 242.4		
64 313.9	44 895.5	19 418.4	13 071.7	2 949.0	1 677.6	4 866.3	3 578.8		
753 787.3	637 137.3	116 650.0	87 164.1	9 450.6	649.2	65 217.3	11 847.0		
119 231.1	92 354.1	26 877.0	25 367.9	5 424.6	20.0	15 487.1	4 436.2		
4 527.0	5 657.1	－1 130.1	200.0			100.0	100.0		
31 665.4	27 092.3	4 573.1	5 270.0		345.0	3 400.0	1 525.0		
10 526.5	11 460.0	－933.5	1 688.3	1 688.3					
18 366.6	13 400.3	4 966.3	3 058.1	330.9	491.0	805.2	1 431.0		
850 119.1	638 024.9	212 094.2	170 257.3	11 514.4	3 330.6	77 432.0	49 306.0	15 231.2	13 443.1
110 503.1	85 381.4	25 121.7	29 561.9	11 513.3	233.8	16 836.1	978.7		
765 236.4	592 856.9	172 379.5	130 780.6	11 514.4	3 330.6	66 529.6	49 306.0	100.0	
39 400.9	31 713.3	7 687.6	6 350.4	6 204.4		96.0	50.0		
4 945.1	3 440.1	1 505.0	759.7	1.1	698.6		60.0		
1 388.8	909.9	478.9	246.7	53.0	170.5	2.8	20.4		
232 881.1	178 921.4	53 959.7	48 488.0	1 801.9	2 461.5	36 028.8	8 095.8	100.0	
232 881.1	178 921.4	53 959.7	48 488.0	1 801.9	2 461.5	36 028.8	8 095.8	100.0	
48 010.3	37 578.2	10 432.1	12 450.0	3 454.0		7 221.0	1 775.0		
426 997.9	329 396.7	97 601.2	61 585.8			23 181.0	38 404.8		
6 626.1	5 652.2	973.9	1 080.0				1 080.0		
368 424.9	283 426.4	84 998.5	52 963.8			16 971.0	35 992.8		

项目	企业数（个）	亏损企业（个）	年末				
			流动资产小计	存货	固定资产原价	累计折旧	本年折旧
私营股份有限公司	6	2	34 495.6	10 102.6	8 996.5	2 986.2	1 148.3
其他	2	1	9 267.1	5 862.7	2 391.8	230.3	50.8
港澳台商投资企业	1		7 112.4	2 773.8	3 879.6	1 624.4	221.2
与港澳台商合资经营	1		7 112.4	2 773.8	3 879.6	1 624.4	221.2
港澳台商独资股份有限公司							
外商投资企业	5	1	42 562.0	13 345.1	43 849.5	15 738.8	1 772.6
中外合资经营	4	1	22 021.5	9 805.9	31 181.3	10 925.7	1 772.6
中外合作经营	1		20 540.5	3 539.2	12 668.2	4 813.1	
外商投资股份有限公司							
2．按国民经济行业分组							
综合零售业	22	9	138 504.6	20 874.1	75 549.2	22 607.8	3 027.0
百货零售业	14	6	117 377.3	12 901.7	53 827.2	13 093.9	1 477.0
超级市场零售业	6	3	19 164.1	7 862.9	21 467.3	9 320.9	1 491.1
食品、饮料及烟草制品专门零售业	10	2	9 496.8	1 793.9	6 579.6	3 355.1	346.3
纺织、服装及日用品专门零售业	5	3	4 823.2	2 021.4	4 403.0	1 089.2	61.8
服装零售业	2	1	1 606.2	1 312.8	32.9	9.7	2.9
文化、体育用品及器材专门零售业	7		44 251.1	20 002.3	26 249.6	6 708.9	1 808.8
图书零售业	4		15 998.5	11 903.5	17 827.5	4 301.1	844.1
医药及医疗器材专门零售业	8	5	49 217.2	24 367.6	12 467.9	4 412.1	1 005.8
药品零售业	8	5	49 217.2	24 367.6	12 467.9	4 412.1	1 005.8
汽车、摩托车、燃料及零配件专门零售业	93	46	293 798.5	61 952.6	53 445.6	14 553.7	2 919.5
汽车零售业	82	39	280 447.7	59 629.0	41 284.3	12 304.2	2 499.0
机动车燃料零售业	9	6	9 801.7	1 814.5	11 950.3	2 174.8	404.4
家用电器及电子产品专门零售业	41	18	75 745.2	23 197.6	6 325.1	2 916.6	545.4
家用电器零售业	7	3	49 640.1	13 553.3	4 399.7	2 144.2	356.4
计算机、软件及辅助设备零售业	28	11	19 784.6	8 744.2	1 468.3	636.2	173.4
通讯设备零售业	6	4	6 320.5	900.1	457.1	136.2	15.6
五金、家具及室内装修材料专门零售业	2		4 697.3	1 683.8	839.7	411.0	100.4
无店铺及其他零售业	4	1	2 262.4	345.3	557.5	148.5	46.4

单位：万元

资产负债									
资产合计	负债合计	所有者权益合计	实收资本	国家资本	集体资本	法人资本	个人资本	港澳台资本	外商资本
51 946.9	40 318.1	11 628.8	7 542.0			6 210.0	1 332.0		
11 612.3	10 897.3	715.0	900.0				900.0		
13 066.3	8 153.1	4 913.2	8 000.0			2 100.0		5 900.0	
13 066.3	8 153.1	4 913.2	8 000.0			2 100.0		5 900.0	
71 816.4	37 014.9	34 801.5	31 476.7			8 802.4		9 231.2	13 443.1
43 402.3	21 441.1	21 961.2	22 245.5			8 802.4			13 443.1
28 414.1	15 573.8	12 840.3	9 231.2					9 231.2	
217 024.9	158 545.4	58 479.5	44 645.2	3 629.1	615.4	21 513.9	2 900.8	9 231.2	6 754.8
182 530.9	136 508.1	46 022.8	34 027.2	3 628.0		18 686.0	2 482.0	9 231.2	
32 469.1	21 123.3	11 345.8	10 258.8	1.1	256.2	2 827.9	418.8		6 754.8
15 604.2	9 233.3	6 370.9	5 095.0	2 726.8	170.8	592.8	1 604.6		
8 149.4	8 397.5	-248.1	1 322.0			1 142.0	80.0	100.0	
1 629.4	1 567.2	62.2	162.0			142.0	20.0		
78 230.3	57 647.2	20 583.1	18 978.5			15 494.4	930.0		2 554.1
33 132.7	20 386.0	12 746.7	12 248.5			9 494.4	200.0		2 554.1
67 937.0	53 105.5	14 831.5	25 290.6		1 318.0	18 072.6		5 900.0	
67 937.0	53 105.5	14 831.5	25 290.6		1 318.0	18 072.6		5 900.0	
367 292.7	282 194.7	85 098.0	58 420.3	4 765.0	704.5	17 471.7	35 479.1		
338 659.7	261 832.6	76 827.1	51 422.1	4 665.0	481.3	13 570.7	32 705.1		
24 344.1	17 433.6	6 910.5	6 398.2		223.2	3 401.0	2 774.0		
83 854.3	60 243.3	23 611.0	11 579.0	151.0	521.9	3 044.6	7 861.5		
54 861.0	44 446.1	10 414.9	3 470.1		474.0	1 080.1	1 916.0		
22 285.9	10 911.0	11 374.9	5 586.9	151.0	47.9	934.5	4 453.5		
6 707.4	4 886.2	1 821.2	2 522.0			1 030.0	1 492.0		
7 292.1	4 316.3	2 975.8	4 234.2			100.0			4 134.2
4 734.2	4 341.7	392.5	692.5	242.5			450.0		

14－6－2 限额以上批发零售

（2005年）

项目	营业收入合计	主营业务收入	主营业务成本	主营业务税金及附加
	损益及			
总计	**10 329 346.3**	**10 275 677.6**	**9 370 556.5**	**21 010.0**
一、批发业	8 811 417.6	8 771 827.9	8 019 342.3	17 970.1
其中：国有及国有控股	6 026 481.4	6 009 885.2	5 421 848.2	8 589.6
1．按登记注册类型分组				
内资	8 738 697.6	8 699 109.7	7 956 402.4	17 960.4
国有	4 958 462.1	4 944 337.8	4 487 204.6	6 655.6
集体	115 484.9	115 407.8	111 181.7	44.3
股份合作	6 258.1	6 089.6	5 984.1	1.0
有限责任公司	1 649 381.1	1 627 420.2	1 455 167.2	2 550.4
国有独资公司	142 223.3	142 199.9	128 982.3	213.3
其他有限责任公司	1 507 157.8	1 485 220.3	1 326 184.9	2 337.1
股份有限公司	284 207.4	283 085.7	264 551.9	507.3
私营企业	1 724 904.0	1 722 768.6	1 632 312.9	8 201.8
私营独资	7 425.7	7 425.7	7 289.8	0.4
私营合伙	12 615.8	12 615.8	12 101.5	6.6
私营有限责任公司	1 584 251.8	1 582 116.4	1 499 804.5	8 109.4
私营股份有限公司	120 610.7	120 610.7	113 117.1	85.4
港澳台商投资企业	17 339.4	17 337.6	12 106.3	
与港澳台商合资经营	9 954.1	9 954.1	6 797.6	
港澳台商独资	7 385.3	7 383.5	5 308.7	
港澳台商独资股份有限公司				
外商投资企业	55 380.6	55 380.6	50 833.6	9.7
中外合资经营	32 375.8	32 375.8	29 275.8	4.9
外资企业	2 921.7	2 921.7	2 893.0	
外商投资股份有限公司	20 083.1	20 083.1	18 664.8	4.8
2．按国民经济行业分组				
农畜产品批发业	64 746.1	63 734.3	56 368.6	81.5
食品、饮料及烟草制品批发业	3 285 301.3	3 272 552.7	2 875 361.9	6 089.8
米、面制品及食用油批发业	91 317.5	90 251.7	89 257.1	9.8

贸易企业财务状况表

单位：万元

分配

主营业务利润	其他业务利润	营业费用	管理费用	税金	差旅费	工会经费
828 831.0	**49 027.4**	**334 903.9**	**191 569.9**	**5 898.7**	**6 735.9**	**1 134.7**
685 287.0	28 948.5	253 603.0	130 508.9	4 631.1	5 279.9	912.5
552 465.8	20 175.0	166 642.2	94 135.7	3 410.3	2 215.4	750.8
675 518.6	28 859.2	246 589.9	129 292.9	4 602.0	5 057.4	910.4
423 699.3	16 286.2	79 816.1	73 248.8	2 638.7	1 236.2	564.0
3 457.6	261.9	2 277.7	1 499.2	73.7	59.5	4.1
104.5	168.6	200.4	282.2	6.3	9.2	4.7
160 516.4	7 926.4	105 172.9	31 378.6	1 154.2	1 866.4	266.5
13 004.2	1 595.0	6 730.0	5 318.3	320.4	141.9	52.8
147 512.2	6 331.4	98 442.9	26 060.3	833.8	1 724.5	213.7
18 026.3	2 353.1	10 964.6	6 251.2	171.8	313.6	44.5
69 714.5	1 863.0	48 158.2	16 632.9	557.3	1 572.5	26.6
134.2	1.3	135.1	23.1	1.0		
507.7	81.8	298.5	278.2	3.8	12.4	
61 792.9	1 435.8	44 251.0	14 318.7	486.8	1 366.4	17.1
7 279.7	344.1	3 473.6	2 012.9	65.7	193.7	9.5
5 231.2	-0.3	4 153.0	337.4	2.1	104.0	0.9
3 156.4		3 031.1				
2 074.8	-0.3	1 121.9	337.4	2.1	104.0	0.9
4 537.2	89.6	2 860.1	878.6	27.0	118.5	1.2
3 095.1	89.6	1 577.9	621.9	12.2	51.8	1.2
28.7		124.0	22.0	0.6	21.1	
1 413.4		1 158.2	234.7	14.2	45.6	
7 088.5	1 291.1	4 021.6	3 019.5	91.4	46.5	21.7
364 826.4	13 401.2	72 099.5	58 163.7	2 049.6	966.7	470.1
624.3	1 859.9	3 255.6	4 052.0	324.7	124.8	37.4

续 14－6－2

项　　目	损益及			
	营业收入合　计	主营业务收　入	主营业务成本	主营业务税金及附加
烟草制品批发业	2 959 981.3	2 948 569.4	2 569 099.4	5 809.7
纺织、服装及日用品批发业	25 843.6	25 538.2	23 786.3	11.7
文化、体育用品及器材批发业	97 423.4	84 750.4	76 503.8	107.2
医药及医疗器材批发业	488 539.2	487 647.9	424 380.5	869.4
矿产品、建材及化工产品批发业	3 984 273.2	3 977 797.9	3 760 556.0	10 159.1
煤炭及制品批发业	135 634.4	135 634.4	127 655.5	223.2
石油及制品批发业	220 449.7	220 412.8	203 960.5	265.2
金属及金属矿批发业	3 054 905.6	3 050 108.2	2 896 740.7	2 144.9
建材批发业	44 824.5	44 508.1	42 752.5	12.8
化肥批发业	166 163.6	165 962.5	153 096.1	67.2
机械设备、五金交电及电子产品批发业	755 248.8	750 661.4	702 678.3	587.8
汽车、摩托车及零配件批发业	184 522.4	182 555.0	176 485.8	73.1
家用电器批发业	55 444.9	55 444.9	50 967.5	85.0
计算机、软件及辅助设备批发业	56 851.2	56 777.8	55 173.4	32.2
贸易经纪与代理	13 184.3	13 184.3	11 392.9	26.8
其他批发业	96 857.7	95 960.8	88 314.0	36.8
二、零售业	1 517 928.7	1 503 849.7	1 351 214.2	3 039.9
其中：国有及国有控股	176 563.9	175 261.0	160 516.7	491.7
1. 按登记注册类型分组				
内资	1 347 996.9	1 335 750.1	1 212 133.4	2 829.0
国有	55 504.8	54 905.6	49 996.4	314.7
集体	14 858.1	14 847.5	13 602.4	28.2
股份合作	1 369.8	1 239.4	1 129.6	11.7
有限责任公司	446 566.4	436 308.5	389 354.3	896.2
其他有限责任公司	446 566.4	436 308.5	389 354.3	896.2
股份有限公司	80 754.2	80 585.5	70 886.9	151.6
私营企业	740 786.2	739 706.2	679 838.1	1 348.6
私营独资	16 092.1	16 092.1	14 759.1	27.4
私营有限责任公司	683 037.9	681 957.9	631 205.9	1 090.5

单位：万元

分　配						
主营业务利润	其他业务利润	营业费用	管理费用			
				税　金	差旅费	工会经费
350 717.4	9 850.6	62 450.2	49 372.2	1 552.3	554.3	404.4
1 706.4	359.8	561.2	1 626.0	72.2	29.4	11.4
7 315.4	961.3	4 270.4	2 146.7	126.0	113.1	23.4
55 659.5	490.0	38 830.2	10 206.7	232.2	1 030.3	59.2
199 893.0	4 942.4	108 414.8	34 884.5	1 598.2	1 589.4	206.0
6 368.4	937.4	4 414.1	2 158.6	104.0	31.5	17.5
15 509.5	474.4	10 824.8	2 527.5	75.0	96.5	14.0
147 973.6	1 777.5	72 593.4	20 718.4	1 128.6	1 062.2	116.8
1 717.3	68.4	1 421.9	587.7	20.8	57.5	4.1
12 178.1	1 016.8	6 472.3	4 819.6	106.5	103.3	24.9
45 246.3	6 035.4	22 966.2	18 967.3	390.9	1 470.1	104.2
5 476.2	2 335.3	3 815.3	2 217.3	62.2	188.9	16.4
4 392.4	156.4	4 299.1	757.2	9.6	323.3	6.7
1 468.4	248.3	1 158.6	631.5	19.3	76.4	0.3
1 764.6	30.4	1 137.0	87.2	4.4	10.9	7.6
1 786.9	1 436.9	1 302.1	1 407.3	66.2	23.5	8.9
143 544.0	20 078.9	81 300.9	61 061.0	1 267.6	1 456.0	222.2
13 505.9	2 599.2	9 400.7	9 734.0	304.4	144.3	110.0
114 736.3	13 906.9	58 594.7	54 269.3	1 223.0	1 428.7	217.6
3 857.4	205.6	3 226.3	2 703.6	94.6	20.2	31.7
1 216.8	40.6	603.6	472.8	11.5	18.6	1.8
97.9	138.2	92.7	140.1	12.4	3.3	0.8
46 018.9	5 609.2	24 303.8	20 499.3	540.1	594.8	122.6
46 018.9	5 609.2	24 303.8	20 499.3	540.1	594.8	122.6
9 170.6	1 824.8	3 095.8	8 053.1	47.4	97.2	7.8
53 621.0	6 088.5	26 877.1	22 080.6	513.9	687.7	52.9
863.3	10.0	501.8	593.3	0.2	2.7	1.7
45 205.5	6 056.7	24 319.1	17 782.4	370.2	621.9	33.3

续 14－6－2

项　　目	损益及			
	营业收入合　计	主营业务收　入	主营业务成本	主营业务税金及附加
私营股份有限公司	41 656.2	41 656.2	33 873.1	230.7
其他	8 157.4	8 157.4	7 325.7	78.0
港澳台商投资企业	13 689.4	13 689.4	11 830.4	1.2
与港澳台商合资经营	13 689.4	13 689.4	11 830.4	1.2
港澳台商独资股份有限公司				
外商投资企业	156 242.4	154 410.2	127 250.4	209.7
中外合资经营	98 858.6	97 026.4	79 024.1	43.2
中外合作经营	57 383.8	57 383.8	48 226.3	166.5
外商投资股份有限公司				
2. 按国民经济行业分组				
综合零售业	318 758.3	316 564.5	257 182.7	1 089.4
百货零售业	220 095.4	218 978.7	177 483.7	1 060.0
超级市场零售业	96 842.4	95 765.3	78 438.8	14.5
食品、饮料及烟草制品专门零售业	29 429.1	29 254.7	24 741.5	269.4
纺织、服装及日用品专门零售业	6 780.0	6 780.0	5 516.7	7.2
服装零售业	4 752.2	4 752.2	3 979.4	1.0
文化、体育用品及器材专门零售业	45 246.9	44 491.8	30 237.0	259.9
图书零售业	30 099.7	29 344.6	21 706.5	109.4
医药及医疗器材专门零售业	138 885.8	138 140.1	120 096.0	218.6
药品零售业	138 885.8	138 140.1	120 096.0	218.6
汽车、摩托车、燃料及零配件专门零售业	750 676.0	741 148.6	703 088.2	769.9
汽车零售业	699 201.5	692 519.0	657 734.5	713.9
机动车燃料零售业	44 200.3	41 356.2	38 370.3	53.2
家用电器及电子产品专门零售业	213 605.5	213 009.2	197 672.3	397.7
家用电器零售业	103 465.7	103 465.7	93 242.5	146.3
计算机、软件及辅助设备零售业	82 177.8	81 665.9	77 327.4	230.8
通讯设备零售业	27 962.0	27 877.6	27 102.4	20.6
五金、家具及室内装修材料专门零售业	9 472.7	9 472.7	8 283.1	3.7
无店铺及其他零售业	5 074.4	4 988.1	4 396.7	24.1

单位：万元

分　配

主营业务利润	其他业务利润	营业费用	管理费用	税　金	差旅费	工会经费
7 552.2	21.8	2 056.2	3 704.9	143.5	63.1	17.9
753.7		395.4	319.8	3.1	6.9	
1 857.8	480.8	1 053.2	722.4	21.9		4.6
1 857.8	480.8	1 053.2	722.4	21.9		4.6
26 949.9	5 691.2	21 653.0	6 069.3	22.7	27.3	
17 958.9	2 581.1	15 810.5	2 125.3	4.2	27.3	
8 991.0	3 110.1	5 842.5	3 944.0	18.5		
58 214.0	9 292.6	30 934.6	23 729.0	180.0	232.6	41.9
40 434.9	7 386.5	16 097.0	21 459.3	168.3	205.0	40.0
17 233.8	1 905.5	14 686.6	2 089.3	5.4	27.6	1.2
4 032.8	870.2	2 425.5	2 262.0	127.8	27.1	9.9
1 256.1	384.3	952.8	558.4	115.5	5.1	17.2
771.8		736.0	35.5	1.2		
13 994.8	359.9	4 477.5	7 329.4	175.1	60.1	49.9
7 528.7	351.2	2 743.5	4 236.5	66.2	15.9	30.5
17 758.5	1 738.1	13 984.2	6 331.5	150.4	170.0	21.5
17 758.5	1 738.1	13 984.2	6 331.5	150.4	170.0	21.5
34 243.2	2 076.7	16 906.2	15 681.2	400.9	663.8	69.9
31 083.2	1 522.0	14 629.3	13 854.5	371.9	631.3	58.8
2 932.7	553.9	2 186.6	1 699.2	26.9	30.3	10.8
12 678.3	4 122.2	9 583.4	4 624.6	99.6	275.2	10.4
8 407.0	3 202.7	6 294.5	2 100.9	34.5	49.3	9.5
3 577.7	617.1	2 670.2	1 600.2	38.7	197.5	
693.6	302.4	618.7	923.5	26.4	28.4	0.9
1 185.8	1 098.5	1 912.3	285.0	1.9	11.2	
180.5	136.4	124.4	259.9	16.4	10.9	1.5

14－6－3　限额以上批发零售

(2005年)

项　目	财务费用	利息支出	营业利润	利润总额
	损益及			
总　计	**23 356.0**	**23 180.3**	**342 253.0**	**360 277.3**
一、批发业	17 261.5	17 661.4	323 280.8	339 245.3
其中：国有及国有控股	9 036.0	10 801.3	309 361.3	319 410.5
1. 按登记注册类型分组				
内资	16 980.7	17 422.4	321 892.6	337 929.7
国有	4 131.9	5 376.5	289 323.0	286 039.5
集体	276.1	216.3	－229.5	－132.5
股份合作	9.5	11.5	－219.0	－214.4
有限责任公司	7 415.6	7 190.8	25 041.4	42 763.7
国有独资公司	2 122.7	2 212.9	428.2	7 717.2
其他有限责任公司	5 292.9	4 977.9	24 613.2	35 046.5
股份有限公司	603.9	502.6	2 559.8	4 170.5
私营企业	4 543.7	4 124.7	5 416.9	5 302.9
私营独资	－14.2		－8.5	－10.6
私营合伙	－1.9	－0.4	14.7	4.7
私营有限责任公司	4 113.1	3 460.6	3 562.6	2 531.2
私营股份有限公司	446.7	664.5	1 848.1	2 777.6
港澳台商投资企业	167.3	147.3	573.2	530.5
与港澳台商合资经营	75.4	65.5	49.9	49.9
港澳台商独资	91.9	81.8	523.3	480.6
港澳台商独资股份有限公司				
外商投资企业	113.5	91.7	815.0	785.1
中外合资经营	115.8	91.7	909.5	898.8
外资企业	0.1		－117.4	－117.4
外商投资股份有限公司	－2.4		22.9	3.7
2. 按国民经济行业分组				
农畜产品批发业	163.4	354.2	1 214.4	2 952.5
食品、饮料及烟草制品批发业	2 513.3	2 492.4	251 735.6	268 541.7
米、面制品及食用油批发业	4 025.5	3 611.0	－8 848.9	－509.8

贸易企业财务状况表

单位：万元

分　　配			工资、福利、增值税			全部从业人员年平均人数（人）
应交所得税	劳动、失业保险费	住房公积金和住房补贴	本年应付工资总额	本年应付福利费总　额	本年应交增值税	
112 249.1	**12 351.3**	**4 984.1**	**95 293.9**	**12 654.6**	**148 009.6**	**45 360.0**
105 217.7	7 672.5	4 499.7	67 110.1	8 859.0	125 302.7	23 784.0
97 850.1	5 125.9	4 066.2	47 627.3	6 412.8	96 520.6	9 613.0
104 993.8	7 576.4	4 472.5	66 159.9	8 815.0	124 032.7	23 053.0
89 856.4	3 475.4	3 413.7	37 129.2	4 577.8	62 903.0	6 246.0
43.5	853.8	32.8	871.8	76.6	2 065.2	610.0
	14.6	27.3	269.4	24.4	8.8	112.0
10 438.5	2 334.1	810.2	17 095.4	2 804.5	37 187.9	7 890.0
2 402.3	532.1	158.5	2 108.4	683.8	3 068.6	1 112.0
8 036.2	1 802.0	651.7	14 987.0	2 120.7	34 119.3	6 778.0
1 759.5	501.8	56.3	2 211.5	293.1	1 874.4	821.0
2 895.9	396.7	132.2	8 582.6	1 038.6	19 993.4	7 374.0
0.3			37.2	5.2	2.8	43.0
9.6	9.6	2.1	88.8	3.3	61.5	65.0
2 875.6	320.7	66.8	7 617.4	916.1	13 453.5	6 809.0
10.4	66.4	63.3	839.2	114.0	6 475.6	457.0
220.3	46.5	18.3	367.1	6.3	740.9	268.0
16.7	45.2	15.6	322.4		503.6	246.0
203.6	1.3	2.7	44.7	6.3	237.3	22.0
3.6	49.6	8.9	583.1	37.7	529.1	463.0
3.6	36.5	2.1	364.7	21.2	372.9	423.0
			49.1	6.8	8.0	14.0
	13.1	6.8	169.3	9.7	148.2	26.0
1 108.9	108.0	102.4	1 361.6	166.4	923.9	389.0
90 400.9	2 234.2	3 012.6	33 634.6	4 364.7	75 318.0	6 651.0
44.0	426.4	134.0	1 621.7	600.1	950.4	1 353.0

续 14－6－3

项　　目	财　务 费　用	利　息 支　出	营业利润	利润总额
	损　益　及			
烟草制品批发业	－3 233.7	－2 547.1	258 263.8	266 972.4
纺织、服装及日用品批发业	332.6	282	－451.7	－86.8
文化、体育用品及器材批发业	11.9	24.9	1 847.7	3 523.1
医药及医疗器材批发业	8.1	621.5	7 494.2	8 603.5
矿产品、建材及化工产品批发业	11 168.9	11 396.4	52 119.0	41 588.4
煤炭及制品批发业	826.1	846.1	1 293.7	1 251.3
石油及制品批发业	289.3	305.4	2 342.3	2 409.2
金属及金属矿批发业	7 863.3	8 187.5	48 613.8	34 921.1
建材批发业	89.2	98.0	－287.6	－36.1
化肥批发业	487.9	580.0	1 415.1	3 035.5
机械设备、五金交电及电子产品批发业	3 013.6	2 465.6	8 203.4	13 051.6
汽车、摩托车及零配件批发业	376.1	509.5	1 733.6	272.2
家用电器批发业	5.6	－1.0	－513.1	－496.9
计算机、软件及辅助设备批发业	265.0	45.2	－234.3	－259.1
贸易经纪与代理	113.6	98.0	457.2	345.5
其他批发业	－63.9	－73.6	661.0	725.8
二、零售业	6 094.5	5 518.9	18 972.2	21 032.0
其中：国有及国有控股	1 099.6	1 239.4	－3 498.1	－3 165.7
1．按登记注册类型分组				
内资	6 076.0	5 317.2	13 508.9	15 419.2
国有	614.0	544.6	－1 849.9	－1 692.0
集体	－5.7	－2.2	186.7	187.6
股份合作	17.4	17.4	－14.1	－12.5
有限责任公司	1 238.9	1 142.1	5 586.2	6 543.3
其他有限责任公司	1 238.9	1 142.1	5 586.2	6 543.3
股份有限公司	512.2	526.9	－289.6	－184.6
私营企业	3 372.6	2 762.9	10 177.7	10 599.7
私营独资	66.6	－0.6	103.1	99.2
私营有限责任公司	2 236.6	1 831.5	9 331.1	9 801.9

单位：万元

分配			工资、福利、增值税			全部从业人员年平均人数（人）
应交所得税	劳动、失业保险费	住房公积金和住房补贴	本年应付工资总额	本年应付福利费总额	本年应交增值税	
89 418.1	1 694.8	2 827.1	28 791.0	3 508.8	72 829.1	3 110.0
10.2	118.0	1.9	630.7	82.5	-51.0	228.0
422.0	325.3	78.5	1 481.3	184.2	1 144.4	442.0
1 407.2	693.0	148.0	7 165.1	897.6	7 257.5	4 940.0
8 505.4	3 054.6	814.9	13 848.9	2 048.7	26 689.5	6 551.0
321.8	284.2	43.4	1 075.5	185.3	957.8	468.0
736.7	419.6	143.4	1 972.7	242.1	2 871.4	1 059.0
6 050.5	893.7	503.6	7 721.6	1 159.0	20 541.1	3 299.0
12.3	57.6	37.8	152.4	31.3	101.4	170.0
1 052.3	1 249.5	63.4	1 468.1	240.8	146.4	727.0
3 113.2	1 004.5	311.3	7 837.9	985.8	13 581.5	3 918.0
233.4	113.1	21.3	1 137.0	158.1	534.7	793.0
37.3	79.1		398.1	58.4	916.8	344.0
23.2	59.5	4.2	420.3	45.6	150.1	327.0
125.2	20.0	10.6	376.7	52.8	265.8	146.0
124.7	114.9	19.5	773.3	76.3	173.1	519.0
7 031.4	4 678.8	484.4	28 183.8	3 795.6	22 706.9	21 576.0
885.4	2 220.8	191.2	5 825.4	912.6	2 450.0	3 688.0
6 085.3	3 569.7	394.3	24 365.9	3 692.9	18 315.8	18 173.0
780.4	872.8	64.4	1 869.2	376.5	1 463.2	1 093.0
77.8	28.7	12.7	374.8	78.2	155.7	387.0
0.1	15.8	0.7	61.4	6.6	42.1	66.0
2 265.0	1 680.5	247.6	10 340.8	1 893.9	5 580.0	7 862.0
2 265.0	1 680.5	247.6	10 340.8	1 893.9	5 580.0	7 862.0
119.4	258.0	23.6	1 411.3	138.0	2 716.6	1 156.0
2 836.3	713.9	45.3	10 067.6	1 171.6	8 132.4	7 457.0
23.6	0.3	2.5	469.2	68.6	273.4	260.0
2 584.4	675.2	42.8	7 950.8	930.4	7 341.6	6 522.0

项目	损益及			
	财务费用	利息支出	营业利润	利润总额
私营股份有限公司	1 069.4	932.0	743.5	698.6
其他	326.6	325.5	-288.1	-22.3
港澳台商投资企业	179.3	176.1	383.7	367.2
与港澳台商合资经营	179.3	176.1	383.7	367.2
港澳台商独资股份有限公司				
外商投资企业	-160.8	25.6	5 079.6	5 245.6
中外合资经营	-43.1	25.6	2 647.3	2 459.8
中外合作经营	-117.7		2 432.3	2 785.8
外商投资股份有限公司				
2. 按国民经济行业分组				
综合零售业	1 596.4	1 427.3	11 246.8	11 490.6
百货零售业	1 645.6	1 395.3	8 619.7	9 011.7
超级市场零售业	-41.7	32.0	2 405.1	2 255.7
食品、饮料及烟草制品专门零售业	-13.1	25.0	333.5	437.0
纺织、服装及日用品专门零售业	195.8	5.7	-66.6	-62.1
服装零售业	2.1	-0.1	-1.8	-1.8
文化、体育用品及器材专门零售业	1 272.2	1 096.9	1 275.6	1 455.6
图书零售业	42.1	31.6	857.8	808.0
医药及医疗器材专门零售业	442.9	591.9	-1 262.0	-669.8
药品零售业	442.9	591.9	-1 262.0	-669.8
汽车、摩托车、燃料及零配件专门零售业	2 230.2	2 125.7	4 510.9	5 401.8
汽车零售业	2 112.0	2 000.1	5 018.0	5 701.3
机动车燃料零售业	116.1	122.6	-515.3	-300.8
家用电器及电子产品专门零售业	338.1	221.3	2 932.4	2 992.5
家用电器零售业	171.2	159.6	3 043.1	3 119.3
计算机、软件及辅助设备零售业	142.5	55.7	436.9	421.5
通讯设备零售业	24.4	6.0	-547.6	-548.3
五金、家具及室内装修材料专门零售业	3.1		97.9	98.1
无店铺及其他零售业	28.9	25.1	-96.3	-111.7

单位：万元

分配			工资、福利、增值税			全部从业人员年平均人数（人）
应交所得税	劳动、失业保险费	住房公积金和住房补贴	本年应付工资总额	本年应付福利费总额	本年应交增值税	
228.3	38.4		1 647.6	172.6	517.4	675.0
6.3			240.8	28.1	225.8	152.0
	72.0	1.4	228.5	32.0	152.6	428.0
	72.0	1.4	228.5	32.0	152.6	428.0
946.1	1 037.1	88.7	3 589.4	70.7	4 238.5	2 975.0
563.6	586.1	88.7	3 271.0	70.7	2 767.5	2 139.0
382.5	451.0		318.4		1 471.0	836.0
3 508.0	1 522.0	113.7	7 174.2	589.9	9 614.3	6 392.0
2 875.4	914.7	28.7	3 869.0	475.2	7 081.0	3 949.0
572.5	603.1	72.3	3 156.7	93.8	2 462.3	2 281.0
133.7	631.8	63.6	2 541.2	300.1	1 089.5	1 389.0
14.2	35.6		247.5	68.0	108.2	437.0
	4.0		19.3	36.1	57.3	231.0
307.9	544.2	54.6	3 751.6	447.8	831.9	2 412.0
92.7	532.2	54.6	2 314.6	321.7	194.9	1 792.0
230.1	456.9	3.4	3 049.7	773.3	1 922.2	3 429.0
230.1	456.9	3.4	3 049.7	773.3	1 922.2	3 429.0
2 628.9	1 102.1	145.2	7 113.7	1 067.1	6 855.5	4 404.0
2 559.7	1 073.1	104.8	6 218.7	915.7	6 581.2	3 492.0
67.3	29.0	40.4	799.8	142.5	252.8	836.0
208.1	340.6	85.2	3 446.7	508.6	1 836.9	2 639.0
149.4	200.8	63.4	1 925.2	267.6	1 056.5	1 511.0
50.7	135.0	21.8	1 166.4	205.2	634.8	863.0
8.0	4.8		355.1	35.8	145.6	265.0
	9.4	15.4	619.6	8.0	374.8	195.0
0.5	36.2	3.3	239.6	32.8	73.6	279.0

14－7　星级住宿业和限额

（2005年）

指标名称	代码	法人企业（个）	产业活动单位（个）	从业人数（个）	营业额
总　计	**01**	**156**	**208**	**25 256**	**220 059.1**
一、住宿业	02	101	113	17 016	137 537.8
其中：国有及国有控股	03	58	64	10 159	81 165.5
1．按登记注册类型分组					
内资	04	84	96	12 164	94 168.9
国有	05	39	45	6 343	50 028.7
集体	06	12	14	1 194	5 563.9
联营企业	08	1	1	56	590.2
国有联营	09	1	1	56	590.2
有限责任公司	13	16	20	2 629	24 283.0
国有独资公司	14	1	1	82	364.0
其他有限责任公司	15	15	19	2 547	23 919.0
股份有限公司	16	5	5	742	8 536.8
私营企业	17	11	11	1 200	5 166.3
私营独资	18	1	1	220	753.9
私营合伙	19	1	1	115	452.5
私营有限责任公司	20	9	9	865	3 959.9
港澳台商投资企业	23	10	10	3 811	35 891.7
与港澳台商合资经营	24	7	7	2 516	24 488.8
与港澳台商合作经营	25	1	1	450	3 234.7
港澳台商独资	26	2	2	845	8 168.2
外商投资企业	28	7	7	1 041	7 477.2
中外合资经营	29	5	5	920	6 382.4
中外合作经营	30	1	1	16	390.6
外资企业	31	1	1	105	704.2

以上餐饮业经营情况

单位：万元

客房收入	餐费收入	商品销售收入	其他收入	年末餐饮营业面积（平方米）	年末住宿和餐饮企业拥有床位数（个）	年末住宿和餐饮企业拥有餐位数（位）
72 756.5	**120 400.5**	**5 977.8**	**20 924.3**	**244 714.0**	**30 337.0**	**89 167.0**
71 741.8	45 122.9	4 017.6	16 655.5	111 743.0	29 491.0	52 890.0
42 796.0	26 673.2	1 177.9	10 518.4	67 618.0	17 007.0	26 916.0
48 690.1	31 643.1	3 324.3	10 511.4	84 027.0	22 847.0	41 127.0
25 675.4	16 636.6	695.0	7 021.7	46 830.0	10 834.0	19 865.0
3 332.9	1 778.3		452.7	7 812.0	2 872.0	6 040.0
442.7	147.5			922.0	292.0	500.0
442.7	147.5			922.0	292.0	500.0
10 818.2	8 872.0	2 463.8	2 129.0	19 462.0	5 046.0	7 640.0
282.3	54.8		26.9	300.0	89.0	100.0
10 535.9	8 817.2	2 463.8	2 102.1	19 162.0	4 957.0	7 540.0
5 295.9	3 159.3	2.2	79.4	4 900.0	1 439.0	2 230.0
3 125.0	1 049.4	163.3	828.6	4 101.0	2 364.0	4 852.0
311.0	374.7	8.0	60.2	2 000.0	470.0	3 600.0
333.3	119.2			500.0	210.0	150.0
2 480.7	555.5	155.3	768.4	1 601.0	1 684.0	1 102.0
19 294.9	11 467.5	231.7	4 897.6	23 216.0	4 409.0	8 213.0
13 439.5	7 699.8	15.4	3 334.1	13 205.0	3 139.0	4 685.0
2 009.4	966.8	5.9	252.6	4 000.0	517.0	452.0
3 846.0	2 800.9	210.4	1 310.9	6 011.0	753.0	3 076.0
3 756.8	2 012.3	461.6	1 246.5	4 500.0	2 235.0	3 550.0
2 926.6	1 895.7	461.6	1 098.5	3 300.0	1 641.0	2 850.0
339.6	5.8		45.2		235.0	
490.6	110.8		102.8	1 200.0	359.0	700.0

续 14－7

指标名称	代码	法人企业（个）	产业活动单位（个）	从业人数（个）	营业额
2．按国民经济行业分组					
旅游饭店	33	101	113	17 016	137 537.8
二、餐饮业	36	55	95	8 240	82 521.3
其中：国有及国有控股	37	5	9	739	18 206.9
1．按登记注册类型分组					
内资	38	48	68	5 797	61 143.7
国有	39	2	3	210	1 288.6
集体	40	3	3	212	1 117.7
有限责任公司	47	11	14	1 413	10 640.8
其他有限责任公司	49	11	14	1 413	10 640.8
股份有限公司	50	2	5	560	17 197.0
私营企业	51	29	42	3 337	29 699.7
私营独资	52	7	17	523	3 664.6
私营有限责任公司	54	22	25	2 814	26 035.1
其他	56	1	1	65	1 199.9
港澳台商投资企业	57	4	11	1 496	10 253.9
与港澳台商合资经营	58	1	1	103	3 118.3
港澳台商独资	60	3	10	1 393	7 135.6
外商投资企业	62	3	16	947	11 123.7
外资企业	65	2	15	864	10 500.0
外商投资股份有限公司	66	1	1	83	623.7
2．按国民经济行业分组					
正餐服务业	67	51	72	6 163	68 046.5
快餐服务业	68	3	22	1 891	13 853.1
其他餐饮服务业	70	1	1	186	621.7

单位：万元

				年末餐饮营业面积（平方米）	年末住宿和餐饮企业拥有床位数（个）	年末住宿和餐饮企业拥有餐位数（位）
客房收入	餐费收入	商品销售收入	其他收入			
71 741.8	45 122.9	4 017.6	16 655.5	111 743.0	29 491.0	52 890.0
1 014.7	75 277.6	1 960.2	4 268.8	132 971.0	846.0	36 277.0
498.4	16 038.7	1 456.7	213.1	29 117.0	468.0	6 110.0
1 014.7	53 900.7	1 959.5	4 268.8	120 437.0	846.0	31 182.0
158.8	911.5	169.4	48.9	2 300.0	134.0	2 000.0
65.6	1 031.0		21.1	2 685.0	96.0	2 400.0
535.1	9 806.7	12.2	286.8	35 928.0	540.0	8 398.0
535.1	9 806.7	12.2	286.8	35 928.0	540.0	8 398.0
	15 921.9	1 275.1		24 600.0		3 500.0
255.2	25 226.4	502.8	3 715.3	52 924.0	76.0	14 384.0
	3 662.2	2.4		11 345.0		3 743.0
255.2	21 564.2	500.4	3 715.3	41 579.0	76.0	10 641.0
	1 003.2		196.7	2 000.0		500.0
	10 253.2	0.7		5 749.0		2 241.0
	3 117.6	0.7		1 000.0		206.0
	7 135.6			4 749.0		2 035.0
	11 123.7			6 785.0		2 854.0
	10 500.0			6 485.0		2 454.0
	623.7			300.0		400.0
1 014.7	60 922.8	1 960.2	4 148.8	119 325.0	846.0	32 020.0
	13 853.1			7 646.0		3 257.0
	501.7		120.0	6 000.0		1 000.0

14－8－1 星级住宿业和限额以上

（2005 年）

指标名称	代码	企业数（个）	亏损企业数（个）	流动资产合计	存货	固定资产原价
总　计	**01**	**156**	**92**	**129 247.8**	**13 505.5**	**652 878.9**
一、住宿业	02	101	69	97 195.1	9 825.2	605 438.5
其中：国有及国有控股	03	58	39	58 648.0	5 319.8	460 363.0
1．按登记注册类型分组						
内资	04	84	56	62 586.2	5 598.8	410 018.1
国有	05	39	24	36 220.3	2 176.0	299 926.9
集体	06	12	9	2 734.2	571.9	16 325.6
联营企业	08	1	1	5 100.0	51.0	1 407.0
国有联营	09	1	1	5 100.0	51.0	1 407.0
有限责任公司	13	16	11	13 541.6	1 809.0	51 668.1
国有独资公司	14	1	1	82.7	35.4	6 142.3
其他有限责任公司	15	15	10	13 458.9	1 773.6	45 525.8
股份有限公司	16	5	4	2 522.9	409.9	34 060.8
私营企业	17	11	7	2 467.2	581.0	6 629.7
私营独资	18	1	1	271.0	134.0	1 125.4
私营合伙	19	1	1	161.9	105.7	119.9
私营有限责任公司	20	9	5	2 034.3	341.3	5 384.4
港澳台商投资企业	23	10	6	27 945.0	3 560.5	151 549.4
与港澳台商合资经营	24	7	4	18 666.6	2 794.2	74 401.0
与港澳台商合作经营	25	1	1	4 611.3	222.7	40 579.3
港澳台商独资	26	2	1	4 667.1	543.6	36 569.1
外商投资企业	28	7	7	6 663.9	665.9	43 871.0
中外合资经营	29	5	5	6 000.9	501.1	37 739.3
中外合作经营	30	1	1	121.0	21.0	741.1
外资企业	31	1	1	542.0	143.8	5 390.6

餐饮业财务状况表

单位：万元

累计折旧	本年折旧	资产合计	负债合计	所有者权益合计	实收资本	国家资本
244 994.7	**32 958.4**	**695 959.7**	**340 582.5**	**355 377.2**	**335 141.4**	**224 375.9**
232 277.9	30 297.9	615 839.8	279 993.7	335 846.1	316 326.3	224 308.4
174 889.6	18 516.4	435 630.6	148 614.0	287 016.6	253 324.6	220 198.8
159 251.1	15 829.2	413 916.6	152 452.4	261 464.2	212 090.2	183 042.3
117 917.2	8 745.7	300 698.9	67 369.1	233 329.8	175 766.4	175 701.4
7 580.5	494.1	19 917.6	14 270.5	5 647.1	7 733.0	2 251.3
632.3	6.5	774.7		774.7	1 000.0	1 000.0
632.3	6.5	774.7		774.7	1 000.0	1 000.0
18 690.4	3 013.2	56 861.2	37 681.7	19 179.5	11 241.3	4 089.6
949.5	259.6	5 515.1	486.6	5 028.5	1 010.0	1 010.0
17 740.9	2 753.6	51 346.1	37 195.1	14 151.0	10 231.3	3 079.6
11 551.3	3 132.2	27 273.3	23 305.8	3 967.5	12 650.0	
2 879.4	437.5	8 390.9	9 825.3	– 1 434.4	3 699.5	
547.3	66.0	849.1	830.9	18.2	925.8	
40.2	11.3	241.6	230.4	11.2	50.0	
2 291.9	360.2	7 300.2	8 764.0	– 1 463.8	2 723.7	
57 558.1	13 297.3	162 189.7	107 133.8	55 055.9	72 985.1	26 193.1
27 123.7	9 082.9	85 625.5	36 294.0	49 331.5	47 229.0	26 193.1
11 388.3	1 678.7	41 073.8	43 454.8	– 2 381.0	9 935.9	
19 046.1	2 535.7	35 490.4	27 385.0	8 105.4	15 820.2	
15 468.7	1 171.4	39 733.5	20 407.5	19 326.0	31 251.0	15 073.0
14 676.5	927.3	27 759.5	14 665.0	13 094.5	22 437.8	15 073.0
545.4	53.2	4 431.2	5 128.5	– 697.3	2 905.1	
246.8	190.9	7 542.8	614.0	6 928.8	5 908.1	

续 14－8－1

指标名称	代码	企业数（个）	亏损企业数（个）	流动资产合计	存货	固定资产原价
2．按国民经济行业分组						
旅游饭店	33	101	69	97 195.1	9 825.2	605 438.5
二、餐饮业	36	55	23	32 052.7	3 680.3	47 440.4
其中：国有及国有控股	37	5	1	7 186.3	190.7	11 206.4
1．按登记注册类型分组						
内资	38	48	21	28 912.4	2 430.2	42 817.2
国有	39	2		181.1	80.8	274.6
集体	40	3	3	3 065.6	147.5	1 908.6
有限责任公司	47	11	6	3 501.9	511.3	11 554.0
其他有限责任公司	49	11	6	3 501.9	511.3	11 554.0
股份有限公司	50	2	0	14 248.4	139.9	9 396.1
私营企业	51	29	12	7 683.2	1 345.6	19 589.7
私营独资	52	7	4	609.2	220.9	933.3
私营有限责任公司	54	22	8	7 074.0	1 124.7	18 656.4
其他	56	1	0	232.2	205.1	94.2
港澳台商投资企业	57	4	1	3 182.0	685.0	3 110.7
与港澳台商合资经营	58	1	0	1 514.8	245.0	352.0
港澳台商独资	60	3	1	1 667.2	440.0	2 758.7
外商投资企业	62	3	1	－41.7	565.1	1 512.5
外资企业	65	2	1	－403.8	500.5	1 351.8
外商投资股份有限公司	66	1		362.1	64.6	160.7
2．按国民经济行业分组						
正餐服务业	67	51	22	30 853.7	2 755.4	43 712.8
快餐服务业	68	3	1	1 063.0	893.4	3 446.0
其他餐饮服务业	70	1		136.0	31.5	281.6

单位：万元

累计折旧	本年折旧	资产合计	负债合计	所有者权益合计	实收资本	国家资本
232 277.9	30 297.9	615 839.8	279 993.7	335 846.1	316 326.3	224 308.4
12 716.8	2 660.5	80 119.9	60 588.8	19 531.1	18 815.1	67.5
2 655.3	323.1	19 730.3	15 443.3	4 287.0	1 628.9	67.5
12 331.8	2 652.5	69 838.5	56 566.8	13 271.7	12 539.7	67.5
186.4	24.2	336.8	211.1	125.7	67.5	67.5
1 540.1	220.3	3 685.6	3 178.0	507.6	563.2	
2 863.3	768.3	13 874.5	12 815.1	1 059.4	2 789.0	
2 863.3	768.3	13 874.5	12 815.1	1 059.4	2 789.0	
1 812.2	179.8	25 360.0	15 576.8	9 783.2	2 924.1	
5 869.6	1 399.7	26 125.7	24 497.8	1 627.9	5 995.9	
178.0	68.7	1 453.8	636.0	817.8	644.1	
5 691.6	1 331.0	24 671.9	23 861.8	810.1	5 351.8	
60.2	60.2	455.9	288.0	167.9	200.0	
708.7	– 16.1	6 696.1	2 584.8	4 111.3	5 103.5	
298.9		1 990.0	307.7	1 682.3	1 265.7	
409.8	– 16.1	4 706.1	2 277.1	2 429.0	3 837.8	
– 323.7	24.1	3 585.3	1 437.2	2 148.1	1 171.9	
– 462.2	11.8	3 183.4	1 195.9	1 987.5	671.9	
138.5	12.3	401.9	241.3	160.6	500.0	
12 859.3	2 727.9	72 763.0	56 871.7	15 891.3	14 453.9	67.5
– 216.6	– 111.5	6 854.7	2 563.2	4 291.5	4 311.2	
74.1	44.1	502.2	1 153.9	– 651.7	50.0	

14－8－2　星级住宿业和限额以上

（2005年）

指标名称	代码	实收资本				
		集体资本	法人资本	个人资本	港澳台资本	外商资本
总　计	**01**	**6 714.9**	**39 410.2**	**8 991.0**	**43 561.5**	**12 087.9**
一、住宿业	02	6 101.7	32 246.6	4 082.7	38 470.9	11 116.0
其中：国有及国有控股	03	2 152.1	6 246.1	208.0	21 402.9	3 116.7
1．按登记注册类型分组						
内资	04	6 101.7	19 863.5	3 082.7		
国有	05	40.0	25.0			
集体	06	5 481.7				
联营企业	08					
国有联营	09					
有限责任公司	13		5 624.7	1 527.0		
国有独资公司	14					
其他有限责任公司	15		5 624.7	1 527.0		
股份有限公司	16	580.0	11 965.0	105.0		
私营企业	17		2 248.8	1 450.7		
私营独资	18		925.8			
私营合伙	19		50.0			
私营有限责任公司	20		1 273.0	1 450.7		
港澳台商投资企业	23		8 976.9	1 000.0	34 723.9	2 091.2
与港澳台商合资经营	24		8 976.9	1 000.0	8 967.8	2 091.2
与港澳台商合作经营	25				9 935.9	
港澳台商独资	26				15 820.2	
外商投资企业	28		3 406.2		3 747.0	9 024.8
中外合资经营	29		501.1		3 747.0	3 116.7
中外合作经营	30		2 905.1			
外资企业	31					5 908.1

餐饮业财务状况表

单位：万元

损益及分配						
营业收入合计	主营业务收入	主营业务成本	主营业务税金及附加	主营业务利润	其他业务利润	营业费用
210 000.8	**203 470.8**	**67 400.6**	**10 868.0**	**122 258.2**	**4 350.3**	**65 634.8**
130 586.3	126 002.1	29 147.7	6 976.6	87 082.5	3 189.7	45 381.3
76 060.1	74 974.4	16 242.0	4 116.6	53 575.5	221.9	28 081.7
87 031.4	84 713.0	23 271.5	4 715.8	54 329.8	1 050.2	32 387.6
44 747.5	44 130.4	10 996.9	2 465.1	30 449.5	205.5	16 940.7
4 998.6	4 824.3	1 224.1	284.7	3 232.5	29.7	2 393.0
590.3	590.3	98.4	31.8	460.1		317.3
590.3	590.3	98.4	31.8	460.1		317.3
22 688.2	21 505.1	6 346.1	1 131.9	11 933.1	403.4	8 093.0
364.0	364.0	51.9	19.4	–129.3		422.1
22 324.2	21 141.1	6 294.2	1 112.5	12 062.4	403.4	7 670.9
8 567.8	8 541.4	2 402.1	479.9	5 659.4	98.1	3 252.4
5 439.0	5 121.5	2 203.9	322.4	2 595.2	313.5	1 391.2
740.7	740.7	316.9	55.7	368.1		172.5
452.5	452.5	79.5	26.1	346.9		300.2
4 245.8	3 928.3	1 807.5	240.6	1 880.2	313.5	918.5
36 041.7	34 353.1	4 387.6	1 921.8	28 043.5	1 729.8	10 953.8
24 539.3	22 850.7	2 763.6	1 334.3	18 752.6	1 729.8	7 394.7
3 331.7	3 331.7	597.3	166.6	2 567.8		1 600.9
8 170.7	8 170.7	1 026.7	420.9	6 723.1		1 958.2
7 513.2	6 936.0	1 488.6	339.0	4 709.2	409.7	2 039.9
6 414.6	5 837.4	1 431.7	275.8	3 730.7	409.7	1 638.3
391.7	391.7	2.5	19.6	369.6		137.1
706.9	706.9	54.4	43.6	608.9		264.5

续 14－8－2

指标名称	代码	实收资本				
		集体资本	法人资本	个人资本	港澳台资本	外商资本
2．按国民经济行业分组						
旅游饭店	33	6 101.7	32 246.6	4 082.7	38 470.9	11 116.0
二、餐饮业	36	613.2	7 163.6	4 908.3	5 090.6	971.9
其中：国有及国有控股	37		1 507.3	54.1		
1．按登记注册类型分组						
内资	38	613.2	7 163.6	4 695.4		
国有	39					
集体	40	563.2				
有限责任公司	47	50.0	1 112.6	1 626.4		
其他有限责任公司	49	50.0	1 112.6	1 626.4		
股份有限公司	50		2 924.1			
私营企业	51		3 126.9	2 869.0		
私营独资	52			644.1		
私营有限责任公司	54		3 126.9	2 224.9		
其他	56			200.0		
港澳台商投资企业	57			12.9	5 090.6	
与港澳台商合资经营	58			12.9	1 252.8	
港澳台商独资	60				3 837.8	
外商投资企业	62			200.0		971.9
外资企业	65					671.9
外商投资股份有限公司	66			200.0		300.0
2．按国民经济行业分组						
正餐服务业	67	613.2	7 163.6	4 858.3	1 358.8	392.5
快餐服务业	68				3 731.8	579.4
其他餐饮服务业	70			50.0		

单位：万元

损益及分配						
营业收入合计	主营业务收入	主营业务成本	主营业务税金及附加	主营业务利润	其他业务利润	营业费用
130 586.3	126 002.1	29 147.7	6 976.6	87 082.5	3 189.7	45 381.3
79 414.5	77 468.7	38 252.9	3 891.4	35 175.7	1 160.6	20 253.5
16 941.6	16 941.6	9 871.9	680.1	6 389.6	440.3	1 131.9
58 637.8	56 692.0	29 184.3	2 832.4	24 526.7	872.3	12 522.0
1 288.6	1 288.6	761.1	69.5	458.0		223.3
1 117.7	1 031.0	490.1	82.3	458.6	82.1	556.4
10 627.6	10 625.1	4 971.7	577.9	5 066.5	103.9	3 651.7
10 627.6	10 625.1	4 971.7	577.9	5 066.5	103.9	3 651.7
17 502.2	15 682.1	8 924.4	478.5	6 279.2	497.4	113.8
26 901.8	26 865.3	13 294.1	1 569.3	11 862.3	188.9	7 630.0
3 663.1	3 660.7	1 817.4	279.3	1 564.0	2.4	1 164.5
23 238.7	23 204.6	11 476.7	1 290.0	10 298.3	186.5	6 465.5
1 199.9	1 199.9	742.9	54.9	402.1		346.8
10 591.8	10 591.8	5 235.8	501.1	4 854.9	251.4	4 135.8
3 074.3	3 074.3	1 717.3	116.1	1 240.9		751.9
7 517.5	7 517.5	3 518.5	385.0	3 614.0	251.4	3 383.9
10 184.9	10 184.9	3 832.8	557.9	5 794.1	36.9	3 595.7
9 452.1	9 452.1	3 513.0	521.2	5 417.8	-4.6	3 317.8
732.8	732.8	319.8	36.7	376.3	41.5	277.9
64 563.8	62 618.0	32 490.6	3 058.8	26 919.9	904.4	13 989.1
14 229.0	14 229.0	5 458.1	768.7	8 002.2	246.8	5 794.0
621.7	621.7	304.2	63.9	253.6	9.4	470.4

14－8－3　星级住宿业和限额以上

（2005 年）

指标名称	代码	损益及					
		管理费用				财务费用	
			税　　金	差 旅 费	工会经费		利息支出
总　　计	**01**	**75 304.9**	**3 101.5**	**944.2**	**416.0**	**3 368.4**	**2 011.2**
一、住宿业	02	63 657.1	2 623.4	429.5	346.0	2 020.9	696.0
其中：国有及国有控股	03	45 722.0	1 497.7	249.0	285.0	1 105.3	167.3
1．按登记注册类型分组							
内资	04	42 532.2	1 442.4	267.6	177.3	1 551.2	419.0
国有	05	29 677.1	944.2	156.5	121.0	407.0	－360.3
集体	06	1 834.0	84.7	12.9	25.5	12.9	13.7
联营企业	08	421.9	62.3			158.8	
国有联营	09	421.9	62.3			158.8	
有限责任公司	13	6 613.9	149.5	65.1	6.8	756.0	606.7
国有独资公司	14	80.6		1.6		0.2	
其他有限责任公司	15	6 533.3	149.5	63.5	6.8	755.8	606.7
股份有限公司	16	2 518.5	44.6	19.0	13.9	142.5	108.4
私营企业	17	1 466.8	157.1	14.1	10.1	74.0	50.5
私营独资	18	241.6	40.7	1.2	0.1	4.8	4.8
私营合伙	19	77.8		5.6		3.4	3.4
私营有限责任公司	20	1 147.4	116.4	7.3	10.0	65.8	42.3
港澳台商投资企业	23	17 518.8	1 063.9	132.3	146.9	－344.4	54.9
与港澳台商合资经营	24	9 151.4	739.4	97.5	141.4	58.9	112.8
与港澳台商合作经营	25	3 069.2	187.0	34.8	5.5	－1.6	
港澳台商独资	26	5 298.2	137.5			－401.7	－57.9
外商投资企业	28	3 606.1	117.1	29.6	21.8	814.1	222.1
中外合资经营	29	2 627.5	111.1	13.4	21.8	813.3	231.7
中外合作经营	30	540.7				1.2	－0.2
外资企业	31	437.9	6.0	16.2		－0.4	－9.4

餐饮业财务状况表

单位：万元

分　配					工资、福利费		全部从业人员年平均人数（人）
营业利润	利润总额	应交所得税	劳动、失业保险费	住房公积金和住房补贴	本年应付工资总额	本年应付福利费总额	
-5 955.3	**-7 052.3**	**1 164.1**	**2 576.4**	**1 058.5**	**32 481.4**	**4 766.8**	**24 692.0**
-9 427.2	-9 891.7	442.8	1 725.7	512.9	23 313.5	3 551.3	16 260.0
-10 471.5	-9 359.6	427.9	1 207.3	485.4	14 714.3	1 710.6	9 779.0
-9 731.1	-8 631.4	174.9	1 116.5	381.7	16 219.0	2 080.0	11 407.0
-6 151.7	-5 203.2	160.0	589.9	344.1	8 860.4	1 124.0	5 939.0
-763.5	-749.8	1.2	87.9	2.9	1 175.5	133.0	1 120.0
-437.9	-437.9		26.9		138.9	15.8	56.0
-437.9	-437.9		26.9		138.9	15.8	56.0
-2 198.9	-2 039.0	10.6	306.2	26.1	3 766.2	531.3	2 385.0
-210.2	-225.7				66.9	1.1	82.0
-1 988.7	-1 813.3	10.6	306.2	26.1	3 699.3	530.2	2 303.0
-155.8	-167.0		82.4	8.6	1 170.7	166.9	724.0
-23.3	-34.5	3.1	23.2		1 107.3	109.0	1 183.0
-50.8	-50.8				201.0	2.8	225.0
-34.5	-34.5				60.8		115.0
62.0	50.8	3.1	23.2		845.5	106.2	843.0
1 645.1	169.1	267.9	432.6	88.3	5 768.1	1 198.6	3 681.0
3 877.4	2 610.7	267.9	291.2	88.3	4 447.5	369.8	2 507.0
-2 100.7	-2 100.7		38.1		475.4	14.7	329.0
-131.6	-340.9		103.3		845.2	814.1	845.0
-1 341.2	-1 429.4		176.6	42.9	1 326.4	272.7	1 172.0
-938.7	-1 055.0		170.5	42.0	1 041.2	261.3	970.0
-309.4	-308.7		2.9	0.9	99.0		71.0
-93.1	-65.7		3.2		186.2	11.4	131.0

续 14－8－3

指标名称	代码	损益及					
		管理费用	税　金	差 旅 费	工会经费	财务费用	利息支出
2．按国民经济行业分组							
旅游饭店	33	63 657.1	2 623.4	429.5	346.0	2 020.9	696.0
二、餐饮业	36	11 647.8	478.1	514.7	70.0	1 347.5	1 315.2
其中：国有及国有控股	37	3 929.2	17.0	6.5	0.2	69.0	73.1
1．按登记注册类型分组							
内资	38	10 226.8	316.0	245.2	70.0	1 297.4	1 310.4
国有	39	193.5	1.0	0.5		－3.2	－3.2
集体	40	30.8	5.8			147.8	145.8
有限责任公司	47	1 767.9	28.2	39.1	5.0	73.2	69.1
其他有限责任公司	49	1 767.9	28.2	39.1	5.0	73.2	69.1
股份有限公司	50	4 665.1	1.4	102.8	25.2	－84.4	10.8
私营企业	51	3 535.6	279.6	71.3	39.8	1 161.3	1 085.2
私营独资	52	378.3	133.4	20.8	13.6	3.3	2.5
私营有限责任公司	54	3 157.3	146.2	50.5	26.2	1 158.0	1 082.7
其他	56	33.9		31.5		2.7	2.7
港澳台商投资企业	57	649.6	13.4	29.5		20.7	4.8
与港澳台商合资经营	58	224.2				15.0	9.3
港澳台商独资	60	425.4	13.4	29.5		5.7	－4.5
外商投资企业	62	771.4	148.7	240.0		29.4	
外资企业	65	699.9	145.1	240.0		28.2	
外商投资股份有限公司	66	71.5	3.6			1.2	
2．按国民经济行业分组							
正餐服务业	67	10 456.5	333.7	248.5	70.0	1 322.2	1 318.6
快餐服务业	68	1 062.8	144.4	266.2		24.2	－4.5
其他餐饮服务业	70	128.5				1.1	1.1

单位：万元

分配					工资、福利费		全部从业人员年平均人数（人）
营业利润	利润总额	应交所得税	劳动、失业保险费	住房公积金和住房补贴	本年应付工资总额	本年应付福利费总额	
－9 427.2	－9 891.7	442.8	1 725.7	512.9	23 313.5	3 551.3	16 260.0
3 471.9	2 839.4	721.3	850.7	545.6	9 167.9	1 215.5	8 432.0
1 699.8	1 479.8	331.5	477.6	309.2	1 242.9	242.9	1 244.0
1 737.1	2 022.8	618.8	787.6	532.2	7 384.4	988.3	6 041.0
44.4	50.7	14.3	11.2	0.4	170.3	80.8	203.0
－194.3	－166.3		6.0		148.0	21.7	212.0
－322.4	－61.9	259.2	48.4	2.6	1 291.4	149.2	1 431.0
－322.4	－61.9	259.2	48.4	2.6	1 291.4	149.2	1 431.0
2 082.1	1 857.0	280.6	652.2	529.2	2 071.9	304.0	1 024.0
108.6	285.5	64.7	63.1		3 646.9	425.8	3 108.0
20.3	168.3		26.4		360.2	52.0	555.0
88.3	117.2	64.7	36.7		3 286.7	373.8	2 553.0
18.7	57.8		6.7		55.9	6.8	63.0
300.3	268.7	82.4	52.9	13.4	1 013.4	210.4	1 514.0
249.8	249.8	82.4	30.8		215.4	210.4	103.0
50.5	18.9		22.1	13.4	798.0		1 411.0
1 434.5	547.9	20.1	10.2		770.1	16.8	877.0
1 367.3	480.7		2.0		666.5	4.3	797.0
67.2	67.2	20.1	8.2		103.6	12.5	80.0
2 440.8	2 385.0	706.8	828.6	532.2	7 864.0	1 211.2	6 336.0
1 368.1	454.4		22.1	13.4	1 155.8	4.3	1 910.0
－337.0		14.5			148.1		186.0

主要统计指标解释

社会消费品零售额 指各种经济类型的批发零售贸易业、餐饮业、制造业和其他行业对城乡居民和社会集团的消费品零售额。这个指标反映通过各种商品流通渠道向居民和社会集团供应的生活消费品来满足他们的生活需要，是研究人民生活、社会消费品购买力、货币流通等问题的重要指标。社会消费品零售额包括：(1) 售给城乡居民作为生活用的商品和修建房屋用的建筑材料；(2) 售给机关、团体、学校、部队、企业、事业单位的职工食堂和旅店（招待所）附设专门供本店旅客食用，不对外营业的食堂的各种食品、燃料；企业、单位和国营农场直接售给本单位职工和职工食堂的自己生产的产品；(3) 售给部队干部、战士生活用的粮食、副食品、衣着品、日用品、燃料；(4) 售给来华的外国人、华侨、港澳台同胞的消费品；(5) 居民自费购买的中、西药品、中药材及医疗用品；(6) 报社、出版社直接售给居民和社会集团的报纸、图书、杂志、集邮公司出售的新、旧纪念邮票、特种邮票、首日封、集邮册、集邮工具等；(7) 旧货寄售商店自购、自销部分的商品；(8) 煤气公司、液化石油气站售给居民和社会集团的煤气灶具和罐装液化石油气；(9) 农民售给非农业居民和社会集团的商品。不包括售给国民经济各部门企业、事业单位（包括国有经济的农场）生产经营用的各种原材料、燃料、设备、工具等和售给批发零售贸易业、餐饮业作为转卖用的商品、旧货寄售商店受托寄售卖出的商品、服务业的营业收入、邮局出售邮票的收入、自来水、电力、煤气生产（供应）单位的产品供应收入，也不包括农民之间的商品销售。

十五、对外经济贸易、旅游

DUIWAIJINGJIMAOYI、LUYOU

15－1 主要年份海关进出口贸易总额

单位：万美元

年　份	海关进出口贸易总额	出　口	市属外经贸企业进出口总额	出　口
1993	67 548	43 653	3 718	1 923
1994	129 676	80 411	4 343	2 944
1995	174 372	105 267	19 072	7 689
1996	139 791	75 497	25 180	8 746
1997	122 115	81 106	27 227	9 949
1998	116 410	74 055	18 891	9 419
1999	108 930	61 843	18 826	9 462
2000	115 068	71 298	22 057	15 275
2001	134 097	78 033	27 288	18 673
2002	148 117	89 500	31 630	21 625
2003	177 927	100 633	36 724	24 397
2004	260 972	138 397	60 644	46 405
2005	344 940	173 602	82 088	55 640

15－2 市属外商直接投资

单位：万美元

年　份	项目个数	合同外资	实际利用外资
1991	16	1 546	
1992	102	12 736	
1993	199	31 903	4 362
1994	117	11 103	6 930
1995	142	26 612	6 051
1996	66	5 898	5 919
1997	60	12 352	3 142
1998	36	22 233	4 430
1999	52	15 396	2 403
2000	35	10 749	1 228
2001	48	11 384	2 592
2002	76	12 830	3 703
2003	58	15 408	5 148
2004	104	17 443	6 228
2005	77	26 332	8 261

15－3 旅游业发展情况

年 份	国际旅游		国内旅游		旅游业总收入（万元）
	旅游人数（人次）	旅游外汇收入（万美元）	旅游人数（万人次）	旅游收入（万元）	
1990	148 166	1 581	–	–	–
1991	160 165	2 223	–	–	–
1992	231 749	2 943	389	35 028	59 455
1993	271 065	3 314	420	47 027	74 533
1994	378 672	7 409	520	101 966	163 461
1995	397 562	9 253	710	145 125	221 925
1996	450 568	11 751	820	295 796	393 331
1997	510 116	15 666	952	424 674	555 171
1998	384 023	10 059	933	695 754	779 542
1999	549 207	14 550	1 150	1 057 294	1 178 494
2000	520 247	13 707	1 106	904 744	1 018 925
2001	590 827	15 824	1 897	1 280 360	1 412 178
2002	699 683	18 080	1 936	1 263 632	1 414 237
2003	426 667	11 325	1 549	1 090 471	1 184 804
2004	493 251	13 073	1 708	1 266 131	1 375 025
2005	696 481	17 251	1 971	1 240 838	1 384 543

主要统计指标解释

对外贸易　又称对外贸易商品流转，是指外贸部门通过买卖行为，把进出口商品从生产领域向消费领域转移的过程。从出口贸易讲，外贸部门把国内生产的商品转移到国外消费者的手中，一般需要经过出口商品的收购、调拨、加工、储存、成交和实际出口等许多业务环节。从进口贸易进，外贸部门把国外生产的商品转移到国内消费者手中，一般需要经过进口商品的订货、交货、到货和拔交等许多业务环节。

进口　指直接从国外进口的商品和委托外贸部门代理进口的商品，不包括从国内有关单位（包括对外贸易部门和其他单位）购进的进口商品。对外贸易企业只统计自主经营进口的商品，不包括受托代理进口的商品。

出口　指直接向国（境）外出口商品和委托外贸部门代理出口的商品。不包括售给外贸部门出口或加工后出口的商品以及在国内市场以外所销售的商品。对外贸易企业只统计自主经营出口的商品，不包括受托代理出口的商品。

利用外资　指我国各级政府、部门、企业和其他经济组织通过对外借款、吸收外商直接投资以及用其他方式筹措的境外现汇、设备和技术等。

旅游人数　指来我国参观、访问、旅行、探亲、访友、休养、考察、参加会议和从事经济、科技、文化、教育、体育、宗教等活动的外国人、华侨、港澳和台湾同胞的人数。不包括外国在我国的常驻机构，如使领馆、通讯社、企业办事处的工作人员；来我国常住的外国专家、留学生以及在岸逗留不过夜人员。

国际旅游（外汇）收入　指入境旅游的外国人、华侨、港澳台胞在中国大陆旅游过程中发生的一切旅游支出，对国家来说就是国际旅游（外汇）收入。

旅游人天数　指旅游者在旅游目的地停留天数之和，天数按过夜数。一个旅游者过一夜为一人天。其公式为：人天数 = 人数 × 逗留（过夜）天数

十六、开发区建设

KAIFAQUJIANSHE

16－1 开发区建设发展情况一览表（一）

指 标	单 位	昆明经济技术开发区		
		2004 年	2005 年	1992 年至 2005 年累计数
规划面积	平方公里			55.7
已开发面积	平方公里		0.27	6.85
由开发区投入基础设施款	万元	21 505	30 527	139 932
批准进区的企业及项目	个	88	116	629
#外资企业及项目	个	7	5	62
投产企业及项目	个	78	70	580
企业及项目合同总投资	万元	122 320	286 940	1 207 728
#外资企业及项目总投资	万美元	3 906	853	29 987
合同外资	万美元	1 485	608.6	16 210
实际利用外资	万美元	433	504	10 169
工业总产值（现价）	万元	412 240	574 951	
销售收入	万元	701 110	1 123 510	
#工业企业产品销售收入	万元	458 164	600 203	
外资工业企业产品销售收入	万元	95 938	103 758	
实现利润	万元	59 570	86 769	
财政总收入	万元	54 487	73 841	
#地方财政收入	万元	16 788	21 222	
税收收入	万元	56 708	79 061	
#涉外税收	万元	5 958	8 601	
出口总额	万美元	4 820	5 651	
进口总额	万美元	4 944	5 773	

注：此表按昆明经济技术开发区统计口径进行统计。

16－2 开发区建设发展情况一览表（二）

指　标	单　位	昆明高新技术产业开发区		
		2004年	2005年	1992年至2005年累计数
规划面积	平方公里			9
已开发面积	平方公里			4.68
有偿出让土地面积	平方公里			4.68
由开发区投入的基础设施建设款	万元	6 367	4 563	97 773
高新区工商分局注册企业	个			2 160
实际利用外资	万美元	1 587	2 121	
技工贸总收入	亿元	158	239	
工业增加值	亿元	41	52	
实现利润	亿元	12	10	
上缴税金	亿元	9.6	13.8	
财政总收入	万元	58 530	80 300	
#地方财政收入	万元	25 496	32 675	
出口创汇	亿美元	2.3	3.5	

注：此表按昆明高新技术产业开发区统计口径进行统计。

16－3 开发区建设发展情况一览表（三）

指标	单位	昆明滇池国家旅游度假区		
		2004 年	2005 年	1992 年至 2005 年累计数
规划面积	平方公里			18.06
已开发面积	平方公里			15.5
由开发区投入基础设施款	万元	3 622	15 812.5	61 625.5
批准进区的企业及项目	个	10	25	243
#三资企业数	个	2	1	22
项目总投资	万元	95 063	101 562.5	871 721.5
#协议利用外资	万美元	13.7	762.1	22 929.8
#实际利用外资	万美元	561.9	556	7 640.9
营业总收入	万元	110 450.6	135 559.3	
#旅游、服务业收入	万元	104 773.4	135 559.3	
财政总收入	万元	7 106.7	8 602.6	
#地方财政收入	万元	6 941.9	8 303.7	
#税收收入	万元	5 769.5	7 157	

注：此表按昆明滇池国家旅游度假区统计口径进行统计。

十七、城市建设、环境保护

CHENGSHIJIANSHE、HUANJINGBAOHU

17－1 城市设施水平

指　标	单位	2001 年	2002 年	2003 年	2004 年	2005 年
平均生活用水量	吨/人、日	0.1392	0.18591	0.18409	0.18475	0.25628
用水普及率	%	100	100	100	99.96	99.99
用气普及率	%	100	100	100	98.43	96.83
人均拥有道路面积	平方米	6.58	6.64	6.91	6.91	5.65
排水管道密度	公里/平方公里	5.86	5.66	4.77	4.64	4.76
污水处理率	%	62.31	63.29	65.19	65.19	64.01
人均公共绿地面积	平方米	7.67	7.76	7.87	7.87	9.65
建城区绿地率	%	29.32	28.56	24.23	23.59	25.02
建城区绿化覆盖率	%	30.7	29.88	25.34	24.67	26.08
道路照明密度	盏/公里	33.75	34.11	37.51	37.51	35.25
垃圾无害化处理率	%	87.72	98.31	97.97	97.85	98.18

17－2　城市公共交通

指　标	单位	2001年	2002年	2003年	2004年	2005年
年末营运线路网长度	公里	993	900	922	956	1 036
年末营运公共汽车	辆	3 097	3 203	3 438	3 566	3 982
标准运营车数	标台	2 851	2 973	3 207	3 301	3 427
客运总量	万人次	32 284	35 767	38 212	39 725	46 172
每万人拥有公共交通车辆	标台	18.4	18.4	20.44	20.82	24.84
年末实有出租车数	辆	7 725	7 720	7 739	7 739	7 742

17－3 城市供水

指　标	单位	2001年	2002年	2003年	2004年	2005年
水厂个数	个	12	12	12	12	12
总生产能力	万吨/日	143.6	144.1	147.6	147.6	152.9
自来水管道长度	公里	2 274	2 277	2 277	2 277	3 362
供水总量	万吨	26 600	26 622	26 553	26 553	36 949
总售水量	万吨	20 417	19 672	20 035	20 035	20 897
其中：生产用水	万吨	4 095	4 075	4 039	4 039	6 916
生活用水	万吨	18 396	14 718	14 565	14 565	20 620
用水人口	万人	198.99	203.5	204.43	204.23	212.6
其中：非农业用水人口	万人	154.96	159.77	160.61	168.93	199.3
用水普及率	%	100	100	100	99.96	99.99

17－4 城市建设及供气

指　标	单位	2001年	2002年	2003年	2004年	2005年
一、市政建设年末实有道路长度	公里	975	986	1 007.7	1 007.66	1 114.48
其中：高级、次高级道路	公里	731	739	755.75	755.6	835.86
道路面积	万平方米	1 020.46	1 061.1	1 110.3	1 110.3	1 172.2
其中：高级、次高级道路	万平方米	867.4	901.9	277.57	277.57	293.05
人行道面积	万平方米	221.38	224.8	242.9	242.9	264
年末实有桥梁数	座	217	220	225	225	308
其中：立交桥	座	22	24	26	26	31
排水管道长度	公里	868.62	879.04	882.8	882.8	916.64
污水量	万吨/日	72.12	71.9	71.9	71.9	73.63
其中：生活污水量	万吨/日	52.26	52.04	52	52	58.86
防洪堤长度	公里	336.6	336.6	780.3	780.3	847.6
路灯盏数	盏	27 502	27 762	37 793	37 793	39 280
道路照明密度	盏/公里	28.21	28.16	37.51	37.51	35.25
二、城市液化气（系统内）供气总量	吨	95 675	56 814	59 685	60 045	60 605
其中：家庭用气	吨	56 627	49 254	50 419	50 239	50 799
家庭用气户数	户	223 450	182 438	31 715	33 665	50 415
家庭用气人口	万人	57.7	61.49	67.1	67.4	72.4
三、人工煤气供气总量	万立方米	15 313	14 047	14 471	15 685	17 796
其中：家庭用气	万立方米	10 583	10 510	10 627	12 468	11 025
家庭用气户数	户	369 533	390 818	426 411	462 456	462 533
家庭用气人口	万人	130.48	130.48	125.48	130.6	126

17－5 市区园林绿化

指　标	单位	2001 年	2002 年	2003 年	2004 年	2005 年
一、园林绿化						
园林绿地面积	公顷	5 092	5 177	5 231	5 442	5 494
建城区绿化覆盖率	%	30.7	29.88	25.34	24.67	26.08
人均公共绿地面积	平方米	7.67	7.76	7.87	7.87	9.65
公园个数	个	35	39	39	39	39
公园面积	公顷	1 479	1 527	1 527	1 527	2 469
二、公园、风景点游人量	万人次	1 720	1 101	710	711	1 010

注：2001 年及以后公园面积含东川区数据。

17－6 城市环境卫生情况

指　标	单位	2001年	2002年	2003年	2004年	2005年
实际清扫面积	万平方米	1 076.96	1 087	1 196	1 200	2 236.6
#机械清扫面积	万平方米	291.75	366	366	366	551.5
生活垃圾清运量	万吨	83.3	74	84	84	93
粪便清运量	万吨	25	24.8	24.7	24.8	26.4
公共厕所	座	476	423	349	349	369
环卫机械数	台	526	531	535	535	816
民办清洁队伍人数	人	6 509	6 854	7 272	7 272	10 344

17－7　环境保护情况

指　　标	单位	2003年	2004年	2005年
环境保护投资额	**万元**	**219 203**	**234 900**	**278 500**
一、水质状况				
集中式饮用水源地水质达标率	%	96.05	97.29	97.78
废水排放总量	万吨	19 741	25 472	24 688
其中：工业废水排放总量	万吨	5 071	5 332	4 758
工业化学COD需氧量排放总量	吨	3 689	3 348	3 307
工业废水排放达标率	%	92.56	98.24	98.06
二、废气排放				
工业二氧化硫排放量	吨	77 264	75 110	89 343
工业烟尘排放量	吨	9 858	8 969	12 401
工业粉尘排放量	吨	7 944	6 976	8 156
三、声环境质量状况				
城市建城区域环境噪声平均等效声级	分贝	54.6	53.1	53.8
城市交通干道噪声平均等效声级	分贝	70.5	68.0	69.7
四、固体、废物综合利用				
工业固体废物综合利用量	万吨	420	382	437
工业固体废物处置利用率	%	82.36	90.07	91.54

注：资料取自市环保局。

主要统计指标解释

自来水生产能力 指年底城建部门管理的自来水厂实际生产能力。

生活用水量 指居民日常生活与公共福利设施的用水量。包括居民、饮食店、旅馆、医院、理发店、浴池、洗衣店、游泳地、商店、学校、机关、部队等单位的用水量。

实有道路长度 指除土路外，路面经过铺装宽度在3.5米以上的道路，包括高级、次高级道路和普通道路。

实有桥梁 指城市范围内，修建在河道上的桥梁和道路与道路立交、道路跨越铁路的立交桥，以及人行天桥。包括永久性桥和半永久性桥，不包括临时性桥、铁路桥、涵洞。

营运线路长度 指设置的固定营运线路的长度，包括效区营运线路长度。不包括临时行驶的线路长度。

公共绿地面积 指供游览休息的各种公园、运动园、植物园、陵园以及花园、游园和供游览休息用的林荫道绿地、广场绿地。不包括一般栽植的行道树及林荫道的面积。

十八、科技、教育、文化、体育、卫生和其他

KEJI、JIAOYU、WENHUA、TIYU、WEISHENGHEQITA

18－1 主要年份专业技术人员数

单位：万人

年 份	全市专业技术人员年末人数	市属专业技术人员
1995	19.85	8.95
1996	20.98	9.15
1997	21.51	8.76
1998	22.31	9.21
1999	22.32	9.05
2000	23.1	9.03
2001	22.23	9.12
2002	22.16	10.61
2003	22.26	7.5
2004	21.15	8.20
2005	21.02	11.72

18－2 科技情况

指　标	单　位	2003年	2004年	2005年
一、自然科学研究与技术开发机构数	个	58	50	47
科研系统	个			
高校系统	个			
大中型工业企业	个	58	50	47
二、项目（课题）总数	项	567	454	446
科研系统	项			
高校系统	项			
大中型工业企业	项	567	454	446
总数中：研究与试验发展项目数	项	284	229	219
科研系统	项			
高校系统	项			
大中型工业企业	项	284	229	219
三、经费收入（含上年结转）总额	千元	478 814	678 348	1 032 293
科研系统	千元			
高校系统	千元			
大中型工业企业	千元	478 814	678 348	1 032 293
四、经费支出总额	千元	328 559	753 327	1 099 588
科研系统	千元			
高校系统	千元			
大中型工业企业	千元	328 559	753 327	1 099 588
五、各类专业技术人员	万人	22.26	21.15	21.02

18－3 大中型工业企业科技活动基本情况

指　标	单　位	2003 年	2004 年	2005 年
企业数	个	119	124	119
有科技活动的企业数	个	71	72	64
工业总产值（现价）	千元	42 287 242	59 925 047	77 162 481
产品销售收入	千元	43 828 514	59 080 802	65 818 201
年末固定资产原价	千元	50 820 534	47 341 196	105 247 322
其中：生产经营用机器设备原价	千元	33 168 868	30 163 939	32 779 177
其中：微电子控制	千元	9 084 632	6 328 113	6 681 947
单位从业人员年平均人数	人	143 762	134 468	123 177
其中：工程技术人员	人	18 972	14 366	14 167

18－4 大中型工业企业科技活动人员情况

指　标	单　位	2003 年	2004 年	2005 年
研究与发展活动企业数	个	58	41	25
从事科技活动人员	人	4 834	4 363	5 354
# 全时人员	人	2 429	2 290	2 482
非全时人员	人	2 405	2 073	2 872
# 高中级职称人员	人	2 517	2 506	2 816
无高中级职称的大学本科及以上学历人员	人	633		750
# 研究与发展人员	人/年	2 922	1 465	1 470

18－5 大中型工业企业科技活动经费情况

指 标	单 位	2003 年	2004 年	2005 年
一、科技活动经费筹集总额	千元	478 814	678 348	1 032 293
1．企业自筹资金	千元	359 139	615 815	948 395
2．银行贷款	千元	85 100	15 500	20 540
3．政府部门资金	千元	31 884	40 663	47 194
4．其他	千元	2 691	6 370	16 164
二、科技活动经费支出总额	千元	328 559	753 327	1 099 588
1．内部支出合计	千元	295 784	648 049	988 307
（1）劳务费（含工资）	千元	88 026	98 388	115 217
（2）原材料费	千元	97 334	217 039	344 364
（3）非基建项目购买和自制设备支出	千元	75 015	155 243	381 937
（4）其他	千元	35 410	177 379	146 849
合计中研究与发展经费支出	千元	180 937	163 304	361 361
合计中新产品开发经费支出	千元	114 308	313 917	490 380
2．外部支出合计	千元	32 775	34 679	72 180
其中：对研究机构高等院校的支出	千元	20 037	16 091	30 878

18－6　大中型工业企业办科技机构情况

指　标	单　位	2003年	2004年	2005年
1．企业办科技机构数	个	58	50	47
2．机构科技活动人员	人	2 705	1 823	2 296
3．企业办科技机构经费内部支出	千元	217 973	215 123	446 888

18－7　大中型工业企业科研项目情况

指　标	单　位	2003年	2004年	2005年
1．项目数合计	个	567	454	446
合计中：研究与发展项目数	个	284	229	219
新产品开发项目数	个	194	281	292
2．项目人员合计	人	3 462	4 363	5 354
3．项目经费内部支出合计	千元	227 101	567 999	903 621

18－8 大中型工业企业科研活动产出情况

指　标	单　位	2003年	2004年	2005年
1．专利申请数	个	194	210	223
2．拥有发明专利数	个	76	95	139
3．新产品产值	千元	1 706 550	3 303 196	3 575 667
4．新产品销售收入	千元	1 228 831	2 961 124	5 676 288
其中：出口	千元	78 193	141 084	109 951

18－9 其 他 情 况

指　标	单　位	2003年	2004年	2005年
1．享受各级政府对科技的减免税	千元	35 342	40 257	38 530
2．技术改造支出	千元	1 585 458	991 036	887 348
3．引进国外技术经费支出	千元	146 643	84 255	31 691
4．用于消化吸收的经费支出	千元	2 248	1 751	24 048
5．购买国内技术支出	千元	13 720	112 493	17 987

18-10 主要年份全市医疗卫生机构数、卫生技术人员、医疗床位数

年 份	卫生机构数 合 计（个）	医 院	卫生技术人员 合 计（人）	医 生	卫生机构床位数 合 计（张）	医 院
1978	1 253	218	17 754	8 035	14 304	13 151
1980	1 335	229	20 336	8 459	16 697	13 682
1985	1 523	228	25 363	12 528	18 421	15 897
1990	1 622	270	28 820	14 576	24 356	20 917
1991	1 647	269	29 581	14 706	24 951	21 373
1992	1 634	272	29 826	14 836	26 496	22 006
1993	1 621	277	30 492	15 245	25 836	22 035
1994	1 629	289	30 501	15 432	25 687	21 885
1995	1 586	288	30 527	15 094	27 044	22 143
1996	2 474	274	31 115	15 107	24 906	20 646
1997	2 326	277	33 146	16 074	25 906	21 690
1998	2 715	280	32 637	15 705	26 043	22 111
1999	2 922	155	33 186	16 310	26 127	19 558
2000	2 753	157	32 190	15 220	25 027	19 756
2001	2 580	153	31 171	14 428	25 345	19 268
2002	1 427	169	27 173	12 136	24 610	20 793
2003	1 977	174	29 647	13 405	25 704	20 514
2004	2 072	197	31 660	14 324	27 104	21 757
2005	2 575	218	33 123	15 381	28 710	22 744

注：2000 年卫生系统统计报表制度变动，口径有所调整。

18－11 卫生机构、床位、人员数

	机构数（个）	卫生技术人员数（人）			实有床位数（张）
			执业医师	执业助理医师	
总　　计	**2 575**	**33 123**	**14 014**	**1 367**	**28 710**
一、医院	218	21 875	8 361	560	22 744
综合医院	152	16 143	6 229	353	16 428
中医医院	19	2 137	857	70	1 769
中西医结合医院	3	294	83	52	243
民族医院	1	21	8	2	20
专科医院	43	3 280	1 184	83	4 284
二、疗养院	9	323	155	11	1 886
三、社区卫生服务中心	24	381	167	15	542
四、卫生院	137	1 943	653	372	2 432
五、门诊部	55	749	406	39	295
六、急救中心	2	108	42	1	
七、采供血机构	1	96			
八、妇幼保健院（所、站）	18	890	421	28	580
九、专科疾病防治院（所、站）	6	56	19	17	66
十、疾病预防控制中心（防疫站）	18	1 203	803	64	100
十一、卫生监督所	15	37	20	11	
十二、医学科学研究机构	6	282	42	24	
十三、医学在职培训机构	3	13	8		
十四、健康教育所（站、中心）	2	31			
十五、其他卫生机构	6	63	32	13	65
十六、县（区）诊所、卫生所、医务室	1 989	4 745	2 735	204	
十七、社区卫生服务站	66	328	150	8	

18－12 妇幼卫生健康情况

指　　标	单位	全市		市区	
		2004 年	2005 年	2004 年	2005 年
0～3 岁儿童健康管理覆盖率	%	82.2	84.32	92.25	89.68
孕产妇保健覆盖率	%	98.86	99.02	99.51	99.25
产妇住院分娩率	%	84.31	87.83	99.51	90.69
产妇新法接生率	%	98.27	98.48	99.51	97.92
妇女病筛查数	人	93 384	94 800	1 982	26 141
其中：妇女病查出率	%	21.67	20.59	41.42	17.84
婚前健康检查率	%	1.74	1.5	4.74	2.16
四项节育手术数	人	100 969	98 204	31 375	51 224
其中：节育手术并发症	1/万	15.96	16.09	6.37	11.32

注：四项节育手术数及其并发症均为卫生部门的情况，不包括计生技术服务部门的数据。

18－13 计划生育情况

指　　标	单位	全市		市区	
		2004 年	2005 年	2004 年	2005 年
出生人数	人	41 062	39 766	12 968	13 217
一孩数	人	25 239	24 169	10 095	10 296
比重	%	61.47	60.78	77.85	77.9
二孩数	人	15 691	15 475	2 837	2 891
比重	%	38.21	38.92	21.88	21.87
多孩及以上	人	132	122	36	30
比重	%	0.32	0.31	0.28	0.23
已婚育龄妇女人数	人	952 712	940 592	358 956	353 252
领取独生子女证人数	人	272 004	299 092	181 754	180 992

18－14 民政事业基本情况

指　标	单　位	2004年	2005年
一、民政事业费	万元	35 162	46 601
二、优扶对象人数	人	17 885	15 676
三、社会办敬老院	个	99	99
床位数	张	4 528	4 528
收养人数	人	2 886	2 816
四、社会办福利企业单位数	个	84	85
职工人数	人	2 809	5 147
#残疾职工	人	1 782	2 091
利润总额	万元	789	1 691
捐赠物衣被折合现金	万元	26.2	23
五、集体所有制福利工厂	个	84	85
职工人数	人	2 809	5 147
#残疾职工	人	1 782	2 091
利润总额	万元	789	1 691
六、城镇社区服务设施数（含便民利民网点）	个	1 178	1 178
其中：便民利民服务网点	个	464	464

18－15　全市各级普通学校基本情况

（2005 年）

单位：人

学校类别	学校数（所）	毕业生数	招生数	在校学生数	# 女	# 少数民族	毕业班学生数	教职工数	
								合计	其中：专任教师
一、普通中学	278	80 424	91 538	263 534	130 102	41 424	81 232	20 863	17 170
高中	83	18 897	26 615	71 425	36 777	11 159	19 834		4 955
初中	195	61 527	64 923	192 109	93 325	30 265	61 398		12 215
二、职业高中	24	6 200	5 326	16 973	8 390	2 274	5 659	1 517	1 181
三、普通小学	1 491	67 541	79 855	470 385	225 018	70 403	72 495	24 572	22 695
四、幼儿园	461	77 419	87 976	135 555	63 206	7 784	75 692	8 134	4 843

18－16　昆明市教育统计监测

（2005 年）

单位：%

	学龄儿童入学率	小学毕业生升学率
合　计	97.75	96.12
五华区	98.67	101.26
盘龙区	99.68	93.37
西山区	99.87	80.89
官渡区	99.53	105.78
东川区	99.05	93.32
呈贡县	95.77	96.34
晋宁县	99.08	98.67
安宁市	99.55	97.27
富民县	97.21	97.9
宜良县	96.07	97.4
石林县	95.53	97.96
嵩明县	97.31	99.77
禄劝县	93.69	95.17
寻甸县	96.98	95.72

18－17　分县（市）区普

（2005 年）

	学校数（所）		班数（个）		毕业生数（人）		在校学生数（人）			
							合计		其中：女	
	初中	高中	初中	高中	初中	高中	初中	高中	初中	高中
全市合计	**195**	**83**	**3 868**	**1 426**	**61 527**	**18 897**	**192 109**	**71 425**	**93 325**	**36 777**
市区小计	82	57	1 662	882	22 716	11 164	73 086	42 670	35 304	22 117
五华区	13	17	390	334	6 277	4 330	17 997	17 404	9 022	9 345
盘龙区	16	7	270	123	4 094	1 485	11 316	5 869	5 584	2 995
官渡区	14	16	439	249	5 826	2 545	17 694	10 431	8 430	5 379
西山区	25	14	343	127	4 088	1 888	14 874	6 423	7 174	3 162
东川区	14	3	220	49	2 431	916	11 205	2 543	5 094	1 236
县（市）小计	113	26	2 206	544	38 811	7 733	119 023	28 755	58 021	14 660
呈贡县	8	2	135	40	1 999	489	6 306	1 718	3 027	839
晋宁县	13	4	228	38	3 559	526	11 742	1 829	5 915	1 009
富民县	8	1	116	22	1 565	181	5 419	1 101	2 596	529
宜良县	15	2	250	69	4 736	967	14 133	4 073	7 349	2 105
石林县	12	2	217	50	3 700	829	10 858	2 804	5 323	1 453
嵩明县	15	4	288	79	5 907	1 120	15 352	4 319	7 692	2 378
禄劝县	16	4	347	76	7 137	1 319	21 611	3 659	9 847	1 569
寻甸县	17	3	424	120	7 406	1 581	24 262	6 804	11 640	3 539
安宁市	9	4	201	50	2 802	721	9 340	2 448	4 632	1 239

通中学基本情况

招生数（人）		毕业班学生数（人）		专任教师数（人）		学历达标率（%）		校舍建筑面积（平方米）
初中	高中	初中	高中	初中	高中	初中	高中	
64 923	**26 615**	**61 398**	**19 834**	**12 215**	**4 955**	**98.54**	**93.88**	**2 719 145**
25 427	15 345	23 175	12 200	5 249	2 994	98.74	93.99	1 410 024
6 211	6 189	5 966	4 923	1 209	1 184	98.84	95.86	466 389
4 124	2 301	3 468	1 614	806	353	99.75	94.62	165 330
6 114	3 742	5 513	2 902	1 424	860	99.23	91.86	408 476
5 304	2 297	4 374	1 897	1 027	395	98.64	95.7	262 229
3 674	816	3 854	864	783	202	96.81	87.62	107 600
39 496	11 270	38 223	7 634	6 966	1 961	98.39	93.73	1 309 121
2 293	592	1 864	580	503	132	98.01	100	109 278
3 550	745	3 430	498	733	149	97	93.96	115 570
1 962	436	1 805	302	399	79	99.25	96.2	59 635
5 103	1 575	4 549	1 000	827	251	97.34	96.02	201 656
3 463	1 160	3 511	678	675	165	98.96	94.55	169 205
4 393	1 702	5 864	1 202	891	313	98.88	93.29	181 463
6 902	1 251	6 954	952	1 057	279	99.24	94.27	146 336
8 592	2 850	7 548	1 722	1 235	411	97.89	89.05	197 163
3 238	959	2 698	700	646	182	99.38	94.51	128 815

18－18　分县（市）区小学基本情况

（2005年）

	学校数（所）	班数（个）	毕业生数（人）	招生数（人）	在校学生数		毕业班学生数（人）	教职工数（人）	专任教师数		校舍建筑面积（平方米）
					合计（人）	其中：女			合计（人）	其中：达到学历规定的教师	
全市合计	**1 491**	**12 829**	**67 541**	**79 855**	**470 385**	**225 018**	**72 495**	**24 572**	**22 695**	**22 160**	**2 497 567**
市区小计	453	4 780	26 825	35 276	197 334	93 522	29 240	10 510	9 593	9 434	921 774
五华区	56	974	6 134	8 867	48 035	23 000	6 986	2 414	2 234	2 220	232 805
盘龙区	51	672	4 417	5 212	30 593	14 725	4 806	1 417	1 333	1 317	138 323
西山区	106	1 236	6 557	9 997	52 391	24 836	7 238	2 800	2 453	2 419	250 506
官渡区	92	970	5 780	6 362	38 168	18 160	6 091	2 130	1 877	1 846	185 441
东川区	148	928	3 937	4 838	28 147	12 801	4 119	1 749	1 696	1 632	114 699
县市小计	1 038	8 049	40 716	44 579	273 051	131 496	43 255	14 062	13 102	12 726	1 575 793
呈贡县	42	450	2 380	2 955	16 673	7 908	2 693	903	853	843	83 494
晋宁县	75	676	3 598	3 630	23 520	11 560	4 160	1 281	1 205	1 194	123 430
安宁市	78	690	3 329	4 375	24 434	11 978	3 755	1 431	1 298	1 291	136 769
富民县	54	353	2 004	1 832	12 042	5 921	1 909	842	777	776	74 653
宜良县	134	1 128	5 239	6 171	37 851	18 887	5 781	1 883	1 731	1 707	239 423
石林县	115	725	3 535	3 889	23 407	11 403	3 487	1 349	1 317	1 271	175 214
嵩明县	106	936	4 403	5 405	32 149	15 681	4 604	1 665	1 507	1 485	224 105
禄劝县	252	1 360	7 252	6 679	43 916	20 276	7 697	2 183	2 119	1 990	242 763
寻甸县	182	1 731	8 976	9 643	59 059	27 882	9 169	2 525	2 295	2 169	275 942

18－19　文化事业基本情况（市属）

指　　标	单　位	2005年
艺术研究机构	个	2
国家文物保护单位	个	7
省级文物保护单位	个	49
广播电台	个	2
电视台（含有线电视台）	个	2
剧团	个	12
群众艺术馆、文化馆	个	15
文化站	个	160
图书馆	个	16
博物馆、展览馆	个	4
剧场演出场次	场	505
国内艺术表演场次	场	694
# 农村	场	299
国内艺术表演观众	万人次	159
国外演出场次	场	
公共图书馆藏书	千册	2 622

18－20 体育运动情况（市属）

指　标	单 位	2005年
一、体委工作人员数	人	556
#体委机关工作人员数	人	28
#体委系统教练	人	124
二、等级裁判员人数（市属）	人	486
#女	人	118
国家级	人	
三、等级运动员人数（市属）	人	251
#女	人	67
国际运动健将	人	
运动健将	人	
一级运动员	人	
二级运动员	人	251
四、获国际、国家体育比赛奖牌数量		
其中：国际级金牌	枚	
国际级银牌	枚	
国际级铜牌	枚	
国家级金牌	枚	8
国家级银牌	枚	3
国家级铜牌	枚	6
五、获省体育比赛奖牌数量		
金牌	枚	179
银牌	枚	138
铜牌	枚	98
六、县级以上运动竞赛次数	次	21
七、参加运动会人数	人	9 555

主要统计指标解释

卫生技术人员 指卫生事业机构支付工资的全部固定职工和合同制职工中现任职务为卫生技术工作的专业人员。包括中医师、西医师、中西医结合高级医师、护师、中药师、西药师、检验师、其它技工、其它中医、护理员、中药剂师、西药剂员、检验员、其它初级卫生技术人员。

普通高等学校 指按国家规定的审批程序批准举办，通过全国统一招生考试，招收高级中等学校毕业生和具有同等学历者，实施高等教育，培养高等专门人才的学校。包括大学、专门学院、专科学校和短期职业大学。

毕业生数 指上学年度内，具有学籍的学生学完教学计划规定的全部课程，考试及格，实际毕业的学生数。不包括结业生和肄业生数。

招生数 指新学年开始时，一年级实际招收入学的新生数。不包括留级生和复读学生数。

在校学生数 指学年初具有学籍的在校生总数。

学龄儿童入学率 指调查范围内已入小学学习的学龄儿童占校内外学龄儿童总数（包括弱智儿在内，但不包括盲聋哑儿童）的比重。

计算公式：

$$\text{学龄儿童入学率}=\frac{\text{已入学的小学学龄儿童数}}{\text{校内外学龄儿童总数}}\times 100\%$$

专任教师 指主要从事教学工作的人员。包括临时（一年以内）调去帮助做其他工作的教学人员。高等学校函授部、夜大学校的专任教师和承担科研任务，为担任教学工作仍属教师编制的人员，应计入专任教师中。专任教师不包括调离教学岗位，担任行政领导工作或其他工作的原教学人员。

平均每万人口学生数 指一个国家或一个地区各级各类学校学生数与同范围的年平均人口数（以万人为单位）之比。它反映一个国家或地区人民受教育的密度。计算公式为：

$$\text{平均每万人口学生数}=\frac{\text{学生数（人）}}{\text{年平均人口数（万人）}}$$

平均每一教师负担学生数 指各级各类学校年初在校学生数与专任教师数之比。它反映教师负担学生的教学工作量。计算公式为

$$\text{平均每一教师负担学生数}=\frac{\text{学年初在校学生数}}{\text{学年初专任教师数}}$$

文化事业机构 指从事专业文化工作和为专业文化工作服务的单独核算、独立建制的单位。不包括文化主管部门直属单位举办的其他行业和各部门的业余文化组织。

艺术表演团体 指从事戏曲、音乐、舞蹈、杂技等专业艺术表演，有独立帐户，实行单独核算的团体。不包括半工半艺、半农半艺的业余剧团。

电影放映单位 指具有放映机器设备、固定或不固定的放映场所与专职或兼职的放映技术人员，经有关部门登记批准，经常为一定的观众对象放映电影的机构。包括经批准对外开放进行营业，并与电影发行放映管理机构分帐的专用放映单位和军委系统租片单位。

艺术表演观众人数（人次） 指售票、包场演出或民族地区免费演出的艺术表演观众人次数。不包括彩排审查和内部观摩演出的观看人次数。

电影观众人数（人次） 指各类型放映单位及军委系统租片单位映出的观众人次数。一个观众连续看了一部长片和短片专场规定的短片，为二人次。

主要统计指标解释

十九、基本单位和企业监测、企业集团情况

JIBENDANWEIHEQIYEJIANCE、QIYEJITUANQINGKUANG

19－1 昆明市重点企业建立现代企业制度跟踪监测主要指标（一）

单位：万元

指标	企业数（个）	合计	2005年资本金				
			国家	集体	法人	个人	外商
合计	**67**	**2 993 890**	**2 043 349**	**12 636**	**710 362**	**149 974**	**77 569**
按控股情况分							
国有绝对控股	38	2 633 143	2 014 968		529 697	67 571	20 907
国有相对控股	7	114 460	22 737	60	58 431	26 732	6 500
集体绝对控股	3	14 565		10 523	4 042		
集体相对控股	1	24 503	5 644		12 500	6 359	
其他	18	207 219		2 053	105 692	49 312	50 162
按主营行业分							
农、林、牧、渔业	1	83 000	82 670		330		
工业	43	1 516 353	801 035	12 636	509 154	115 959	77 569
采矿业	2	13 585			12 605	980	
制造业	38	902 308	250 732	12 636	446 392	114 979	77 569
电力、燃气及水的生产和供应业	3	600 460	550 303		50 157		
建筑业	8	153 636	126 632		11 010	15 994	
交通运输、仓储和邮政业	1	11 924	5 376		1 536	5 012	
信息传输、计算机服务和软件业	1	111 000	111 000				
批发和零售业	5	33 551	18 920		8 181	6 450	
金融业	2	178 651	11 000		167 651		
房地产业	1	24 503	5 644		12 500	6 359	
租赁和商务服务业	5	881 272	881 072			200	
按登记注册类型分							
国有企业	10	253 055	253 055				
国有独资企业	6	1 305 559	1 305 559				
其他有限责任公司	15	349 018	193 203	7 429	140 628	7 758	
股份有限公司	27	932 196	291 532	60	493 059	141 045	6 500
中外合资企业	5	92 017			44 833	1 171	46 013
港澳台合资企业	2	51 586			31 842		19 744
其他	2	10 459		5 147			5 312
按企业规模分							
大型	25	1 595 784	1 141 542		320 958	105 877	27 407
中型	35	520 872	95 135	12 636	340 854	22 085	50 162
小型	3	60 014	25 000		18 014	17 000	
其他	4	817 220	781 672		30 536	5 012	
按三次产业分							
第一产业	1	83 000	82 670		330		
第二产业	51	1 669 989	927 667	12 636	520 164	131 953	77 569
第三产业	15	1 240 901	1 033 012		189 868	18 021	
按重点企业类型分							
国家重点企业	6	466 471	316 680		141 991	7 800	
省级重点企业	40	2 347 868	1 897 540	7 260	319 056	99 167	24 845

昆明市重点企业建立现代企业制度跟踪监测主要指标（二）

单位：万元

指 标	年末资产		年末负债		年末股东权益		股本（实收资本）	
	2004 年	2005 年	2004 年	2005 年	2004 年	2005 年	2004 年	2005 年
合计	**12 035 704**	**13 726 413**	**6 297 280**	**7 121 138**	**5 738 424**	**6 605 275**	**3 027 807**	**3 314 774**
按控股情况分								
国有绝对控股	10 662 329	12 246 073	5 502 649	6 231 429	5 159 680	6 014 644	2 684 537	2 952 464
国有相对控股	443 138	455 902	240 722	245 669	202 416	210 233	114 460	114 460
集体绝对控股	95 069	101 407	44 673	53 568	50 396	47 839	15 334	14 565
集体相对控股	116 931	105 834	59 734	51 891	57 197	53 943	24 502	24 502
其他	718 237	817 197	449 502	538 581	268 735	278 616	188 974	208 783
按主营行业分								
农、林、牧、渔业	302 863	330 237	175 174	159 170	127 689	171 067	83 000	83 000
工业	8 462 233	9 321 202	4 658 060	5 102 722	3 804 173	4 218 480	1 536 686	1 601 148
采矿业	89 000	168 080	47 044	112 453	41 956	55 627	13 585	13 585
制造业	6 082 984	6 607 204	3 181 504	3 375 841	2 901 480	3 231 363	932 226	996 688
电力、燃气及水的生产和供应业	2 290 249	2 545 918	1 429 512	1 614 428	860 737	931 490	590 875	590 875
建筑业	530 968	519 634	379 654	407 415	151 314	112 219	115 379	115 165
交通运输、仓储和邮政业	43 843	41 647	24 342	22 474	19 501	19 173	11 924	11 924
信息传输、计算机服务和软件业	29 876	230 504	13 094	41 055	16 782	189 449	15 000	111 005
批发和零售业	474 669	539 361	297 916	342 284	176 753	197 077	144 875	180 465
金融业	259 365	258 664	78 203	74 831	181 162	183 833	178 651	178 651
房地产业	116 931	105 834	59 734	51 891	57 197	53 943	24 502	24 502
租赁和商务服务业	1 814 956	2 379 330	611 103	919 296	1 203 853	1 460 034	917 790	1 008 914
按登记注册类型分								
国有企业	1 988 263	1 878 539	746 664	506 933	1 241 599	1 371 606	198 877	198 905
国有独资企业	4 315 525	5 072 448	2 321 012	2 935 950	1 994 513	2 136 498	1 456 831	1 521 743
其他有限责任公司	1 094 059	1 384 689	507 847	602 898	586 212	781 791	308 287	349 018
股份有限公司	4 312 964	5 034 922	2 618 319	2 961 220	1 694 645	2 073 702	914 530	1 089 482
中外合资企业	161 479	166 332	44 170	40 273	117 309	126 059	92 017	92 017
港澳台合资企业	81 298	100 679	13 351	19 363	67 947	81 316	45 242	51 586
其他	82 116	88 804	45 917	54 501	36 199	34 303	12 023	12 023
按企业规模分								
大型	8 519 341	9 484 412	4 699 134	5 103 187	3 820 207	4 381 225	1 571 875	1 702 326
中型	1 781 095	1 908 933	951 345	1 002 311	829 750	906 622	621 697	659 764
小型	127 629	105 695	103 996	101 277	23 633	4 418	35 946	35 946
其他	1 607 639	2 227 373	542 805	914 363	1 064 834	1 313 010	798 289	916 738
按三次产业分								
第一产业	302 863	330 237	175 174	159 170	127 689	171 067	83 000	83 000
第二产业	8 993 201	9 840 836	5 037 714	5 510 137	3 955 487	4 330 699	1 652 065	1 716 313
第三产业	2 739 640	3 555 340	1 084 392	1 451 831	1 655 248	2 103 509	1 292 742	1 515 461
按重点企业类型分								
国家重点企业	4 029 086	4 512 143	1 863 881	1 956 874	2 165 205	2 555 269	498 225	555 013
省级重点企业	10 266 101	11 831 810	5 272 921	5 952 190	4 993 180	5 879 620	2 348 028	2 640 885

昆明市重点企业建立现代企业制度跟踪监测主要指标（三）

单位：万元

指标	营业收入		投资收益		利润总额	
	2004年	2005年	2004年	2005年	2004年	2005年
合计	**8 101 276**	**10 209 005**	**46 875**	**133 467**	**647 249**	**756 088**
按控股情况分						
国有绝对控股	7 165 362	9 151 397	84 483	142 594	650 672	711 160
国有相对控股	302 195	333 010	－2 418	3 844	7 568	12 850
集体绝对控股	143 791	146 549	－5 139	50	749	3 918
集体相对控股	49 038	57 794	－118	－117	12 142	14 261
其他	440 890	520 255	－29 933	－12 904	－23 882	13 899
按主营行业分						
农、林、牧、渔业	83 380	179 836	0	2	11 680	43 376
工业	6 675 648	8 293 672	－7 449	36 717	544 878	572 489
采矿业	90 653	102 304	－616	177	13 635	16 986
制造业	5 448 149	6 796 907	－12 981	32 698	516 189	530 853
电力、燃气及水的生产和供应业	1 136 846	1 394 461	6 148	3 842	15 054	24 650
建筑业	240 801	272 797	0	1 873	2 407	2 969
交通运输、仓储和邮政业	12 622	10 245	196	661	2 218	1 014
信息传输、计算机服务和软件业	4 130	3 827	0	0	357	1 725
批发和零售业	985 886	1 266 745	176	1 857	41 373	36 005
金融业	24 844	25 059	10	5 798	5 240	10 907
房地产业	49 038	57 794	－118	－117	12 142	14 261
租赁和商务服务业	24 927	99 030	54 060	86 676	26 954	73 342
按登记注册类型分						
国有企业	1 521 358	1 871 569	3 261	13 171	242 099	262 768
国有独资企业	1 574 574	2 158 107	33 025	6 584	57 114	73 287
其他有限责任公司	395 978	459 870	26 784	82 156	23 246	76 508
股份有限公司	4 193 081	5 236 862	－11 876	31 753	291 707	291 718
中外合资企业	235 743	258 178	4	－144	26 163	31 269
港澳台合资企业	57 905	102 472	0	－99	8 878	19 509
其他	122 637	121 947	－4 323	46	－1 958	1 029
按企业规模分						
大型	6 282 950	7 985 799	30 350	54 359	584 478	602 594
中型	1 780 743	2 115 253	－1 835	5 784	98 808	103 915
小型	6 334	3 609	－31 831	－11 393	－56 772	－19 947
其他	31 249	104 344	50 191	84 717	20 735	69 526
按三次产业分						
第一产业	83 380	179 836	0	2	11 680	43 376
第二产业	6 916 449	8 566 469	－7 449	38 590	547 285	575 458
第三产业	1 101 447	1 462 700	54 324	94 875	88 284	137 254
按重点企业类型分						
国家重点企业	3 465 131	3 985 078	28 590	85 319	435 057	408 243
省级重点企业	7 158 351	9 104 331	72 500	131 648	621 296	684 899

昆明市重点企业建立现代企业制度跟踪监测主要指标（四）

单位：万元

指　标	年末从业人数（人）		研究开发人员（人）		从业人员劳动报酬		研发人员劳动报酬	
	2004 年	2005 年	2004 年	2005 年	2004 年	2005 年	2004 年	2005 年
合计	**144 009**	**160 201**	**2 080**	**2 195**	**315 954**	**407 535**	**7 028**	**7 992**
按控股情况分								
国有绝对控股	121 730	133 408	1 162	1 365	275 915	361 292	3 647	5 052
国有相对控股	6 574	6 445	694	643	14 956	14 910	2 651	2 306
集体绝对控股	2 061	1 848	0	0	4 025	3 269		
集体相对控股	167	157	0	0	228	213		
其他	13 477	18 343	224	187	20 830	27 851	730	634
按主营行业分								
农、林、牧、渔业	14 313	15 108	35	36	6 936	14 526	50	55
工业	96 064	109 176	1 986	2 144	268 717	343 839	6 869	7 875
采矿业	4 622	4 762	99	55	9 100	11 364	243	149
制造业	73 434	71 583	1 887	2 089	184 631	214 744	6 626	7 726
电力、燃气及水的生产和供应业	18 008	32 831			74 986	117 731		
建筑业	21 308	24 114	39		17 924	26 708	53	
交通运输、仓储和邮政业	20	17			125	125		
信息传输、计算机服务和软件业	91	120			220	210		
批发和零售业	10 277	9 723			15 547	15 507		
金融业	414	386	8	7	1 464	1 378	15	18
房地产业	167	157			228	213		
租赁和商务服务业	1 355	1 400	12	8	4 793	5 029	41	44
按登记注册类型分								
国有企业	24 357	21 932	210	176	47 384	56 374	993	1 228
国有独资企业	36 476	50 663	198	195	107 276	157 750	450	455
其他有限责任公司	15 118	19 306	171	266	27 194	33 959	319	509
股份有限公司	63 441	63 772	1 424	1 486	122 015	146 990	5 052	5 550
中外合资企业	1 451	1 548	49	47	4 435	5 233	127	174
港澳台合资企业	677	750	23	18	3 865	4 111	82	65
其他	2 489	2 230	5	7	3 785	3 118	5	11
按企业规模分								
大型	107 183	126 713	1 544	1 692	249 025	340 094	5 600	6 618
中型	35 547	32 315	486	486	61 883	62 665	1 190	1 226
小型	448	397	41	12	968	825	206	113
其他	831	776	9	5	4 078	3 951	32	35
按三次产业分								
第一产业	14 313	15 108	35	36	6 936	14 526	50	55
第二产业	117 372	133 290	2 025	2 144	286 641	370 547	6 922	7 875
第三产业	12 324	11 803	20	15	22 377	22 462	56	62
按重点企业类型分								
国家重点企业	43 709	42 558	617	686	113 808	137 957	2 334	3 148
省级重点企业	117 846	136 504	1 726	1 978	270 409	359 786	6 172	7 385

19－2 昆明市重点企业建立现代企业制度跟踪监测运行情况

（2005年）

指 标	全市67个	指 标	全市67个
一、企业改制情况		国家级认定	7
已改制	57	省级认定	15
尚未改制	10	技术中心人员经费完全满足需要	3
原因：没有改制计划	4	技术中心人员经费基本满足需要	28
正在或准备实行改制	6	技术中心人员经费不满足需要	3
二、改制企业法人治理结构情况		**九、企业获新产品新技术途径**	
已成立股东会	44	自主开发	46
已成立董事会	54	委托开发	23
已成立监事会	48	与院校科研机构联合开发	34
已建立出资人制度	49	引进技术消化、吸收和创新	41
三、总经理产生方式		接受技术成果转让	26
主管部门任命	11	**十、企业分离富余职工主要去向**	
董事会聘任	44	内部消化	33
政府提名董事会聘任	3	提前退休	23
上级组织部门任命	6	失业	6
四、总经理年龄和文化程度		其他	18
40岁及以下	13	**十一、企业办社会性服务机构分离情况**	
41—50岁	39	全部分离	12
51岁及以上	15	部分分离	10
博士	2	没有分离	4
硕士	27	**十二、推进改革的主要障碍**	
大学	27	社会保障制度不完善	43
大专	10	政府转变职能滞后	34
中专或高中	1	市场体系不健全	36
五、企业是否有奖惩制度		历史包袱沉重	20
有 能严格执行	60	产权不明确	19
有 很难严格执行	7	**十三、影响生产经营主要因素**	
六、企业质量管理情况		市场需求不足	27
通过ISO9000认证	40	负债过高、利息负担重	24
通过ISO14000认证	14	资金紧缺	34
七、劳动人事分配制度改革情况		人员过剩	9
实行劳动合同制度	66	原材料等价格偏高	31
实行全员竞争上岗制度	53	管理机制不完善	26
管理人员实行公开竞聘	61	**十四、改制后的总体评价**	
能足额缴纳社会保险	63	效果很好	11
经营者年薪制	35	效果较好	28
企业经营者持有股权、股票制	11	效果一般	13
岗位工资为主的工资制	57	尚未见效	3
科技人员激励机制	35	**十五、未来发展前景预测**	
职工持股分配制	12	很好	23
八、企业技术创新情况		较好	34
企业已建立技术中心	34	一般	10

19－3 昆明市主要企业集团财务指标（一）

单位：万元

指标	集团数（个）	年末资产		年末负债		年末股东权益	
		2004 年	2005 年	2004 年	2005 年	2004 年	2005 年
总　计	**32**	**10 796 363**	**12 857 946**	**6 551 413**	**7 875 085**	**4 244 950**	**4 982 861**
按集团审批部门分							
国务院主管部门	2	632 679	769 482	471 136	599 550	161 543	169 932
省级人民政府	19	8 660 126	10 589 826	5 166 645	6 399 335	3 493 481	4 190 491
省级人民政府主管部门	4	826 756	838 820	506 335	494 147	320 421	344 673
其他	7	676 802	659 818	407 297	382 053	269 505	277 765
按母公司控股情况分							
国有及国有控股	21	8 717 896	10 776 760	5 361 734	6 701 813	3 356 162	4 074 947
国有绝对控股	19	8 499 162	10 558 860	5 246 039	6 588 361	3 253 123	3 970 499
国有相对控股	2	218 734	217 900	115 695	113 452	103 039	104 448
集体及集团控股	2	629 330	588 863	373 454	336 059	255 876	252 804
集体绝对控股	1	512 399	483 029	313 720	284 168	198 679	198 861
集体相对控股	1	116 931	105 834	59 734	51 891	57 197	53 943
其他	9	1 449 137	1 492 323	816 225	837 213	632 912	655 110
按集团主营行业分							
农、林、牧、渔业	1	590 588	550 999	400 052	374 048	190 536	176 951
工业	19	8 180 391	10 198 637	4 899 152	6 197 668	3 281 239	4 000 969
采矿业	1	815 833	1 161 580	560 246	735 944	255 587	425 636
制造业	17	6 852 159	8 554 028	4 025 186	5 177 556	2 826 973	3 376 472
电力、燃气及水的生产和供应业	1	512 399	483 029	313 720	284 168	198 679	198 861
建筑业	2	847 101	889 727	638 691	691 766	208 410	197 961
交通运输、仓储和邮政业	2	324 076	331 852	91 142	96 262	232 934	235 590
批发和零售业	4	345 767	351 395	217 134	211 918	128 633	139 477
房地产业	2	266 130	249 426	196 181	171 195	69 949	78 231
其他	2	242 310	285 910	109 061	132 228	133 249	153 682
按母公司登记注册类型分							
国有企业	4	540 284	539 124	203 564	201 136	336 720	337 988
公司制企业	28	10 256 079	12 318 822	6 347 849	7 673 949	3 908 230	4 644 873
国有独资企业	11	7 401 783	9 305 471	4 686 135	5 898 950	2 715 648	3 406 521
其他有限责任公司	8	1 481 027	1 625 118	803 937	913 890	677 090	711 228
股份有限公司	8	1 224 070	1 244 641	721 330	741 805	502 740	502 836
港澳台合资企业	1	149 199	143 592	136 447	119 304	12 752	24 288
按母公司企业规模分							
第一产业	1	590 588	550 999	400 052	374 048	190 536	176 951
第二产业	21	9 027 492	11 088 364	5 537 843	6 889 434	3 489 649	4 198 930
第三产业	10	1 178 283	1 218 583	613 518	611 603	564 765	606 980

昆明市主要企业集团财务指标（二）

单位：万元

指 标	股本		营业收入		投资收益		利润总额	
	2004年	2005年	2004年	2005年	2004年	2005年	2004年	2005年
总 计	**2 074 440**	**2 182 880**	**6 029 622**	**8 307 184**	**－3 255**	**1 834**	**404 269**	**500 549**
按集团审批部门分								
国务院主管部门	109 799	113 186	327 214	341 983	－1 669	－2 829	9 146	14 654
省级人民政府	1 736 199	1 842 644	4 929 499	7 192 808	－10 024	－1 107	326 474	422 974
省级人民政府主管部门	138 186	138 939	449 734	417 053	5 443	8 031	49 782	39 738
其他	90 256	88 111	323 175	355 340	2 995	－2 261	18 867	23 183
按母公司控股情况分								
国有及国有控股	1 598 907	1 684 504	5 096 528	7 305 185	－16 487	129	296 523	402 987
国有绝对控股	1 577 245	1 662 953	4 944 642	7 140 811	－16 953	－566	292 019	398 129
国有相对控股	21 662	21 551	151 886	164 374	466	695	4 504	4 858
集体及集团控股	130 888	130 888	171 977	106 216	4 242	6 774	35 602	24 498
集体绝对控股	106 386	106 386	122 939	48 422	5 430	6 891	23 460	10 237
集体相对控股	24 502	24 502	49 038	57 794	－1 188	－117	12 142	14 261
其他	344 645	367 488	761 117	895 783	8 990	－5 069	72 144	73 064
按集团主营行业分								
农、林、牧、渔业	125 152	125 505	255 151	249 352	234	516	24 348	25 982
工业	1 403 550	1 502 290	4 427 179	6 652 414	－1 582	2 940	342 626	414 504
采矿业			381 480	518 419	651	4 920	21 510	37 041
制造业	1 297 164	1 395 904	3 922 760	6 085 573	－7 663	－8 871	297 656	367 226
电力、燃气及水的生产和供应业	106 386	106 386	122 939	48 422	5 430	6 891	23 460	10 237
建筑业	159 555	160 853	726 795	776 662	－1 107	－2 307	4 331	10 564
交通运输、仓储和邮政业	223 350	225 350	62 080	65 880	－426	－1 326	－3 080	－1 220
批发和零售业	46 532	41 171	440 582	417 133	494	1 331	23 961	25 623
房地产业	55 601	55 601	66 991	85 451	－1 173	－117	6 195	16 899
其他	60 700	72 110	50 844	60 292	305	797	5 888	8 197
按母公司登记注册类型分								
国有企业	212 228	208 447	249 860	262 968	－2 175	－3 956	8 261	7 490
公司制企业	1 862 212	1 974 433	5 779 762	8 044 216	－1 080	5 790	396 008	493 059
国有独资企业	1 250 217	1 341 796	4 438 074	6 570 338	－15 167	2 496	271 332	375 408
其他有限责任公司	393 126	402 446	631 837	676 543	8 490	5 395	60 282	50 295
股份有限公司	187 770	199 092	691 898	769 678	5 582	－2 101	70 341	64 718
港澳台合资企业	31 099	31 099	17 953	27 657	15		－5 947	2 638
按母公司企业规模分								
第一产业	125 152	125 505	255 151	249 352	234	516	24 348	25 982
第二产业	1 563 105	1 663 143	5 153 974	7 429 076	－2 689	633	346 957	425 068
第三产业	386 183	394 232	620 497	628 756	－800	685	32 964	49 499

昆明市主要企业集团财务指标（三）

单位：万元

指标	研究开发费		从业人员年末人数（人）		从业人员劳动报酬		劳动、待业保险费	
	2004年	2005年	2004年	2005年	2004年	2005年	2004年	2005年
总　计	**53 679**	**60 376**	**287 810**	**307 094**	**428 776**	**538 542**	**107 377**	**104 415**
按集团审批部门分								
国务院主管部门	8 682	10 356	23 813	30 370	32 629	39 033	5 471	5 980
省级人民政府	41 649	45 482	244 148	257 295	358 150	459 929	96 618	94 508
省级人民政府主管部门	2 850	3 272	6 472	6 124	17 176	17 817	3 823	2 599
其他	498	1 266	13 377	13 305	20 821	21 763	1 465	1 328
按母公司控股情况分								
国有及国有控股	50 466	57 871	251 339	265 743	378 418	486 267	103 611	100 525
国有绝对控股	49 030	56 417	245 944	259 826	369 307	476 793	103 254	100 276
国有相对控股	1 436	1 454	5 395	5 917	9 111	9 474	357	249
集体及集团控股			1 783	1 434	4 375	4 220	199	60
集体绝对控股			1 616	1 277	4 147	4 007	198	59
集体相对控股			167	157	228	213	1	1
其他	3 213	2 505	34 688	39 917	45 983	48 055	3 567	3 830
按集团主营行业分								
农、林、牧、渔业	42	308	92 417	91 329	65 093	75 163	16 261	15 651
工业	52 685	59 234	135 571	143 623	277 904	352 845	77 913	74 699
采矿业	79	481	27 096	24 552	37 673	37 608	7 987	9 781
制造业	52 606	58 753	106 859	117 794	236 084	311 230	69 728	64 859
电力、燃气及水的生产和供应业			1 616	1 277	4 147	4 007	198	59
建筑业	952	807	46 914	58 491	56 834	76 113	10 096	10 770
交通运输、仓储和邮政业		27	3 387	3 297	13 422	16 864	794	726
批发和零售业			4 482	4 488	9 539	10 200	2 312	2 568
房地产业			739	729	1 717	1 702	1	1
其他			4 300	5 137	4 267	5 655		
按母公司登记注册类型分								
国有企业	491	1 284	8 003	7 490	22 151	26 426	869	1 332
公司制企业	53 188	59 092	279 807	299 604	406 625	512 116	106 508	103 083
国有独资企业	36 917	41 394	227 638	241 658	324 207	422 445	95 148	92 464
其他有限责任公司	14 421	15 729	19 368	19 570	38 599	43 711	9 975	9 077
股份有限公司	1 850	1 969	32 229	37 804	42 330	44 471	1 385	1 542
港澳台合资企业			572	572	1 489	1 489		
按母公司企业规模分								
第一产业	42	308	92 417	91 329	65 093	75 163	16 261	15 651
第二产业	53 637	60 041	182 485	202 114	334 738	428 958	88 009	85 469
第三产业		27	12 908	13 651	28 945	34 421	3 107	3 295

19－4　昆明市主要企业集团成员企业主要业务指标

（2005 年）　　　　单位：万元

指　标	企业数（个）	年末资产（万元）	年末负债（万元）	营业收入（万元）	利润总额（万元）	年末从业人员（人）
总计	**416**	**16 779 000**	**9 293 208**	**9 708 969**	**773 727**	**311 002**
按企业集团主营行业分						
农、林、牧、渔业	44	540 182	355 155	239 046	28 473	90 676
采矿业	16	957 334	543 739	641 789	83 156	27 941
制造业	103	8 833 868	5 025 044	6 153 670	383 298	102 745
电力、燃气及水的生产和供应业	15	554 755	295 825	39 088	11 739	1 244
建筑业	20	772 828	596 611	728 220	7 105	51 659
交通运输、仓储和邮政业	13	192 804	213 866	79 877	10 417	3 203
信息传输、计算机服务和软件业	4	26 815	17 440	26 348	1 803	772
批发和零售业	111	1 285 210	763 213	1 371 922	98 469	9 100
住宿和餐饮业	16	60 558	36 412	21 228	－1 193	3 010
金融业	5	77 137	49 400	2 281	－159	118
房地产业	27	658 682	429 332	174 651	41 296	2 486
其他	42	2 818 827	967 171	230 849	109 323	18 048
按母公司登记注册类型分						
国有企业	178	3 018 103	1 721 461	1 363 800	75 902	139 281
国有独资公司	10	2 490 724	1 061 169	882 051	101 712	10 458
其他有限责任公司	155	7 089 210	4 014 704	4 085 895	296 539	97 067
股份有限公司	38	3 648 636	2 154 904	3 063 016	270 313	56 860
中外合资企业	11	123 739	50 607	52 391	2 222	1 075
港澳台合资企业	8	174 588	127 812	66 113	12 482	781
其他	16	234 000	162 551	195 703	14 557	5 480

19－5 昆明市主要企业集团监测运行情况

（2005 年）

指　标	全市 32 个企业集团	指　标	全市 32 个企业集团
一、企业集团母公司体制		**九、企业集团有关配套政策落实情况**	
已建立	29	投资自主权	31
未建立	3	境外融资权	9
二、企业集团母公司出资人		对外担保权	22
已明确	32	自营产品进出口权	21
未明确		合并纳税权	11
三、企业集团母公司出资人主要权利		对外工程承包与劳务合作权	17
企业重大经营决策	31	外事审批权	4
选择企业经营者	31	**十、企业集团企业中上市公司**	
收取资产收益	28	有	8
四、企业集团母公司组织机构		无	24
已成立股东会	16	**十一、企业集团内部管理面临问题**	
已成立董事会	27	集团内部产权关系尚未理顺	7
已成立监事会	24	集团母子公司体制不健全	5
五、企业集团母公司总经理产生方式		缺乏对企业经营者的激励约束机制	10
董事会聘任	16	企业集团产权管理部门职能弱	1
上级行政部门直接任命	8	受上级行政管理部门干预较多	4
国有资产授权投资机构指派	3	其他	4
上级主管部门提名，董事会聘任	2	**十二、影响企业集团生产经营主要因素**	
六、企业集团母公司统一决策事项		资金短缺	15
集团发展战略	32	产品缺乏竞争力	10
重大投融资项目	32	企业债务沉重	8
涉外贸易和经济技术合作	27	上级行政部门干预	4
科研开发	24	地区间贸易壁垒	7
财务管理制度	26	科研开发能力弱	10
七、企业集团合并会计报表制度		技术设备陈旧	4
已执行	28	企业富余人员问题突出	12
未执行	4	**十三、企业集团未来发展前景预测**	
八、企业集团技术中心		很好	11
已建立	22	较好	18
未建立	10	一般	3

主要统计指标解释

企业 是指从事生产和经营活动，实行自主经营、独立核算和自负盈亏并具有法人资格的经济组织。

企业集团 是指以母子公司为主体，以产权联结为主要纽带，以集团章程为共同行为规范，通过投资和生产经营协作等多种方式，由众多的企事业单位共同组成的具有多层次结构和一定规模的经济联合体。企业集团本身不具有法人资格，它是由母公司、子公司、参股公司以及其他成员单位组建而成的多法人联合体。事业单位法人、社会团体法人也可成为企业集团成员。

控股情况 指按所有制性质和控股状况划分的企业情况，包括：

1. 国有绝对控股：指在企业的全部资本中，国家资本（股本）所占比例大于50%的企业；

2. 国有相对控股：指在企业的全部资本中，国家资本（股本）所占的比例虽未大于50%，但相对大于企业中的其他经济成分所占比例的企业；或者虽不大于其他经济成分，但根据协议规定，由国家拥有实际控制权的企业（协议控制）；

3. 集体绝对控股：指在企业的全部资本中，集体资本（股本）所占比例大于50%的企业；

4. 集体相对控股：指在企业的全部资本中，集体资本（股本）所占的比例虽未大于50%，但相对大于企业中的其他经济成分所占比例的企业；或者虽不大于其他经济成分，但根据协议规定，由集体拥有实际控制权的企业（协议控制）；

5. 其他：指国有绝对控股、国有相对控股、集体绝对控股和集体相对控股以外的控股情况。

登记注册类型 是指在工商行政管理机关登记注册的具有法人资格的各类企业。其中：

1. 国有企业：是指企业全部资产归国家所有，并按《中华人民共和国企业法人登记管理条例》规定登记注册的非公司制的经济组织。不包括有限责任公司中的国有独资公司。

2. 国有独资企业：是指国家授权的投资机构或者国家授权的部门单独投资设立的有限责任公司。

3. 其他有限责任公司：是指根据《中华人民共和国登记管理条例》规定登记注册，由两个以上，五十个以下的股东共同出资，每个股东以其所认缴的出资额对公司承担有限责任，公司以其全部资产对其债务承担责任的经济组织。其他有限责任公司不包括国有独资公司。

4. 股份有限公司：是指根据《中华人民共和国登记管理条例》规定登记注册，其全部注册资本由等额股份构成并通过发行股票筹集资本，股东以其认购的股份对公司承担有限责任，公司以其全部资产对其债务承担责任的经济组织。

5. 其它：指上述登记注册类型以外的其它登记注册类型。

集团成员企业 指企业集团的母公司、全资子公司、绝对控股子公司、相对控股子公司，不包括参股企业、协作企业和子公司的二级公司。但如果企业集团的子公司是一个纯粹管理型的公司，那么该子公司的二级控股子公司也应作为企业集团所属公司、企业进行统计。上述企业集团的各类子公司中应包括在中国境内和境外的子公司。

企业集团主管行业 指本企业集团生产经营活动的主要行业性质。企业集团往往从事多种生产经营活动，一般根据集团内获得营业收入份额最大的三项产品或活动确定其主要行业性质。

注册资本合计 指企业或企业集团各成员企业在工商行政管理部门登记注册资金的合计。包括国家资本、集体资本、法人资本、个人资本以及外商资本等。

资产总计 指企业或企业集团拥有或控制的全部资产，包括流动资产、长期投资、固定资产、无形资产、递延资产和其他资产等。

固定资产净值 指固定资金原价减去累计折旧后的金额。

累计对外投资 指截止报告期内本企业对本企业以外的投资之和，以及企业集团母公司和子公司对本集团以外的投资之和。

存货 指企业或企业集团在生产经营过程中为销售或者耗用而储存的各种资产。

流动资产平均余额 指企业或企业集团在报告期内全部流动资产的平均余额。计算公式为：流动资产年平均余额＝Σ（月初、月末流动资产余额）/24；

负债合计 指企业所承担的能以货币计量，将以资产或劳务偿付的债务。负债一般按偿还期的长短分为流动负债和长期负债。

流动负债 指企业或企业集团在一年内或超过一年的一个营业周期内需要偿还的债务，其中包括短期借款、应付票据、应付帐款、预收货款、应付工资、应付利润其他应付款、预提费用等。

股东（所有者）权益合计 指企业投资人对企业净资产的所有权，企业净资产等于企业全部资产减去负债合计后的余额，其中包括企业投资人对企业的最初投入以及资本公积金、盈余公积金和未分配利润。同时包括企业集团合并资产负债表中单独列示的少数股东权益。

股本（实收资本） 指公司制企业以发行股票的方式筹集的资本。非公司制企业指实际收到的投资人投入的资本。

营业收入 指企业或企业集团主营业务收入与其他业务收入之和。

主营业务收入 指企业或企业集团从事某种主要生产、经营活动所取得的营业收入。本项指标在各行业会计制度中的名称叫法不同，但一律按各行业会计制度或报表定义的口径进行填报。农业企业是指“主营业务收入”；工业企业是指“产品销售收入”；交通运输企业指“主营业务收入”；建筑企业指“工程结算收入”；批发零售贸易企业指“商品销售收入”；房地产企业指“房地产经营收入”；其他企业指“经营（营业）收入”。

出口额 指企业或企业集团直接向国外、境外出口的商品总额。

主营业务成本 指企业或企业集团从事某种主要生产、经营活动而发生的成本支出。

主营业务税金及附加 指企业因从事主要生产经营活动按税法规定缴纳的应从主营业务收入中抵扣的税金和附加，包括营业税、消费税、城市建设税、资源税、土地增值税和教育费附加等。

其他业务收入 指企业或企业集团除主营业务收入以外的其他销售或其他业务的收入。

存货跌价损失和营业、管理、财务等费用 存货跌价损失是指公司提取或转销的存货跌价损失；营业费用是指公司有销售商品和商业性公司在购入商品等过程中发生的费用；管理费用是指公司为组织和管理公司生产经营所发生的管理费用；财务费用是指公司为筹集生产经营所需资金等而发生的财务费用。

投资收益 指企业或企业集团以各种方式对外投资所取得的收益。

利润总额 指企业或企业集团实现的盈亏总额，反映企业或企业集团最终的财务成果。计算公式为：利润总额 = 营业利润 + 补贴收入 + 投资收益 + 营业外收入 – 营业外支出。

固定资产投资完成额 指企业或企业集团在年度内建造和购置固定资产及有关费用的支出合计。包括：1. 建筑工程投资；2. 安装工程投资；3. 设备工器具购置；4. 应分摊计入固定资产的费用等。

研究开发费用 指企业或企业集团用于研究与发展活动（基础研究、应用研究、实验发展）的全部实际支出。包括用于研究与发展课题活动的直接支出，还包括间接用于研究与发展活动的一切支出（院、所管理费，维持院、所正常运转的必需费用和研究发展有关的基础建设支出）。

从业人员 指在企业或企业集团包括母公司和子公司（下同）工作并领取工资或其他形式的劳动报酬的全部人员数，包括在岗职工、再就业的离退休人员以及在企业中工作的外方人员和港澳台方人员。兼职人员、借用的外单位人员和第二职业者。不包括离开本企业仍保留劳动关系的职工。

在岗职工 指在本企业或企业集团工作并由企业或企业集团支付工资的人员，以及有工作岗位，但由于学习、病伤、产假等原因暂未工作，仍由企业或企业集团支付工资的人员。

从业人员劳动报酬 指企业或企业集团直接支付给本企业集团全部从业人员的劳动报酬总额。包括本企业或企业集团在岗职工工资总额和其他从业人员劳动报酬两部分。

二十、全国省会城市主要经济指标

QUANGUOSHENGHUICHENGSHIZHUYAOJINGJIZHIBIAO

20－1 总 人 口

单位：万人

城 市		2005 年	位 次				同比增长 ± %	位 次			
			省会城市	西部	中部	东部		省会城市	西部	中部	东部
西部省会城市	昆明	508.47	16	4	6	8	1.1	20	10	6	6
	成都	1 082.03	1	1			2.1	9	5		
	贵阳	353.09	19	5			6.4	1	1		
	南宁	659.54	11	3			1.7	15	7		
	西安	741.73	6	2			2.3	8	4		
	兰州	311.74	21	6			1.2	19	9		
	乌鲁木齐	194.15	24	9			4.4	2	2		
	呼和浩特	213.50	22	7			－0.6	27	11		
	银川	140.60	26	10			2.0	11	6		
	西宁	209.50	23	8			1.2	18	8		
	拉萨	44.93	27	11			2.6	5	3		
东部省会城市	广州	750.53	5			2	1.7	14			3
	福州	614.84	13			5	0.9	24			8
	杭州	660.45	10			4	1.4	16			4
	南京	595.80	15			7	2.1	9			2
	海口	147.29	25			9	3.0	4			1
	沈阳	698.60	9			3	0.7	25			9
	石家庄	927.30	3			1	1.1	22			7
	济南	597.44	14			6	1.3	17			5
中部省会城市	哈尔滨	971.64	2		1		0.2	26		9	
	长春	731.50	7		3		1.0	23		8	
	太原	340.39	20		9		2.6	6		2	
	合肥	455.70	18		8		2.5	7		3	
	南昌	475.17	17		7		3.1	3		1	
	郑州	716.00	8		4		1.1	20		6	
	武汉	801.36	4		2		2.0	12		4	
	长沙	620.92	12		5		1.7	13		5	

注：以上人口数为户籍数。

20－2 地区生产总值

单位：亿元

	城市	2005 年	位次				同比增长 ± %	位次			
			省会城市	西部	中部	东部		省会城市	西部	中部	东部
西部省会城市	昆明	1 061.55	15	3	6	8	11.1	25	11	8	8
	成都	2 371.00	4	1			13.5	17	6		
	贵阳	525.62	23	8			14.6	12	3		
	南宁	721.40	19	4			13.0	20	8		
	西安	1 270.14	14	2			13.1	18	7		
	兰州	567.04	22	7			12.0	24	10		
	乌鲁木齐	571.00	21	6			13.6	16	5		
	呼和浩特	700.43	20	5			21.1	1	1		
	银川	239.00	25	9			13.0	21	9		
	西宁	206.27	26	10			14.8	9	2		
	拉萨	86.78	27	11			14.0	14	4		
东部省会城市	广州	5 115.75	1			1	13.0	19			5
	福州	1 482.06	13			7	9.8	26			9
	杭州	2 918.61	2			2	12.5	22			6
	南京	2 413.00	3			3	15.2	7			3
	海口	303.11	24			9	12.2	23			7
	沈阳	2 240.00	5			4	16.0	4			1
	石家庄	1 852.43	8			6	13.6	15			4
	济南	1 876.50	7			5	15.6	6			2
中部省会城市	哈尔滨	1 830.40	9		2		14.1	13		7	
	长春	1 678.50	10		3		8.8	27		9	
	太原	895.49	17		8		14.7	11		5	
	合肥	853.57	18		9		16.9	2		1	
	南昌	1 007.70	16		7		16.8	3		2	
	郑州	1 650.00	11		4		15.8	5		3	
	武汉	2 238.00	6		1		14.7	10		6	
	长沙	1 519.90	12		5		14.9	8		4	

20－3 第一产业增加值

单位：亿元

城市		2005年	位次				同比增长±%	位次			
			省会城市	西部	中部	东部		省会城市	西部	中部	东部
西部省会城市	昆明	77.31	14	3	5	8	5.0	15	7	5	5
	成都	182.30	3	1			5.7	13	6		
	贵阳	34.85	20	6			7.6	5	3		
	南宁	119.57	10	2			8.2	4	2		
	西安	64.08	17	4			7.5	6	4		
	兰州	22.13	22	7			4.0	19	8		
	乌鲁木齐	7.30	26	10			2.6	24	11		
	呼和浩特	48.98	19	5			12.1	1	1		
	银川	18.30	24	8			3.2	23	10		
	西宁	11.50	25	9			6.2	10	5		
	拉萨	6.29	27	11			3.5	22	9		
东部省会城市	广州	125.58	8			5	4.0	20			7
	福州	173.60	5			2	2.2	25			9
	杭州	145.36	6			3	4.0	20			7
	南京	80.00	13			7	5.0	15			5
	海口	23.09	21			9	7.1	7			2
	沈阳	121.50	9			6	10.7	2			1
	石家庄	247.50	2			1	5.5	14			4
	济南	132.40	7			4	6.0	11			3
中部省会城市	哈尔滨	299.90	1		1		8.6	3		1	
	长春	180.00	4		2		6.0	11		4	
	太原	19.99	23		9		1.3	26		8	
	合肥	52.50	18		8		1.0	27		9	
	南昌	73.38	15		6		5.0	15		5	
	郑州	72.00	16		7		7.0	8		2	
	武汉	109.57	12		4		4.5	18		7	
	长沙	112.59	11		3		6.9	9		3	

20－4 第二产业增加值

单位：亿元

城市		2005 年	位次				同比增长 ± %	位次			
			省会城市	西部	中部	东部		省会城市	西部	中部	东部
西部省会城市	昆明	476.75	16	3	7	8	13.1	23	11	8	6
	成都	1 007.70	6	1			20.0	5	3		
	贵阳	249.39	21	6			16.2	16	5		
	南宁	230.99	22	7			15.9	17	6		
	西安	539.61	14	2			14.4	20	9		
	兰州	249.99	20	5			13.8	22	10		
	乌鲁木齐	229.30	23	8			14.9	19	8		
	呼和浩特	262.55	19	4			28.2	1	1		
	银川	131.70	24	9			18.0	10	4		
	西宁	109.78	25	10			20.4	3	2		
	拉萨	20.09	27	11			15.4	18	7		
东部省会城市	广州	2 081.21	1			1	14.1	21			5
	福州	697.56	11			7	8.7	26			9
	杭州	1 496.15	2			2	11.6	25			8
	南京	1 215.00	3			3	18.4	9			2
	海口	82.87	26			9	12.7	24			7
	沈阳	1 149.70	4			4	19.4	6			1
	石家庄	927.24	7			5	17.7	12			3
	济南	864.00	9			6	17.4	13			4
中部省会城市	哈尔滨	646.00	13		5		16.9	15		7	
	长春	786.40	10		3		6.2	27		9	
	太原	430.67	17		8		17.0	14		6	
	合肥	382.69	18		9		20.2	4		2	
	南昌	532.13	15		6		21.2	2		1	
	郑州	872.80	8		2		18.7	7		3	
	武汉	1 019.00	5		1		17.9	11		5	
	长沙	655.27	12		4		18.5	8		4	

20－5 第三产业增加值

单位：亿元

城市		2005 年	位次				同比增长±%	位次			
			省会城市	西部	中部	东部		省会城市	西部	中部	东部
西部省会城市	昆明	507.49	15	3	6	8	10.1	24	8	9	9
	成都	1 181.00	3	1			9.6	25	8		
	贵阳	241.38	23	8			13.9	8	3		
	南宁	370.84	20	5			12.9	17	5		
	西安	666.45	13	2			12.7	18	6		
	兰州	294.92	22	7			11.2	23	7		
	乌鲁木齐	334.40	21	6			13.1	14	4		
	呼和浩特	388.91	19	4			17.4	1	1		
	银川	89.00	25	9			8.6	27	11		
	西宁	84.99	26	10			9.5	26	10		
	拉萨	60.40	27	11			15.0	4	2		
东部省会城市	广州	2 908.96	1			1	12.6	19			6
	福州	610.89	14			7	13.2	11			3
	杭州	1 277.10	2			2	14.7	5			2
	南京	1 118.00	4			3	13.1	12			4
	海口	197.15	24			9	12.6	20			6
	沈阳	968.90	6			4	12.9	16			5
	石家庄	677.69	12			6	11.5	22			8
	济南	880.10	8			5	15.4	3			1
中部省会城市	哈尔滨	884.50	7		2		13.9	6		2	
	长春	712.10	10		4		12.5	21		8	
	太原	444.83	16		7		13.4	9		4	
	合肥	418.38	17		8		16.0	2		1	
	南昌	402.19	18		9		13.4	10		5	
	郑州	705.20	11		5		13.9	7		3	
	武汉	1 109.43	5		1		13.1	13		6	
	长沙	752.04	9		3		13.0	15		7	

20－6 农林牧渔业总产值

单位：亿元

城市		2005年	位次				同比增长 ±%	位次			
			省会城市	西部	中部	东部		省会城市	西部	中部	东部
西部省会城市	昆明	117.23	13	3	5	7	5.9	13	7	4	4
	成都	307.80	3	1			6.7	11	5		
	贵阳	54.77	18	6			8.6	5	2		
	南宁	191.07	8	2			8.2	6	3		
	西安	106.50	15	4			7.7	8	4		
	兰州										
	乌鲁木齐										
	呼和浩特	85.90	17	5			18.9	1	1		
	银川	35.34	20	7			5.5	15	8		
	西宁	20.17	22	8			6.3	12	6		
	拉萨	10.03	23	9			5.5	16	9		
东部省会城市	广州	220.44	6			4	4.1	20			7
	福州	290.79	4			2	2.7	21			8
	杭州	219.48	7			5	10.7	2			1
	南京	155.38	11			6	5.7	14			5
	海口	38.46	19			8	8.2	7			3
	沈阳	238.00	5			3	10.4	3			2
	石家庄	456.95	1			1	5.4	18			6
	济南										
中部省会城市	哈尔滨	445.10	2		1		8.8	4		1	
	长春										
	太原	34.62	21		8		1.7	22		7	
	合肥	95.59	16		7		0.8	23		8	
	南昌	115.76	14		6		5.0	19		6	
	郑州	126.22	12		4		7.0	10		3	
	武汉	180.60	10		3		5.5	17		5	
	长沙	187.13	9		2		7.0	9		2	

20－7 规模以上工业增加值

单位：亿元

	城市	2005年	位次				同比增长±%	位次			
			省会城市	西部	中部	东部		省会城市	西部	中部	东部
西部省会城市	昆明	308.77	13	2	6	7	13.2	22	9	8	7
	成都	559.16	8	1			24.1	7	3		
	贵阳	196.69	17	3			15.4	19	8		
	南宁	121.13	21	7			16.6	18	7		
	西安										
	兰州	181.39	18	4			18.3	16	5		
	乌鲁木齐	137.00	20	6			17.0	17	6		
	呼和浩特	163.50	19	5			30.8	2	1		
	银川	96.82	22	8			22.4	11	4		
	西宁	68.39	23	9			25.9	4	2		
	拉萨										
东部省会城市	广州	1 603.31	1			1	15.2	20			5
	福州	506.13	9			6	10.7	23			8
	杭州										
	南京	961.68	2			2	21.8	12			4
	海口	57.02	24			8	14.9	21			6
	沈阳	616.20	6			5	39.2	1			1
	石家庄	620.65	5			4	22.9	10			3
	济南	670.00	4			3	25.2	5			2
中部省会城市	哈尔滨	350.70	11		4		20.1	15		7	
	长春	455.60	10		3		－4.0	24		9	
	太原	292.11	14		7		20.4	13		5	
	合肥	263.74	15		8		23.5	9		4	
	南昌	235.78	16		9		26.0	3		1	
	郑州	569.70	7		2		24.2	6		2	
	武汉	730.00	3		1		23.8	8		3	
	长沙	320.73	12		5		20.3	14		6	

20－8 全社会固定资产投资总额

单位：亿元

	城市	2005年	位次				同比增长±%	位次			
			省会城市	西部	中部	东部		省会城市	西部	中部	东部
西部省会城市	昆明	523.01	15	3	6	8	20.2	16	6	8	4
	成都	1 457.35	1	1			40.1	5	2		
	贵阳	343.54	21	6			17.2	20	9		
	南宁	362.90	20	5			38.1	6	3		
	西安	835.10	10	2			29.1	12	5		
	兰州	259.59	22	7			12.0	25	10		
	乌鲁木齐	195.65	24	9			11.4	26	11		
	呼和浩特	460.00	18	4			46.0	1	1		
	银川	201.65	23	8			17.4	18	7		
	西宁	115.63	26	10			17.3	19	8		
	拉萨	64.60	27	11			34.3	8	4		
东部省会城市	广州	1 445.33	2			1	7.1	27			9
	福州	603.26	14			7	14.6	24			8
	杭州	1 386.68	4			3	15.3	22			6
	南京	1 402.72	3			2	16.7	21			5
	海口	137.17	25			9	15.0	23			7
	沈阳	1 363.20	5			4	40.3	4			1
	石家庄	928.65	7			5	31.6	11			3
	济南	856.90	9			6	31.6	10			2
中部省会城市	哈尔滨	638.97	13		5		20.0	17		9	
	长春	650.40	12		4		41.4	3		2	
	太原	438.51	19		9		26.1	15		7	
	合肥	495.27	17		8		36.4	7		3	
	南昌	520.00	16		7		44.0	2		1	
	郑州	820.00	11		3		26.1	14		6	
	武汉	1 055.18	6		1		28.3	13		5	
	长沙	881.44	8		2		31.9	9		4	

20－9 房地产投资额

单位：亿元

	城　市	2005 年	位　次				同比增长 ± %	位　次			
			省会城市	西部	中部	东部		省会城市	西部	中部	东部
西部省会城市	昆明	149.35	12	3	5	6	38.7	4	3	2	2
	成都	450.54	2	1			54.6	2	2		
	贵阳	90.74	19	5			21.7	12	5		
	南宁	105.11	18	4			54.9	1	1		
	西安	225.23	8	2			32.8	8	4		
	兰州	52.57	22	7			17.7	17	8		
	乌鲁木齐	33.79	25	9			－15.6	26	10		
	呼和浩特	35.90	24	8			18.7	14	6		
	银川	56.61	21	6			16.0	19	9		
	西宁	20.07	26	10			18.4	15	7		
	拉萨										
东部省会城市	广州	488.86	1			1	2.5	23			7
	福州	222.03	9			5	－0.8	25			9
	杭州	407.96	4			3	24.2	11			3
	南京	296.14	6			4	1.1	24			8
	海口	46.38	23			9	15.1	20			5
	沈阳	413.60	3			2	20.7	13			4
	石家庄	121.72	14			7	38.7	5			1
	济南	121.09	15			8	9.8	21			6
中部省会城市	哈尔滨	140.17	13		6		16.9	18		8	
	长春	106.60	17		8		18.0	16		7	
	太原	79.44	20		9		5.4	22		9	
	合肥	190.29	10		3		36.0	7		4	
	南昌	110.22	16		7		29.4	9		5	
	郑州	168.10	11		4		38.0	6		3	
	武汉	297.99	5		1		27.7	10		6	
	长沙	256.35	7		2		46.0	3		1	

20－10 社会消费品零售总额

单位：亿元

	城市	2005年	位次				同比增长 ±%	位次			
			省会城市	西部	中部	东部		省会城市	西部	中部	东部
西部省会城市	昆明	415.49	15	3	6	8	12.2	25	10	8	9
	成都	999.20	4	1			14.2	15	5		
	贵阳	201.84	23	8			15.0	11	4		
	南宁	378.00	17	4			13.8	19	8		
	西安	666.48	11	2			15.2	7	2		
	兰州	255.79	21	6			12.2	26	11		
	乌鲁木齐	222.95	22	7			16.8	2	1		
	呼和浩特	304.90	20	5			15.1	8	3		
	银川	80.50	26	10			14.0	16	6		
	西宁	81.60	25	9			13.9	18	7		
	拉萨	33.50	27	11			13.3	20	9		
东部省会城市	广州	1 898.74	1			1	13.2	22			7
	福州	663.05	12			6	16.9	1			1
	杭州	975.43	5			3	14.0	17			6
	南京	1 005.00	3			2	16.3	3			2
	海口	138.45	24			9	14.5	13			5
	沈阳	915.10	6			4	13.1	23			8
	石家庄	606.20	13			7	15.0	12			4
	济南	807.90	7			5	15.7	6			3
中部省会城市	哈尔滨	788.10	8		2		12.7	24		7	
	长春	600.10	14		5		10.2	27		9	
	太原	384.03	16		7		15.1	9		3	
	合肥	324.39	18		8		15.1	10		4	
	南昌	307.49	19		9		15.7	5		2	
	郑州	706.68	10		4		14.5	14		5	
	武汉	1 128.64	2		1		13.3	21		6	
	长沙	743.43	9		3		16.1	4		1	

20－11 财政总收入

单位：亿元

	城市	2005年	位次				同比增长±%	位次			
			省会城市	西部	中部	东部		省会城市	西部	中部	东部
西部省会城市	昆明	220.90	6	2	2	4	19.4	16	6	8	4
	成都	366.45	5	1			28.8	6	2		
	贵阳	127.02	16	3			22.1	12	4		
	南宁	100.22	18	4			21.0	13	5		
	西安	83.97	20	6			15.8	21	8		
	兰州	96.13	19	5			14.1	23	10		
	乌鲁木齐	58.71	23	8			10.2	26	11		
	呼和浩特	81.84	21	7			34.4	2	1		
	银川	24.93	25	10			25.4	8	3		
	西宁	25.35	24	9			18.1	18	7		
	拉萨	3.22	26	11			14.6	22	9		
东部省会城市	广州										
	福州	195.45	7			5	16.6	20			7
	杭州	520.79	1			1	17.6	19			6
	南京	510.17	2			2	19.5	15			3
	海口	60.82	22			8	18.3	17			5
	沈阳	181.52	9			6	30.1	5			1
	石家庄	165.65	10			7	13.7	24			8
	济南	380.75	4			3	20.7	14			2
中部省会城市	哈尔滨	165.50	11		4		10.5	25		9	
	长春	184.80	8		3		23.4	11		7	
	太原	163.01	13		6		35.8	1		1	
	合肥	130.88	15		8		24.2	9		5	
	南昌	126.10	17		9		23.6	10		6	
	郑州	151.00	14		7		30.7	3		2	
	武汉	389.36	3		1		30.4	4		3	
	长沙	164.49	12		5		27.1	7		4	

20－12 地方财政一般预算收入

单位：亿元

	城市	2005年	位次				同比增长±%	位次			
			省会城市	西部	中部	东部		省会城市	西部	中部	东部
西部省会城市	昆明	90.67	12	2	5	7	24.9	12	5	7	2
	成都	141.43	4	1			28.5	6	1		
	贵阳	62.50	15	4			25.7	11	4		
	南宁	45.20	21	6			26.5	8	2		
	西安	72.92	13	3			18.0	18	6		
	兰州	28.93	23	8			16.7	21	9		
	乌鲁木齐	51.40	20	5			10.9	27	11		
	呼和浩特	35.95	22	7			25.9	10	3		
	银川	18.16	24	9			17.9	19	7		
	西宁	11.79	26	10			17.5	20	8		
	拉萨	3.22	27	11			14.6	24	10		
东部省会城市	广州	371.26	1			1	15.7	23			8
	福州	97.45	11			6	15.9	22			7
	杭州	250.46	2			2	19.7	17			6
	南京	211.07	3			3	20.4	14			4
	海口	17.84	25			9	20.0	16			5
	沈阳	138.10	6			4	26.1	9			1
	石家庄	65.88	14			8	13.8	25			9
	济南	106.01	9			5	20.7	13			3
中部省会城市	哈尔滨	98.00	10		4		11.6	26		9	
	长春	61.00	16		6		20.4	15		8	
	太原	56.95	19		9		33.6	3		3	
	合肥	57.64	18		8		28.3	7		6	
	南昌	58.28	17		7		38.1	1		1	
	郑州	136.13	7		2		28.9	5		5	
	武汉	138.82	5		1		31.3	4		4	
	长沙	108.06	8		3		34.0	2		2	

20－13 地方财政一般预算支出

单位：亿元

	城　市	2005年	位　次				同比增长±%	位　次			
			省会城市	西部	中部	东部		省会城市	西部	中部	东部
西部省会城市	昆明	114.83	11	2	5	6	25.5	6	1	6	1
	成都	195.27	5	1			22.7	11	5		
	贵阳	72.40	18	5			21.0	14	6		
	南宁	73.61	16	4			18.5	19	8		
	西安	97.61	13	3			15.9	22	10		
	兰州	50.22	21	7			22.8	10	4		
	乌鲁木齐	49.37	22	8			6.9	26	11		
	呼和浩特	61.54	20	6			18.5	18	7		
	银川	27.67	24	9			17.0	20	9		
	西宁	26.34	25	10			22.9	9	3		
	拉萨	14.27	26	11			24.3	8	2		
东部省会城市	广州	438.41	1			1	7.4	25			9
	福州	91.60	14			8	19.4	16			5
	杭州	238.33	2			2	21.8	12			3
	南京	231.57	3			3	16.5	21			7
	海口	30.21	23			9	21.5	13			4
	沈阳	213.70	4			4	24.5	7			2
	石家庄	106.85	12			7	14.9	23			8
	济南	120.67	10			5	18.7	17			6
中部省会城市	哈尔滨	164.60	6		1		12.9	24		8	
	长春	121.70	9		4		20.7	15		7	
	太原	72.03	19		8		26.9	4		4	
	合肥	73.56	17		7		30.4	3		3	
	南昌	75.79	15		6		45.1	1		1	
	郑州	136.62	7		2		26.1	5		5	
	武汉										
	长沙	133.05	8		3		32.3	2		2	

20－14 金融机构存款余额

单位：亿元

城市		2005年	位次				同比增长±%	位次			
			省会城市	西部	中部	东部		省会城市	西部	中部	东部
西部省会城市	昆明	2 544.27	13	3	4	8	16.4	12	7	3	4
	成都	4 477.00	4	1			18.7	4	4		
	贵阳	1 260.43	21	6			16.6	11	6		
	南宁	1 104.93	22	7			14.4	23	10		
	西安	3 599.70	7	2			16.7	10	5		
	兰州	1 421.92	19	4			11.9	26	11		
	乌鲁木齐	1 407.54	20	5			15.9	15	9		
	呼和浩特	803.90	23	8			19.8	3	3		
	银川	612.69	25	9			16.0	14	8		
	西宁	531.90	26	10			20.7	2	2		
	拉萨	301.80	27	11			25.5	1	1		
东部省会城市	广州	11 085.30	1			1	13.9	24			8
	福州	2 576.50	11			6	14.5	22			7
	杭州	6 748.72	2			2	18.2	6			2
	南京	5 263.25	3			3	18.4	5			1
	海口	789.19	24			9	10.1	27			9
	沈阳	3 693.40	6			4	15.2	17			5
	石家庄	2 574.15	12			7	15.1	18			6
	济南	3 483.30	8			5	17.1	9			3
中部省会城市	哈尔滨	2 630.23	10		3		14.7	20		7	
	长春	2 065.80	16		7		12.0	25		9	
	太原	2 539.25	14		5		15.3	16		5	
	合肥	1 521.85	18		9		17.3	7		1	
	南昌	1 556.65	17		8		16.3	13		4	
	郑州	3 116.10	9		2		14.8	19		6	
	武汉	4 084.95	5		1		14.6	21		8	
	长沙	2 322.32	15		6		17.3	8		2	

20－15 金融机构贷款余额

单位：亿元

城市		2005 年	位次				同比增长 ± %	位次			
			省会城市	西部	中部	东部		省会城市	西部	中部	东部
西部省会城市	昆明	1 796.37	15	3	7	7	24.6	1	1	1	1
	成都	3 019.00	6	1			6.8	23	9		
	贵阳	1 038.18	20	6			16.7	8	5		
	南宁	1 181.99	18	4			16.9	7	4		
	西安	2 158.10	9	2			12.0	15	7		
	兰州	1 089.42	19	5			3.3	25	11		
	乌鲁木齐	986.39	22	7			7.5	20	8		
	呼和浩特	873.95	23	8			20.6	2	2		
	银川	551.71	25	9			18.8	4	3		
	西宁	521.88	26	10			13.7	13	6		
	拉萨	117.56	27	11			5.5	24	10		
东部省会城市	广州	6 908.03	1			1	7.3	21			8
	福州	1 894.23	13			6	14.5	11			4
	杭州	5 545.30	2			2	15.5	9			3
	南京	4 659.81	3			3	10.9	17			6
	海口	729.14	24			9	10.4	18			7
	沈阳	2 355.70	8			5					
	石家庄	1 561.01	16			8	11.1	16			5
	济南	3 259.90	4			4	17.1	6			2
中部省会城市	哈尔滨	1 964.09	12		5		2.1	26		9	
	长春	1 893.50	14		6		7.3	21		8	
	太原	2 069.14	10		3		9.6	19		7	
	合肥	1 419.87	17		8		18.1	5		3	
	南昌	1 027.50	21		9		20.4	3		2	
	郑州	2 428.10	7		2		13.3	14		6	
	武汉	3 170.88	5		1		15.1	10		4	
	长沙	2 055.35	11		4		14.4	12		5	

20－16 城乡居民储蓄存款余额

单位：亿元

	城 市	2005年	位次				同比增长 ±%	位次			
			省会城市	西部	中部	东部		省会城市	西部	中部	东部
西部省会城市	昆明	993.81	15	3	6	8	20.3	8	5	3	2
	成都	2 074.00	3	1			20.1	9	6		
	贵阳	497.74	22	7			23.7	3	2		
	南宁	598.23	18	4			16.0	18	9		
	西安	1 716.76	5	2			19.8	10	7		
	兰州	581.71	20	6			10.7	26	11		
	乌鲁木齐	595.73	19	5			21.9	4	3		
	呼和浩特	379.59	23	8			24.0	2	1		
	银川	264.95	25	9			21.1	6	4		
	西宁	234.63	26	10			16.6	16	8		
	拉萨	67.12	27	11			11.5	25	10		
东部省会城市	广州	5 024.69	1			1	18.0	14			4
	福州	1 296.76	11			6	12.2	24			8
	杭州	2 191.66	2			2	19.4	11			3
	南京	1 677.49	6			4	21.7	5			1
	海口	374.05	24			9	10.6	27			9
	沈阳	1 742.60	4			3	12.7	23			7
	石家庄	1 355.19	10			5	13.9	22			6
	济南	1 024.40	14			7	17.7	15			5
中部省会城市	哈尔滨	1 461.49	8		2		15.9	19		7	
	长春	1 059.30	12		4		16.4	17		6	
	太原	1 024.92	13		5		25.7	1		1	
	合肥	516.16	21		9		20.3	7		2	
	南昌	643.75	17		8		15.3	20		8	
	郑州	1 436.10	9		3		18.6	13		5	
	武汉	1 673.17	7		1		15.1	21		9	
	长沙	954.42	16		7		19.2	12		4	

20－17　实际利用外资

单位：万美元

城市		2005年	位次				同比增长±%	位次			
			省会城市	西部	中部	东部		省会城市	西部	中部	东部
西部省会城市	昆明	8 261	18	4	9	7	32.6	7	4	3	2
	成都	55 000	10	2			65.8	4	3		
	贵阳	8 225	19	5			5.2	18	5		
	南宁										
	西安	62 309	9	1			97.0	1	1		
	兰州										
	乌鲁木齐										
	呼和浩特	40 345	14	3			68.5	3	2		
	银川	5 322	20	6			－16.6	19	6		
	西宁										
	拉萨										
东部省会城市	广州	284 100	1			1	14.7	15			6
	福州	64 017	8			4	5.6	17			7
	杭州	171 300	4			3	21.5	13			5
	南京	200 900	2			2	22.7	12			4
	海口										
	沈阳										
	石家庄	43 931	12			6	24.8	10			3
	济南	51 018	11			5	60.7	5			1
中部省会城市	哈尔滨	36 600	15		6						
	长春	117 060	5		2		29.8	8		4	
	太原	16 490	17		8		15.6	14		7	
	合肥	40 660	13		5		28.7	9		5	
	南昌	90 865	6		3		24.4	11		6	
	郑州	33 549	16		7		38.6	6		2	
	武汉	174 000	3		1		14.5	16		8	
	长沙	90 203	7		4		80.0	2		1	

20－18 进出口总额

单位：万美元

	城 市	2005 年	位 次				同比增长 ± %	位 次			
			省会城市	西部	中部	东部		省会城市	西部	中部	东部
西部省会城市	昆明	344 940	13	3	4	8	32.2	5	4	2	1
	成都	453 735	8	1			34.8	4	3		
	贵阳	113 637	21	5			－5.7	24	9		
	南宁	71 916	23	7			13.0	17	7		
	西安	390 146	11	2			26.2	8	5		
	兰州	71 600	24	8							
	乌鲁木齐	238 527	17	4			44.4	2	2		
	呼和浩特	106 455	22	6			133.4	1	1		
	银川	47 900	25	9			23.3	10	6		
	西宁	36 875	26	10			－27.5	26	10		
	拉萨	1 613	27	11			11.6	18	8		
东部省会城市	广州	5 348 800	1			1	19.4	13			6
	福州	1 368 910	4			4	9.7	19			7
	杭州	2 987 000	2			2	21.9	11			4
	南京	2 709 000	3			3	31.3	6			2
	海口	123 475	20			9	－18.0	25			9
	沈阳	459 000	6			5	7.5	21			8
	石家庄	442 500	9			6	20.8	12			5
	济南	376 213	12			7	23.5	9			3
中部省会城市	哈尔滨	271 202	15		6		29.5	7		3	
	长春	454 139	7		2		14.6	15		5	
	太原	337 228	14		5		－0.6	23		9	
	合肥	418 275	10		3		19.2	14		4	
	南昌	174 500	19		9		5.2	22		8	
	郑州	194 248	18		8		13.5	16		6	
	武汉	618 800	5		1		44.0	3		1	
	长沙	268 315	16		7		9.3	20		7	

20－19 居民消费价格指数

单位:%

	城市	2005年	位次			
			省会城市	西部	中部	东部
西部省会城市	昆明	102.00	7	2	4	3
	成都	102.30	4	1		
	贵阳	100.70	21	7		
	南宁	101.10	15	5		
	西安	100.30	26	10		
	兰州	100.60	23	8		
	乌鲁木齐	98.00	27	11		
	呼和浩特	101.50	12	4		
	银川	101.70	9	3		
	西宁	101.10	15	5		
	拉萨	100.40	25	9		
东部省会城市	广州	101.50	12			6
	福州	102.60	2			1
	杭州	101.70	9			5
	南京	102.10	6			2
	海口	101.30	14			7
	沈阳	100.70	21			9
	石家庄	101.90	8			4
	济南	101.10	15			8
中部省会城市	哈尔滨	100.50	24		9	
	长春	101.70	9		5	
	太原	101.10	15		6	
	合肥	100.90	20		8	
	南昌	101.00	19		7	
	郑州	102.40	3		2	
	武汉	102.70	1		1	
	长沙	102.30	4		3	

20-20 城镇居民人均可支配收入

单位：元

城市		2005年	位次				同比增长±%	位次			
			省会城市	西部	中部	东部		省会城市	西部	中部	东部
西部省会城市	昆明	9 616	20	5	9	8	6.3	26	10	9	9
	成都	11 359	8	2			9.3	22	8		
	贵阳	9 928	17	3			10.5	20	6		
	南宁	9 203	24	8			14.2	5	2		
	西安	9 628	19	4			12.7	13	3		
	兰州	8 529	26	10			11.0	17	4		
	乌鲁木齐	9 605	21	6			7.3	25	9		
	呼和浩特	12 539	6	1			23.3	1	1		
	银川	8 852	25	9			10.9	18	5		
	西宁	8 397	27	11			10.1	21	7		
	拉萨	9 500	22	7			2.8	27	11		
东部省会城市	广州	18 287	1			1	8.3	24			8
	福州	12 757	5			5	10.8	19			6
	杭州	16 601	2			2	14.0	6			3
	南京	14 997	3			3	19.9	2			1
	海口	9 396	23			9	8.4	23			7
	沈阳	10 098	13			6	13.2	9			4
	石家庄	10 040	16			7	16.4	4			2
	济南	13 578	4			4	13.1	11			5
中部省会城市	哈尔滨	10 065	14		6		12.6	14		6	
	长春	10 065	15		7		13.1	10		4	
	太原	10 476	11		4		12.0	16		8	
	合肥	9 684	18		8		12.5	15		7	
	南昌	10 301	12		5		17.8	3		1	
	郑州	10 977	9		2		13.6	7		2	
	武汉	10 850	10		3		13.4	8		3	
	长沙	12 434	7		1		12.8	12		5	

20－21 农民人均纯收入

单位：元

	城市	2005年	位次				同比增长±%	位次			
			省会城市	西部	中部	东部		省会城市	西部	中部	东部
西部省会城市	昆明	3 258	21	6	8	9	9.3	18	7	8	5
	成都	4 485	11	2			10.1	14	5		
	贵阳	3 135	23	7			11.6	11	4		
	南宁	2 677	26	10			8.5	19	8		
	西安	3 460	20	5			10.1	15	6		
	兰州	2 713	25	9			6.4	26	10		
	乌鲁木齐	4 249	14	3			8.1	21	9		
	呼和浩特	4 631	9	1			12.7	8	2		
	银川	3 493	19	4			5.1	27	11		
	西宁	2 593	27	11			11.7	10	3		
	拉萨	2 960	24	8			17.7	1	1		
东部省会城市	广州	7 080	2			2	6.9	25			9
	福州	5 197	4			4	7.9	22			7
	杭州	7 655	1			1	10.1	16			4
	南京	6 225	3			3	12.5	9			3
	海口	4 502	10			7	7.7	24			8
	沈阳	5 050	5			5	16.2	2			1
	石家庄	4 118	16			8	8.4	20			6
	济南	4 812	7			6	14.6	3			2
中部省会城市	哈尔滨	4 006	17		6		10.6	13		6	
	长春	4 210	15		5		7.8	23		9	
	太原	4 402	12		3		13.7	6		3	
	合肥	3 207	22		9		11.0	12		5	
	南昌	3 879	18		7		13.6	7		4	
	郑州	4 744	8		2		14.1	4		1	
	武汉	4 341	13		4		9.7	17		7	
	长沙	4 908	6		1		13.8	5		2	

2005 年统计工作要事

【经济普查】 自2004年以来开展的第一次全国经济普查是新时期我国国情国力的一次重大调查。普查首次完成了我国第二、第三产业和基本单位情况的合并调查，涉及面广，参与部门多，技术要求高，工作难度大。全市各级共动员14 000余名普查员、普查指导员和普查机构工作人员，先后开展普查试点、单位清查、现场登记、质量抽查和审核汇总等工作，对我市从事第二、第三产业的26 695个法人单位、35 827个产业活动单位和227 715户个体经营户，进行了普查登记，拿到了宝贵的第一手资料，掌握了全市基本经济单位情况，查清了二、三产业发展的底数。其社会动员之广是前所未有的。经国家经济普查办公室质量检查小组的检查，我市经济普查数据质量完全符合全国经济普查数据质量控制标准，得到了国家和省的充分肯定，被国务院第一次全国经济普查领导小组授予先进集体荣誉称号，在省政府目标责任考核中荣获一等奖，标志着昆明市第一次全国经济普查取得圆满成功。全市经济普查的数据资料，如实反映了我市改革开放和现代化建设的成果，反映了社会生产力和人民生活水平的提高。经济普查的结果，对于准确认识全市经济总体规模和重大比例，正确处理速度、结构、质量和效益的关系，保持经济平稳较快发展、加快转变经济增长方式、促进产业结构优化升级，都具有重要的作用和影响。2005年底我市经济普查已进入资料开发阶段。

【1%人口抽样调查】 国务院规定，在以10年为间隔的两次全国人口普查之间要开展一次人口抽样调查。2005年1%人口抽样调查是继2000年第五次全国人口普查之后的又一次重大国情国力调查。为了保证调查数据对县一级地方具有代表性，云南省将样本量扩大为2.34%，按照这个比率，我市共抽中136个乡镇，471个调查小区，对38 834户家庭进行了调查登记，登记总人口131 785人。全市各级统计部门经过近一年的辛勤工作，圆满完成了抽样框编制、样本抽取、入户登记和数据处理上报等工作。并按照省的要求，在1%人口抽样调查数据处理中采用了"在线异地录入"的新技术，国家统计局计算中心和省统计局领导先后到我市安宁、石林两个县的录入现场进行考察指导，对我市的组织模式、技术保障给予了高度评价，录入工作取得了良好成效，我市首次在全省以第一时间高质量上报了调查数据，为今后开展大型普查数据处理工作积累了经验，作了积极的探索。

【GDP核算数据下管一级】 为了保证市级国民经济的各项主要统计数据与各县（市）区的各项主要统计数据的绝对额和发展速度保持协调一致，增强县（市）区国民经济主要统计数据的协调性、科学性，客观、真实地反映县（市）区宏观经济运行情况，更好地为地方党政领导和社会宏观决策服务，2005年，按照国家统计局和省统计局先后下发的一系列改进地区GDP核算文件的要求，我市建立了工业、农业、建筑业和批发零售住宿餐饮业等四个专业下管一级的审核评估制度和GDP核算联合审核制度，有效促进了全市和县（市）区GDP数据的衔接，进一步规范了统计数据的公布和使用制度。

【县域经济综合评价指标体系】 建立县域经济综合评价指标体系是市政府交给统计部门的一项重要工作。2005年2月，根据昆明市人民政府办公厅（昆政办通〔2004〕105号）文件精神，在市统计局内设立了昆明市县域经济综合评价及考核办公室，具体负责评价体系的建立、评价方法的制定、统计数据的收集与审核、评价结果的计算等工作。并负责讨论和研究评价考核工作中的重大问题，向市政府提供考核评价建议。截至2005年底，市统计局已完成评价统计指标的收集、审核与上报工作。

【文化产业统计】 文化产业统计是我省自2004年开始施行的一项新的重要地方部门统计制度。2005年，是我市文化产业加快发展的重要时期，各级党委政府对文化产业发展的状况都非常关心，文化产业统计工作的成果成为各级领导十分关注的问题。为此，市委、市政府高度重视文化产业统计工作，在机构、经费、人员及调查方案等方面进行了批示，并从文化产业专项资金中拨出经费用于文化产业统计工作。2005年11月25日，昆明市政府召开全市文化产业统计工作会议。市委常委、市委宣传部部长张红苹同志、市政府副市长李江同志，市政府副市长雷晓明同志到会作了重要讲话。会议对2005年全市文化产业统计工作作了具体安排和部署。会后，各县（市）区按照会议的要求和部署于2005年12月5日前组建了文化产业统计机构，并完成了乡镇、街道办事处调查人员的招聘工作；12月底，完成了培训工作。

【农产品生产价格指标体系】 2005年，国家和省力推用新农业发展速度计算农业总产值和增加值并下管一级，这是农业统计改革的重大举措。为进一步完善统计方法制度，规范全市国民经济核算工作，准确核算农业增加值及发展速度，市统计局根据2004年全省红河会议精神，在呈贡、官渡两县区试点的基础上进行了试算，拟定了《昆明市农产品生产价格调查和价格指数编报方案》，在7月中下旬开展了全市农产品价格调查工作，首次编制了昆明市农产品生产价格指数。

【规模以下工业抽样调查】 完善抽样调查方法，逐步树立其主体地位是统计工作发展的大趋势。为准确、全面地核算工业增加值及发展速度，提高工业统计数据的科学性和代表性，市统计局于2005年9月在官渡、盘龙、安宁三个县区开展了规模以下工业抽样调查试点工作，计划在2006年在全市推开此项工作。

【统计优质服务】 2005年，我市经济发展和各项改革的任务非常繁重。作为各级党委、政府实施科学决策和宏观管理的重要职能部门，市统计局密切关注经济社会运行情况和国家各项重大决策在贯彻落实过程中出现的新情况和新问题，加强预警监测。针对国务院、建设部加强宏观调控稳定房价政策措施的贯彻实施，与市发改委、市国土资源局、市房产管理局等部门密切配合，建立了昆明市房地产价格预警监测系统，确保了房地产统计数据准确、及时地上报和发布。针对国家《钢铁产业发展政策》和烟草行业"双稳健"、"纠三偏"政策对我市工业经济产生的影响，积极撰写了题为《工业生产增幅回落制约因素不容乐观》的专题分析，及时预警，受到了市委、市政府的高度关注。日常工作中，及时发布了《工业经济运行通报》、《昆明市国民经济主要指标》、《全国27个省会城市资料汇编》、《经济工作手册》、《月度居民收支情况和物价指标》、《物价监测情况及主要品种涨跌幅度情况》、《工业产品价格》、《房地产销售价格》等进度统计信息和预警监测报告，并围绕农业、投资、价格、城乡发展、居民生活等重大问题，开展了昆明市交通出行情况和全国部分城市卷烟价格、非公经济领域人才、连锁企业、旅游业增加值、农业龙头企业等专项调查，撰写了专题报告，为各级领导准确把握经济发展的形势和走势、研究解决经济运行中的突出矛盾和问题，提供了重要的参考依据和决策支持。此外，为满足社会公众对统计日益增长的需求，市统计局不断提高为社会各界服务的能力。截至2005年底，共为社会各界人士提供各类咨询服务2 000多人次，热情周到、及时准确的服务赢得了垂询人员的高度赞扬。在两会期间，编制了《昆明市2004年国民经济和社会发展公报》、《昆明市国民经济和社会发展情况》等图表内容详细、指标体系全面的统计资料，为"两会"代表更好地参政议政提供了优质的统计信息咨询服务。2005年，设在昆明市人民政府便民服务中心的统计局窗口也本着方便、快捷、热情、高效的原则，积极为社会各界提供服务。全年共办理统计单位注册登记证年审3 552件，统计单位注册登记23件，统计单位注销611件，统计单位变更542件、信息咨询6 527件，统计调查项目审批12件。

【统计法制建设】 2005年，昆明市统计局认真贯彻《昆明市统计局行政执法责任制》，不断规范统计执法工作，编辑完成了《统计行政执法工作手册》，积极参与《中华人民共和国统计法》修改工作，使统计执法工作进一步走向规范化、程序化和标准化。4月，《昆明市统计管理办法》以市政府57号令颁布实施，这标志着我市统计法制工作又迈出了坚实的一步，是统计立法工作一个新的里程碑。同时，广泛开展统计报表的清查工作，进一步加大统计执法工作力度，按照经济普查执法检查计划，重点抽查了部分县（市）区、三个开发（度假）区及一些企事业单位，发出催报通知书327份，并在全市范围内开展了农村统计调查数据质量大检查。通过执法检查，查处了一批统计违法案件，促进了各项统计工作的顺利开展，遏制了统计违法行为的发生。

【统计信息化建设】 2005年，按照国家统计信息化建设规划，结合昆明实际，紧紧围绕提高统计数据质量和统计工作效率，从着力解决目前统计工作中普遍存在的专业统计软件平台不统一、地方统计指标增加困难、统计系统内部数据无法共享、基层统计负担过重等问题入手，积极引进新技术，扩大统计信息化应用领域，加强统计信息化基础建设，取得了较好的效果。2005年，我市全面启动宏观经济数据采集系统的建设。7月，正式投入使用，在房地产、建筑业、固定资产投资等专业推行了联网直报，获得了成功，上报率达95%以上。2005年10月8日，省统计局领导班子全体成员到我局调研联网直报工作，对此项工作给予了充分肯定。实践证明，联网直报的实施，使基层统计业务人员从日常繁重的统计数据收集、录入、审核、查错、汇总工作中解放出来，减轻了基层负担，提高了统计生产力和工作效率，确保了源头数据质量，引发了传统的统计工作方式的根本变革，是我市统计方法改革进程中历史性的一步。

【专项调查】 2005年，昆明市统计局充分发挥网络健全，反映快捷的优势，开展了小型批发零售贸易业、个体私营经济、旅游业增加值、"十一"、"春节"、"五一"黄金周、旅游花费问卷、连锁企业、华侨华人、港澳同胞在境内投资企业、城镇劳动力、中小学学生生活状况、农业龙头企业、新兴生物资源、重点工业企业和行业、交通出行、卷烟销售价格、警民关系测评、境外专家在昆工作情况等专项调查。

【统计培训】 2005年，全市统计从业资格考试报名496人，统计职称考试报名中级136人，52人合格，合格率38.2%；初级139人，27人合格，合格率19.4%。初、中级考试的合格率较上年有较大提高，基层统计人员素质逐年提高。

中国统计出版社最新资料书简目

（仅供参考，以最后出书为准）

中国统计年鉴－2006
中国统计摘要－2006
2006 中国发展报告
中国城市统计年鉴－2005
中国劳动统计年鉴－2006
中国人口统计资料－2006
中国工业经济统计年鉴－2006
中国市场统计年鉴－2006
2005 中国经济景气年鉴
中国建筑业统计年鉴－2005
中国城市调查年鉴－2006
中国商品交易市场统计年鉴－2006
中国连锁餐饮企业统计年鉴－2005、2006
中国连锁零售业统计年鉴－2005、2006
中国能源统计年鉴－2004、2005
全国农产品成本收益资料汇编－2005
国际统计年鉴－2006
中国对外经济贸易统计年鉴－2005
中国基本单位统计年鉴－2005
中国民政统计年鉴－2006
中国高技术产业统计年鉴－2006
中国房地产行业名录
中国农村统计年鉴－2006
中国农村住户调查年鉴－2006（中文）
中国农村住户调查年鉴－2006（英文）
中国乡镇统计资料－2006
中国县（市）社会经济调查年鉴－2006
中国西部农村统计资料－2006
中国建制镇统计资料－2006
中国农产品价格调查年鉴－2006
中国国民经济核算年鉴－2006
中国经济普查年鉴－2004
中国棉花年鉴－2004、2005
中国百强县（市）发展年鉴－2006
中国教育经费统计年鉴－2005

北京统计年鉴－2006
天津统计年鉴－2006
河北经济年鉴－2006
山西统计年鉴－2006
内蒙古统计年鉴－2006
辽宁统计年鉴－2006
吉林统计年鉴－2006
黑龙江统计年鉴－2006
上海统计年鉴－2006
江苏统计年鉴－2006
浙江统计年鉴－2006
安徽统计年鉴－2006
福建统计年鉴－2006
江西统计年鉴－2006
山东统计年鉴－2006
河南统计年鉴－2006
湖北统计年鉴－2006
湖南统计年鉴－2006
广东统计年鉴－2006
广西统计年鉴－2006
海南统计年鉴－2006
重庆统计年鉴－2006
四川统计年鉴－2006
贵州统计年鉴－2006
云南统计年鉴－2006
西藏统计年鉴－2006
陕西统计年鉴－2006
甘肃年鉴－2006
青海统计年鉴－2006
宁夏统计年鉴－2006
新疆统计年鉴－2006
新疆生产建设兵团统计年鉴－2006
石家庄统计年鉴－2006
唐山统计年鉴－2006
邯郸统计年鉴－2006
张家口统计年鉴－2006
朔州统计年鉴－2006
呼和浩特经济统计年鉴－2006
鄂尔多斯市统计年鉴－2006
包头统计年鉴－2006
沈阳年鉴－2006
大连统计年鉴－2006
鞍山统计年鉴－2006
长春统计年鉴－2006
吉林市社会经济统计年鉴－2006
四平统计年鉴－2006
延吉统计年鉴－2006
哈尔滨统计年鉴－2006
齐齐哈尔经济统计年鉴－2006
黑龙江垦区统计年鉴－2006
上海浦东新区统计年鉴－2006
南京统计年鉴－2006
苏州统计年鉴－2006
无锡统计年鉴－2006
常州统计年鉴－2006
徐州统计年鉴－2006
南通统计年鉴－2006
盐城统计年鉴－2006
镇江统计年鉴－2006
江阴统计年鉴－2006
杭州统计年鉴－2006
宁波统计年鉴－2006
绍兴统计年鉴－2006
台州统计年鉴－2006
舟山统计年鉴－2006
温州统计年鉴－2006
金华统计年鉴－2006
嘉兴统计年鉴－2006
湖州统计年鉴－2006
安庆经济统计年鉴－2006
福州统计年鉴－2006
福州年鉴－2006
厦门经济特区年鉴－2006
福州经济技术开发区年鉴－2006
南昌经济社会统计年鉴－2006
上饶经济社会统计年鉴－2006
九江经济统计年鉴－2006
济南统计年鉴－2006
青岛统计年鉴－2006
潍坊统计年鉴－2006
淄博统计年鉴－2006
郑州统计年鉴－2006
洛阳统计年鉴－2006
三门峡统计年鉴－2006
南阳经济统计年鉴－2006
武汉统计年鉴－2006
宜昌统计年鉴－2006
十堰统计年鉴－2006
荆州统计年鉴－2006
长沙统计年鉴－2006
广州统计年鉴－2006
东莞统计年鉴－2006
惠州统计年鉴－2006
深圳统计年鉴－2006
南宁统计年鉴－2006
桂林经济社会统计年鉴－2006
柳州经济统计年鉴－2006
来宾统计年鉴－2006
河池地区经济社会统计年鉴－2006
海口统计年鉴－2006
成都统计年鉴－2006
贵阳统计年鉴－2006
昆明统计年鉴－2006
西安统计年鉴－2006
兰州年鉴－2006
西宁统计年鉴－2006
银川统计年鉴－2006
乌鲁木齐统计年鉴－2006
吐鲁番统计年鉴－2006